图书在版编目（CIP）数据

中国佛教. 第三辑 / 中国佛教协会编. -- 北京：华文出版社，2023.11
ISBN 978-7-5075-5872-2

Ⅰ.①中… Ⅱ.①中… Ⅲ.①佛教史－中国－通俗读物 Ⅳ.①B949.2-49

中国国家版本馆CIP数据核字(2023)第184344号

中国佛教 第三辑

作　　者：中国佛教协会
责任编辑：潘　婕
封面设计：草鹭文化
责任印制：刘力新
营销编辑：李琳琳
出 品 人：包　岩
出版发行：华文出版社
地　　址：北京市西城区广安门外大街 305 号 8 区 2 号楼
电　　话：总 编 室 010-58336239　发 行 部 010-58336267
责任编辑 010-63429159
邮政编码：100055
网　　址：http://www.hwcbs.cn
经　　销：新华书店
印　　刷：北京雅昌艺术印刷有限公司
开　　本：710mm×1000mm　1/16
印　　张：24.25
字　　数：332 千字
版　　次：2023 年 11 月第 1 版
印　　次：2023 年 11 月第 1 次印刷
标准书号：ISBN 978-7-5075-5872-2
定　　价：180.00元

中國佛教

第三辑

中国佛教协会 编

中国出版集团有限公司
華文出版社

《中国佛教》（中英文卷）编委会

序 言

佛教起源于印度，光大于中国，经过与中国文化的交融、共生、合流，最终以“释”之名，与“儒”“道”并称，成为中国传统文化的重要内容。这在世界文明史上是独树一帜的，既体现出佛教本身的世界性特征，也显示出中国文化兼收并蓄、博采众长的包容性特质。作为中华文明与印度文明两大文明传统相遇、碰撞之后形成的文明成果，中国佛教在思想、信仰、文学、艺术、制度、戒律、礼仪、习俗等方面做出了重要贡献，产生了一代代优秀的佛教人物和经典著述，发展出了丰富多样的佛教胜迹、佛教文化。今日，中国佛教不仅是中国传统文化的重要内容，更是世界文明的重要组成部分，堪称文明融合的示范与表率，对当今世界不同文明间友好交流具有重要借鉴意义。为向世界提供一部全面介绍中国佛教概况的通识性著作，中国佛教协会特编辑出版《中国佛教》（中英文卷）。

本书的编撰有着殊胜因缘。1955年，斯里兰卡为纪念释迦牟尼佛涅槃2500年，发起编纂英文版《佛教百科全书》，中华人民共和国总理周恩来受斯里兰卡总理约翰·莱昂内尔·科特拉瓦拉之请托，应承由我国来撰写其中有关中国部分的佛教条目，并委托刚刚成立不久的中国佛教协会组织人力编写、翻译。中国佛教协会接受任务后，即成立中国佛教百科全书编纂委员会，聘请国内佛教学者担任撰述、编辑和英译工作，时任副会长兼秘书长赵朴初居士担任主任委员，著名佛教学者吕澂担任副主任委员。编纂委员会以南京金陵刻经处为据点，约请了一批当时国内知名佛教学者撰写相关条目，内容分为教史、宗派、人物、经籍、教理、仪轨制度、佛教胜迹、佛教文化、中外佛教文化交流等九类。为了适应百科全书的体例，各篇条目着重资料性的叙述，要求全面性与概括性相结合，并做到言必有据。中文条目原稿前后共写成400多篇，200多万字，英文条目原稿也有100多万字。二十世纪八十年代至本世纪初，中文条目稿件陆续被整理出版为五卷本的《中国佛教》。英译稿寄往斯里兰卡后，部分被编入《佛教百科全书》(*Encyclopaedia of Buddhism*)。中国佛教的内容被打散之后编入不同的词条，散见于全书之中。当时形成的百万字的英文稿至今尚未完整面世，殊为憾事！

2018年，中国佛教协会安排中国佛教文化研究所开展“《中国佛教》英译出版项目”，对当时留存的全部词条稿件进行整理和出版，期望借前贤之功德，为当下的世界增添一份精神资粮。《中国佛教》(中英文卷)的出版，得到了华文出版社的大力支持，此次出版不仅使尘封之黄卷得以面世，也使前贤之佳作再次流通，更使当年编纂团队智慧成果得以整体呈现，可谓因缘殊胜，令人欢喜。

由于本书稿件多为二十世纪五六十年代所撰，当时的编纂委员会成员大多已离世。此次出版，基本保留稿件原貌，兼以少量内容修订。审校团队水平所限，在整理校订方面若有疏漏，祈请各位读者指正。

演觉

二〇二三年二月十七日

于北京广济寺丈室

前言（1980年版）

随着人类文化的进步，社会科学和自然科学各种知识领域日益扩大，网罗一切知识的百科全书成为学术界的共同需求。在这方面，欧美学术界是着了先鞭的。宗教方面也是如此。基督教、伊斯兰教等早已有了自己编纂的百科全书，受到学者和教徒的普遍欢迎和广泛利用。佛教是世界公认的三大宗教之一，历史最为悠久，典籍汗牛充栋，但迄今尚无一部完整的佛教百科全书。1955年，斯里兰卡佛教徒为纪念释迦牟尼佛涅槃2500年，发起编纂英文佛教百科全书，要求各国佛教学者给予支持和合作。当时我国周恩来总理接受斯里兰卡总理的请托，要我国为他们的百科全书，撰写有关中国部分的佛教条目。周总理将这个任务交给了中国佛教协会。

中国佛教协会接受这个任务后，即成立中国佛教百科全书编纂委员会，聘请国内佛教学者担任撰述、编辑和英译工作。内容分为教史、宗派、人物、经籍、教理、仪轨制度、佛教胜迹、佛教文化、中外佛教文化交流等九类。为了适应百科全书的体例，各篇条目着重资料性的叙述，要求全面性与概括性相结合，并做到言必有据。汉文条目原稿前后写成400余篇，200余万言。除已将部分英译稿寄往斯里兰卡供佛教百科全书采用外，全部汉文原稿迄未公开出版。现在应广大读者的要求，我们组织人力，重新加以整理编辑，印成专册发行。

佛教传入中国，近两千年来，对我国社会发生过深刻影响。从魏晋到隋唐时代经过广泛传播，其影响渗透到我国人民生活的各个方面。在思想意识、风俗习惯以至文化艺术等领域都可以看到它的影响；在哲学上，它对宋代理学的影响尤为显著，这已是哲学史家公认的事实。千百年来先人们为我们留下浩如烟海的佛教典籍，成为我国文化的一个重要组成部分。

本书得到知识出版社的大力支持，拟于1980年起陆续出版，供哲学、宗教学、社会学、历史学等研究人员，以及有关工作人员和佛教信徒参考。本书的出版如能对上述各方面的研究有所贡献，我们是引以为荣的。这些文稿撰于20年前，部分作者已经离开人世。这次出版，除核对参考资料并对部分文稿略作删节外，大体上保存原来的面目。每篇均由作者署名，以明责任。我们限于水平，在整理编辑方面如有错误之处，希望读者指正。

赵朴初

一九七九年十二月十五日

审校及修订说明

《中国佛教》（中文卷）以知识出版社1980年6月至1989年5月《中国佛教》第一至四辑第一版及中国社会科学出版社2004年6月《中国佛教》第五辑为底本，稿件基本保留了当初出版时的原貌。本次再版时，于以下几方面进行了少量修订：

1. 对少量标点、语法方面的错误进行了修订。

2. 对照二十世纪五六十年代编修的《中国佛教》英文版，进行中英互校，发现了一些诸如人名、地名、典籍名、年份等表述不一致的地方，针对此类问题进行了订正。

3. 对个别地名、行政区划等的表述，进行了修订。

4.《中国佛教》第五辑中增加了《〈中国佛教〉参编词条作者小传》，对于各词条作者的生平进行了简要介绍。

目录

中国佛教经籍

中国佛教经籍

华严经

《华严经》，具名《大方广佛华严经》，是佛成道后在菩提场等处，借普贤、文殊诸大菩萨显示佛陀的因行果德如杂华庄严，广大圆满、无尽无碍妙旨的要典。

此经汉译本有三种：一、东晋佛驮跋陀罗的译本，题名《大方广佛华严经》，六十卷，为区别于后来的唐译本，又称为“旧译《华严》”，或称为《六十华严》。二、唐武周时实叉难陀的译本，题名《大方广佛华严经》，八十卷，又称为“新译《华严》”，或称为《八十华严》。三、唐贞元中般若的译本，也题名《大方广佛华严经》，四十卷，它的全名是《大方广佛华严经入不思议解脱境界普贤行愿品》，简称为《普贤行愿品》，或称为《四十华严》。

此经第一译六十卷本，它的梵文原本三万六千偈，是由慧远的弟子支法领从于阗（今新疆和田一带）得来，于晋义熙十四年（418）三月十日在扬州（今南京）道场寺请天竺三藏佛驮跋陀罗译出，三藏手执梵本，译为汉语，法业笔受，慧严、慧观等润文，吴郡内史孟顗、右卫将军褚叔度为檀越，于元熙二年（420）六月十日译竟，刘宋永初二年（421）复校完毕（见《出三藏记集》卷九经后记等）。初译出时分五十卷，后改为六十卷，内分三十四品，总由七处、八会的说法而成。嗣后唐永隆元年（680）三月，天竺三藏地婆诃罗和法藏校勘此经，见所译《入法界品》内有缺文，因更就梵本译出从摩耶夫人到弥勒菩萨文一段约八九纸补入（见《华严经探玄记》卷一）。这就成为现行《华严经》六十卷本。

此经第二译八十卷本，它的梵文原本四万五千颂，系唐则天武后遣使从于阗求得，并请来其地三藏法师实叉难陀，于证圣元年（695）三月十四日在洛阳大遍空寺开始翻译，武后亲临译场首题品名，菩提留志、义净同宣梵本，复礼、法藏等并参与笔受润文，到圣历二年（699）十月十八日在佛授记寺译毕（见《开元释教录》卷九），成八十卷，内分三十九品，总由七处（同旧译）、九会（八会同旧译，新增“普光法堂”一会）的说法而成。后法藏发见此经《入法界品》中尚有脱文，仍与地婆诃罗校勘梵文，于第八十卷初从弥勒菩萨后至三千大千世界微尘数善知识前中间，补入文殊伸手摩善财顶十五行（《华严经疏》卷三、《华严经略策》），即为现今流行的《华严经》八十卷本。

此经第三译四十卷本，它的梵文原本一万六千七百偈（见《贞元释教录》卷十七）系南天竺乌荼国王亲手书写遣使于贞元十一年（795）十一月送赠来唐。翌年六月，唐德宗嘱罽宾三藏般若在长安崇福寺从事翻译，广济译语，圆照笔受，智柔、智通回缀，道弘、鉴灵润文，道章、大通证义，澄观、灵邃等详定，至十四年（798）二月译毕，成四十卷。其内容系勘同旧新两译《华严经》的《入法界品》一品，但文字上大为增广；尤其是四十卷有普贤十大行愿，和新添的普贤广大愿王清净偈，是前此两译《华严经》中所未有。

以上是汉译此经的三大译本。此外，此经中某一品或一部分传译于中国的为数也不少。二世纪中一后汉支娄迦谶曾于洛阳译出《兜沙经》一卷，当是此经别行本汉译的开始，吴支谦，西晋竺法护、聂道真乃至南北朝、隋、唐各朝，都有《华严经》的支分别行本译出，在法藏《华严经传记》卷一中曾列举有这类别行译本三十五部。今略就现存各本并对照唐译各品会列载如下：

《佛说兜沙经》一卷（“如来名号品”“光明觉品”），后汉支娄迦谶译。

《佛说菩萨本业经》一卷（“净行品”“十住品”），吴支谦译。

《诸菩萨求佛本业经》一卷（“净行品”），西晋聂道真译。

《菩萨十住行道品》一卷（“十住品”），西晋竺法护译。

《菩萨十住经》一卷（同上），东晋祇多蜜译。

《渐备一切智德经》五卷（“十地品”），西晋竺法护译。

《十住经》四卷（同上），后秦鸠摩罗什译。

《佛说十地经》九卷（同上），唐尸罗达摩译。

《等目菩萨所问三昧经》三卷（“十定品”），西晋竺法护译。

《显无边佛土功德经》一卷（“寿量品”），唐玄奘译。

《佛说校量一切佛刹功德经》一卷（同上），宋法贤译。

《佛说如来兴显经》四卷（“如来出现品”），西晋竺法护译。

《度世品经》六卷（“离世间品”），西晋竺法护译。

《佛说罗摩迦经》三卷（“入法界品”），西秦圣坚译。

《文殊师利发愿经》一卷（同上），东晋佛驮跋陀罗译。

《大方广佛华严经入法界品》一卷（同上），唐地婆诃罗译。

《佛华严入如来智德不思议经》两卷（“普光法堂会”），隋阇那崛多译。

《大方广入如来智德不思议经》一卷（同上），唐实叉难陀译。

《大方广如来不思议境界经》一卷（别本华严），唐实叉难陀译。

《大方广佛华严经不思议佛境界分》一卷（同上），唐提云般若译。

《大方广佛华严经修慈分》一卷（同上），唐提云般若译。

《大方广普贤所说经》一卷（同上），唐实叉难陀译。

至如《华严》三大译本中的唐般若译四十卷《华严》，也同样是全部经中《入法界品》的别行。

此经的藏文译本，系由古代印度胜友、天王菩提和中国西藏智军共从梵文译出，并由遍照护加以复校，成一百十五卷（奈塘目录作一百三十卷，德格目录作一百一十六卷，实为一百一十五卷），内分四十五品，前四十四品相当于唐译本前三十八品，第四十五品相当于唐译本第三十九《入法界品》，又藏译本比汉译本多出第十一品和第三十二品，其他各品文句上也颇有出入。

关于此经的梵本，如梁译《摄大乘论释》卷十五说：“《华严经》有百千偈，故名‘百千经’。”又《华严经传记》卷一也称，西域传说此《华严大不思议解脱经》有三本：其中上中两本隐而不传，下本有十万偈，四十八品，现流天竺。此中所说现流天竺的下本有十万偈，和《大智度论》卷一百所说“《不思议解脱经》有十万偈”，晋译《六十华严经后记》所说“《华严经》梵本凡十万偈”相符，而证明此经亦名《不思议解脱经》，全本凡十万偈，而《四十华严》乃其中的一部分。例如，《贞元释教录》卷十七说：“梵本《大方广佛华严经》总有六夹，共十万偈，大唐已译八十卷当第二夹了，今南天竺国王所进当第三夹（即般若译《四十华严》梵本），有一万六千七百偈。”又《四十华严经后记》也说此梵本是“南天竺乌荼国……王手自书写《大方广佛华严经》百千偈中所说‘善财童子亲近承事佛刹极微尘数善知识行中五十五圣者善知识入不思议解脱境界普贤行愿品”。再参考世亲《十地经论》与金刚军、坚慧的释论，解释此经《十地品》，寂天的《大乘集菩萨学论》也引用此经《贤首品》的偈颂等情形来看，可以想见此经的《入法界》《十地》乃至其他各品在印度古代已各成一经而分别流行。其中《入法界品》（即《四十华严》）和《十地品》，且为尼泊尔佛教中古来通常传诵的九部大经之二，因而这两品的梵本在尼泊尔一直保存。到十九世纪中，这两品梵本随着其他梵典又由尼泊尔更流传到印度、英、法、日本等国，并有所校勘出版。现行梵文《十地品》有近藤晃曜校刊本（东京，1936），《入法界品》有铃木大拙，泉芳璟校刊本（京都，1934—1936），《普贤菩萨行愿赞》有渡边海旭校刊本（1902）。至于其他各品的梵本似都已散佚而未见发现。

此经的汉译本中，以唐译八十卷本的文义最为畅达，品目也较完备，因而在汉地流传最盛。以下依据这一译本略述此经的内容：

唐译本经系由九会的说法组合而成。第一会，叙佛在菩提场中初成正觉，道场无量妙宝庄严，金刚座上的遮那佛身万德圆满。十方世界微尘数菩萨乃至金刚力士诸神诸天等各具无量功德一时云集，各各说颂赞佛，所有的华藏庄严世界海中一切世界也都同样入佛境界（《世主妙严品》第一）。诸菩萨和一切世间主说颂问佛，佛现瑞相放光说颂，又现诸神变，一切法胜音等菩萨各说颂赞佛（《如来现相品》第二）。时普贤菩萨入佛三昧，受诸佛赞叹摩顶，从三昧起，十方一切如来放光颂赞普贤菩萨，一切菩萨也同颂赞（《普贤三昧品》第三）。普贤菩萨以佛神力，向道场海众诸菩萨说世界海等十事，分别显示十方刹土的形相和它的原因（《世界成就品》第四）。普贤又说毗卢遮那往昔修行所严净的华藏庄严世界海无量妙宝庄严功德，乃至世界海中一切世界的庄严和诸佛号（《华藏世界品》第五）。普贤又说这是由于毗卢遮那过去世为大威光太子时供养诸佛广修无量妙行的广大功德庄严成就（《毗卢遮那品》第六）。

第二会，叙佛在普光明殿莲华座上，显现神变，十方菩萨都来集会。文殊师利菩萨承佛的威力，向众菩萨称说佛的名号，由于随应众生各别知见，因此有无量不同的名号如来为众说法（《如来名号品》第七）。文殊师利又说娑婆世界中苦集灭道四圣谛的种种异名，和十方一切世界无量不同的四圣谛名，都随众生心，令得调伏（《四圣谛品》第八）。这时，佛两足轮放光，普照十方，各现佛事，文殊师利说颂称扬佛的无边功德行愿（《光明觉品》第九）。文殊师利菩萨又和觉首等九菩萨反复问答十种甚深佛法明门（《菩萨问明品》第十）。智首启问，文殊师利答说菩萨身语意业动静语默中为饶益众生应发起的一百四十种的清净愿行（《净行品》第十一）。文殊师利问，贤首以偈答说菩萨修行的无量殊胜功德，信愿不虚，定慧圆满成就等事（《贤首品》第十二）。

第三会，叙佛不离菩提树下，上升须弥山帝释宫殿，帝释庄严宫殿，迎佛入座，并和诸天说颂赞佛（《升须弥山顶品》第十三）。十方佛世界法慧等菩萨都来集会，各说偈颂称赞佛所修行的无量胜妙功德（《须弥顶上偈赞品》第十四）。法慧菩萨由于佛的威力，入无量方便三昧，受到诸佛赞叹并摩顶，他出定广说十住的法门，每住中各有闻、修十法（《十住品》第十五）。这时，正念天子来问，法慧向他宣说修习梵行种种无相观法（《梵行品》第十六）。又天帝释来问，法慧向他宣说菩萨初发菩提心所得的种种无量功德，发心便能和佛平等，也无所得（《初发心功德品》第十七）。精进慧问初发心菩萨如何修习，法慧答说十不放逸，得十清静，十佛欢喜，十法安住，十法入地，十法行清净，十种清静愿，十法圆满大愿，十无尽藏等修行的法门和所应得的成就（《明法品》第十八）。

第四会，这时佛升向夜摩天宫，夜摩天王庄严殿座迎请如来，说颂赞佛，佛即入座（《升夜摩天宫品》第十九）。功德林菩萨等微尘数菩萨都来集会，十大菩萨各说偈颂称扬佛周遍法界的行愿功德（《夜摩宫中偈赞品》第二十）。功德林菩萨由于佛的威力，入善思惟三昧，受到诸佛称赞并摩顶，他出定广说十行的法门，并一一分别其行相（《十行品》第二十一）。功德林又对诸菩萨说菩萨十无尽藏的一一行相，由此能令一切行者成就无尽大藏（《十无尽藏品》第二十二）。

第五会，这时佛又升兜率天，兜率天王庄严殿座迎请如来，说颂赞佛功德，佛即入座（《升兜率天宫品》第二十三）。金刚幢等十大菩萨和微尘数菩萨从十佛世界来集。各说偈颂称扬佛德（《兜率宫中偈赞品》第二十四）。金刚幢菩萨由于佛的威力，入智光三昧，受到诸佛称赞并摩顶，他从定起，向诸菩萨广说十回向法门，并一一分别解说所修行相（《十回向品》第二十五）。

第六会，叙佛在他化自在天宫摩尼宝殿，诸方世界诸大菩萨都来集会。这时，金刚藏菩萨由于佛的威力，入大智慧光明三昧，受到诸佛称赞并摩顶。他从定起，向众说出十地的名称。这时，解脱月等诸菩萨请他解说，佛也放光加以神力，金刚藏菩萨便向众演说甚深的十地法门行相（《十地品》第二十六）。

第七会，佛在普光明殿，普眼菩萨向佛问普贤菩萨三昧所修的妙行，佛教他自请普贤菩萨宣说。这时，大众希望见到普贤菩萨并殷勤顶礼，普贤菩萨才以神力出现，向众广说十大种三昧的高深法门（《十定品》第二十七）。普贤又向大众说十种神通（《十通品》第二十八）。又向大众说十种法忍（《十忍品》第二十九）。这时，心王菩萨问，佛向他宣说阿僧祇不可说的数量和世间出世间一切诸法不可说的事理（《阿僧祇品》第三十）。心王菩萨又向大众宣说诸佛世界的寿量和它们的长短比较（《寿量品》第三十一）。又向大众宣说十方诸菩萨和他们的眷属的住处并常住说法的地名（《诸菩萨住处品》第三十二）。这时，会中诸菩萨心中希望知道诸佛的国土、本愿、种姓、出现、佛身、音声、智慧、自在、无碍、解脱等不思议事，佛便加持青莲华藏菩萨向莲花藏菩萨广说佛所住的十不思议法门（《佛不思议法品》第三十三）。普贤菩萨向诸菩萨演说佛的身相庄严，略说有九十七种大人相，以及十华藏世界海微尘数大人相（《如来十身相海品》第三十四）。佛向宝手菩萨宣说如来的随好中各有光明，周遍法界，能够拔出地狱的苦，升兜率天，乃至令证得十地等广大无尽的功德（《如来随好光明功德品》第三十五）。普贤菩萨又向大众演说佛为解脱众生结缚，嗔心能障百万法门，应当勤修十法，具十清净，十广大智，得十种普入，住十胜妙心，获十种佛法善巧智（《普贤行品》第三十六）。这时，佛从眉间放光，名如来出现光，如来性起妙德菩萨向佛请问大法，佛又放光入普贤菩萨口，普贤菩萨便广说佛以十无量法出现，以十无量百千阿僧祇事得到成就。说罢，诸佛称赞并为会众授记，普贤最后说颂劝众受持（《如来出现品》第三十七）。

第八会，叙佛在普光明殿，普贤菩萨入佛华藏庄严三昧，从三昧起，普慧菩萨请问菩萨依、菩萨行乃至佛示般涅槃等二百个问题，普贤菩萨一问十答，分别演说二千法门。诸佛现前赞喜。普贤菩萨再用偈颂重说菩萨的功德行处（《离世间品》第三十八）。

第九会，佛在逝多园林，和文殊普贤等五百大菩萨、大声闻并无量世主聚会。佛以大悲入师子频申三昧，遍照庄严十方世界各有不可说刹尘数菩萨来会，各现神变供养境界。诸大声闻不知不见。十大菩萨说颂赞佛。普贤菩萨演说这师子频申三昧的十种法句。佛又显现种种神变、种种法门、种种三昧等相，文殊菩萨说颂称赞，诸菩萨都得到无数大悲法门，从事利乐十方一切众生。文殊菩萨和大众辞佛南行，尊者舍利弗和六千比丘也承佛神力发心随同南行。他们行到了福城东，在庄严幢娑罗林中大塔庙处说法，这时善财童子等二千人前来顶礼听法，发菩提心，其中善财童子一心求菩萨道，说颂问教，文殊师利指示他去求访善知识，善财童子便辗转南行参访了德云比丘乃至弥勒菩萨等五十三位善知识，听受了无数广大甘露法门，最后见到普贤菩萨，由于普贤的开示，次第得到普贤菩萨诸行愿海，终于证入法界。末了普贤菩萨说颂称扬佛的功德海相（《入法界品》第三十九）。

以上是新译经中九会三十九品的内容梗概。在旧译六十卷本中只有八会三十四品。这是由于旧译本缺《十定品》一品，并以《十地品》以下十一品为第六会而减少一会；又新译本《如来现相品》以下五品在旧译中合为《卢舍那佛品》一品，因而一共相差一会五品。新旧两译本的品目和分卷对照如下：

旧译六十卷本新译八十卷本

一、《世间净眼品》（卷一至卷二）

二、《卢舍那佛品》（卷二至卷四）

三、《如来名号品》（卷四）

四、《四谛品》（卷四至卷五）

五、《如来光明觉品》（卷五）

六、《菩萨明难品》（卷五）

七、《净行品》（卷六）

八、《贤首品》（卷六至卷七）

九、《佛升须弥顶品》（卷七）

十、《菩萨云集妙胜殿上说偈品》（卷七至卷八）

十一、《菩萨十住品》（卷八）

十二、《梵行品》（卷八）

十三、《初发心菩萨功德品》（卷九）

十四、《明法品》（卷十）

十五、《佛升夜摩天宫自在品》（卷十）

十六、《夜摩天宫菩萨说偈品》（卷十）

十七、《功德华聚菩萨十行品》（卷十一至卷十二）

十八、《菩萨十无尽藏品》（卷十二）

十九、《如来升兜率天宫一切宝殿品》（卷十三）

二十、《兜率天宫菩萨云集赞佛品》（卷十四）

二十一、《金刚幢菩萨十回向品》（卷十四至卷二十二）

二十二、《十地品》（卷二十三至卷二十七）

二十三、《十明品》（卷二十八）

二十四、《十忍品》（卷二十八）

二十五、《心王菩萨问阿僧祇品》（卷二十九）

二十六、《寿命品》（卷二十九）

二十七、《菩萨住处品》（卷二十九）

二十八、《佛不思议法品》（卷三十至卷三十一）

二十九、《如来相海品》（卷三十二）

三十、《佛小相光明功德品》（卷三十二）

三十一、《普贤菩萨行品》（卷三十三）

三十二、《宝王如来性起品》（卷三十三至卷三十六）

三十三、《离世间品》（卷三十六至卷四十三）

三十四、《入法界品》（卷四十四至卷六十）

新译八十卷本

一、《世主妙严品》（卷一至卷五）

二、《如来现相品》（卷六）

三、《普贤三昧品》（卷七）

四、《世界成就品》（卷七）

五、《华藏世界品》（卷八至卷十）

六、《毗卢遮那品》（卷十一）

七、《如来名号品》（卷十二）

八、《四圣谛品》（卷十二）

九、《光明觉品》（卷十三）

十、《菩萨问明品》（卷十三）

十一、《净行品》（卷十四）

十二、《贤首品》（卷十四至卷十五）

十三、《升须弥山顶品》（卷十六）

十四、《须弥顶上偈赞品》（卷十六）

十五、《十住品》（卷十六）

十六、《梵行品》（卷十七）

十七、《初发心功德品》（卷十七）

十八、《明法品》（卷十八）

十九、《升夜摩天宫品》（卷十九）

二十、《夜摩宫中偈赞品》（卷十九）

二一、《十行品》（卷十九至二十）

二十二、《十无尽藏品》（卷二十一）

二十三、《升兜率天宫品》（卷二十二）

二十四、《兜率宫中偈赞品》（卷二十三）

二十五、《十回向品》（卷二十三至卷三十三）

二十六、《十地品》（卷三十四至卷三十九）

二十七、《十定品》（卷四十至卷四十三）

二十八、《十通品》（卷四十四）

二十九、《十忍品》（卷四十四）

三十、《阿僧祇品》（卷四十五）

三十一、《寿量品》（卷四十五）

三十二、《诸菩萨住处品》（卷四十五）

三十三、《佛不思议法品》（卷四十六至卷四十七）

三十四、《如来十身相海品》（卷四十八）

三十五、《如来随好光明功德品》（卷四十八）

三十六、《普贤行品》（卷四十九）

三十七、《如来出现品》（卷五十至卷五十二）

三十八、《离世间品》（卷五十三至卷五十九）

三十九、《入法界品》（卷六十至卷八十）

从新译本译出以后，八世纪以来汉地的华严学者大都依据新经讲习疏释。但在新译本出现以前，就连唐贤首（法藏）的讲疏还都一般依据晋译六十卷本。因此，对于本经的文义，在有名的贤首《探玄记》（卷二）和《文义纲目》中，即依旧译本将全经判为五分：一、教起因缘分（旧《世间净眼品》），这就是全经的序分。二、举果劝乐生信分（旧《卢舍那佛品》）显示舍那佛的果德和他过去的因行，劝令生信。三、修因契果生解分（旧《如来名号品》至《宝王如来性起品》三十品），显示十信、十住、十行、十回向、十地的因行和所契的佛果，为令生解。四、托法进修成行分（旧《离世间品》），显示依诸菩萨行法，从事进修，成菩萨行。五、依人入证成德分（旧《入法界品》），显示由于善知识的教导，证入法界，成就果德。又分科此经的内容为五周因果：一、所信因果（旧《卢舍那佛品》），二、差别因果（旧《如来名号品》至《菩萨住处品》二十五品是差别因，《佛不思议法品》至《佛小相光明功德品》三品是差别果），三、平等因果（旧《普贤菩萨行品》是平等因，《宝王如来性起品》是平等果），四、成行因果（旧《离世间品》），五、证入因果（旧《入法界品》）。嗣后清凉《华严经疏》（卷四），也沿用这五分说和五因果说来分摄新译八十卷经三十九品的文义。而这样的分科也就成为古今贤首宗师解说此经的通论。

又古今疏家也同样以序、正宗、流通三分科判此经，即一般都以初品为序分，《卢舍那佛品》（新《如来现相品》）以下为正宗分。流通分在古时有多种异说：如北魏慧光以《入法界品》为流通分；隋慧远以《入法界品》内的善财童子以下属流通分；隋灵裕以《入法界品》最后的偈颂为流通分；还有人说以末后二偈为流通分；还有人说此经还未来尽，因而没有流通分；还有人说以其他的眷属经为此经的流通分；还有人说此经说法无尽无休，所以没有流通分。唐清凉（澄观）在他撰的《华严经疏》中认为慧远所说最为合理（《华严经疏》卷四），因而以《法界品》内的善财童子以下为流通分的三分说，也成为后来贤首宗师解说此经的通论。

关于此经的宗趣，古来也有各样不同的见解：如北齐昙衍说此经是以无碍法界为宗，隋灵裕说此经是以甚深法界心境为宗，还有人说此经是以缘起为宗，还有人说此经是以唯识为宗，唐敏（法敏）、印（?）二师说此经是以因果为宗，隋慧远说此经是以华严三昧为宗，隋达摩笈多说此经是以观行为宗，还有人说此经是以海印三昧为宗，北魏慧光说此经是以因果理实为宗。唐贤首（法藏）依慧光说加以充实，即以因果缘起理实法界为此经的宗趣（清凉《华严经疏》卷三），这也成为后来贤首宗师对于此经的共同见解。

此经的义理，为古今佛教学人所一致尊重。从南北朝以来，以判教著称的江南三家都将此经判为顿教，而以其他经典判为渐教或不定教。其时，北方七家判教的步调虽参差各不相同，但也以此经判为诸教中最高的圆教或顿教、真宗、法界宗等。此后隋吉藏立三转法轮，以此经为根本法轮；天台智顗立化仪四教，以此经列为顿教，又立化法四教，以此经列为别兼圆教；唐窥基立三时教，以此经为中道教；贤首宗师则以此经判为五教中的一乘圆教，或十宗中的圆明具德宗。都显示此经在佛教中向来被认为是最圆顿的经教。

关于此经古来传播的情形，相传佛灭度后，此经在古代印度曾经隐没，后龙树菩萨弘扬大乘，便将它流传于世。龙树还造出《大不思议论》十万偈以解释此经，现行汉译的《十住毗婆娑论》十六卷，便是该论的一部分，为此经《十地品》中初二地的解说。在这以后，世亲菩萨也依此经《十地品》造出《十地经论》，发挥了《华严》的要义，金刚军、坚慧、日成、释慧诸论师又各造出了《十地经论》的解释（日成、释慧两释现存有藏文译本），可以想见此经在古代印度曾经部分流行一时。至于全经在当时当地流传的情形不详。

从后汉以来，此经的别行本在中国虽陆续译出不少，但它的传弘还不见兴盛。到了东晋佛驮跋陀罗的六十卷本译出以来，此经才受到汉地佛教学人的重视，对它传诵、讲习乃至疏释的情形也渐行热烈。例如，最初参与此经译场的法业，曾亲承佛驮跋陀罗的口义而撰成《义记》两卷；随后刘宋求那跋陀罗曾讲解过此经多次，北齐玄畅更对此经随章逐句畅加疏讲。北魏勒那摩提也曾弘讲此经，又刘谦之精研此经，制《华严论》六百卷。这时，菩提流支又译出了《十地经论》，由于《地论》的弘通，此经更得到相应的发扬，地论师慧光又撰制了此经的《广疏》和《略疏》（现存一卷），并以此经判为圆教而广为弘敷。又齐大觉寺僧范著有《经疏》五卷，邺中昙遵著有《经疏》七卷，洛州昙衍著有《经疏》七卷，后魏灵辩著有《经论》一百卷（现存一卷），魏北台智炬著有《经疏》七卷。嗣后隋相州演空寺灵裕著有《经疏》八卷（现存《文义记》第六卷）、《旨归》一卷；西寺昙迁著有《华严明难品疏》十卷；西京慧藏著有《义疏》十卷；西京洪遵著有《经疏》七卷；净影寺慧远著有《经疏》七卷、《十地论义记》七卷（现存四卷）；嘉祥寺吉藏著有《游意》一卷（现存）；武德寺慧觉著有《十地品疏》十卷；唐越州法敏著有《经疏》七卷；终南山智正著有《经疏》二十两卷；慈恩寺灵辩著有《经疏》十两卷。而南北各地风行讲诵，更促进了华严学的广泛开展。

随着此经在隋、唐时代的盛行传通，遂有以专弘这一经的教观为主的贤首宗渐次形成。首先是隋杜顺（法顺）在终南山弘通此经，并著《华严五教止观》一卷（现存）和《华严法界观门》一卷（现存），以彰此经的玄旨而开一宗的基础。他的弟子至相寺智俨更发展了他的心要，并参照地论师的学说，著有《华严经搜玄记》九卷（现存），为贤首宗师疏述旧译本经的最早的名著。智俨还宗依经义，著述《华严经孔目章》四卷（现存）、《华严五十要问答》两卷（现存）、《华严一乘十玄门》一卷（现存）、《六相章》一卷（今佚），以显一经的要义。嗣后大成贤首宗的贤首（法藏），更广泛发挥此经的教义，著有《华严经探玄记》二十卷（现存）、为贤首宗疏解旧译本经的重要名著。他还著有《华严经文义纲目》一卷（现存）、《华严经旨归》一卷（现存）、《华严八会章》一卷、《华严翻梵语》一卷、《华严旧经梵语及音义》一卷等。此外，他还依据此经著有关于此宗宗义的名著，如《华严五教章》（现存），《华严义海百门》（现存）等。他的弟子荷恩寺宗一也著有《华严经料简》十二卷、《华严经疏》二十卷。此上所有关于此经的讲习疏解，皆是依晋译《六十华严》而作。

到了武周时，实叉难陀的《八十华严》译出，法藏以垂暮之年参与了译场笔受，还依据新译《华严经》著有《开脉义记》一卷（现存）、《新经三昧记》一卷、《七处九会颂》一卷、《华严略疏》十二卷，以显释新经文义。法藏的弟子静法寺慧苑也根据新经著有《续华严经疏刊定记》三十卷（现存），突破师说，自抒己见。他并著有《华严经音义》四卷（现存）、《华严旋复章》十卷、《九会章》一卷等。后来，清凉（澄观）更大振华严的宗风，纠正慧苑的异见，发挥贤首的正统学说，撰有《华严经玄谈》九卷（现存）、《华严经疏》六十卷（现存）、《随疏演义钞》三十卷（现存），为贤首宗师疏释新译本经的最大名著。此外他还著有《华严经钞科》十卷（现存）、《华严经略策》一卷（现存）、《华严经七处九会颂释章》一卷（现存）等。但到了贞元中，澄观又参与了四十卷《华严经》的译出，他又撰著《普贤行愿品别行疏》六卷（现存）、贞元《华严经疏》十卷（现存），以阐述《四十华严》的深义。澄观的弟子圭峰草堂寺宗密也著有《普贤行愿品别行疏钞》六卷（现存）、《行愿品疏科》一卷（现存），以显彰澄观的心要。宗密还著有《新华严合经论》四十卷。以上专弘此经并因而蔚成一宗的法顺、智俨、法藏、澄观、宗密五师，世称为华严五祖，为汉地传播《华严经》的主要学匠。

宗外的名家，有长者李通玄，精研此经，著有《新华严经论》四十卷

（现存），发挥了《八十华严》的新义。他又著有《华严经中卷大意略叙》一卷（现存）、《华严经修行次第决疑论》四卷（现存）等。又天台宗荆溪湛然，也著有《华严经愿行观行骨目》两卷（现存）。又静居撰有《麟德殿讲华严经玄义》一卷等。

唐代以后，此经的弘扬讲习仍相当殷盛，各朝的重要注疏有：宋观复的《华严疏钞会解记》十卷，复庵的《华严纶贯》一卷（现存），戒环的《华严经要解》一卷（现存），通道的《华严经吞海集》三卷（现存），《华严法相概节》一卷，辽鲜演的《华严经玄谈抉择》六卷（现存），元普瑞的《华严悬谈会玄记》四十卷（现存），明德清的《华严经纲要》八十卷（现存），善坚的《华严经大意》一卷（现存），方泽的《华严经合论纂要》三卷（现存），李贽的《华严经合论简要》四卷（现存），清永光的《华严经纲目贯摄》一卷（现存）、《华严三十九品大意》一卷（现存）等。

以此经的观行讲习为目标的华严宗风，从唐代以来即远播于海外。七世纪中，新罗义湘曾来唐在智俨门下受学，回国后弘通此经，为朝鲜华严宗初祖。同时，元晓在新罗也精研此经，著有《华严经纲目》一卷、《华严经疏》十卷（现存一卷）。又新罗太贤著有《古迹记》十卷，表圆著有《华严文义要决问答》四卷（现存），并在该地大为弘通。又八世纪中，此经已在日本书写流传，随后唐僧道璿东渡传讲《华严》，为日本华严宗初祖，此后此经在该国传弘讲习颇盛。该国有关此经的著作，有宗性的《华严经义钞》四十卷（现存），凝然的《华严经品释》一卷（现存）、《华严经探玄记洞幽钞》一百二十卷（现存），凤潭的《华严经探玄记玄谈》一卷（现存），兴隆的《华严玄记大略钞》四十九卷（现存），普寂的《华严探玄记发挥钞》十卷（现存）、《探玄记讲要》八卷（现存）等。

（高观如）

普贤行愿品

《普贤行愿品》一卷，唐般若译，全名为《大方广佛华严经入不思议解脱境界普贤行愿品》，原是般若所译四十卷《华严经》的标题，《普贤行愿品别行疏钞》乃以为品名，专指《四十华严》的最后一卷。唐时流入日本的梵本很多，据日本各家请来目录，如空海、圆仁、惠运、圆珍诸录，都有梵本《普贤行愿赞》，圆行、圆仁二录有梵汉对译《普贤行愿赞》。1767年，日本高僧慈云曾依古写本加以校雠；1902年，日本渡边海旭又依慈云手写本并尼泊尔写本及西藏刻本对校刊行。

《普贤行愿品》的偈颂，异译很多。西晋聂道真译的《三曼陀跋陀罗菩萨经》，就大体概括了它的内容，似乎是它的异译；不过因为翻译得不甚善巧，译文只有简略的长行，看来与本经的文字外形不一致。

本经正式的异译本，最初是东晋佛驮跋陀罗译的《文殊师利发愿经》，它的梵本是由支法领从于阗请来，元熙二年（420）佛驮跋陀罗于道场寺译出（《出三藏记集》卷二）。

其次是敦煌出土的《普贤菩萨行愿王经》和《大方广佛华严经菩萨行愿王品》（《大正藏》第八十五卷）。《普贤菩萨行愿王经》在北京图书馆（今国家图书馆）中藏有敦煌出土写本六本，此芥字五十六号四纸一百零三行的一本最为完整。据陈垣《敦煌劫余录》说是唐译。此二本比另外两种唐译本（般若译和不空译）都少第六十一、六十二两颂，勘藏文译的五种释论中，也只有释迦亲友释论所依的经文才有这两颂，较早的龙树等释论等都缺这两颂。由此可见，两种敦煌本所据的梵本传来似属较早。就译文的朴拙的情形看，这两本的译出也似在中唐以前。

再次是唐不空译的《普贤菩萨行愿赞》。其梵本系不空本人于天宝五载（746）从师子国带来，天宝十二载（753）至武威，住开元寺译出。据《华严经普贤行愿品别行疏钞》说，《普贤菩萨行愿赞》和《文殊师利发愿经》，从前的人说都是贤吉祥菩萨造，但《疏钞》根据贞元译本肯定它们都是佛经。

最后译出的就是这作为四十卷《华严经》最后一卷的《普贤行愿品》。据经后记，此经梵本是乌荼国（今印度奥里萨地方）王于贞元十一年（795）所献。其献经愿文云："南天竺乌荼国深信最胜善逝法者修行最胜大乘行者吉祥自在作清净师子王，上献摩诃中国大唐国大吉祥天子大自在师子中大王手自书写《大方广佛华严经》百千偈中所说善财童子亲近承事佛刹极微尘数善知识行中五十五圣者善知识《入不思议解脱境界普贤行愿品》，谨奉进上，伏愿"云云。据此可知，四十卷《华严经》即《华严》十万偈的一部分，《普贤行愿品》则更是其中的一部分。

本经的译者般若（一作般刺若，或译智慧，734—?），姓乔答摩，北印度迦毕试国（今阿富汗国北部喀布尔地方）人，曾游那烂陀等寺，亲近过诸大论师，广学大小乘诸论，后又往南度乌荼王寺，师事达摩耶舍学五部密法。因慕五台文殊胜地，携梵筴乘舶于唐德宗建中二年（781）来广州，次年到长安。贞元二年（786）起，译出《大乘理趣六波罗蜜》等经，六年敕号般若三藏。贞元十一年（795），乌荼国王进《华严经》梵本，十二年六月奉诏于长安崇福寺翻译，般若自选梵文，广济译语，圆照笔受，智柔、智通回缀，道弘、鉴虚润文，道章校勘证义，大通证禅义，澄观、虚邃详定，右街功德使霍仙鸣，左街功德使窦文场任专知官。德宗每日亲到译场，如有故不能到，必命人说欲（告假）。于贞元十四年（798）译毕进上。五月诏澄观造疏，澄观乃述疏十卷，又述《行愿品别行疏》一卷，从此时起本品就别行了。

本经的注释，藏译中有古代印度诸论师的著作五种：一、《贤行愿王大会疏》，龙树著，特勒绷巴共罗登喜饶译，十九页。二、《普贤行愿义摄》，陈那著，失译，二十页。三、《贤行愿王广注》，释迦亲友著，释迦信诃共吉祥积译，三十三页。四、书名同上，庄严贤著，若那嘎瓦共吉祥积译，十八页。五、《贤行愿注》，世亲著，阿难陀共跋陀罗波罗译，十六页（以上五种见德格板《丹珠尔》函一百六十三b至二百六十九a页）。

汉文注疏有：一、《华严经普贤行愿品别行疏钞》六卷，唐澄观疏，宗密钞。二、《华严经普贤行愿赞别行疏钞科文》一卷，唐宗密述，宋遵式治定。三、《华严经行愿品疏》（即四十卷《华严经》）第十卷下半卷，唐澄观疏。四、《华严经普贤行愿修证仪》一卷，宋净源集。

本经的内容，从广义来说，就是《华严经》的内容。《别行疏》说："西域相传，《普贤行愿赞》为略《华严经》，《大方广佛华严经》为《广普贤行愿赞》。"又说：本经以"入法界缘起普贤行愿"为宗。"入"是"悟、解、证、得"；"法界缘起"是《华严经》的宇宙观；"普贤行愿"，广义指三世诸佛同有的因位行愿，要义就是本经所列举的十大行愿。说明法界缘起要由修十大行愿才能证入，是本经的主要内容。

本经的文字有长行、偈颂两部分。长行的文势，承《华严经》第三十九卷普贤菩萨赞佛功德偈而来。善财童子历参五十三善知识，最后见普贤菩萨为说"佛功德海一滴之相"，接着在本经开始，普贤菩萨就告诸菩萨及善财童子，要成就佛的功德应修十种广大行愿：一、礼敬诸佛，二、称赞如来，三、广修供养，四、忏除业障，五、随喜功德，六、请转法轮，七、请佛住世，八、常随佛学，九、恒顺众生，十、普皆回向。长行有十大段，说明这十种行愿的内容。每一行愿都以华严法界遍于十方三世，无穷尽，无间断。并以虚空界、众生界、众生业、众生烦恼四法为喻，说明无尽。最后说明受持此经殊胜功德。

本经的偈颂，经中称为"普贤广大愿王清净偈"，共有六十二颂，每颂七言四句，共一千七百三十六字。异译各本中，晋译只有四十四颂八百八十字，敦煌逸经两种各有六十颂一千六百八十字，不空译本除与本经相当的六十二颂外，还有八大菩萨赞十颂（每颂五言四句共两百字）和速疾满普贤行愿陀罗尼。

《别行疏》将本经偈颂分科如下：

普贤行愿颂三

甲一、正示普因二

乙一、别颂十门八

丙一、礼敬诸佛二颂

丙二、称赞如来二颂

丙三、广修供养三颂

丙四、忏除业障一颂

丙五、随喜功德一颂

丙六、请转法轮一颂

丙七、请佛住世一颂

丙八、颂后三门二

丁一、合颂三门二

戊一、总标回向一颂

戊二、别颂三门三

己一、常随佛学二颂

己二、恒顺众生二颂

己三、普皆回向二

庚一、别发大愿十

辛一、受持愿（护法愿）二颂

辛二、修行二利愿二颂

辛三、成熟众生愿二颂

辛四、不离愿（心行愿、愿不离善友及不离一乘）二颂

辛五、供养愿二颂

辛六、利益愿（三业不空愿、愿以三业利益众生不令

空过）二颂

辛七、转法轮愿（摄法上首愿、愿为佛上首弟子摄取一切佛法转授众生）三颂

辛八、净土愿二颂

辛九、承事愿二颂

辛十、成正觉愿三颂（这十愿就是《华严经十地品》初地菩萨所发供养、受持、转法轮、修行二利、成熟众生、承事、净土、不离、利益、成正觉等十愿，但次第不同）

庚二、总结大愿二

辛一、总结十愿三颂

辛二、结归文殊普贤三

壬一、偏同普贤二颂

壬二、双同二圣三颂

壬三、结归回向一颂

丁二、愿生净土四颂

乙二、总颂十门一颂

甲二、显经功德二

乙一、校量闻经益二颂

乙二、显众行益五颂

甲三、结劝受持三颂

本经的“乃至虚空世界尽”以下九颂，晋译没有这一段文，其余三种异译，这九颂都在“文殊师利勇猛智”句的前面。藏译五种释论所依的经文也如此，它们对于颂文的分科，因此也与澄观疏不同。藏译五家释论的分科大体都是一致的，其科分如下：

普贤行愿颂二

甲一、十义十

乙一、礼敬（摄称赞）四颂

乙二、供养三颂

乙三、忏悔一颂

乙四、随喜一颂

乙五、请转法轮一颂

乙六、请佛住世一颂

乙七、善根回向一颂（以上称普贤行愿七支）

乙八、彼（七支）广开十六

丙一、意乐（供养诸佛、净佛刹土、与有情乐）四颂

丙二、不忘失菩提心三颂

丙三、无染妙行一颂

丙四、利益有情一颂

丙五、甲胄（披誓愿甲）一颂

丙六、菩萨为助伴一颂

丙七、善知识欢喜一颂

丙八、现见诸佛一颂

丙九、普持正法一颂

丙十、得无尽藏一颂

丙十一、八种趣入七

丁一、趣入见佛及刹土二颂

丁二、趣入佛语一颂

丁三、趣入转法轮一颂

丁四、趣入住劫一颂

丁五、趣入佛行境一颂

丁六、趣入佛刹庄严一颂

丁七、趣入往诣佛前一颂

丙十二、十种力二颂

丙十三、对治一颂

丙十四、八种事业二颂

丙十五、回向普皆随学四颂

丙十六、总摄一颂

乙九、彼究竟一颂

乙十、彼功德二

丙一、现法功德五颂

丙二、后世功德二颂

甲二、总结二

乙一、总结全经一颂

乙二、诵已普回向六颂（释迦亲友所依经文更有以读诵功德回向二颂）

总之，此经以十大行愿为所诠，以证入华严法界为旨趣，以利益有情广大意乐为入门，以往生净土为方便。《入法界品》是《华严经》的终极，总摄华严入证因果，此经又是《入法界品》的终极。法藏《华严经文义纲目》说，以前《华严经》无流通分，是经文传来未尽。本经既有流通分，又与《入法界品》文势连贯，因而后人也有把它续于《华严经》八十卷之后作为《华严经》末卷的。

此经在传来以前已在西域广泛流行。《开元释教录》卷三附注："经后记云，外国四部众礼佛时，多诵此经，以发愿求佛道。"《行愿品疏》卷十说此十大行愿即是常行礼忏，但诸经论开合不同。例如，《离垢慧菩萨所问礼佛法经》有供养、赞德、礼佛、忏悔、劝请、随喜、回向、发愿等八种，其余或礼、赞合一为其，或更略去供养为六，或更将发愿、回向合一为五（如《十住毗婆沙》），或除礼、赞为四，或更除回向为三（如《大智度论》），或惟忏悔、回向为二（如《善戒经》）。

此经和密宗的关系也非常密切，密宗的仪轨几乎没有不据十大行愿来组成的。西藏密宗的一切仪轨，都以普贤七支的结构来组织。胎藏界大法的九方便——作礼、出罪、归依、施身（即供养）、菩提心（摄常随佛学、恒顺众生）、随喜（摄称赞）、劝请（转法轮）、奉请（住世）、回向——即摄十愿（《三密抄料简》卷上）。金刚界大法的五悔——礼敬、忏悔、随喜、劝请、回向——亦说明普贤行愿。可见此经在所有佛教密部中的影响极普遍。

本经最后回向往生阿弥陀佛净土，又为华严宗转入净土宗的枢纽。往生论说五念门——礼拜、赞叹、作愿、观察、回向——亦略摄十大行愿。宋沙门义和因“普贤行愿独指弥陀”，于乾道元年（1165）集《华严经》和各种疏记中有关念佛法门文字录为《华严念佛三昧无尽灯》（《乐邦文类》卷二）。《普贤行愿品》后世成为净土宗要籍，与《无量寿经》《观无量寿佛经》《阿弥陀经》并行，称净土四经。此外，汉文的一切忏仪也普遍应用普贤十愿。

普贤十愿的诵持，现在仍然是中国一般佛教寺院的常课。《别行疏》说本经“为华严关键，修行枢机，文约义丰，功高益广，能简能易，唯远唯深”，这可以说明本经在佛教中广泛应用的缘由。

（隆莲）

圆觉经

《圆觉经》，具名《大方广圆觉修多罗了义经》，一卷，唐罽宾沙门佛陀多罗译。是唐、宋、明以来教（贤首、天台）、禅各宗盛行讲习的经典。

此经译者的生平事迹不详。据《开元释教录》卷九说："沙门佛陀多罗，唐云觉救，北印度罽宾人，于东都白马寺译《圆觉了义经》一部。此经近出，不委何年；……但真诠不谬，岂假具知年月耶？"《续古今译经图记》《贞元新定释教目录》卷十二也同此记载，认为此经译出的年月有疑问。又宗密《圆觉经大疏》卷上之二说："北都藏海寺道诠法师《疏》又云：羯湿弥罗三藏法师佛陀多罗，长寿二年（693）龙集癸巳，持于梵本至神都，于白马寺翻译，四月八日毕。其度语、笔受、证义诸德，具如别录。不知此说本约何文？素承此人学广道高，不合孟浪。……然入藏诸经，或失译主、或无年月者亦多，古来诸德皆但以所诠义宗定其真伪矣。"同《疏钞》卷四之上又说："言龙集者，有释云高宗大帝，……此说恐谬：……长寿年是则天之代，然今亦未委其指的也，待更寻检。疏具如别录者，复不知是何图录，悉待寻勘。"可见古德对此经的翻译记载多有所疑，但都相信其真诠不谬，而并致其笃信之忱。

此经的内容，是佛为文殊、普贤等十二位菩萨宣说如来圆觉的妙理和观行方法。全经一般分作序、正宗、流通三分。

初、序分，叙述佛入于神通大光明藏三昧，诸佛众生清净寂灭平等圆满不二所现净土，有文殊师利等十二大菩萨为上首的十万大菩萨众，皆入此三昧住于如来平等法会。

次、正宗分，叙佛因文殊师利等十二大菩萨次第请问，而依次宣说圆觉的义理和观行，即分十二章，每章先以长行问答说法，后以偈颂重宣其义。其中：一、文殊章，是一经的宗趣所在。宣说有大陀罗尼——圆觉法门，流出一切清净真如、菩提、涅槃及波罗蜜。显示佛菩萨的因行果相都不外乎修证本有的圆觉道理。以下各章即说其观行。二、普贤章，说示圆觉境界的修行方便，远离一切幻妄境界，知幻即离，离幻即觉。三、普眼章，说示修习圆觉，应当正念远离诸幻，先依奢摩他行，坚持净戒，宴坐静观身心幻垢、人法二空，乃至幻灭垢尽，一切清净，觉性平等不动。四、金刚藏章，说示圆觉本性平等不坏，众生有思惟心不能测度如来境界，故应先断无始轮回根本。五、弥勒章，说示爱欲为轮回根本，一切众生由本贪欲，发挥无明，显出五性差别不等，依事理二障而现深浅。应发大愿，求善知识，渐断诸障，证大圆觉。六、清净慧章，说示圆觉自性本无取证，但于除灭一切幻化修证位中，有凡夫随顺觉性、菩萨未入地者随顺觉性、菩萨已入地者随顺觉性、如来随顺觉性诸位差别。七、威德自在章，说示修行的方便，依着众生的根性而有三种差别：（一）奢摩他。（二）三摩钵提。（三）禅那，此三法门若得圆证，即成圆觉。八、辩音章，说示单修奢摩他或三摩钵提或禅那一法，乃至或先或后齐修二法乃至三法等二十五种清净定轮的修行方法。九、净诸业障章，说示觉性本净，但由众生从无始以来，妄执有我、人、众生、寿命，认四颠倒为实我体，妄生嗔爱，生妄业道，不能入于清净觉海。十、普觉章，说示欲求圆觉，应除作、任、止、灭四种病相，以及去除诸病求证圆觉之道。十一、圆觉章，说示修行大圆觉者，长期、中期、下期三种安居的方法，以及修习奢摩他、三摩钵提、禅那三观等方便。十二、贤善首章，说示此经名“《大方广圆觉陀罗尼》”、亦名《修多罗了义》等五名，并信闻受持此经的功德利益等。此章通行本中只有长行问答说法，未有偈颂重宣其义，比起以前十一章来文体似欠完整。近世日本松本文三郎偶获古来本《圆觉经》下卷一帖，见此贤善首章佛说至“汝善男子，当护末世是修行者，无令恶魔及诸外道恼其身心令生退屈”句下，有“尔时世尊欲重宣此义而说偈言：贤善首当知，……护是宣持者，无令生退屈”一百一十三字，这实是此经已脱佚的文字可知（见日本《续藏经》第二编乙第二十三套第四册、《圆觉经佚文》）。由于现存最古的此经注疏唐宗密《大疏》《略疏》中均皆缺此文句看来，可知这一段文字是在九世纪初宗密撰疏以前即已脱落了的。

又最后贤善首章一般即为此经的流通分，或又以此章后段从“尔时会中有火首金刚”起至经末止，叙述诸金刚、天王、鬼王等众护佑持是经人等为流通分。

此经在经录中被列于大乘修多罗藏，后世更收入华严部。这是由于此经所说“圆觉流出一切清净真如、菩提、涅槃及波罗蜜”“如法界性究竟圆满遍十方故”（《文殊章》），又说“一切众生种种幻化皆生如来圆觉妙心”（《普贤章》），“是经唯显如来境界，唯佛如来能究竟说”（《贤善首章》），这都合乎华严宗圆摄一切诸法，直显本来成佛的圆教旨趣。因此，唐宗密禅师认为此经“分同华严圆教”，后世学人都列之于华严部类。又此经在禅门中也传习甚广，即因此经显示的修行方便，处处与禅法相合。经中所说：“远离一切幻化虚妄，……心如幻者亦复远离，远离为幻亦复远离；离远离幻亦复远离，……知幻即离不作方便，离幻即觉亦无渐次”（《普贤章》），“何况能以有思惟心，测度如来圆觉境界”（《金刚藏章》）、“无取无证，于实相中实无菩萨及与众生”“修多罗教如标月指，……了知所标，毕竟非月”（《清净慧章》），以及奢摩他、三摩钵提、禅那三种禅法及二十五种清净定轮，乃至远离作、止、任、灭四种禅病（七至十一章），这些教旨都适用于禅门修学，因而此经在丛林中盛行流传。经中最后并称“是经名为顿教大乘，顿机众生从此开悟，亦摄渐修一切群品”，后世学人也即称此经为大乘顿教。

至于此经在教禅之间的盛行弘传，实倡始于唐圭峰宗密禅师（780—841），即宗密上承贤首（法藏）、清凉（澄观）的华严教系，又承荷泽（神会）、荆南（惟忠）、遂州（道圆）的南宗禅系，对于此经极为欣戚，自称“禅遇南宗，教逢斯典，一言之下心地开通，一轴之中义天朗耀”（《圆觉经大疏》序），而殷殷致力于此经的弘阐。所著有《圆觉经大疏》十二卷、《大疏钞》二十六卷、《略疏》四卷、《略疏钞》十二卷、《大疏科》三卷、《道场修证仪》十八卷，精详地显发了此经的意蕴。此外，他还著有《圆觉经礼忏略本》四卷、《圆觉经道场六时礼》一卷等（见《义天录·海东有本见行录》）。宗密在《圆觉经大疏钞》卷一之下中自称：“此经具法性、法相、破相三宗经论，南北顿渐两宗禅门，又分同华严圆教，具足悟修门户，……宗密遂研精覃思，竟无疲厌；后因攻《华严》大部，清凉广疏，穷本究末，又遍阅藏经，凡所听习咨询讨论披读，一一对详《圆觉》，以求旨趣；……率愚为《疏》，至（长庆）三年（823）夏终，方遂终毕。”于此显示宗密著《疏》的内容和他教禅兼弘的宗旨。因此，在华严和禅宗盛行的当时，由于宗密的弘扬，此经广行流传。而宗密的疏钞即为后世学人依凭的要籍。

在宗密以前，此经的著疏已有四家，即唐京报国寺惟悫《疏》一卷、先天寺悟实《疏》两卷、荐福寺坚志《疏》四卷、北都藏海寺道诠《疏》三卷。宗密当时皆反复研味，认为“互有长短，谓悫邈经文，简而可览；实述理性，显而有宗；诠多专于它词，志可利于群俗”（《圆觉经大疏》卷上之二）。此外宗密又闻江淮间也另有疏流行，但未亲见（同《疏钞》卷四之上）。自宗密疏出，文义精朗，以上各疏即均晦佚无传（见清远《圆觉经略疏钞随文要解》）。宗密以后，至十一世纪间，贤首宗学者杭州慧因寺净源，曾据宗密的《道场修证仪》删订为《圆觉经略本道场修证仪》一卷，用以便于修习。十二世纪间，毗陵华严寺观复撰有《圆觉经钞辨疑误》两卷，以勘定当时《疏钞》刊行本的错误。随后有西蜀龙翔寺复庵道辉撰《圆觉经类解》八卷，经镜庵行霆加以修订行世。至宋孝宗则以禅学思想撰《御注圆觉经》两卷。毗陵华严寺清远撰《圆觉经疏钞随文要解》十两卷。又当时教禅一致的风气流行，于时有龙江章江禅院如山撰《圆觉经略疏序注》一卷。此外，尚有大舸撰《觉性乐》两卷，德素撰《玄议》

两卷，法圆撰《经解》两卷、道璘撰《地位章》一卷、《三观扶宗息非》一卷等（均见《义天录》）。又天台宗徒有秀州竹庵可观撰《圆觉手鉴》一卷，澄觉神焕撰《疏》两卷，景德寺居式撰《疏》四卷，慈室妙云撰《直解》三卷、柏庭善月撰《略解》一卷（见《佛祖统纪》卷十四—十八）。十三世纪间，苕水古云元粹依天台教观，参考神焕、居式、可观、慈室诸《疏》，并据宗密《疏钞》撰《集注》两卷，其中保存了已经散佚的天台诸家的注解。潼川居简序此书云："圭峰发明此经，造《疏》数万言，……由唐至今，广略并行，西南学徒，家有其书，于戏盛哉。江淮荆蛮稍若不竞，天台再造于五季乱离之际，鼓行吴越间，作者辈出，巉然见头角，由是二家之言，肝胆楚越，咫尺云壤。"于此可见台、贤两宗学人并重此经而见解各别。稍后又有台州崇善教寺智聪撰《心镜》六卷，居士周琪撰《夹颂集解讲义》十二卷，这都是阐述教禅一致的理解之作。至十七世纪以来，有武林陆通律寺寂正撰《要解》两卷。憨山德清撰《直解》两卷，二楞庵通润撰《近释》六卷，居士焦竑撰《精解评林》两卷（现存上卷），禅宗罗峰弘丽撰《句释正白》六卷，贤首宗徒通润撰《析义疏》六卷，净挺撰《圆觉连珠》一卷等。这是由于宋、明以来佛教界形成禅教融会的风气，而此经乃契其机，因此讲述颇盛。

此经从唐以来，在朝鲜半岛甚为流行，据《义天录》有本现行录，可知当时（1090）尚传存有坚志《疏》，以及宗密、净源、大轲、德素、法圆、善聪、仲希、道璘等疏著，其中以宗密的《疏钞》流传最广。同时，此经在日本禅教间也盛行传持，著名的注疏有凤潭的《集注日本决》五卷、普寂的《义疏》两卷、大内青峦的《讲义》一卷、汤次了荣的《研究》一卷等。

（高观如）

大宝积经

《大宝积经》(《宝积》)是一部丛书体裁的经集，一百二十卷。玄奘在临死前一年(663)曾试译几行，感觉气力衰竭而辍笔。菩提留志从神龙二年(706)开始编译，历时七年，于先天二年(713)完毕，完成玄奘未竟的伟业。他利用《宝积经》的丛书体裁，尽量勘同从前译过的另本编入大部，遇到旧本文义不全或旧无译本的，才出新译。因此全经四十九会，几乎一半用了旧本，只二十六会新译，其中还多数是参酌旧本重出，纯粹的初译本只十一会而已。

《宝积》这样四十九会的大丛书，是后来发展而成的。最初出现的是里面最原始的一种，中国前后译过四次，开始是支娄迦谶译的，名叫《佛遗日摩尼宝》(佛遗日，即毗佛略，意为方广；摩尼为如意珠)，次晋录失译名《摩诃衍宝严经》，又姚泰失译名《大宝积经》，或名《迦叶品》(后由单卷编入大部四十九会中第四十三会，因大部也有《迦叶品》，遂改名《普明会》)，最后译的名《迦叶问正法经》。四个译本名称不同，都是小本《宝积》的异译，原经叫什么名字已不清楚。

小本《宝积》是继《般若》之后出现的大乘经类之一，其内容较《般若》更为丰富。不过，基本理论仍出于《般若》，只是在一个方面大大地发展了。全部分为十六门都是属于大乘教授的，具有重要意义。其中谈到了大乘出家，即戒律的问题，谈到定慧学，以大乘和小乘相比较指出其优劣。更值得注意的是提出了大乘的一个重要思想："根本正观"，说大乘应该用般若去观察一切。菩萨乘就是提倡般若，所以《宝积》的根本正观来自般若。具有智慧，就掌握得判别正与不正的方法，从而使他们的理论超出了单纯的空观，提出所谓“中道”来。“空观”原对实有而言，“实有”固然不对，若定以空为实在的“空”，也不对，离去“空观”“实有”的两边，他们主张“中道”。“中道”原在部派佛学时期也偶尔谈到，现在大乘把它扩大，而且固定在“正观”方面运用，这就是从小品《宝积》开始的一个重要思想。小品《宝积》还特别指出，“有见”很坏，但“有见”走向极端，即使大如须弥山，也还有办法破除，如果着了“空见”那就不可救药了。可见，《宝积》的思想比“空观”进了一步，它破空破有，提倡“中道正观”。

《胜鬘夫人会》是刘宋求那跋陀罗译《胜鬘师子吼一乘大方便方广经》的异译，编入大部第四十八会。内容主要讲“佛性”，特别以“如来藏”为主题。全经结构分十四门，即有十四义。说法基本上与《大涅槃经》的后分一致，但着重结合心的法性讲的。心的法性即心的本质，心以“清净”为本质，就是“自性清净心”。《胜鬘经》又提到如来藏即自性清净心，把佛性扩展到心性，如来藏厌苦欣灭而为出世正因，尤属内学大本之谈，乃对于人性的理解及人生转依根据的说明。把“如来藏”联系于对“自性清净心”的理解力方面，即“空性智”。空性智对心的理解有两个方面：一、从自性清净心讲，一切众生皆有此心，但现时不能觉察，乃因烦恼障蔽，即所谓“心性本净、客尘所染”，净心与客尘是同时并存的，但两者性质不同，又是分离的，即所谓“与客尘俱，而性相离”。何以知其相离？是空性智的理解，“由智而见其不实”，从而把客尘断掉，如来藏就具有“空”的意义，即“空如来藏”。二、如来藏可以成佛，可以使之具有佛的各种功德，尽管现在未发现功德，但功德的基础存在，藏与功德的关系，被看作“不俱与不离”，现在虽尚未实现佛的功德，但如来藏里早已摄藏了实现它的基础，如幼儿已具备成年人基础，总有成长为成年人的一天。从智慧看来，它也是圆满无欠缺的。这样又具有不空的意义，即“不空如来藏”。《胜鬘经》共讲了十四义，还有其他一些重要说法，如三乘归于一乘，暗示一切众生（包括一阐提在内）都可以成佛。四谛归于灭谛，可以看出四谛有有作、无作两方面的意义。

《菩萨藏经》二十卷，玄奘法师于贞观十九年（645）译出，编入大部第十二会。它是菩萨藏理论新的发展，对于大乘全体又有所组织的一部书。菩萨藏的理论根据就是法门，此经对大乘的重要法门都提到了，因此，对了解这一时期的学说具有极重要的意义。玄奘是传播这一学说系统的瑜伽行派的人，对此学说原委了解得很清楚，所以非常重视它，归国后最先翻译的就是此经。它讲大乘菩萨道的组织，以"四无量""六度""四摄"为纲，把有关法门统摄在这三类里。首先提出"四无量"来，是与外道说法相照应而内容却不相同，剔除了婆罗门所说以梵天为解脱目标，修行结果与梵天共住的理想。他们修行的手段之一是修"慈悲喜舍"四无量。大乘认为这还是贪欲的低级要求，因而主张四无量是无染心的。此经继承龙树吸取和利用外道所说的四无量这一方法，把四无量列在六度之先，以四摄为六度的推广，构成了以六度为中心的组织体系。它把以前及当时的一切说法加以简别，最后把重点放在"智度"上。这从经的最后带有结论性的颂文"于业应知业，于报应知报，无业亦无报，是安隐涅槃。诸有为皆苦，于中无有智，是故智生已，有为皆解脱"里也表示出来了。此经不但把智慧放在首位，而且讲到如何才能构成智慧，需有十善巧："蕴""界""处""谛""四无碍""四依趣""资粮""三十七道品""缘起""一切法"（包括有为、无为）。应对十个方面有个正确的认识，就是善巧。此经对《大涅槃经》《胜鬘经》所提到的问题也涉及了，但无所偏重，而是包罗各个方面。如讲"界"善巧时，不用"佛性"而用"我界"解释，说"我界"就是"法界"，也就是"法性"的意思，实际上与《涅槃经》《胜鬘经》一样。讲"谛"善巧提到四谛归于灭谛，与小乘讲四谛以苦谛为中心相反。关于谛，通常只讲胜义谛和世俗谛，此经加一个相谛为三谛。相谛是无相，把一切归于无相。通常讲胜义译只讲一切法自性空，此经认为这样讲空还不够，应以无相为基础，建立一切相，无相与一切相，非一非异，诸法不一，归为无相，异中见一，无相非相，乃是一切相之共相。这种说法对后来的有关说法很有影响。在讲四谛时，一方面肯定了可用五蕴解释，即五取蕴是苦，因而有苦集灭道。另一方面也可从能所取来解释，由于能取所取的执着，也会形成苦。这是针对有部把六根看成内能取，六尘看成外所取，而此经认为这种执着就属苦谛。此外，还提到涅槃与生死是无区别的，成就瑜伽师地得方便慧的等，可见与后来的瑜伽行派有着千丝万缕的密切联系。因此，它对大乘学说讲得很全面、很扼要，可以看成大乘思想的重新组织。玄奘虽然首先译出它，是重视它的一个表示，可惜他并没有说明此经对大乘学说有这样多的发挥。

《大宝积经》内有重大义理的几会，特别是小本《宝积》为大本《宝积》之先河，要义如上。以下即依次略述其余各会的大概。

一、《三律仪会》，三卷。唐菩提留志新译，与旧《大方广三戒经》同本。佛因大迦叶问，说菩萨种种应作、不应作的三法，各演说三戒，亦名说菩萨禁戒。也名集一切佛法，在家出家菩萨修行成就或退失菩提法门。

二、《无边庄严会》，四卷，新译。佛为无边庄严菩萨说一切法自性无性，不可以相表示；然是一切诸法本性，非由染净之所建立，无住无起，本性清净。菩萨如实解了无明诸有为法，悟智见等无为法，入清净法门，获遍持光明智慧，圆满所有不思议善根等愿。

三、《密迹金刚力士会》，七卷，西晋竺法护译。密迹金刚力士说如来身口心三秘密真实之法。目连欲穷佛声边际，过西方九十九恒河沙佛土终不能得，其音常近不远。应持菩萨过上方百亿恒河沙佛土，欲见佛顶相亦不能见。

四、《净居天子会》，两卷，西晋竺法护译，旧名《菩萨说梦经》。净居天子问菩萨所行相貌摄受诸法，佛言梦中见相一百八事，应随梦境进修，净除业障。

五、《无量寿如来会》，两卷，新译，与旧《无量清净平等觉》《大阿弥陀》《无量寿经》等同本。佛说阿弥陀佛因地愿力，极乐国土种种清净庄严，劝人往生。

六、《不动如来会》，两卷，新译。与旧本《阿閦佛国经》同本。佛说妙喜世界种种胜妙，不动佛行愿功德，劝人往生。

七、《被甲庄严会》，五卷，新译。佛为无边慧菩萨说菩萨被大甲胄，乘于大乘，行于大道，为诸众生作大利益。

八、《法界体性无分别会》，两卷，梁曼陀罗仙译，与罗什译《法界体性经》同本。文殊师利说一切法皆法界体性，是污染者法界体性，若知污染是法界体性是名白净。然第一义无有污染，若污染法若白净法，各佛出世。佛出世者，诸法无生，是无生法，都无生死，亦无涅槃。又广说菩提之相，菩萨闻已，能于诸法体性无所分别，即名为佛。

九、《大乘十法会》，一卷，元魏佛陀扇多译，与梁译《大乘十法经》同本。十法者：（一）信成就；（二）行成就；（三）性成就；（四）乐菩提心；（五）乐法；（六）观正法行；（七）行法慎法；（八）舍慢大慢；（九）善解如来秘密之教；（十）心不希求二乘。

十、《文殊师利普门会》，一卷，新译。与旧《普门品经》等同本。佛说色、声、香、味、触、人、天、善、恶等法，了知其性空，本自无生起，皆悉寂静，是名诸三昧普入不思议法门。

十一、《出现光明会》，五卷，新译。佛答月光童子问，说如来因地善根资粮圆满，成就相好光明等法门。

十二、《菩萨藏会》，说明见上文。

十三、《佛为阿难说人处胎会》，一卷，新译，与旧《胞胎经》同本。佛说人受生入胎种种事。

十四、《佛说入胎藏会》，两卷，唐义净译。佛说种种方便化难陀离欲出家事。

十五、《文殊师利授记会》，三卷，唐实叉难陀译，与《文殊师利佛土严净经》同本。佛说文殊师利于往昔雷音佛所初发菩提之心，过不可思议微尘数劫行菩萨道，劝教十万无量无边如来，然后作佛名为普见，刹土功德庄严，极乐世界非所比量。

十六、《菩萨见实会》，十六卷，高齐那连提黎耶舍译。佛成道已，还迦毗罗城，化父，为净饭王说六界差别法门。

十七、《富楼那会》，三卷，姚秦鸠摩罗什译，旧译名《菩萨藏经》，亦与《大悲心经》同本。佛为富楼那说菩萨藏。

十八、《护国菩萨会》，两卷，隋阇那崛多译。佛为护国比丘说菩萨清净无畏，喜舍调伏等四十八法。

十九、《郁伽长者会》，一卷，曹魏康僧铠译，与《法镜经》及《郁迦罗越问菩萨行经》同本。佛为郁伽长者说在家种种过患功德及出家菩萨修行功德之法。

二十、《无尽伏藏会》，两卷，新译。佛说菩萨有贪行、嗔行、痴行等分行，说法等五伏藏，成就殊胜功德，速证菩提。

二十一、《授幻师跋陀罗记会》，一卷，新译，与旧译《幻士仁贤经》同本。王舍城幻师变幻供养验试如来，不知如来现证诸法如幻，悔悟发心而得授记。

二十二、《大神变会》，两卷，新译。如来有大神变，说法教戒，答商主天子问，说云何名无生，云何名无生忍。

二十三、《摩诃迦叶会》，两卷，元魏月婆首那译。佛为迦叶说出家比丘妄言得果，贪著名利等种种罪相。

二十四、《优波离会》，一卷，新译，与旧《决定毗尼经》同本。优波离问佛戒律轻重开遮，文殊师利言一切诸法毕竟寂灭，心寂灭故名究竟毗尼，乃至是名法界究竟毗尼，诸佛世尊依此成道。若善男子于是法中不善观察，则为远离如来净戒。

二十五、《发胜志乐会》，两卷，新译，与旧《发觉净心经》同本。佛说初业菩萨既出家已，应离乐著利养、愦闹、俗言、睡眠、众务、戏论等过失，修出世道慈念众生。

二十六、《善臂菩萨会》，两卷，姚秦鸠摩罗什译。佛为善臂菩萨说菩萨当具足六波罗蜜法。

二十七、《善顺菩萨会》，一卷，新译，与旧译《须赖经》同本。舍卫城有菩萨名善顺，方便度人，示现极贫，佛为说法，授以佛记。

二十八、《勤授长者会》，一卷，新译。舍卫城勇猛授等五百长者，诣佛发心，佛为说应现身四十四种过患，厌离身命妻子舍宅衣服车乘香鬘一切乐具，速能成就六波罗蜜疾得无上菩提。

二十九、《优陀延王会》，一卷，新译，与旧《优填王经》同本。优陀延王因第二夫人谄诬，对第一夫人及如来圣众发起嗔恚，悟后忏悔。佛为说先知丈夫过患，然后多种观察女色欲染过患。

三十、《妙慧童女会》，一卷，新译，与旧《须摩提经》及先译《妙慧童女经》同本。长者女妙慧问佛云何得端正身乃至临终诸佛现前。佛为说于恶友所不起嗔心等四十行。

三十一、《恒河上优婆夷会》，一卷，新译。佛与恒河上优婆夷问答，说一切法如幻化，如虚空，心尚不可得，何况心所生法，一切法皆无所得名真修梵行。

三十二、《无畏德菩萨会》，一卷，与《阿阇世王女阿术达菩萨经》等同本。阿阇世王女无畏德，见声闻不起迎问礼，为王广说二乘与大菩萨人种种差别，与舍利佛等问答妙法。

三十三、《无垢施菩萨应辩会》，一卷，与《离垢施女经》及《得无垢女经》同本。波斯匿王女与声闻迦叶舍利佛等及菩萨文殊观音等问答法要。

三十四、《功德宝华敷菩萨会》，一卷，新译。佛因问，为说持诵十方现在佛名所得殊胜功德。

三十五、《善德天子会》，一卷，与先译《文殊师利所说不思议佛境界经》同本。文殊演说诸佛不思议甚深境界。

三十六、《善住意天子会》，四卷，与《如幻三昧经》及《圣善住意》等同本。文殊与善住意于佛前问答不施不悭、不戒不犯、不忍不诤、不进不怠、不禅不乱、不智不愚、无凡夫无佛、不因缘不无缘等甚深法。

三十七、《阿阇世王子会》，半卷，与旧《太子刷护》《太子和休》二经同本。王太子问佛何因缘得端正莲华化生、知宿命、生天上、得六神通等，佛随问演说。

三十八、《大乘方便会》，两卷半，东晋竺难提译，与《慧上菩萨问大善权经》等同本。佛因智胜菩萨问，说诸菩萨由于回向，随喜，以一抟食给施一切众生，一香一华供养十方佛等善权方便法门。

三十九、《贤护长者会》，两卷，原名《移识经》，隋阇那崛多译。贤护问佛，众生有识如宝在箧，不显不知，身谢识迁，如梦迁化，受种种身，往来苦乐等事。

四十、《净信童女会》，一卷，新译，波斯匿王女问菩萨正修行法，得坚固力，安住生死，成熟众生，六度，四无量等。

四十一、《弥勒菩萨问八法会》，一卷。本名《弥勒菩萨所问经》，与《大乘方等要慧经》同本。佛说菩萨成就深心等八法，于胜进法中不退不转，速成菩提。

四十二、《弥勒菩萨所问经》，半卷，与旧《弥勒菩萨所问本愿经》等同本。佛说弥勒以善权方便安乐行，昼夜六时礼佛忏悔，劝请诸佛，愿于来世人民无垢秽奉行十善时成佛。释迦以身命布施，勇猛精进，愿于五浊恶世成佛度生。

四十三、《普明菩萨会》，说明见上文。

四十四、《宝梁聚会》，两卷，北凉释道龚译。佛说沙门善恶垢净，梵行非梵行种种事相。

四十五、《无尽慧菩萨会》，半卷，新译。佛说十波罗蜜及入十地先相等法（与华严部《庄严菩提心经》同）。

四十六、《文殊师利说般若会》，一卷半，萧梁曼陀罗仙译。文殊师利菩萨说般若波罗蜜及一行三昧法。

四十七、《宝髻菩萨会》，两卷，西晋竺法护译。佛说六波罗蜜，三十七菩提分法，菩萨净行等。

四十八、《胜鬘夫人会》，说明见上文。

四十九、《广博仙人会》，一卷，新译。佛为广博仙人说三十三垢染布施不得果报及说种种上施，生死转识，诸天欲乐衰相等事。

关于《宝积经》的注释，《瑜伽师地论菩萨地抉择分》有释文与经配合，但不牒经文。对勘四译，唯晋译结构比较相近，可以对读。元魏菩提留支译有释论一种，名《大宝积经论》，凡四卷，不详作者，译文也错乱拙劣。西藏藏经中同有此本，题安慧作，考其体例，是依《瑜伽》配合经文，详为之解，家法井然，或者真是安慧之作。第四十一《弥勒菩萨问八法会》有释论五卷，名《弥勒菩萨所问经论》，元魏菩提流支译。第四十七《宝髻菩萨会》有释论《宝髻菩萨四法经论优波提舍》一卷，天亲菩萨造。元魏毗目智仙译，也都可资参研。

（李安）

大宝积经·无边庄严会

《大宝积经·无边庄严会》四卷，唐菩提流志译。它是《大宝积经》(本书已有专条）四十九会中的第二会，列于大部经中的第四卷至第七卷，是佛为无边庄严菩萨阐说三品陀罗尼门的一会，也是全经中带有浓厚的密教色彩的一会。

此经的内容共分三品：

一、《无上陀罗尼品》，叙述佛在迦兰陀竹林，时有无边庄严菩萨向佛请问成熟菩提的微妙陀罗尼门。佛为宣说应知诸佛的秘密语言、受持、思惟、如理观察。如来所说摄诸善巧，无不清净，这是由于一切法皆是假名言说，不可施设，也没有示现，不住分别，也非不住，乃至如幻如梦，缘起虚妄，自性本空，能令众生杂染皆净，无有所得，也没有摄受，没有一法可以执着等诸法性空的道理。然后开示菩萨能随念佛法利乐有情的法门陀罗尼句，并广说陀罗尼门的善巧方便理趣差别。

二、《出离陀罗尼品》，述佛继续为无边庄严菩萨宣说出离一切文字语言的法门理趣，并说由此成就如来十力，及说陀罗尼与最胜出离陀罗尼和它的功德。

三、《清净陀罗尼品》，述佛继续说佛性非有非无，乃至十力、四无所畏无有少法可得，亦非不得。这个陀罗尼清净法门，能够开示一切法毕竟空寂，犹如虚空，又能示现广大慧光。此外，又次第说十四首摄受一切善巧的清净陀罗尼咒而劝令奉持。

此会虽以向佛请问的“无边庄严”菩萨为名，但其内容则在阐述诸法性空之理，显示三个陀罗尼品为其心要。经中强调这三品陀罗尼的殊胜："普如迦利邸迦月圆满时，光明照耀，于众星中最为殊胜；如是此陀罗尼印三品，摄受所有法门亦复如是。"经流通分又说："此法门名陀罗尼王，亦名陀罗尼印，亦名三品所摄善巧。"显见此会是以密教的陀罗尼门为主。但经中所传只诵咒句，并未进至后世所传的三密瑜伽阶段，因而只显示为密教的早期部分。又此会在大乘教义方面：一、所阐的法相，只限于四谛、三解脱门、十力、四无所畏、十八不共法、四不思议等早期大乘经中常有的名相。二、所述的义理，则是演说诸法缘起性空、及方便开示毕竟空义，乃至一切法悉是真如，一切法如与佛真如无二无别等属于方广大乘的理趣。三、所摄受的机缘，主要是菩萨乘人，也有声闻乘人。例如，经中说："声闻乘人厌离三界，于甚深法勤修行者，此诸人等未曾听闻此甚深法……如来为欲利盖安乐此诸有情，令证甚深广大无量难见难解种智觉故，而复（于此）宣说甚深之法。"显示菩萨乘的学修道果。由此看来，此会的教义也和整个《大宝积经》同样，是在真空的基础上，具备了妙有的初型，是介乎般若与涅槃之间的经典。

此会梵文原本早佚。在汉地此是初译本，未有异译。在藏地有藏文本。

（高观如）

大宝积经·不动如来会

《大宝积经·不动如来会》两卷，唐菩提流志译。它是《大宝积经》四十九会中的第六会，收于大部经中第十九、二十卷，是全经中叙说不动如来的因行果地及其净土往生因缘的一会。

此会汉文异译本有后汉支娄迦谶译的《阿闳佛国经》两卷（今存），东晋支道根译的《阿闳佛刹诸菩萨学成品经》两卷（今佚）。藏文中也有译本。

此会的内容共分六品：一、《授记庄严品》，叙述佛在耆阇崛山，舍利弗向佛请问往昔菩萨发趣菩提的精进愿行功德庄严。佛为宣说往昔东方妙喜世界不动比丘在广目如来处所发的种种弘誓愿心，精进无比，得蒙授记乃至成佛，成就不可思议无量功德。二、《佛刹功德庄严品》，佛又宣说不动如来所成就的佛刹种种殊胜功德庄严。三、《声闻众品》，续说不动佛刹的声闻圣众无量无数。四、《菩萨众品》，续说不动佛刹的菩萨无量无数，出家者多，在家者少及所有殊胜功德乃至魔不扰害。五、《涅槃功德庄严品》，续说不动如来入般涅槃所作的佛事，和佛法住世的时劫。六、《往生因缘品》，续说往生彼佛刹土的种种善行因缘等。

此会阐述东方不动如来的宏誓愿行及所成就的妙喜世界功德庄严和众生往生因缘的思想，和本经第五会所述西方无量寿如来的因行果地与往生因缘故事遥相对待，同为阐说他方净土往生思想的主要经典。但在中国妙喜净土法门的弘传，未能像极乐净土思想的广盛。

（高观如）

胜鬘经

《胜鬘夫人师子吼经》，简称《胜鬘经》，有汉文和藏文两类译本，经题详略不一。汉文译本有三种：

一、《胜鬘经》一卷，北凉昙无谶在玄始年间（412—427）译，见于隋费长房《历代三宝记》，早佚，唐智昇《开元释教录》列入缺本。

二、《胜鬘师子吼一乘大方便方广经》一卷，刘宋求那跋陀罗于元嘉十三年（436）译，今存。

三、《胜鬘夫人会》一卷，唐菩提流志于神龙二年到先天二年间（706—713）译，编入《大宝积经》第四十八会，今存。藏文译本一种，两卷，胜友、善帝觉、智军合译，也编入《大宝积经》里，今存。在现存译本中，汉地最流行的是刘宋译本。此本的译文简当，且为历代学者讲说、章疏所据而受到重视。本经自从唐译本编入《大宝积经》以来，以后各录的入藏目都列入宝积部，其实本经所详义理，还是涅槃部一类的，按其内容应该列入涅槃部。

本经叙述胜鬘夫人由于父波斯匿王、母末利夫人的引导，闻法见佛而生信解，得到授记，即于佛前演说一乘、一谛、一依等大乘佛法。本经后分特分别标出全经所详的十四义和总结，后世遂据以划分为十五章段。前三章叙述胜鬘夫人皈依、受戒、发愿的经过。第四章详说摄持正法，总摄一切愿行。而本经所谓“正法”，系专指涅槃一乘法。第五章说关于一乘法的修证。从第六章到第十二章，解释三乘必归于佛乘而为一乘所摄，于此详说入于一乘之道。第十三章说入一乘道之因。于此解释佛说“心性本净、客尘所染”密意是指“如来藏心”。第十四章说净信为本，仍指归于涅槃。第十五章总论以上文义作结。

本经反复说明如来藏是出世正因，多就《大法鼓经》意而加以发挥。关于如来藏之说，《楞伽经》里也有专章阐述。并说胜鬘夫人宣说如来藏、藏识、如来境界云云，可见《楞伽经》与本经的关系及教义上互相阐发的共同之处。

本经传入中国，以刘宋译本弘传较盛，最初注释本经的是刘宋竺道猷。他于经出之后就反复披寻，撰《注解》五卷。其后道慈从他问学，依注删节为《要解》两卷。这两种都早佚。梁代有慧超《注》、僧馥《注》、僧璩《文旨》、法珍《义疏》、法瑗《注》、慧通《义疏》及梁武帝《别释》等，也都佚。当时北地有道辨《注》、慧光《注释》、僧苑《疏记》、昙延《疏》及灵祐《疏》等，也都佚。现存敦煌出土的北魏正始元年（504）写本《义记》及延昌四年（515）写本照法师《疏》残本各一卷。隋代有慧远的《义记》两卷，今存上卷；吉藏《宝窟》三卷，今存。唐代有窥基《述记》两卷，明空《义疏私钞》六卷，今存；另有元晓《疏》、道伦《疏》各两卷，靖迈《疏》、攀法师《义记》各一卷，都佚。唐代以后，本经讲习衰歇，未见有续出的注疏。

（游侠）

无量寿经

《无量寿经》两卷，现行本依《开元录》作，曹魏嘉平四年（252）康僧铠译。这是叙述阿弥陀佛过去的因行和所创建的净土功德庄严并此土众生往生行相的经典，为净土三部经之一。

此经的汉文译本，相传前后有十二种，在这题称魏译一种而外，现存的异译本还有：《无量清净平等觉经》两卷，后汉支娄迦谶译。《阿弥陀三耶三佛萨楼佛檀过度人道经》两卷，吴支谦译。《无量寿如来会》（即《大宝积经》第五会）两卷，唐菩提流志译。《大乘无量寿庄严经》三卷，宋法贤译。以上是五种存本。此外，各经录有记载而现在缺本的还有：《无量寿经》两卷，后汉安世高译。《无量清净平等觉经》两卷，魏帛延译。《无量寿经》两卷，西晋竺法护译。《无量寿至尊等正觉经》一卷，东晋竺法力译。《新无量寿经》两卷，刘宋佛驮跋陀罗译。《新无量寿经》两卷，宋宝云译。《新无量寿经》两卷，宋昙摩蜜多译。以上是七种缺本，如《开元释教录》卷十四说："右七经与《大宝积经无量寿如来会》同本，此经前后经十一译，四本在藏，七本缺。"加上《开元录》以后出现的宋法贤译本，即为五存七缺共十二译本。

但以存本论，现行的魏康僧铠译本，在《出三藏记集》和《梁高僧传》中皆未列载，《开元录》以前隋、唐诸经录中均以此本列为法护所译，《历代三宝纪》则并载僧铠和法护两种译本。但此经的译语、译例与宋宝云所译的《佛本行经》等却颇相接近。宝云译本已见诸《出三藏记集》卷二所载，可见从那时以来一向存在，到隋代才成缺本，今本或即宝云所译，被辗转误题为魏译本。又此经的异译本《无量清净平等觉经》，依《开元录》题为支娄迦谶所译，而梁《高僧传》和《开元录》以前隋、唐诸经录中却均将它作为魏帛延译。但《出三藏记集》卷二又录有法护译《无量寿经》，一名《无量清净平等觉经》两卷，勘诸法护其他译籍，与此经译语又多相近，因之此经或即原为法护译本亦未可知。

又以缺本论，晋竺法护和宋宝云译本可能即是支娄迦谶和僧铠译本，已如上说，此外，后汉安世高译本，在《出三藏记集》等古录中未列，仅据《历代三宝纪》卷四谓安世高有此译本，似难认为事实。东晋竺法力译本《出三藏记集》等亦未列载，只《历代三宝纪》谓见诸《释正度录》，也堪疑问。刘宋佛驮跋陀罗和宝云所译的原是一本，据《出三藏记集》卷二所载，两人皆于刘宋永初二年（421）扬都道场寺同时同处译出，因之这两译似属一事。又昙摩蜜多译本，隋《法经录》和《开元录》虽皆列载，似系误传。

此经的藏文译本，系由胜友、施戒与智军共译出，现存于藏文大藏经中。

此经的梵本，系于十九世纪中在尼泊尔发现，英国马克斯·缪勒和日本南条文雄于1882年据以刊行。嗣又用英文加以译出，收于1894年出版的《东方圣书》第四十九卷中。此经的日文译本，有南条文雄、荻原云来、椎尾辨匡、河口慧海等依据梵、汉、藏文本译出了多种日译本。但在日本、朝鲜、越南等国，古来一般均通行汉文译本，而尤以曹魏康僧铠译的《无量寿经》在各国流传最广，这当是由于这一译本在中国古来即已盛行弘通，对于此经的讲诵疏注最为兴盛的影响所致。

今依据曹魏译本略叙此经的内容：此经叙述佛在王舍城耆阇崛山，大比丘众万二千人并诸大菩萨众一时来会。这时世尊姿色清净，光颜巍巍，阿难启请，佛即为说过去世自在王佛时，有一国王闻佛说法出家名号法藏，发无上心，五劫思维，摄取诸佛国土的清净之行，并发四十八项庄严佛土利乐众生的大愿，经过了漫长的时期，累积了无量德行，在十劫以前便已成佛，号无量寿，光明寿命最尊第一，并已成就无量功德庄严的安乐净土，其土声闻菩萨无量无数；国中讲堂精舍宫殿楼观宝树宝池等都以七宝严饰，微妙严净，随意饮食百味，演出伎乐万种，皆是法音。其国人众智慧高明，颜貌端严，但受诸乐，无有众苦。众生往生彼国都入住正定聚。至于往生的行相，有上辈、中辈、下辈三种分别。国中菩萨都得到一生补处，以观世音、大势至为其上首。众生生彼国土皆具三十二相，智慧圆满，神通无碍，殊胜安乐说不能尽。佛劝弥勒并诸天人等，各勤精进，不要怀疑，信心回向，便能在彼国七宝华中化生，他方十四佛国乃至十方无量佛国菩萨往生彼国的也无量无数。弥勒、阿难等诸大菩萨、声闻闻佛所说皆大欢喜。

此经的各种译本叙述弥陀成佛的因果、净土依正二报、众生往生的行果大体相同，但在文字记载上互有出入。宋王日休以现存汉译四本（除唐译《无量寿如来会》）各有所长，因而校辑会为一本，题名《大阿弥陀经》。后来清魏源又步王氏的后尘，编为《无量寿经会译》一卷。这是由于净土念佛在中国盛行，因而此经各译本文义的异同，遂为一般佛教学人所重视。今就魏译为主以各本对照，如序分中来会的听众，魏译有大比丘众一万二千人，吴、唐两译同后汉译说是一千二百五十人，宋译、藏译和梵本说是三万二千人。又魏译列菩萨众十七名，唐译列十三名，藏译和梵本仅列慈氏菩萨，其他三译都未列。叹菩萨德中，魏、唐两译大致相同，其他诸译本都未有记载。正宗分中叹佛德偈，魏译四言八十句，后汉译五言八十句，唐译七言四十二句，宋译七言三十六句，藏译和梵本有十颂，吴译没有偈颂。关于法藏所选择的净土，魏译为二百一十亿，后汉及吴两译同，唐译二十一亿，宋译八十四百千俱胝那由他，藏译八十一百千千万亿，梵本八十一百千俱胝尼由他佛刹。法藏所发的本愿，魏译四十八愿，唐译同，后汉及吴两译二十四愿，宋译三十六愿，藏译四十九愿，梵本四十六愿。又这些愿文互有出入，次第也不相同，成就文也不一致。说成就中，后汉及吴两译有阿阇世太子愿生净土说，其他译本都无。三辈章诸译本具备，但唐译简略。十方菩萨往觐偈，魏译五言百二十句，后汉及吴译六言百二十八句，唐译五言五十句，宋译七言四十句，藏译和梵本二十一颂。佛劝世人离五恶行五善段，魏、后汉及吴三译都有，唐、宋两译及藏译梵本都无。流通文中，魏、唐、宋三译并藏译梵本有咐嘱弥勒文，后汉及吴两译都无。特留此经文诸译都有，但唐译在此终有偈颂四十二句，宋译有二十句，藏译和梵本有十颂。经末现瑞证成一段，魏、唐、宋译及藏译梵本都有，后汉及吴两译都无。但各本内容大致无异。因而，近世学者称此经的梵文原本似有两三种云。

此经在古代印度似已颇为流行，世亲菩萨造的《无量寿经优婆提舍愿生偈》，大概是依此经义而作。北魏昙鸾的《往生论注》（即前书的注解）中，也说明是正依此经。从南北朝以来，此经在中国盛行弘通。北齐地论宗灵裕，隋净影寺慧远，嘉祥寺吉藏，唐西明寺圆测，以及璟兴、法位、玄一，乃至清彭际清等均对此经加以疏释，而并依据曹魏译本，可见魏译本在中国流传的盛况。

此经过去在朝鲜、越南也传习颇盛。尤其是在日本由于净土宗开创者源空，真宗创立者亲鸾均专依此经发挥他力易行念佛的宗义，对于此经的弘扬更形显著。

此经的主要注疏，现存有隋慧远的《义疏》两卷，吉藏的《义疏》一卷，清彭际清的《起信论》三卷。新罗憬兴的《连义述文赞》三卷，玄一的《记》一卷，元晓的《疏》一卷，日本源空的《释》一卷，了慧的《钞》七卷，圣聪的《直谈要注记》二十四卷，道隐的《甄解》十八卷，西吟的《显宗疏》十卷等。

现今佚传的重要注疏，尚有灵裕的《义疏》两卷，知玄的《疏》三卷，法位的《义疏》两卷，圆测的《疏》三卷，大贤的《古迹记》一卷，义寂的《疏》三卷，寂证的《述义》三卷等。

（高观如）

阿弥陀经

《阿弥陀经》一卷，姚秦鸠摩罗什译。是叙说阿弥陀佛净土功德庄严而劝念佛往生的经典，是佛无问自说的经，净土三经之一。

此经在中国弘传极盛，曾经三次汉文译出。

第一译是姚秦弘始四年（402）二月八日鸠摩罗什在长安（逍遥园）译出。第二译是刘宋孝建年中（454—456）求那跋陀罗在荆州辛寺译出，名《小无量寿经》，今已失传。第三译是唐永徽元年（650）正月一日玄奘在长安大慈恩寺译出，名《称赞净土佛摄受经》。又此经的藏文译本，系由施戒与智军共译出（一作悲铠日帝与智军共译）。

此经的梵文本，曾于1881年由英国马克斯·缪勒与日本南条文雄在伦敦加以刊行。嗣又于1894年将它英译，收于由马克斯·缪勒于1875年开始编辑出版的《东方圣书》第四十九卷中。又有南条文雄、荻原云来、椎尾辨匡、河口慧海等依据梵、汉、藏文译出数种日文本。

此经汉译三本在唐麟德元年（664）撰出的《大唐内典录·入藏录》中已并收入藏，同录卷六并载明第一罗什译本五纸，第二求那跋陀罗译本四纸，第三玄奘译本十纸。又据唐开元十八年（730）撰出的《开元释教录·入藏录》所载，罗什和玄奘译本纸数同上，求那跋陀罗译本则未收入藏。从那时起第二译《小无量寿经》似已佚失。但从元代以来各藏中，又都收有《拔一切业障根本得生净土神咒》十五句五十九字和以下长行四十七字，并标明是求那跋陀罗译，出自《小无量寿经》，这当是第二译中仅存的佚文。至第三玄奘译和罗什译本的异点，即为罗什译本中六方诸佛证成，而在玄奘译本中则为十方诸佛证成；至对勘藏译本和现存的梵本，则和罗什所译的一致。又罗什译的另一异本即古传襄阳龙兴寺石刻《阿弥陀经》，和现行本也有差别，如王日休《龙舒净土文》卷一所说："襄阳石刻《阿弥陀经》，乃隋陈仁稜所书，字画清婉，人多慕玩，自'一心不乱'而下云：'专持名号，以称名故，诸罪消灭，即是多善根福德因缘'。"今世传本脱此二十一字。这在宋元照当时也已见这石经本，元照《阿弥陀经义疏》中还表示怀疑今世相传讹脱，又戒度《阿弥陀经义疏闻持记》卷下中也附同上说。但今藏译本和梵本并玄奘译本中，却未见有和这所谓脱文相同的文句。明袾宏的《阿弥陀经疏钞》卷三中，也称此二十一字的所谓脱文，是前人解经掺入的语句，这似乎可信。

此经汉译中的罗什译本，文辞平易而流畅简明，最为汉地佛教学人所乐诵，因之流传最广。这一经的内容，是叙述佛一时在祇树给孤独园，向长老舍利弗等称说西方极乐国土阿弥陀佛依报和正报的功德庄严，执持阿弥陀佛名号一心不乱即得往生彼国；同时六方诸佛各出广长舌相证成释迦佛所说真实不虚，并对念佛众生共加护念等事。

由于在中国以罗什译本弘传最盛，因此古来各家多据此本从事疏讲。现存的重要注疏，有隋智顗的《义记》一卷，唐慧净的《义述》一卷，窥基的《疏》一卷、《通赞疏》三卷，宋智圆的《疏》一卷，元照的《义疏》一卷，戒度的《义疏闻持记》三卷，元性澄的《句解》一卷，明大佑的《略解》一卷，明传灯的《略解圆中钞》两卷，袾宏的《疏钞》四卷，大慧的《已决》一卷，智旭的《要解》一卷，清徐槐廷的《疏钞撷》一卷，净挺的《舌相》一卷，续法的《略注》一卷，彭际清的《约论》一卷。

现已佚传的有名的注疏，有姚秦僧肇的《义疏》一卷，唐智首的《钞》两卷，湛然的《决十疑》一卷，宋智圆的《西资钞》一卷、《科》一卷，仁岳的《新疏》两卷、《新疏指归》两卷、《科》一卷等。

此经在朝鲜、日本流传也甚广，朝鲜古德对于此经的注疏，有新罗圆测的《疏》一卷，元晓的《疏》一卷，道伦的《疏》一卷，璟兴的《略记》一卷，玄一的《疏》一卷，太贤的《古迹记》一卷。日本古德对此经的注疏，有源信的《大意》一卷、《略记》一卷，源空的《释》一卷，圣聪的《直谈要注记》八卷等。

（高观如）

观无量寿佛经

《观无量寿佛经》一卷，刘宋畺良耶舍译，是叙说观想阿弥陀佛极乐世界依正庄严修行往生法门的经典。

此经古来称为《观无量寿佛经》（见《大周众经目录》卷三，《开元释教录》卷五，《贞元释教录》卷七，并智顗、吉藏的《疏释》等），又称为《无量寿观经》（见《历代三宝纪》卷十，《众经目录》卷一，《大唐内典录》卷四，《古今译经图记》卷三，善导的《观经疏》等），但一般则通称为《观无量寿经》（见《开元释教录》卷十九，《安乐集》卷上，慧远的《观经疏》《乐邦文类》卷一等），或又简称为《观经》。是中国净土宗所依的三部经之一。

此经的汉译是刘宋元嘉年中（424—442）畺良耶舍在建业（今江苏省南京市）钟山道林精舍译出（见《高僧传》卷三《畺良耶舍传》《法经录》和这以后诸录都沿用此说）。汉译现存只此一本。此外，《历代三宝纪》卷四和卷七，列举后汉和东晋两种失佚本，虽然不尽可信，但据《净土往生传》卷上《僧显传》说，“显得梵僧传译新经，经之文备以净土三事因愿洎九品往生次第”，这似乎也说出东晋时已有此经的译本。又《出三藏记集》卷四《新集失佚经录》中也列有此经名。这也可为此经古时有失佚本的证明。又据《开元释教录》卷五说《宝唱录》载有刘宋时昙摩蜜多一译，这当是由于畺良耶舍和昙摩蜜多同时并居钟山各弘禅法因而误传之故，实际刘宋时只有畺良耶舍一种译本。

此经的梵文原本早已佚失，藏文未有译本。近世新疆发现有维吾尔文译本，日本西本愿寺藏有此片段。英文译本有日本高楠顺次郎于1894年依据汉文刘宋译本译出的译本，收于《东方圣书》四十九卷中。

此经的内容，是叙述王舍城内阿阇世太子，听信提婆达多的恶言，将其父频婆娑罗王幽闭于七重室内，欲令饿死；后来又将母幽闭于深宫，不令出外。这时，韦提希忧愁憔悴，遥礼耆阇崛山向佛祈祷，佛和目犍连、阿难现身于王宫内，时韦提希愿欲往生阿弥陀佛极乐世界，佛即在宫内为她宣说三福、十六观的往生法门。韦提希闻佛说后，欢喜悟解，得无生忍。

此中所说的三福、十六观，即是往生净土的修行方法。三福是：一、世福（孝亲、敬师、戒杀、修十善业），二、戒福（受持三皈、众戒并护威仪），三、行福（发菩提心、深信因果、诵大乘经并劝他行）。这三种福业，又称为净业正因，是往生净土的基本条件。十六观是：一、日想观（观日轮没处的西方净土），二、水想观（观水清彻结冰，成琉璃地金刚宝幢珠绳台阁华幢等），三、地想观（依水想观成极乐国土庄严了了分明），四、宝树观（观极乐国土宝树殊胜庄严），五、宝池观（观宝树间八功德水宝池庄严），六、宝楼观（观宝池边宝楼阁天乐说法庄严），七、华座观（观极乐世界阿弥陀佛的七宝莲花台座庄严），八、像观（粗想莲华上座阿弥陀佛并观音、势至两菩萨和极乐世界各种庄严），九、真身观（由像观转而正观极乐世界阿弥陀佛相好庄严），十、观音观（观阿弥陀佛左边的观世音菩萨身相庄严），十一、势至观（观阿弥陀佛右边的大势至菩萨身相庄严），十二、普观（观想自生极乐世界莲华上普观以上依正庄严），十三、杂想观（随顺阿弥陀佛及两菩萨或其首像庄严），十四、上辈生想观（观想上品上生、上品中生、上品下生三种往生的行相），十五、中辈生想观（观中品上生、中品中生、中品下生三种往生的行相），十六、下辈生想观（观下品上生、下品中生、下品下生三种往生的行相），并说明下下品五逆恶人还可以十念阿弥陀佛名号而得往生。这十六观中前七观是观佛的依报，次六观是观佛的正报，后三观是三辈九品往生行相。以上十六观法即是此经所明往生净土的观行。

对于这十六观门，我国古来各家各有不同的解释，但以唐善导的疏解最为流行。据《观经玄义分》所说，古来诸师以为这十六观都是定善，善导则以观佛依、正的前后十三观是定善，观三辈九品往生的后三观是散善。又古来诸师以为这十六观都是佛应韦提希请而说，善导则以前十三观定善是佛应韦提希的启请而说，后三观散善是佛无问自说。又后三观中三辈九品，古来诸师有认为上辈三品是约大乘贤圣，中辈三品是约二乘学人，下辈三品是约大乘始业凡夫；善导则认为都是约今时的善恶凡夫，欲令同沾九品生信乘愿往生而言。善导的这一解说，为后世净土法门所广泛宣扬。又对于此经的经文，古来诸师多以序、正宗、流通三分分科。善导则以此经分为王宫会和耆阇会两会，王宫一会又分序、正宗、得益、流通四分；耆阇会也分序、正宗、流通三分。又善导称此经“以观佛三昧为宗，又以念佛三昧为宗”，这可说是对于此经的较为具体的总论。

此经自从刘宋畺良耶舍译出以后，这一观念往生的法门便日见弘通。乃至隋、唐以来各宗著名的大师如慧远（地论宗），智顗（天台宗）、吉藏（三论宗）、善导（净土宗）、怀感（慈恩宗）、澄观（贤首宗）、元照（律宗）等都加以尊重奉持并广事疏讲。其中，尤以善导的疏中，广泛发挥了此经的玄义。

此经的重要注疏，现存有隋慧远的《义疏》两卷，智顗的《疏》一卷，吉藏的《义疏》一卷，唐善导的《疏》四卷，法聪的《记》一卷，宋元照的《义疏》三卷，戒度的《义疏正观记》三卷、《扶新论》一卷，知礼的《疏妙宗钞》六卷、《融心解》一卷，明传灯的《图颂》一卷，清续法的《直指疏》两卷，彭际清的《约论》一卷，杨仁山的《略论》一卷。

现今佚传的有名的注疏，有唐道绰的《玄义》一卷，怀感的《玄义》两卷，《疏》两卷，璟兴的《疏》两卷，惠苑的《义记》一卷，澄观的《疏》一卷，宋智圆的《刊正记》两卷、《科》一卷，宋择英的《净土修证义》

一卷，宋用钦的《白莲记》四卷等。

此经古来在朝鲜、日本也颇流行，尤其在日本弘传很盛。有新罗义寂的《纲要》一卷，太贤的《古迹记》一卷（今佚），日本源空的《释》一卷，证空的《秘决集》二十卷，《疏观门要义钞》二十一卷，显定的《疏楷定记》三十六卷，良忠的《疏传通记》十五卷，又《略钞》八卷（以上均存）等。

（高观如）

佛说如幻三摩地无量印法门经

《佛说如幻三摩地无量印法门经》有四种汉译本，第一是西晋竺法护于泰始至建兴间（265—316）译出，名《观世音大势至受决经》一卷，简名《观世音受记经》。第二是西晋聂道真于太康至永嘉间（280—313）译出，名《观世音受记经》一卷。此两种译本现今阙佚。第三是刘宋昙无竭于元嘉三年（426）译出，名《观世音菩萨得大势菩萨受记经》一卷，又简称《观世音菩萨受记经》。第四是赵宋施护于太平兴国五年（980）译出，名《佛说如幻三摩地无量印法门经》两卷。此两种译本现存。

此经以赵宋译本较为详尽，今从此本叙述其内容：佛在波罗奈国仙人堕处鹿野园中，胜华藏菩萨（《受记经》作华德藏菩萨）请问：菩萨如何得如幻三摩地，能以异常的力量教化众生，速证菩提？佛告以菩萨若能成就无依止法，便能具正见，得无碍慧。又问：当时会中何人得此三昧？佛说有慈氏、文殊等六十大士得此三摩地。又问：他方世界亦有人得此三摩地否？佛说极乐世界观世音菩萨、大势至菩萨得此三摩地。胜华藏菩萨便请佛召此二菩萨。二菩萨来到佛前，广兴供养。胜华藏问二菩萨发心久远及未来成佛因缘，佛为说过去久远世中无量功德宝庄严普现妙乐世界有师子游戏金光王佛，时有胜威王发心修行得无量印法门。一时生出二子，一名宝严，一名宝上。二童子见佛发菩提心，宝严童子即今观世音菩萨，宝上童子即今大势至菩萨，胜威王即今阿弥陀佛是。将来阿弥陀佛寿命不可称计。涅槃之后，正法住世八万四千那由他劫，然后观世音菩萨次补佛处，名为普明高显吉祥峰王如来。彼佛入涅槃后，大势至菩萨次补佛处，名为善住功德宝峰王如来。此二菩萨成佛时，其佛土庄严无量信胜于极乐世界。佛因胜华藏请，说受持、读诵此经利益。

经宗旨在说明：菩萨了达诸法如幻之理，便能作种种如幻之事，以济度众生；菩萨通达一切诸法因实相生，则能以无量行愿，无量善巧，无量解脱，无量变现以利益有情。因此，赵宋译本题为《佛说如幻三摩地无量印法门经》。

（周叔迦）

大方等大集经

《大方等大集经》三十卷，北凉昙无谶译（另有广本作六十卷，系隋僧就于原经外加那连提耶舍等译的《日藏经》等合集而成）。经录家列为大乘五大部经（《般若》《宝积》《大集》《华严》《涅槃》）之一（见《开元录》），即大集部经典的总集。

“大集”经名含有二义：一、“大众会集”义，如本经云诸大菩萨“悉来大集”（《璎珞品》）；二、“诸法聚集”义，又如经云“此经名为真实法义……无量宝聚”（《宝女品》）等。这大概由于表示当时听闻此经的人数众多，所说的内容法义也很多，因此名《大集经》。

《大集经》的汉译本，据《历代三宝记》说前后有三译：一、后汉支娄迦谶译《大方等大集经》三十卷；二、姚秦鸠摩罗什译同名经三十卷，或作四十卷；三、北凉昙无谶译同名经三十卷，或作二十七卷、或二十九卷、或三十一卷、或四十卷。其中一、二两译均佚，第三译存。但据《出三藏记集》卷九、《大集虚空藏无尽意三经记》说：“祐寻旧录：《大集经》是晋安帝世，天竺沙门昙摩谶于西凉州译出，……更不见有异人别译。”又隋法经等《众经目录》，也以昙无谶译本列为一译经。因之此经昙无谶译本以外，是否还有支谶或罗什译本，还有疑问。

昙无谶译的《大方等大集经》，据《僧祐录》说，见诸旧录，有二十九卷，首尾有十二段：一、《璎珞品》，二、《陀罗尼自在王品》，三、《宝女品》，四、《不眴菩萨品》，五、《海慧菩萨品》，六、《无言菩萨品》，七、《不可说菩萨品》，八、《虚空藏菩萨品》，九、《宝幢分》，十、《虚空目分》，十一、《宝髻菩萨品》，十二、《无尽意菩萨品》。此外，还有一种二十四卷本，以其中《宝幢分》列在《不可说菩萨品》前，而缺第八《虚空藏品》（五卷）和最后的《无尽意品》（四卷）二品九卷，所余经文二十卷则分为二十四卷。以后此经的流传未有一定的卷数，由分二十七乃至四十卷不等，而以分作三十卷本的为大多数。据《开元录》卷十一说："今检经本（即三十卷本）与《祐记》不同：第一《陀罗尼自在王菩萨品》（合《璎珞品》为一品，但同时也有另分出为二品的经本），第二《宝女品》，第三《不眴菩萨品》，第四《海慧菩萨品》，第五《虚空藏菩萨品》，第六《无言菩萨品》，第七《不可说菩萨品》，第八《宝幢分》，第九《虚空目分》，第十《宝髻菩萨品》，第十一《日密分》。"《开元录》即依此写为六百二十一纸，分作三十卷，装为三帙入藏。此后，北宋《福州藏》，及南宋、元、明、清各代藏经，均依《开元录》的内容次第，作十二品三十卷刊刻入藏。近世南京坊刻也是采用此本。这就是古来所传的三十卷本。

在传称昙无谶译的三十卷本的基础上，又有经隋沙门僧就添加那连提耶舍等所译《日藏》《月藏》等经而合成的六十卷本。例如，《历代三宝纪》卷十二所说："《新合大集经》六十卷。右一部六十卷，招提寺沙门僧就开皇六年（586）新合。就少出家，专宝坊学。依如梵本，此《大集经》凡十万偈，……致来梵本，部来弗全，略至略翻，广来广译。缘是前哲支、昙所翻及罗什出，或二十七，或复三十，或三十一，卷轴匪定。就既宣扬，每恒嗟叹；及睹耶舍高齐之世出《月藏经》一十两卷，至今开皇复属耶舍译《日藏经》一十五卷，既并大集广本旧品，内诚欣跃，即依合之成六十轴。"僧就新合的这一《大集经》六十卷本，在当时即已被编纂入藏（见《历代三宝记》卷十三、入藏目），可见隋时这一经本已经流行。其后，唐道宣《大唐内典录》卷九，也载有"《大方等大集经》六十卷或五十八卷，一千一百五十纸，北凉昙无谶译前三十卷，北齐隋时耶舍译后三十卷"云云。至智昇编《开元录》时也曾见过此本，但认为"既无评准，故不依彼"。惟事实上此本和三十卷本实已并行。乃至宋初官版《开宝藏》

亦系采用六十卷本，而依北宋官版复刻的《高丽藏》和《金藏》也都用这一合集本，近世日本《弘教藏》和《大正藏》也同样沿用。这就是古来所传的六十卷本。

以下，先述此十流通较广的三十卷本的内容。此经广说大乘法义，分十二品。

一、《璎珞品》（一作《序品》，半卷），叙说佛成道后第十六年，在王舍城耆阇崛山，许多比丘菩萨僧众都来大集，佛为讲说菩萨所行的一些法门。

二、《陀罗尼自在王菩萨品》（三卷半），佛为陀罗尼自在王菩萨讲说菩萨戒、三昧、智慧、陀罗尼等菩萨行法，及菩萨修大悲等十六事，善业能破三十二种不善业，如来大悲与无上菩提，众生心性空性无二，菩提无生灭、去来、如虚空、不可得，乃至佛十力、四无畏、十八不共法等三十二业。

三、《宝女品》（两卷），佛为广说实语、法语、菩萨义、毗尼等义。乃至佛三十二相成就的业因，及分别三十二障碍大乘事、三十二成就大乘事等。

四、《不眴菩萨品》（一卷），佛为东方不眴菩萨讲说一切法自在三昧以及种种行法。

五、《海慧菩萨品》（四卷），佛为海慧等菩萨广说净印三昧，即发菩提心，大悲安忍，具足六度；次说发菩提心，令心寂静；次说三昧的根本十净三十法、八不共法等；乃至种种一法、二法、三法、四法，及解门句、法句、金刚句等义。

六、《虚空藏菩萨品》（五卷），佛为虚空藏菩萨讲说六波罗蜜，一一成就四法、八法与虚空等，以及广说三十项修行法门。乃至二十种大誓庄严及道庄严法等。

七、《无言菩萨品》（一卷），佛为无言菩萨说闻声及善思惟生于正见等义。又为广说信、进、念、慧四力。无言也分别为舍利弗、莲华菩萨乃至他的父亲讲说佛的教法等。

八、《不可说菩萨品》（一卷），佛为不可说菩萨讲说发菩提心的十六法、增长菩提心的三十二法及六波罗蜜等义。

九、《宝幢分》（三卷），有十三品，叙述佛初成道时，王舍城优波提舍及拘律陀闻法归佛，魔王想要加害，佛为魔说法，又为地意等菩萨讲说圣智，乃至和弟子共说破魔等陀罗尼。

十、《虚空目分》（三卷），有十品，叙述佛为憍陈如说四谛、三解脱门等，为波斯匿王说因缘故事，为弥勒说惑、业、苦三道并十二因缘观法。为频婆娑罗王等说菩萨四无量心的修行等。

十一、《宝髻菩萨品》（两卷），叙述佛为宝髻菩萨说六波罗蜜行三十品助菩提行等四净行。

十二、《日密分》（三卷），有六品，叙述佛为莲华光、日密等菩萨说三宝护持、诸陀罗尼等。

以上昙无谶译的《大方等大集经》三十卷。大体系依《开元录》所记。但梁《僧祐录》载此经原有《无尽意品》而未有《日密分》，此中第十二《日密分》三卷，也许非昙无谶原译，而是梁、隋之间人编入。大概隋代通行本中即已编有此分，因而僧就遂以与此相类的《日藏分》等合成广本。又高丽藏本以《日密分》三卷初两卷题作昙无谶译，后一卷题作那连提耶舍译，或许是由于对《日密分》译者不明的原因。又《僧祐录》（卷九）说《虚空藏品》当时已经缺失，同录卷二另载有宋圣坚出《虚空藏经》八卷，随后又有此经的《虚空藏品》即是圣坚译出之说，因而《开元录》卷十四针对此说云："《虚空藏品》，无谶所翻，非异译者，或即是经昙无谶译，非圣坚出。"可见《虚空藏品》是否为昙无谶原译，古来已有疑问。

关于此经（三十卷本）的异译别行本，现存有西晋竺法护译的《大哀经》八卷（与第一《璎珞品》及第二《陀罗尼自在王品》合四卷同本），和《宝女所问经》四卷（与第三《宝女品》两卷同本），《无言童子经》两卷（与第六《无言童子品》一卷同本），《宝髻所问经》（即《大宝积经》

第四十七会）两卷（与第十一《宝髻菩萨品》两卷同本），以及唐波罗颇蜜多罗译的《宝星陀罗尼经》十卷（与第九《宝幢分》三卷同本），不空译的《大集大虚空藏菩萨所问经》八卷（与第八《虚空藏菩萨品》五卷同本），宋惟净译的《海意菩萨所问净印法门经》八卷（与第五《海慧菩萨品》四卷同本）等。又此经第十二《日密分》三卷，似为广本所收那连提耶舍译的《大方等日藏经》的抄译本。

现行僧就编合的《大集经》六十卷本，系在昙无谶译三十卷本的基础上，增加了据传为宋智严共宝云译的《无尽意菩萨经》六卷、隋那连提耶舍译的《大乘大方等日藏经》十五卷，又耶舍于高齐时译的《大方等大集月藏经》十两卷、《大乘大集须弥藏经》两卷、后汉安世高译《明度五十校计经》两卷。今依北宋官版复刻的《高丽藏》本（《大正藏》即依用此本）述其内容次第如下：

一、《璎珞品》，二、《陀罗尼自在王菩萨品》，三、《宝女品》，四、《不眴菩萨品》，五、《海慧菩萨品》（均同三十卷本），六、《无言菩萨品》，七、《不可说菩萨品》，八、《虚空藏菩萨品》（亦即三十卷本第七、八、九品），九、《宝幢分》，十、《虚空目分》，十一、《宝髻菩萨品》（均同三十卷本），十三、《日密分》（即三十卷本的第十二品）。

其新添加的，十二《无尽意菩萨品》（即刘宋译《无尽意菩萨经》改作四卷），叙述无尽意菩萨来并和舍利弗问答，广说发心、净心、六种四行、六波罗蜜、四无量心、五通、四摄、四无碍智、四依、三十七品、定慧、总持辩才、撰集四法等八十无尽法门。

十四《日藏分》（即隋译《大乘大方等日藏经》，作十两卷），有十三品，叙述佛说护持三宝等事及有关日行藏等菩萨诸陀罗尼乃至龙王归佛等事。

十五《月藏分》（即高齐译《大方等大集月藏经》，作十一卷）有二十品，叙述月幢菩萨来到，佛说他的禅功德，乃至佛为月藏菩萨说修第一义谛成就六波罗蜜，及声闻、缘觉、大乘、第一义谛三昧禅法等。

十六《须弥藏分》（即高齐译《大集须弥藏经》，两卷），有四品，叙述佛为功德天说菩萨共、不共声闻，辟支佛的禅波罗蜜法，乃至为诸菩萨说诸陀罗尼等。

十七《十方菩萨品》（即《明度五十校计经》两卷），叙述佛为十方菩萨分别解说痴、疑、颠倒等五十种校计法。

僧就用以上五经合成《大集》广本的次第，当是由于《无尽意品》在《僧祐录》中已列为第十二品，因而就置在《日密分》前。《日密》《日藏》，略广相殊，但同是一类，遂以《日藏分》接在《日密分》后。《月藏经》文开始，有"说《日藏经》已"句，证明《日藏》说后续说《月藏》。又《月藏经》中说到法灭，因而以《须弥藏分》相续。最后更加入了同类型的广说法数的《明度五十校计经》，合成大部。

据《开元录》批判僧就所合的六十卷本编次失当，而认为如欲合成广本，须删去《日密分》和《十方菩萨品》，而于《月藏经》后加《大集地藏十轮经》（十卷），又于《须弥藏分》后加《虚空孕菩萨经》（两卷）、《菩萨念佛三昧经》（六卷）、《大集贤护法》（五卷）、《大集譬喻王经》（两卷），最后殿以《无尽意品》成八十卷。其后，《丽藏》本《大集经》校正后序，也以《开元藏》所列的三十卷本为正，并谓若合成广本，则《开元录》所说的八十卷本为完备，而承认所用的六十卷本不够理想。

这是由于《大集经》是具有"大集"意义的经典的纂集，在昙无谶初译时即以包含十几部经的面貌出现，其后阇那崛多所云梵本有十万偈，也只是一项传说，内容极不明确，致使此土学人以意推测，构成了多种略广不同的本子。其实，它的梵文原文是否即是众经纂集的本子，也有问题。

此经在藏文译本中，即未有整部的《大集》部经，而只有《璎珞》合《陀罗尼自在王》《宝女》《海慧》《虚空藏》《无尽意》各品，及《日藏分》《须弥藏分》的别行译本。又近世新疆地方也发现有相当于此经《宝幢分·往古品》的一部分梵文断片。

此经的内容，广说大乘法义，而以中观实相为其宗旨。经中重重地讲说了许多大乘修行法门，而均以般若性空的思想加以贯串，一方面并演说禅法，又叙述了一些故事因缘，因之此经可称为大乘方广部经的汇集。中国天台宗的著述中，采用了此经的不少名相和教义。

此经的另一特点是有相当多的密教色彩，如《陀罗尼自在王品》《宝幢分·陀罗尼品》《日密分·陀罗尼品》《日藏分·陀罗尼品》《月藏分·月幢神咒品》《咒轮护持品》《须弥藏分·陀罗尼品》，以及经中随处散见的陀罗尼咒等，显见此经在中观论的基础上，羼入有初期密部的行法。又此经中表现的所谓末法思想也非常突出，如《月藏分·分布阎浮品》和《法灭尽品》所说，即为隋信行建立三阶教的张本。同时，道绰《安乐集》中也因此宣传净土思想，予中国佛教界以相当影响。

又此经中还反映了古代印巴次大陆有关医学方面胎儿次第成长的知识，如《虚空目分·圣目品》述十二缘其中，叙说胎儿生长发育的逐步详细过程，以及它的各种名称及形象。又古代印巴次大陆的星宿学和历日法在此经中也多所述载，如《宝幢分·三昧神足品》《日藏分·星宿品》《月藏分·星宿摄受品》等中广述二十八宿、七曜、十二辰等，和中国古代传说也相近似，于此可以证明两大陆文化的渊源关系。

此中还有值得注视的是叙列了印度、巴基斯坦等西域各地乃至中国的地名甚多，如《日藏分·护塔品》《月藏分·分布阎浮品》《星宿摄受品》《建立塔寺品》，广列了印度、巴基斯坦等西域各地乃至于阗、龟兹、沙勒、遮居迦、鄯善、震旦等地名。因而近世学者颇有怀疑于此经一部分的纂集地点，或即是在中国新疆境内所编出。

此经的注疏很少，据传古来曾有佚名撰的《大集经疏》十六卷，又憬法师集的《经疏》五卷，信行撰的《月藏分·依义立名》一卷等，今均不存。

（高观如）

八吉祥经

《八吉祥经》，是称说东方八佛名号的经典。此经在汉译中先后有六种译本：第一是吴支谦于黄武二年至建兴二年（223—253）译《八吉祥神咒经》一卷，或略无“神”字。第二是西晋竺法护于泰始至建兴中（265—316）译《八阳神咒经》一卷，或略称《八阳经》。第三是刘宋求那跋陀罗于元嘉二十九年（452）译《八吉祥经》一卷。第四是梁僧伽婆罗于天监二年至普通元年（503—520）译《八吉祥经》一卷。第五是元魏瞿昙般若流支于兴和四年（542）译《八部佛名经》一卷。第六是隋阇那崛多于开皇六年（586）译《八佛名号经》一卷。以上六种译本，除刘宋译本缺佚外，余均存。

上述现存各种译本虽同说东方去此过一恒沙、二恒沙、三恒沙、四恒沙、五恒沙、六恒沙、七恒沙、八恒沙的世界、佛的名号和持诵此诸佛名号并此经的利益，但是各经所举的世界和佛的名称却不相同。经末叙持经利益的长行和重颂，文义都不相同，释迦说经的地处也不同，吴译和西晋译称是在耆阇崛山中说的，魏译称是在维耶离奈女园中说的，梁译和隋译称是在祇树给孤独园说的。从说经因缘来看，吴、晋、梁、隋译都是佛告舍利弗或答舍利弗问说的，魏译是佛对善作长者子说的。因此历代各经录著录诸经，或说是单本一译，或说是同本异译，未曾一致。

在藏文甘珠尔中也有此经两种译本，若与汉译对勘，应是梁、隋两译同本。

（周叔迦）

维摩诘所说经

维摩诘，人名，译作“净名”或“无垢称”。此经的译本，据宋代智圆撰《维摩经略疏垂裕记》说有六种：一、后汉严佛调译，一卷，名《古维摩经》；二、吴支谦译，两卷，名《维摩诘说不思议法门经》；三、西晋竺法护译，一卷，名《维摩诘所说法门经》；四、西晋竺叔兰译，三卷，名《毗摩罗诘经》；五、姚秦鸠摩罗什译，三卷，名《维摩诘所说经》；六、唐玄奘译，六卷，名《佛说无垢称经》。严译本及二竺译本现已不存。据僧肇《维摩诘所说经・序》记载，后秦姚兴弘始八年（406）鸠摩罗什于长安大寺重译此经。隋、唐以来，讲习此经者，大都依据鸠摩罗什译本。

鸠摩罗什译本，除其著名弟子僧肇为作《注》外，隋时盛弘《地论》的著名学者慧远，撰有《维摩经义记》八卷，天台宗的创立者智顗，撰《维摩经玄疏》六卷、《维摩经文疏》二十八卷，三论宗创立者吉藏撰《维摩经游意》一卷、《维摩经略疏》五卷、《广疏》六卷。

玄奘译本较鸠摩罗什译本约晚三百年，其弟子窥基著有《无垢称经疏》六卷。

僧肇《维摩诘所说经・序》用下面一段话概括全经内容：“此经所明，统万行则以权智为主，树德本则以六度为根，济蒙惑则以慈悲为用，语宗极则以不二为门。凡此众说，皆不思议之本也。至若借座灯王，请饭香土，手接大千，室包乾象，不思议之迹也。……非本无以垂迹，非迹无以显本。本迹虽殊，而不思议一也。”全经十四品，依通例区分，第一品为序分，记述法会缘起；第二品至第十二品为正宗分，是一经的主体；末后两品为流通分，即结束语。各品内容简介如下。

一、《佛国品》。释迦牟尼佛在毗耶离城外庵罗树园与众集会，宝积长者子说偈赞佛，佛告诉他："若菩萨欲得净土，当净其心，随其心净，则佛土净。"为不思议解脱的张本。

二、《方便品》。住在毗耶离城的维摩诘长者，曾于过去劫中承事供养无量诸佛，深闻法要，契入不二；为了方便摄化众生，他上自军政，下至酒肆，广泛地参与了社会生活。后来，他患疾病，国王大臣、长者居士、婆罗门等皆来问疾。维摩诘现身说法，要问疾者识身虚幻、危脆、垢秽，为苦为恼，众病所集，不应心为形役，应常乐佛身。佛身是从无量智慧功德生的，是从慈悲喜舍生的，是从四摄六度生的。应以速朽之身，勤修如是胜行，饶益众生，获成佛的清净庄严之身。

三、《弟子品》。佛遣声闻乘（小乘）中的大弟子舍利弗前往维摩处问疾，舍利弗辞以不能胜任。遣大迦叶等，皆辞以不能胜任。主要是他们在宴坐习禅，或持钵乞食，或解说戒律，或为人说法时，维摩诘皆曾向他们提出问难，相与辩析，为维摩诘所挫败。五百声闻众中，没有一个人敢去的。

四、《菩萨品》。佛又于菩萨乘（大乘）弟子中，遣弥勒、光严、持世、善德前往问疾，他们都有舍利弗等的类似遭遇，辞以不能胜任。

五、《文殊师利问疾品》。于是，佛遣文殊师利前往问疾。时八千菩萨、五百声闻、百千人天，皆欣然从往。维摩诘空其室内一切所有，唯置一床，以疾而卧。文殊致问，维摩诘告以"从痴有爱，则我病生；以一切众生病，是故我病，若一切众生病灭，则我病灭"。

六、《不思议品》。舍利弗久立思坐，室内无座位，维摩诘因向舍利弗开导："夫求法者，不贪躯命，何况床座"以及"若行有为，是求有为，非求法也"诸义。随即向东方距此三十六恒河沙世界的须弥相世界须弥灯王佛那里，借来了三万二千个高达八万四千由旬（注：一由旬约为六十里）严饰第一的师子宝座，宣示小大相容，久暂互摄等诸佛菩萨不可思议解脱的力用。（此即肇序中所说的"借座灯王"，据说，维摩诘室面积的宽度，仅有一平方丈，能容这样多这样大的宝座，此即不可思议解脱力。我国佛教寺院住持所住的房舍，称“方丈”或“丈室”，就是从这儿来的。）

七、《观众生品》。维摩诘与文殊辩析“云何观于众生”乃至“从无住本，立一切法”，室内出现了天女散花。花散到菩萨身上，随即下落，散到舍利弗等声闻身上，即使运用神力，也扯不下来。自言“止此室听闻菩萨大慈大悲不可思议诸佛之法已十有二年”的天女，在与舍利弗对辩过程中，将舍利弗变成了天女，将自己变成了舍利弗，证实众生如幻，男女实无定相，破除声闻人对“法”的执着，得出诸佛菩萨所证得的智慧功德，“实无所得”“但以世俗文字，假名得耳”的结论。

八、《佛道品》。即菩萨契入不二妙理为摄化众生所起的妙行。如文殊问维摩诘“菩萨云何通达佛道”，答以“若菩萨行于非道，是为通达佛道”。这就是示现行于地狱道、饿鬼道、畜生道，即名非道；示现行于贪欲道、嗔恚道、愚痴道，即名非道。菩萨若不行于非道，即无法摄化众生，使之转入佛道。维摩诘问文殊“何等为如来种”，答以“有身为种”。现有烦恼之身，无实自性，如方便摄化，即可转烦恼成菩提，转色身为解脱身。是即空有不二的菩萨行。

九、《入不二法门品》。行必依理而起，非不二之理则不能有不二之行；非不二之理与行，则不能有不可思议解脱法门。所以，“不二”实为贯串本经的主旨。本品叙述维摩诘向文殊等八千菩萨提出“云何菩萨入不二法门”问题，法自在等三十位菩萨皆用“言说”表述，维摩诘不置可否，于是这三十人要文殊表示看法。文殊说：“如我意者：于一切法，无言无说，无示无识，离诸问答，是为入不二法门。”文殊说已，又问维摩诘：“何等是菩萨入不二法门？”时维摩诘默然无言。文殊赞叹说：“善哉！善哉！乃至无有文字语言，是真入不二法门。”

十、《香积佛品》。维摩诘以置不可思议解脱的神通力，将上方过四十二恒河沙世界的众香国景象，普现于大众之前，随又化出一菩萨使往上方众香国乞取香饭。化菩萨取回香饭时，众香国随来者有九百万菩萨，述说其国以“众香”为佛事——教化众生的种种妙用。维摩诘告以此土佛以“刚强之语”说明因果有报以及菩萨须以十事善法、四摄、八种无疮疣法摄化众生。

十一、《菩萨行品》。维摩诘以神通力，持诸大众并狮子座，置诸右掌，往诣佛所，因阿难问，佛为广说香饭功德，乃至诸佛国土，有以光明相好、园林台观、卧具衣服等种种施为，皆无非是摄化众生的佛事。指出：因有“四魔八万四千诸烦恼门，而诸众生为之疲劳，诸佛即以此法而作佛事，是名入一切诸佛法门”。嗣以众香国诸菩萨诸佛说法，佛为说了“尽、无尽解脱法门”。这就是：尽，即有为法；无尽，即无为法。菩萨所行必须“不尽有为，不住无为”。“入生死而无所畏，于诸荣辱心无忧喜”等，是“不尽有为”；“观世间苦而不恶生死，观于无我而诲人不倦”等，是“不住无为”。

十二、《阿閦佛品》。阿閦，译“无动”。佛问维摩诘：“汝欲见如来，为以何等观如来乎？”维摩诘言：“如自观身实相，观佛亦然。”谓“观如来前际不来，后际不去，今则不住”，以及“非有相，非无相，同真际，等法性”，非见闻觉知，“离众结缚，等诸智，同众生”。次因舍利弗问维摩诘“汝于何没而来生此”，维摩诘就“没”和“生”说明“一切法如幻相”“菩萨虽没不尽善本，虽生不长诸恶”。佛向舍利弗介绍维摩诘，原是无动佛的妙喜世界中人。维摩诘说明自己，从清净的妙喜世界来生此不净的娑婆国土，“为化众生故，不与愚暗而共合也，但灭众生烦恼耳”。会众欲见无动如来，维摩诘不起于座，以其右手断取妙喜世界，把无动佛及菩萨、声闻之众，皆接到庵罗树园内来了。释迦佛勉诸大众：“若菩萨欲得如是清净佛土，当学无动如来所行。”（此即肇序中所谓“手接大千”。）

十三、《法供养品》。释迦佛为天帝（释提桓因）等称说此经功德，指出“诸佛菩提皆从是生”，若信解受持此不可思议解脱法门及依之而行的，即是以法供养如来。佛复自述因地为月盖王子时，从药王如来秉受“法供养”之教。所谓“依于义不依语，依于智不依识，依了义经不依不了义经，依于法不依人”等，“是名最上法之供养”。

十四、《嘱累品》。佛以是法咐嘱弥勒，令其流通。四天王表示拥护持经者。末后，佛告诉阿难，此经题名为《维摩诘所说》，亦名《不可思议解脱法门》。

基于“不二”的理和行，表示出来的种种不思议迹象，是大乘佛教理论的形象化，《维摩诘经》对这些迹象的叙述，形象鲜明，富于哲理的文艺价值，故我国远自隋、唐以来，就有用这些丰富多彩的情节，作为绘画、雕塑、戏剧、诗歌的题材的。维摩诘这一人物，作为长者居士的典型形象，更是在佛教界和社会中，留下了深刻的影响。

（明真）

解深密经

《解深密经》五卷，唐玄奘于贞观二十一年（647）在弘福寺译出。相传此经梵文广本有十万颂，今译是其略本，一千五百颂，译文分八品。在唐译以前，此经曾经译过三次：一、刘宋元嘉中（424—453），中印度求那跋陀罗在润州江宁县东安寺译，名《相续解脱经》，两卷，只有最后两品。二、元魏延昌三年（514），北印度菩提流支在洛阳少林寺译，名《深密解脱经》，五卷，开为十一品。三、陈天嘉二年（561），西印度真谛在建造寺译，名《解节经》，一卷，只有前两品（开为四品）。此外，还有西藏译本。

“解深密”是梵文“珊地涅暮折那”的义译。据圆测《解深密经疏》、智周《成唯识论演秘》（卷三末）、遁伦《瑜伽师地论记》（卷二十上）都说“珊地”有“诸物相续”“骨节相连”“深密”等意义。各种译本的标题，即各取其中的一义，而以唐译题名为最当。

本经解释大乘境、行、果的深义，一共八品：第一《序品》是序分，第二《胜义谛相》，以下七品是正宗分。又正宗七品，可摄为三类：初四品明所观境，次二品辨能观行，后一品显所得果。其梗概如下：

一、《序品》，详叙教主佛陀所具的殊胜功德和所住的净土庄严，以及所有能解深义密义的无量菩萨声闻大众。

二、《胜义谛相品》，说胜义谛相离言离分别，超过一切寻思与一切法非一非异，而遍在一切法中平等一味，即离言法性，亦即诸法实相。

三、《心意识相品》，就世俗谛叙述八识（心意识）的体相。说明阿赖耶识生灭相续，是生死根源，以及它的各种名称及其差别。乃至眼、耳、鼻、舌、身、意六识生起等相。

四、《一切法相品》，总括一切诸法的体相为遍计所执、依他起、圆成实三种性相，以说明一切染净的法相。

五、《无自性相品》，明一切诸法皆无自性，即依三种自性立三无性。其中，遍计所执性相是依假名安立，即相无性。依他起相是依众缘所生，即生无性。圆成实相是一切法的胜义谛，为一切法无我性所显，即是胜义无性。由此和会一乘、五性之说，谓声闻、独觉、菩萨三乘有情，都由此无自性性一妙清净道，证得无上涅槃，由此密义说“唯有一乘”，但其中也有钝根、中根、利根等种性的差别。因此，世尊说法，有三时不同，初时只为发趣声闻乘人，用四谛相转正法轮，是未了义；在第二时中为发趣修大乘人，依一切法皆无自性，用隐密相转正法轮，仍是未了义；在今第三时中普遍为发趣一切乘人，依一切法皆无自性，用显了相转正法轮，是真了义。

六、《分别瑜伽品》，说明修瑜伽行中奢摩他（止）、毗钵舍那（观）的义相，显示唯识止观的妙行，证明诸法唯识所变，而分别其定慧行相。

七、《地波罗蜜多品》，叙说菩萨十地乃至第十一佛地的名义，及菩萨所应学事有布施、持戒、忍辱、精进、静虑、智慧（般若）六波罗蜜，而以智慧波罗蜜为能取诸法无自性性等义。

八、《如来成所作事品》，叙说如来法身及化身的圆满功德，以明此如来成所作事了义之教。

唐译本此经的注解，有圆测《疏》十卷，现存九卷（坊刻本会入经文），又遁伦的《注》五卷（因《瑜伽师地论》卷七十五到七十八，引用唐译此经正宗七品全文，所以遁伦的《瑜伽师地论记》卷二十上到二十一上等于唐译此经的注解，金陵刻经处有单行本，会入经文，改题《解深密经注》，五卷）。此外有令因《疏》十一卷，玄范《疏》十卷，元晓《疏》三卷，璟兴《疏》若干卷等，都已失传。此经陈真谛译本有他自己撰的《解节经疏》，亦已失传，但一部分疏文散见于圆测《疏》内，经中国内学院辑成《解节经真谛义》一卷。此外西藏文译本有：一、《解深密略释》，无著撰，胜友等译，二百二十颂，不足一卷；二、《解深密经广释》，失译，西藏旧经录或说为四十卷，龙幢撰；三、《解深密经大疏》，即圆测《疏》，法成译，七十五卷。测《疏》汉文本今缺后六卷（释经第十品大半），藏译本完全（按测《疏》汉文本缺后六卷，近年已由观空法师从藏文还译为汉文，题《解深密经疏》，由中国佛教协会印行。——编者）。

由于本经正宗七品的全文在《瑜伽师地论》中被整篇引用，又《成唯识论》也一再引用此经，因而显示本经在古代印度是瑜伽行派的重要典据。自此经汉译之后，慈恩宗人更依此经《无自性相品》，分判释迦如来一代的教法，为有、空、中道三时教，并依此经的《心意识相品》及《一切法相品》文以三性说及唯识说为一宗的根本教义。

（黄忏华）

金光明经

《金光明经》具名《金光明最胜王经》（依据梁真谛三藏所传）。在此经整部译出以前，西晋竺法护早就有《菩萨十地经》的翻译（和本经的《最净地陀罗尼品》内容相同，它的异译本鸠摩罗什所翻《庄严菩提心经》现存）。后来，北凉玄始年间（412—427）昙无谶译出了《金光明经》四卷，十八品。继而梁承圣元年（552）真谛再译成七卷，改订了北凉译本各品，并补译《三身分别》《业障灭》《陀罗尼最净地》《依空满愿》四品，足成二十二品。其后，北周武帝时（561—578）耶舍崛多再译成五卷本，于北凉译本各品外补译出《寿量》《大辨陀罗尼》二品。隋阇那崛多又补译《银主陀罗尼》《嘱累》二品。隋开皇十七年（597），大兴善寺沙门宝贵综合各家译本，删同补缺成为《合部金光明经》八卷，二十四品。最后，武周长安三年（703）义净译出《金光明最胜王经》十卷，三十一品。这一译本品目义理最为完备，译文华质得中，慈恩宗慧沼曾据以注疏弘扬，乃至成为通行的本子。后来，法成曾依义净译本重翻为西藏文本，此外又有回鹘文重译义净译本及西夏文译本。但藏文藏经中除了重翻义净译本而外，还收有直接从梵本翻出的两本，一胜友等译十卷本（二十八品，大同义净译），一失译五卷本（二十品，大同昙无谶译）。其十卷本后又转译为蒙古文本、满文本。另外，在西域还发现有于阗文译梵本断（《梦品》至《忏悔品》，又《除病品》《流水长者品》一部分）。现在尼泊尔等地存有完全梵本，二十一品，大同凉译，日本南条文雄、泉芳璟曾校印一本（1931年）。又印度"佛教经典协会"也印行过一本（1898年），但只有十五品，不完全。

依据前后不同译本，可以推知此经先有另品单行，其次有略本行世，后来逐渐增广，到净译本才算完备。净译全经分三十一品，内容依义区分，初序品为序分，次九品属于正宗分，其余二十一品是流通分。又正宗分九品其中的义理分为，初二品明果，次五品明行，后二品明境。

明果的两品中，初《寿量品》，因妙幢疑问，如来寿命何因短促，为说如来寿量无限，但为利益众生，示现短促。又说种种十法能解如来真实理趣，说有大般涅槃。次《分别三身品》，因虚空藏请问，详说佛有法、应、化身。于此解释大乘初期发生的佛身问题，和《法华经·寿量品》所说相通。陈译本始有此品，唐译本就沿用它的译文，只略加修饰。如说除遣三心得到三身，三心名为起事心、依根本心、根本心，即纯用陈译。但在藏译本中，这三心作随事转识、依阿赖耶意、阿赖耶识。实际上，经文所说含有转识成智的用意。

其次，明行的五品里，初《梦见忏悔品》，说妙幢梦见婆罗门击金鼓出声，说忏悔法。次《灭业障品》，因帝释问，说修行大乘，摄受邪倒有情曾造业障罪者忏悔除灭之法。以上为地前行。次《最净地陀罗尼品》，说十地行。发菩提心为十度因，又依种种五法成就十度，十地相状及十地名义、障碍、十地所行各度、所生三摩地，最后说各地所得护持陀罗尼。于此分别十地足以和《华严经·十地品》互相发明。次《莲华喻赞品》，说忏悔法因缘，即过去金龙主王常以莲华喻赞称诸佛，并说有赞文。次《金胜陀罗尼品》，说受持此陀罗尼即是供养诸佛，得其授记，随其所求无不圆满。

再次，明境两品，初《重显空性品》，略说空法，令闻者悟入胜义，正修出离。次《依空满愿品》，说依空性行菩提法修平等行。在这一品里，天女闻法开悟，即转女身作梵天身，得佛授记，和《法华经》里龙女转身成佛相似。

从正宗分以下有二十一品，广说诸天护世、增财、益辨、除灾、显经利益、授记、除疑，并说往因苦行，末后菩萨同赞以及如来付嘱，皆属于流通分。在这些品目中，比起凉译略本来，增补了陀罗尼很多，因此也有将本经列入秘密部的（如西藏文大藏经）。又这些经里所说忏悔罪恶方法，诸天护国思想，王法正理的论议，流水长者的放生行事等，后来都成为佛教中一般流行的传说和信仰行仪，因而使本经流行更广。另外，本经中所有咒语均称陀罗尼而不称真言。在《诸天药叉护持品》中，青颈的名号还只用于天神，而非千手观音，旷野鬼仍只是一个药叉王而非大元帅明王，睒摩梨（净译苫跋罗）仍只是一个阿修罗王而非胜乐金刚。这些都可以看出原始禁咒藏（《西域记》九）还未发展到后来流行的真言乘、金刚乘等的地步。又《除病品》介绍了一些医学理论，也成为中国古代对于古代印度医学知识的重要源泉。

本经的重要义理，像关于三身十地等说，真谛在翻译之时已经流行，所以他很重视本经，特加注疏，由他的弟子慧旷再传天台智顗。智顗著有《金光明经玄义》（两卷）和《文句》（六卷，均为门人灌顶录）即多引用真谛之说。同时，三论宗大师吉藏（吉藏幼随父谒真谛，其名即真谛所授）也著有《金光明经疏》（一卷）。其后，慧沼又就义净新译本经著《疏》十卷。到了宋代天台家对于此经更有发挥。如知礼对《玄义》《文句》各作有记六卷，又有《忏仪》一卷，遵式也著有《金光明经忏法补助仪》一卷。另外，明受汰集《金光明经科注》四卷，附有《金光明经感应记》，敦煌石室中也发现有《忏悔灭罪金光明经冥报传》，是记载持诵《金光明经》感应事迹的。

（郭元兴）

央掘魔罗经

《央掘魔罗经》四卷，是说央掘魔罗改恶从善，投佛出家，从而宣扬大乘教义的经典。刘宋天竺三藏求那跋陀罗译。此经梵本已佚失。央掘魔罗的故事，原来见于《增一阿含经》第三十一、《杂阿含经》第三十八及巴利文本《中部》第八十六经，随着大乘教的发展，也演成了这部大乘经。

经的主要内容，说佛在舍卫国祇树给孤独园，说了《执剑大方广经》。当时恶人央掘魔罗受婆罗门邪师摩尼跋陀罗的指示，欲杀掉千人做成指鬘，希望由此得成婆罗门。最后还欲杀害其母和佛，来凑足千人之数。但受佛教化，幡然悔悟，礼佛出家。当时帝释心喜，施以天衣，央掘魔罗不受，并加以批评，说自己只愿行十二头陀苦行（以上第一卷）。其次，梵王、护世四王、魔及树神等说种种偈来供佛和央掘魔罗，也各受到央掘的批评；声闻弟子大目犍连等，亦皆受其责难；并与文殊论不空义，说主张偏空与有我者，二种人都颠覆正法。解脱实在不空，如来也不空，只因离一切烦恼及诸天人障蔽，故说名空。佛为央掘授三归五戒，央掘说一归无三，并说杀害烦恼、盗取菩提等义（以上第两卷）。其次，佛又问以一学之义，央掘以偈答，从一增至十法，说明大乘与声闻乘的差别，得到佛的赞许。央掘示成阿罗汉，随佛同入祇洹。这时，十方菩萨来集。央掘问佛为何住无生际而复住此世间。佛命与文殊同往十方问于十佛，最后仍来问佛。佛为广说多次舍身来此世间的七十九句原因（以上第三卷）。复次佛告央掘，要成就五（个）八相，即四十功德，方能受持说如来藏的大乘经。最后，波斯匿王兴兵来至佛所，佛为王说央掘与文殊过去本事。邪师摩尼跋陀罗及其妇，乃至诸天龙神说偈赞佛，皆发无上菩提心（以上第四卷）。

此经的主要思想，首先是发挥了一切众生皆有如来藏佛性之义。如来藏即指众生本净的心性，由于客尘烦恼所染，故未能成佛。本经特别将此一思想，联系到“心为法本”的两个颂（原出《增一阿含经》卷五十一），显示它的来源。其次说明二乘为方便归依，如来方是第一义归依，这样区别大小乘，与《法华经》的说法一致（卷二）。再次说明一乘的中道离于二边，是名大乘，这与《宝积经》所说相通（卷四）。再次说明众生有如来藏故，无始以来无非父母兄弟姊妹，迭为尊卑。因此诸佛戒杀断肉，这又是上承《涅槃》开启《楞伽》的说法（卷四）。最后说“女有佛藏，男亦如是”（卷四），说明一切众生皆有如来藏佛性之义，故在中国佛教学者谈佛性时，常引用它。

（田光烈）

大乘离文字普光明藏经

《大乘离文字普光明藏经》汉文有四译。第一是元魏菩提流支于永平元年至天平二年间（508—535）译出，名《无字宝箧经》，一卷，僧朗笔受。第二是元魏佛陀扇多于元象二年（539）在邺都译出，名《无字宝箧经》，一卷。第三是唐地婆诃罗于永淳二年（683）在长安西太原寺归宁院译出，名《大乘离文字普光明藏经》，一卷。第四是唐地婆诃罗重译出，名《大乘遍照光明藏无字法门经》，一卷。此四译中，第二译本缺佚。本文介绍第三译本。

此经的内容，叙述佛在耆阇崛山，胜思惟菩萨请问二字之义。佛告以永离之法、护持之法和如来觉了之法。菩萨永离之法有九种：一法应除灭，即是欲贪、嗔恚、愚痴、我执、懈怠、睡眠、染爱、疑惑、无明。应守护之法有一种，就是己所不欲，勿劝他人。如来觉了之法，即是无有一法是如来所觉所证，因为一切法本无有实，从因缘生；因缘也如电光，念念不住。最后说持此经利益，可以生在净土，见阿弥陀佛及诸圣众，也见灵山圣会。

（周叔迦）

楞严经

《楞严经》具名《大佛顶如来密因修证了义诸菩萨万行首楞严经》，或简称《大佛顶首楞严经》，又名《中印度那烂陀大道场经》，十卷，唐中宗时般剌密帝译，属于秘密部。自宋而后，盛行于禅、教之间。明智旭《阅藏知津》中称“此经为宗教司南，性相总要。一代法门之精髓，成佛作祖之正印”。但因为其内容与其他显教各经论所说多有分歧，所以自古以来对于此经就有真伪的争执而不能决。

关于此经的传译，据唐智昇《续古今译经图记》说，此经译者般剌密帝，唐言“极量”，中印度人。居广州制旨道场。以神龙元年（705）五月二十三日于灌顶部中诵出一品，即此经十卷。乌苌国沙门弥伽释迦（一作铄佉，此云“云峰”）译语，房融笔受，怀迪证译。“其僧传经事毕，汎舶西归。有因南使流通于此（长安）。”但在《开元释教录》卷九中则以此经是怀迪所译。谓怀迪曾被召入京，参与菩提留志《大宝积经》的译场，任证义。事毕还乡，遇梵僧，未得其名，共译此经。“迪笔受经旨兼辑缀文理。其梵僧传经事毕，莫知所之。有因南使流经至此（长安）。”《续译经图记》与《开元录》两书同是智昇开元十八年（730）所著而所记不同。考《大宝积经》是菩提留志于神龙二年（706）创译，至先天二年（713）毕功。《续图记》既云此经是神龙二年所译，应是怀迪未入京前事。而《开元录》乃云，怀迪事毕还乡方遇梵僧传译此经，两说颇相违异。是此经的译人译时均有可疑。

其次，关于此经的流传经过，据宋释子璿《首楞严义疏注经》中云：

“房融知南诠，闻有此经，遂请对译。房融笔受，乌苌国沙门弥伽释迦译语。翻经才竟，三藏被本国来取。奉王严制，先不许出。三藏潜来，边境被责。为解此难，遂即回去。房融入奏，又遇中宗初嗣，未暇宣布，目录缺书。时禅学者因内道场得本传写，好而秘之，遂流此地。大通（神秀）在内，亲遇奏经，又写随身，归荆州度门寺。有魏北馆陶沙门慧振搜访灵迹，常慕此经。于度门寺遂遇此本。”《宋高僧传》卷六《惟悫传》云天宝末，悫于京师受旧相房融宅请。未饭之前，宅中出经函云：“相公在南海知南诠，预其翻经，躬亲笔受《首楞严经》一部，留家供养。”是此经流传有四说不同。一说是因南使流传来此。第二说是房融奏入，因禅学者自内道场传写流通。第三说是神秀亲遇奏经，因而传写归荆州度门寺。第四说是房融抄写留家供养，因而传出。但神秀于神龙二年（706）卒于东都，既未还山，焉得写本随身，归于荆州？是此经的流传深有可疑。

此经的内答，第一卷叙阿难因乞食，被摩登伽女用幻术摄入婬席，将毁戒体。如来放光，并勅文殊师利以神咒往护，遂将阿难及摩登伽女来归佛所。阿难见佛，顶礼悲泣，悔恨自己一向多闻，道力未全，因而启请宣说十方如来得成菩提妙奢摩他，三摩，禅那最初方便。佛告以一切众生从无始来生死相续，皆由不知常住真心性净明体，有诸妄想故有轮转。又告以有三摩提，名“大佛顶首楞严王、具足万行、十方如来、一门超出妙庄严路”。能破客尘烦恼，以显常住真心性净明体云云。

第两卷因波斯匿王之问，显示真性圆明无生无灭本来常住之理。并说一切众生轮回世间由二颠倒分别妄见，随业轮转：一、众生别业妄见，二、众生同分妄见。应当抉择真妄，而明五阴身心不有，世界本空，破我法二执，显本觉真如，显示五阴本如来藏妙真如性。

第三卷佛对阿难陀就六入、十二处、十八界、七大等一一说明本如来藏妙真如性。

第四卷因富楼那之问，显示世间一切根尘阴处等皆如来藏清净本然，但以三种相续：世界相续，众生相续，业果相续，诸有为相循业迁流。妄因妄果其体本真。真智真断不重起妄，是故如来证真故无妄。四大本性周遍法界。歇即菩提，不从人得等。

第五卷憍陈如五比丘，优波尼沙陀、香严童子、药王药上二法王子、跋陀婆罗等十六开士、摩诃迦叶及紫金光比丘尼等、阿那律陀、周利槃特迦、轿梵钵提、毕陵伽婆蹉、须菩提、舍利弗、普贤菩萨、孙陀罗难陀、富楼那弥多罗尼子、优波离、大目犍连、乌刍瑟摩、持地菩萨、月光童子、琉璃光法王子、虚空藏菩萨、弥勒菩萨、大势至菩萨等，各自说最初得道的方便以显圆通。

第六卷最后观世音菩萨说耳根圆通，以闻熏闻修金刚三昧无作妙力，成三十二应，入诸国土。获十四种无畏功德，又能善获四不思议无作妙德。文殊师利以偈赞叹。佛更为说四种律仪（淫、杀、盗、妄），令离禅魔。

第七卷佛说四百三十九句大佛顶陀罗尼。此即大白伞盖佛顶陀罗尼经。并说安立坛场法则及持诵功德。次因阿难请问修行位次，佛先为说十二类众生（胎、卵、湿、化、有色、无色、有想、无想、非有色、非无色、非有想、非无想）颠倒之相。

第八卷说明三摩提三种渐次。次明五十七位：乾慧地、十信、十住、十行、十回向、四加行、十地、等觉、妙觉。又因文殊问，示经五名，说明经的归趣。因阿难问，说地狱趣造十习因，受六交报，以及鬼、畜、人、仙、修罗、天等七趣，自业所感差别。

第九卷说明三界二十五有之相。次明奢摩他中微细魔事，即五阴魔等。

第十卷说五阴的行阴魔中十种外道（二无因论、四遍常论、四一分常论、四有边论、四种颠倒不死矫乱遍计虚论、立五阴中死后有相心颠倒论、立五阴中死后无相心颠倒论、立五阴中死后俱非心颠倒论、立五阴中死后断灭心颠倒论、立五阴中五现涅槃心颠倒论）。识阴魔中禅那现境十种魔事。次明五阴相中五种妄想等。

此经的注解，在唐有三家，一、慧振《疏》十卷、《科》一卷，二、惟悫《玄赞》六卷（一作二十卷），三、弘沇《资中疏》，卷数未详。此三疏早已失传。现今所存的都是宋以后的著作，大半是属于贤首、天台、禅宗三家的。此经所以受到台、贤、禅者的重视，是因为此经所说常住真心性清净体，与台、贤二家圆教宗旨相合。又所说七处征心、八还辨见，对于禅宗的参究可以有很大的帮助和启发。五阴魔的说明，也给禅修者以警策。总之，此经是详细说明了圆顿禅的途径，特别是大势至菩萨的念佛圆通，观世音菩萨的耳根圆通，更为禅、净学人所接近。至于译笔的华美也成为文学之士所爱好。自宋元以后，楞严咒成为丛林早课之一，于是此经的流传和讲习就更普遍了。现存的注解有四十余家。其中属于贤首宗的，有宋子璿《义疏》二十卷、《科》一卷，怀远《义疏释要钞》五卷，戒环《要解》二十卷，明真鉴《悬示》一卷、《正脉疏》十卷、《科》一卷，袾宏《摸象记》一卷，德清《悬镜》一卷、《通议》十卷、《提纲》一卷，圆澄《臆说》一卷，通润《合辙》十卷，观衡《悬谈》一卷，广莫《直解》十卷，真界《纂注》十卷，清续法《灌顶疏》，通理《指掌疏》十卷、《悬示》一卷、《事义》一卷，溥畹《宝镜疏》十卷、《悬谈》一卷、《科》一卷。属于天台宗的有宋仁岳《熏闻记》五卷，宗印《释题》一卷，思坦《集注》十卷，元惟则《会解》十卷，《前茅》两卷、《圆通疏》十卷，真觉《百问》一卷，一松《秘录》十卷，智旭《玄义》两卷、《文句》十卷，清灵耀《观心定解》十卷、《科》一卷、《大纲》一卷。属于禅宗的，有宋德洪《合论》十卷，咸辉《义海》三十卷，可度《笺》二十卷，明函昰《直指》十卷，大韶《击节》一卷，真可《释》一卷，乘旹《讲录》十卷，元贤《略疏》十卷，曾凤仪《宗通》十卷，清济时《正见》十卷，净挺《问答》十卷。其居士所著，不属于专宗者，有明钟惺如《说》十卷，焦竑《精解评林》三卷，陆西星《说约》一卷、《述旨》十卷，钱谦益《疏解蒙钞》十卷，凌弘宪《证疏广解》十卷，清刘道开《贯释》十卷。其中台、贤二家疏释，互有诤论。特别是真鉴的《正脉疏》、传灯的《圆通疏》中互相讥评甚烈。

自中唐以迄近代，一千二百年间，此经备受禅讲之士的推崇，也成为后世行人认为必读之书。但是怀疑者以此经所说与其他经论不符，认为伪造。他们所疑约有七点：第一，一般经论都说四大（地、水、火、风），或说五大（地、水、火、风、空），或说六大（地、水、火、风、空、识）。而此经独说七大，于六大外又立“见大”，是一切经所无。第二，此经卷四辨六根功德中说：“三四四三，宛转十二，流变三迭，一十百千。总括始终，六根之中，各各功德，有千二百。”此文在诸家疏释中无有定解。《首楞严经义海》云：“悫师约三世四方具有五根五尘，成百二十。一一根尘熏成十类众生，为千二百。（弘）沇师非之，（崇）节公是之。（洪）敏师于十二中一一皆具十善成百二十。一一善用具十如是，成千二百。”子璿《义疏》云：“如第一位，三世四方，宛转十二，便成一迭。算位即是一横二竖，已成过去。第二即变过去一世以为现在，进动算位，一竖二横，成百二十，为第二迭。第三又即变现在世以为未来，进动算位，一横二竖，成一千二百，为第三迭。能变之法即唯三世，所变之数亦止千二，故无增减。”如是诸解，莫衷一是。第三，卷五中，世尊说偈。其最初一偈云：“真性有为空，缘生故如幻；无为无起灭，不实如空华。”此是清辩菩萨所造《大乘掌珍论》偈。此偈若是佛说，论中不应不标明。第四，此经卷其中说十二类众生，以休咎精明为有色众生，空散消沉为无色众生，神鬼精灵为有想众生，精神化为土木金石是无想众生，诸水母等以虾为目为非有色众生，咒诅厌生为非无色众生，彼蒲卢等，异质相成，是非有想众生，如土枭等，附块为儿，是非无想众生。此亦与各经论有情无情之说不符。第五，一般经论只说五趣（天、人、鬼、畜、地狱），或说六趣（五趣外加阿修罗）。而此经于六趣外又有仙道一趣，成为七趣。第六，此经说菩萨修位阶次有五十七位。最初立乾慧位，中间切入四加行，亦与各经所说有异。第七，卷十中说行阴魔立十种外道论，亦与各经论所说相违。

关于此经的真伪之争，不仅在汉地如此，即此经由汉地传入藏地及由中国传入日本时也曾发生过争论。在藏文甘珠尔中有由汉译藏的《大佛顶首楞严经》第十品及《魔鬼第九》两本，实即此经的第九、第十两卷，经末不注译人及译经时代，但其为西藏前弘期，约当唐代的译经无疑，因为西藏的卢梅（十世纪间）曾怀疑此经不是佛说而布敦（十四世纪间）则深为置信。很可能此经在唐时曾全部译藏而经朗达玛王灭法，遂至残缺，沦为二帙。嗣后在清高宗乾隆十七年至二十八年间（1752—1763）又由章嘉呼图克图主持，由衮波却将全经重译成藏文，并刊成汉、满、藏、蒙四体合璧的《首楞严经》全帙。

至于此经传入日本是普照入唐携回的。玄叡《大乘三论大义钞》卷三云：“经本东流，众师竞诤。则于奈乐宫御宇胜宝感神圣武皇帝（724—748）御代仲臣等请集三论、法相法师等而使检考。两宗法师相勘云：是真佛经。掌珍比量与经量同，不可谤毁。论定竟，即以奏闻。奉勅依奏已毕。然宝龟年中（770—782）使德清法师等遣唐检之。德清法师承大唐法详居士云：《大佛顶经》是房融伪造，非真佛经也。智昇未详，谬编正录。”由此可知此经真伪之诤由来已久。

要之，此经属于密教。其中所说基于密教的“即事而真”“即身成佛”的原则，自与显教的理论有所不同。其所立名相自难以中观或瑜伽宗的学说来衡量。因而诸家注疏所诠释，或亦未能尽称经旨。

（周叔迦）

大日经

《大日经》是《大毗卢遮那成佛神变加持经》的略称，七卷，唐中天竺善无畏共一行译。经文自说是大日如来在金刚法界宫为金刚手秘密主等所说，此经开示一切众生本有的净菩提心所持无尽庄严藏的本有本觉的曼荼罗，并宣说能悟入这本有净菩提心的身、语、心三密方便。

全经一共三十六品：一、《入真言门住心品》，统论一经的大意，阐明三句、八心、六十心、三劫、十地、六无畏、十喻等教相，而以“菩提心为因、大悲为根本、方便为究竟”三句为中心。一经所说不出这三句法门。更以“菩提”即是“如实知自心”，众生自心即一切智，须要如实观察、了了证知。从因到果，皆以无所住而住其心。二、《入曼荼罗具缘真言品》，广说修真言行者所必须具足的择地造坛等外缘和灌顶护摩加持等法。三、《息障品》，说修真言行人净除内外障难的方法。四、《普通真言藏品》，说金刚手秘密主及普贤菩萨等曼荼罗海会诸尊的真言，又阿字是一切诸真言心，在真言中最为上妙。五、《世间成就品》，说成就世间悉地的行法，有四种念诵（心想、声、句、命息）和三月念诵等。六、《悉地出现品》，说成就出世间悉地的行法，有三月念诵和四种阿字门等。七、《成就悉地品》，阐明内心的悉地及修证悟入的方便。八、《转字轮曼荼罗行品》，说旋转观诵陀罗尼的字轮而成曼荼罗的行法，其中阐明阿字门是世间出世间的慧命，转阿字的种种功德。九、《密印品》，说一百三十九种印契，显示诸佛的身密。十、《字轮品》，说字轮法门，从阿、娑、嚩三字转生迦、遮、吒、多、波等字的观修方法，显示诸佛的意密。十一、《秘密曼荼罗品》，说真言行者入秘密曼荼罗的行法，又三种灌顶、五种三昧耶等。十二、《入秘密曼荼罗法品》，说能入秘密曼荼罗的方便。十三、《入秘密曼荼罗位品》，说所入众生内心本有的曼荼罗。十四、《秘密八印品》，说已灌顶者应持诵的“大威德印”等八种印契真言。十五、《持明禁戒品》，说持明者在六个月持诵智间所应当护持的禁戒。十六、《阿阇梨真实智品》，说阿阇梨要具有的真实智。十七、《布字品》，说迦字等三十四字的布字观法。十八、《受方便学处品》，说大乘菩萨所应当护持的方便禁戒。十九、《说百字生品》，说从百光遍照真言的暗字出生百字轮，破无智的愚昧。二十、《百字果相应品》，说修百光遍照三昧所得果和定慧相应能作诸佛事。二十一、《百字位成品》，说由百光遍照三昧成就瑜伽，更以观空实的智慧方便，观意生曼荼罗。二十二、《百字成就持诵品》，说修百光遍照三昧成就三十二相、八十随好的持诵法。二十三、《百字真言法品》，说于百光遍照三昧，以阿字加持，则能具足众德，普摄一切佛法，所以阿字即是本尊。二十四、《说菩提性品》，说菩提性周遍法界，等于虚空，即是阿字门，即是一切智的住处。二十五、《三三昧耶品》，说发心、智、慧、佛、法、僧、法、报、应身三平等法，由此观安住无相菩提。二十六、《说如来品》，说如来、菩萨、正觉等义。二十七、《世出世护摩法品》，说护摩有世、出世间种类分别，以及内外护摩各种行法和意义。二十八、《说本尊三昧品》，说本尊有字、印、形象三种标相。乃至由有想无想的观缘，而成就有相无相的悉地；应当离一切想，住于悲想。二十九、《说无相三昧品》，说远离诸世间外道等所计诸相的无相三昧。三十、《世出世持诵品》，说持诵世间出世间真言，有声、作意、出入息、三摩地四种念诵等法则。三十一、《嘱累品》，说此大乘密教，只限授与志求胜事乃至闻法欢喜而住等标相的佛弟子，令法久住。以下是供养念诵三昧耶法门：三十二、《真言行学处品》，说供养及念诵曼荼罗海会诸尊的三密行法及修此三密法所应当护持的戒法（即止持戒）。三十三、《增益守护清净行品》，说修作礼、出罪等九方便及五个印明等清净行（即作持戒）。

三十四、《供养仪式品》，说供养曼荼罗海会诸尊的仪式作法。三十五、《持诵法则品》，说观缘本尊的三密成就悉地的法则，有四支禅门及有相、无相两种念诵门。三十六、《真言事业品》，说对诸佛菩萨等供养及回向发愿等事业。七卷三十六品中，前六卷三十一品是本经，后一卷五品是供养法，前后本不同部，后来却合为一经。前六卷，善无畏于玄宗开元十二年（724）在洛阳大福先寺译出，宝月译语，一行笔受，原本是沙门无行在北印所得。第七卷，善无畏于开元十二年（724）译出，原本有说是善无畏自己从古代印度带来，有说是善无畏所撰。前六卷没有异译，第七卷有菩提金刚（依《贞元新定释教目录》卷十四：此即金刚智的异名）译本，题作《大毗卢遮那佛说要略念诵经》。

在此经汉译大约三十年后，西藏也有译本，译人是印度僧戒王菩提和西藏译官德积，分为内外两编。其中，内编和汉译的前六卷相当，内容也大同小异，但品目的废立和次第互不相同。汉译第十三、十四两品，在藏译中次第颠倒；第二十八到第三十品，藏译放在第七品之后；又第六品并入第七品，第三十一品并入第二十七品；只有二十九品。两译的文字也有出入。其次，藏译《世出世护摩法品》之后，有《息灾护摩仪轨》等七品，称为外编，因此全经也有三十六品。但藏译外编，汉译全缺；而汉译第七卷供养法，藏译也全缺。

此经的注疏，藏文译传的有佛陀瞿呬耶撰《毗卢遮那成道经疏》等数种。汉文本有一行撰《大毗卢遮那成佛经疏》，据说是一行笔记善无畏口说的秘义而成。草本题作《大毗卢遮那经疏》，两卷，智俨、温古修正本题《大毗卢遮那经义释》，十四卷（注释有辽觉苑撰《大日经义释演秘钞》十卷）。佛陀瞿呬耶、一行两疏都是注释此经前六卷的，第七卷有新罗不可思议撰《大毗卢遮那经供养次第法疏》两卷。日本东密、台密，都极重视此经，重要的注疏有空海的《大日经开题》七部七卷，圆珍的《大毗卢遮那经指归》《大毗卢遮那成道经心目》各一卷，实范《大经要义》等。

（黄忏华）

八大菩萨曼荼罗经

《八大菩萨曼荼罗经》一卷，唐代不空译。是说观自在菩萨等八大菩萨曼荼罗的供养观行法，是早期密教中的事部密法。

此经的内容，说佛在补怛洛伽山观自在菩萨宫殿时，众中有宝藏月光菩萨向佛请问八曼荼罗的建立法，及依何法令修行者速证菩提。佛为宣说以如来为中尊的观自在、慈氏、虚空藏、普贤、金刚手、曼殊师利、除盖障、地藏等八大菩萨的曼荼罗法，包括这八大菩萨的形象、密咒、供养观行法，并说由此能使一切业障消灭，速证菩提。经后附有八大菩萨赞。

此经汉文译本有三种：一即本经；二为宋法贤译本，名《佛说大乘八大曼拏罗经》；三为失译本，名《八曼荼罗经》。均作一卷。此中，失译本并附有古梵字文，和所译汉文相对照，可见出原本的形状。此外，尚有唐那提译《师子庄严王菩萨请问经》，也名《八曼荼罗经》，内容也说有供养。此八菩萨曼荼罗法门，但未附有密咒，因之未列在密教类，恐系此经的原始形态。此经还有藏文译本。

此经译出后，在当时中国颇为流行，入唐求法的日本僧空海的《御请来目录》、圆仁的《入唐新求圣教目录》、惠运的《将来教法目录》、圆珍的《智证大师请来目录》中均各载有此经，因之此经所说的八大曼荼罗法也颇流传于日本。

（高观如）

甘露陀罗尼

《甘露陀罗尼》是密教中阿弥陀佛的根本咒。此咒在汉文藏经中有三种译本。一、《甘露陀罗尼咒》，但有咒语而无经文，是唐于阗三藏实义难陀于证圣元年至长安四年（695—704）在佛授记寺译。二、《无量功德陀罗尼经》，是宋法贤于咸平四年（1001）译。经中叙述此陀罗尼是佛对阿难所说，并言持咒利益当来得见弥勒菩萨、观自在菩萨及无量寿佛。三、《阿弥陀佛说咒》，失译人名及翻译时代。此译也只有咒语而无经文。咒末注云："若能如法受持，决定得生弥陀佛国。"在藏文《甘珠尔》中有两译本，在德格板《甘珠尔》，一编在十万怛特罗部，一编在陀罗尼集部。与法贤译经名相同，但失译人名。

《甘露陀罗尼咒》与唐不空译《无量寿如来观行供养仪轨》中的《无量寿如来根本陀罗尼》大致相同。梵文阿弥哩哆，义为甘露。以此咒中有十阿弥哩哆句，简称十甘露咒。其余两译只有四（甘露）阿弥哩哆句。与《陀罗尼集经》卷二中阿弥陀佛大身咒相同。

（周叔迦）

不空羂索神变真言经

《不空羂索神变真言经》三十卷，唐菩提留志译。是说不空羂索观世音菩萨（以四摄摄取众生的观世音菩萨）的秘密真言观行法门和它修持功德的经典。

此经系唐神龙二年（706）夏天竺三藏菩提留志于长安西崇福寺译出，他的弟子般若丘多助宣梵本，至景龙三年（709）春译成。其内分为七十八品：一、《母陀罗尼真言序品》，二、《秘密心真言品》，三、《秘密成就真言品》，四、《秘密印三昧耶品》，五、《法界密印庄严品》，六、《羂索成就品》，七、《护摩增益品》，八、《秘密灌顶品》，九、《三昧耶像品》，十、《护摩安稳品》，十一、《清净无垢莲华王品》，十二、《广大解脱曼拏罗品》，十三、《最胜明王真言品》，十四、《奋怒王品》，十五、《悉地王真言品》，十六、《广博摩尼香王品》，十七、《金刚摩尼药品》，十八、《如意摩尼瓶品》，十九、《如来加持品》，二十、《普遍心印真言出世间品》，二十一、《普遍心印真言世间品》，二十二、《不思议观陀罗尼真言品》，二十三、《陀罗尼真言辩解脱品》，二十四、《最上神变解脱坛品》，二十五、《光焰真言品》，二十六、《出世解脱坛像品》，二十七、《一切菩萨敬礼解脱三昧耶真言品》，二十八、《出世解脱坛印品》，二十九、《出世相应解脱品》，三十、《根本莲华顶陀罗尼真言品》，三十一、《十地真言品》，三十二、《世间成就品》，三十三、《莲华顶阿伽陀药品》，三十四、《护摩成就品》，三十五、《根本莲华坛品》，三十六、《根本莲华顶像品》，三十七、《神变密印品》，三十八、《神变真言品》，三十九、

《多罗菩萨护持品》，四十、《大众护持品》，四十一、《普遍解脱陀罗尼真言品》，四十二、《普遍解脱心曼拏罗品》，四十三、《普遍轮转轮王阿伽陀药品》，四十四、《普遍轮转轮王神通香品》，四十五、《如意阿伽陀药品》，四十六、《无垢光神通解脱坛三昧耶像品》，四十七、《大奋怒王品》，四十八、《一切种族坛印品》，四十九、《大奋怒王字轮坛真言三昧耶品》，五十、《大奋怒王真言护持品》，五十一、《执金刚秘密主问疑品》，五十二、《广大明王央俱舍真言品》，五十三、《广大明王摩尼曼拏罗品》，五十四、《广大明王三三昧耶品》，五十五、《广大明王阿伽陀药品》，五十六、《广大明王央俱舍羂索曼拏罗品》，五十七、《广大明王图像品》，五十八、《大可畏明王品》，五十九、《然顶香王成就品》，六十、《点药成就品》，六十一、《护摩秘密成就品》，六十二、《斫刍眼药成就品》，六十三、《神变阿伽陀药品》，六十四、《召请诸天密护品》，六十五、《大可畏明王像品》，六十六、《大可畏明王坛品》，六十七、《清净莲华明王品》，六十八、《灌顶真言成就品》、六十九、《灌顶曼拏罗品》，七十、《不空摩尼供养真言品》，七十一、《祈雨法品》，七十二、《清净莲华明王成就法品》，七十三、《功德成就品》，七十四、《供养承事品》，七十五、《明王曼拏罗像品》，七十六、《畝捺罗印品》，七十七、《密仪真言品》，七十八、《嘱累品》。

此经的内容，是叙述佛在布呾洛迦山观世音菩萨宫殿中，时观世音菩萨顶礼白佛，说过去劫中从世间自在王如来所授得的不空羂索心王母陀罗尼，和此陀罗尼持诵的功德。次说此母陀罗尼真言中的秘密心真言并念诵法。又次说发觉、请召、启白、结界、神变、净治等八十余种真言及观行法。又次说观世音菩萨根本印、莲华印等三十余种印真言法。又次说图画曼拏罗坛法一切手印诸器仗等。又次说像羂索等八种不空王羂索三昧耶成就法。又次说护摩坛、供物、护摩木等不空王护摩三昧耶成就法。又次说观念不空羂索观世音的道场诸相。乃至各种有关的真言陀罗尼，各种造像法、画造曼拏罗法、观行念诵法、供养法、护摩法、各种入坛法、阿伽陀药法、诸天、明王、药义等真言曼拏罗观行法等，如各品名所列，不及备述。

此经也和一般瑜伽密教的经典同样，以观诸法性空无相的般若理趣，和三密瑜伽的事修观行相结合，如此经第二十三《陀罗尼真言辩解脱品》说："一切法本无色无行，离诸染着，心不住内外，不在两间，内外两间亦不可得。本自清净，平等无二，舍无我心，……何以故？心前中后际不可得故。"这和《大日经》第一《入真言门住心品》所说"心不在内，不在外及两中间，心不可得"等文义相合。又此经第三十《根本莲华顶陀罗尼真言品》说："自如实现一切法性无所执着，……亦复不住自性自相，若动若住不可得故。"以下说修四正断、四神足、五根、五力、七觉支、八圣道、三解脱、三摩地、十一智、四无畏、四无碍解、十八不共法等，又皆与《大品般若经》第十九《广乘品》所说相类。此经和以上二经还有若干相同之点，不及一一列举。因此，此经可视为瑜伽密教中较为成熟的经典。又此经列载明王、诸天、金刚、药叉等直言供养，乃至听众中有伊首罗天，摩醯首罗天等，从所包容的方面看来，均显示此经的形成已越过中期密教的阶段。又此经文中并令世间沙门、婆罗门、毗舍、首陀等同受法益（见第二秘密心真言平等），显见密教化范围甚为宽宏，因而使观音信仰转形兴盛，传至中国也流行甚广。

此经的别译本，尚有隋阇那崛多译的《不空羂索咒经》、唐玄奘译的《不空羂索神咒心经》（本书已有专条）、菩提流志另译的《不空羂索心经》、宋施护译的《圣观自在菩萨不空王秘密心陀罗尼经》，均各一卷，皆系由本经第一《母陀罗尼真言序品》抄出的摘译本。此外尚有唐阿目佉译的《不空羂索陀罗尼仪轨经》两卷，则是由《母陀罗尼真言序品》《秘密心真言品》《秘密成就真言品》三品抄出的摘译本。以上均称为略本，而一般以本经为广本。此广本经有藏文译本，译者佚名。

（高观如）

不空罥索神咒心经

《不空罥索神咒心经》一卷，唐玄奘译。显庆四年（659），在大慈恩寺弘法院译出（原经后序为“显庆二年五月旦日于大慈恩寺弘法苑重更敷译”），大乘光笔受。此经是说观自在菩萨的不空罥索神咒心并其功德的经典。相当于菩提流志译的三十卷本的《不空罥索神变真言经》（本书已有专条）的初品。

此经异译本还有三种：一为隋阇那崛多所译，名《不空罥索咒经》；二为菩提流志所译，名《不空罥索咒心经》；三为宋施护所译，名《佛说圣观自在菩萨不空王秘密心陀罗尼经》。

这是属于密教的一部经典主要内容，是说佛在布呾洛迦山观自在宫殿时，观自在菩萨在大众中白佛说：他于过去九十一劫在世主王如来所，蒙授不空罥索大神咒心，以此咒力获得种种功德利益，次说此神咒持诵、观修、供养法等。

此经另有藏文译本。

（高观如）

十一面观世音神咒经

《十一面观世音神咒经》一卷，中国北周时代古代印度耶舍崛多译，是叙述十一面观世音菩萨神咒功德的经典，属于早期密教的事部法。它是《金刚大道场经》十万偈颂中的一品。如本经末所云："此经名金刚大道场神咒经，十万偈成部，略出十一面观世音一品。"因此，此经也包括在唐阿地瞿多撮要抄译《金刚大道场经》而成的《陀罗尼集经》第四卷中。

此经汉文总有四译：本译以外，还有第二唐玄奘译——题名《十一面神咒心经》。第三唐阿地瞿多译，题名《十一面观世音神咒经》，载于《陀罗尼集经》第四卷。以上皆作一卷。第四唐不空译，题名《十一面观自在菩萨心密言念诵仪轨经》，三卷。藏文也有两种译本，其中之一系据唐玄奘译的汉文《十一面神咒心经》转译而成。

此经的内容，叙述佛在王舍城耆阇崛山中，时观世音菩萨在会众中白佛：欲为除灭一切众生的忧恼病苦等，说十一面观世音心咒，使能读诵书写者，除殃护身。并说过去恒沙劫前，在百莲华眼顶无障碍功德光明王如来所，为大持咒仙人，获得此咒，即能见十方佛，得无生忍。又于曼陀罗香如来所为优婆塞时也得到此咒，由此而得一切诸佛大慈悲喜舍诵慧藏法门等功德。然后次第说示根本神咒、咒水、咒衣、咒香、咒华、咒油、咒食、咒火、结界、行道等咒，及造十一面观世音像法，供养念诵法、诸种成就法等。

关于此经的注疏，现存有唐慧沼的《十一面神咒心经义疏》一卷。此外，有靖迈的《疏》，遁伦的《疏》，均佚。

（高观如）

不空羂索陀罗尼经

《不空羂索陀罗尼经》，一名《不空羂索陀罗尼自在王咒经》，一卷，北天竺岚波国婆罗门首领李无谄诏于中国唐代武后时译出。此经是说不空羂索观自在菩萨的根本咒，即一切明主不空羂索自在王陀罗尼的功德及诸种成就法的经典。除本译本外，还有唐天竺三藏宝思惟译本，三卷，题名《不空羂索心咒王经》。

关于此经的翻译缘起，据《开元录》卷九和此经前所附的福寿寺沙门波仑的序说：大周圣历三年（700）三月七日，波仑等得到此经梵本，时有新罗国僧明晓在唐求法，将欲东归，遂由西京宝德寺僧慧月与常州正勤寺大德慧琳、吒于、智藏等数人，共请岚波国婆罗门大首领李无诏于东京（今河南省洛阳市）佛授记寺翻经院同翻梵本，沙门波仑笔受，成十六品，合为一卷。又由译者携就迦湿弥罗国婆罗门大德僧迦弥多啰同勘梵本，久视元年（700）八月勘会完毕，才写出流布。

这是一部密教中宣扬咒术的经籍，经中首出此根本陀罗尼咒并述它的功能，即由观自在菩萨说此心咒能成诸事业，兴福灭罪的功德。次说受持此咒的供养庄严和诵持仪则，及能成就所愿。次说欲亲见观自在菩萨的供养法，造观自在菩萨像法及作坛法并供养次第。次说受持紧羯罗令所作成办法，受持制摘迦令所作成办法，咒贤瓶法。及不空羂索咒王供养法、诸息灾法，不空羂索咒王诸种成就法等。

今本经后附有不空羂索咒印一卷，载云自在印咒等二十二个印咒，又附观世音不空羂索母身印咒等六个印咒。以上均非原译本，是由新罗僧惠日另译出附加入的。

（高观如）

大般若经

《大般若经》，具名《大般若波罗蜜多经》，六百卷，唐玄奘译，是说空、无相、无得等义的诸部般若集成的经典。

此经总有十六会，其最早形成的似是八千颂般若，即相当于此经第四会的《小品般若》。其梵本于后汉灵帝光和初（178）由天竺沙门竺佛朔赍来中国，次年与月氏沙门支娄迦谶在洛阳共译成十卷，名《般若道行品经》，通称《道行般若经》。此为《大般若经》别行本传入中国的开始。随后，三国时代吴支谦又将此本重译成《大明度无极经》六卷，康僧会又别译成《吴品经》五卷（今佚）。另有魏地沙门朱士行，以佛朔等所译《道行般若》文义扞格、译理不尽，遂西行至于阗求得梵书《二万五千颂般若》九十章（品），遣其弟子送归洛阳，由于阗沙门无罗叉于晋元康元年（291）在仓垣（今河南省开封市祥符区陈留镇境）译成二十卷，名《放光般若经》，即相当于《大般若经》第二会的所谓《大品般若》。同时，敦煌沙门竺法护也从西域得到此《大品般若》的另一个梵本，译成《光赞经》十卷。东晋名僧支遁曾以此大小二品对比，并称此外还有未传入晋地的六十万言的大本《般若》（《大小品对比要抄序》），是为当时汉地学者对于般若部类的初步了解。其后，姚秦鸠摩罗什在长安重译出大、小品及新译《金刚》等部般若，其弟子僧叡《小品经序》中即说《般若经》的梵本有十万偈、大品、小品、六百偈本四种。随着《濡首般若》（宋翔公译）、《文殊般若》（梁曼陀罗译）、《胜天王般若》（陈月婆首那译）等陆续译出，北魏菩提流支译《金刚仙论》中，更总说有八部般若，即十万偈、二万五千偈、一万八千偈、八千偈、四千偈、二千五百偈、六百偈、三百偈本八种。陈真谛，隋智顗、吉藏等皆同此说（但各本所配列的汉译经名，诸师所说各有不同）。显示这时对于般若部党之说已续有扩展。及至唐玄奘于龙朔三年（663）在坊州玉华宫寺译成全部《大般若经》十六会，共六百卷，不仅全译出来传说的八部《般若》，而且还译出前所未闻的好几部《般若》，大大超越了当时佛教界有关般若部类的知见范围，而使学人震惊于这部大经文义的广博。因而此经实为诸部《般若》总集大成的经典。

据《大慈恩寺三藏法师传》等所说：当时玄奘曾由古代印度求得此经总二十万颂的梵本三部回国，长安名德以前代所翻未曾完备，因请玄奘加以全译。玄奘以唐京事务繁多，《般若》部帙巨大，须要在僻静的地方专志宣译，便请得唐朝廷许可，于显庆四年（659）冬十月由长安移至坊州玉华宫寺，从翌年春正月一日开始翻译此经，时诸大德以经文广大，曾请仿照鸠摩罗什的译例，删去繁重；玄奘心有未安，为求周详，悉依梵本，不加省略；并于翻译时，参照所赍来的三种梵本，文有疑误，即详加校订，殷勤省覆，审慎周详。他的上首弟子大乘光、大乘钦、嘉尚等在场笔受。玄奘译时每虑无常，经常勉励诸人努力加勤，莫辞劳苦。至龙朔三年（663）冬十月二十三日译成为六百卷，分十六会。其中前代已有译本而由玄奘加以重译或改译的有六会，即第二会旧有西晋无罗叉译二十卷本《放光般若经》、竺法护译二十卷本《光赞经》、姚秦鸠摩罗什译二十七卷本《摩诃般若波罗蜜经》三种，而重译为七十八卷。第四会旧有后汉支娄迦谶译十卷本《道行般若经》、吴支谦译六卷本《大明度经》，苻秦昙摩蜱共竺佛念译五卷本《摩诃般若钞经》、姚秦鸠摩罗什译十卷本《小品般若波罗蜜经》四种，而重译为十八卷。第六会旧有陈月婆首那译七卷本《胜天王般若波罗蜜经》一种，而改译为八卷。第七会旧有梁曼陀罗仙译两卷本《文殊师利所说摩诃般若波罗蜜经》、僧伽婆罗译一卷本《文殊师利所说般若波罗蜜经》二种，而重译为两卷。第八会旧有宋翔公译两卷本《濡首菩萨无上清净分卫经》一种，而重译为一卷。第九会旧有姚秦鸠摩罗什译一卷本《金刚般若波罗蜜经》、北魏菩提流支译一卷本（同经）、陈真谛译一卷本（同经）、隋笈多译一卷本《金刚能断般若波罗蜜经》四种，而重译为一卷。又前代未有译本而由玄奘初译出的有十会，即初会四百卷、第三会五十九卷、第五会十卷、第十会一卷、第十一至十六会二十两卷，合共初译达四百九十两卷。特别是其中第一会梵本十三万二千六百颂的译出（见《法苑珠林》卷一百），满足了此土学人由于从来的传说中屡屡提出大部《般若》有十万偈颂（见《大智度论》卷一百，《金刚仙论》卷一，僧叡《小品经序》，梁武帝《注解〈大品经〉序》，隋智顗《金刚般若经疏》、吉藏《大品经义疏》卷一、《历代三宝纪》卷十二所载崛多三藏的传说等）的想望，因而此经的译出对于素重般若的中土大乘佛教具有甚大的意义。

此经在藏文译典中，未有像汉译本那样汇合诸会《般若》为一整部的译本，而只有各会各别的传译。现存藏译本有失译的《十万颂般若》（相当于汉译本初会），失译（或智军译）的《二万五千颂般若》（相当于汉译本第二会），失译（或智军译）的《一万八千颂般若》（相当于汉译本第三会），释迦军、智成、法性戒共译的《八千颂般若》（相当于汉译本第四会），失译的《七百颂般若》（相当于汉译本第七会），戒帝觉与智军共译的《金刚能断般若经》（相当于汉译本第九会），失译的《百五十颂理趣般若》（相当于汉译本第十会），胜友与智军共译的《五波罗蜜经》（相当于汉译本第十一至十五会），戒帝觉、胜友、智军共译的《善勇猛问说般若经》（相当于汉译本第十六会）等。

关于此经的梵本，现存有初会《十万颂般若》（1902・部分刊出），第二会《二万五千颂般若》（1934・部分刊出），第四会《八千颂般若》（1888），第七会《曼殊室利分》（1923），第九会《能断金刚分》（1894），第十会《般若理趣分》（1894），第十六会《般若波罗蜜多分》（1923）等。

此经的内容分十六会，前五会义同文异，均为所显《般若》教义的全面叙述。其中初会四百卷文义最为详广，二会以下，顺次简略。

初会分七十九品。

一、《缘起品》，述佛在王舍城鹫峰山顶，放光照十方佛土，一切世界上首菩萨各以金色莲花来献，佛散花遍诸佛界，花台化佛说大般若，大众欢喜，叹未曾有。

二、《学观品》，佛知大众都来集会，对舍利子说般若波罗蜜的学、修，谓当圆满三十七品、三解脱门乃至大慈悲喜舍等无量佛法，以无所得为方便，而无住无著。世出世法、有漏无漏、有为无为等皆不可得。如是菩萨智慧超胜二乘，为真福田。

三、《相应品》，又为舍利子说菩萨和一切法空相应，及和般若波罗蜜多相应，不着一切法有、空等，也不见有诸法和空相应等，如是菩萨不见有所修般若。

四、《转生品》，说安住般若的菩萨转生处所等。无量大苾刍众闻已发心受记，又有无量有情发愿往生十方净土，也得受记。

五、《谠胜德品》，述舍利子等同赞菩萨般若，佛加以印可。

六、《现舌相品》，述佛现广长舌相，放光照十方世界，十方菩萨和诸天来供养佛，无量有情得到受记。

七、《教诫教授品》，佛令善现为诸菩萨说般若的相应法。佛又为说菩萨、般若但是假名，不可得故；菩萨于一切法住无分别，能修六度等。又不着色等，乃至不着方便善巧，能着、所着、着处、着时皆不可得等。又就菩萨、般若、一切法不可得、一切法无所见等义和善现相问答、印证。

八、《劝学品》，善现向佛及舍利子说菩萨为成满六度、编知及修、得一切佛法，当学般若等。

九、《无住品》，说于诸法无所住，也非不住，诸法因缘假合，皆不可说，应以性空观一切法，于诸法无所取，而能成办一切事业。

十、《般若行相品》，说菩萨于修行般若，观察一切法无所有、不可得，由内空乃至无性自性空故。又般若及一切法离相，亦离自性，无所取，名于一切无所取着，三摩地，无得无为，名毕竟净。

十一、《譬喻品》，说一切法即幻，及善友摄受，以无所得为方便而勤修诸善等。

十二、《菩萨品》，佛又为解说菩萨的句子、及善、非善、有记、无记等，并说菩萨于如是自相空法不应执着，应以无二为方便，觉一切法。

十三、《摩诃萨品》，广说摩诃萨义，舍利子、善现、满慈子也各说摩诃萨义。

十四、《大乘铠品》，说菩萨擐六度、十二禅、三十七品、二十空等大乘之铠，遍照诸界令息诸苦，奉持佛法，而实皆如幻，作者不可得故。善现又述所领解义，并答满慈子说一切法性无所有乃至性无净，应勤修学一切无缚无解法门，乃至如是成熟菩提、严净佛土。

十五、《辨大乘品》，佛更为善现解说六度二十空等大乘相，及发趣大乘的十地的行业，观一切法无所有，以无所得为方便，出三界生死，至一切智智，利乐有情至无尽际等。

十六、《谶大乘品》，广赞菩萨所住的大乘相，超胜一切世间。

十七、《随顺品》，明大乘和般若无二无别义。

十八、《无所得品》，善现说菩萨、般若都毕竟不生，无所有、不可得，菩萨但有假名，诸法也无自性，离毕竟不生，也无菩萨能行菩提等。更为舍利子广加解说。

十九、《观行品》，善现又说菩萨修行般若，观诸法时，无受、无取、无执、无着；又诸法性空，不生不灭、非二非不二等。又为舍利子广释菩萨、摩诃萨、般若、观诸法、及诸法不生、不灭、不二等义。

二十、《无生品》，善现又说菩萨修行般若，观我、人、诸法乃至如来法无生，毕竟净故，并为舍利子广解其义。

二十一、《净道品》，善现又说菩萨修行六度，须净诸法乃至净菩提道；又六度由有所得和无所得为方便而有世间，有出世间；般若为一切善法母，普能出生、摄受一切善法；菩萨闻般若心无疑惑，常不舍离一切有情大悲作意：此种作意无自性故空无觉知等。佛加以赞印，三千大千世界震动，无量天人得忍发心。

二十二、《天帝品》，述诸天来会，善现为帝释说菩萨般若：发菩提心、离声闻地、以应一切智智心、用无所得为方便的思惟、观、修，虽观诸法而都无所见。又为舍利子说菩萨虽住般若，于一切法都无所住、亦非不住等。

二十三、《诸天子品》，善现又为未理解所说的诸天子说般若离语言文字，应住无说无听无解的甚深般若修学不舍，乃至欲为如幻梦有情说如幻梦法，幻梦事与一切法乃至涅槃无二无别。

二十四、《受教品》，更为舍利子说甚深般若在住不退地菩萨和已见谛的声闻等人能信受。般若教中广说三乘法，于我、法等以无所得为方便，由内、外空故乃至无自性空故等义。

二十五、《散花品》，述诸天闻法化花散供佛，善现和帝释论说花不生、诸法不生，乃至无上乘亦不生等义。

二十六、《学般若品》，又为帝释说菩萨知诸法但是假名而不离法性，如是学般若时不于色等学、不于空学、不见若生若灭等而学般若，以无所学无所成办为方便等。

二十七、《求般若品》，说菩萨求般若当以如来为依处，亦非依处，但随顺世俗说为依处，非如来、真如、法性等可得，亦非如来与真如、法性等相应不相应，般若不应于一切法求、不应离一切法求等。

二十八、《叹众德品》，称叹菩萨般若是大波罗蜜与无量、无边波罗蜜。

二十九、《摄受品》，诸天闻说称善，佛也加以赞印，说菩萨以无所得为方便修学一切法，不离一切佛法。又述受持、读诵、修习、思惟、演说、流布般若的功能、及般若能摄受一切善法、能灭诸恶。帝释又赞般若调伏菩萨令不高心，行六度时以无所得为方便，能令回向一切智智。佛更为说般若是一切咒王，于我及法虽无有所得，而能使自他得大饶益等。

三十、《校量功德品》，分别校量般若的功德。以般若故有一切胜因胜果及菩萨，菩萨所有方便善巧皆以般若增长，依此成就一切功德胜利。时外道恶魔欲来寻求佛的过失，帝释念诵般若使魔外退却。佛又为庆喜说般若于一切法为尊为导，以无二无生无所得为方便修习六度等回向一切智智，并说般若及般若供养乃至流布等功德，及较量书写施他等种种功德，而劝以无所得慧和巧妙文义宣说六度，并分别有所得相似般若和无所得的真正般若行六度等的区别。更广为较量功德而劝修学菩萨般若等。

三十一、《随喜回向品》，弥勒与善现论说菩萨随喜有情的福业，回向菩提，以无得为方便，超胜异生、二乘，于所缘事及一切法皆不取相，而能发起随喜回向无上菩提。善现又承弥勒的意旨，为帝释说新学菩萨修善根回向，与随喜行诸福业等的无得无相方便。弥勒又和善现问答菩萨不取相而能随喜回向等事。佛加以赞印，更为善现说菩萨无倒的随喜回向。

三十二、《谠般若品》，舍利子广赞般若，佛为说一切善法皆由般若出现。舍利子更为帝释说般若殊胜，五度如盲，般若如导。佛更为舍利子说菩萨应引发般若，于一切法无所得故。更为善现说菩萨信般若则不信色等诸法，观一切法不可得故。善现领解，因说菩萨般若名大波罗蜜等。

三十三、《谤般若品》，佛又为舍利子说信解般若的人是从十方如来的法会来生、久发菩提心、常修六度的。又为善现说般若无能闻见者，也无所闻见。并说有菩萨初发心即能修学甚深般若，有菩萨不敬般若、造作恶业，堕三恶道，及愚痴人毁谤般若有四因缘等。

三十四、《难信解品》，又为说不勤精进、未种善根、具不善根为恶知识所摄受的人，于甚深般若难信难解。由于诸法非解非缚，以无所有性为自性、诸法清净与果清净、般若清净、一切智清净乃至见清净无二无别无坏无断、无不净不相应等。

三十五、《谠清净品》，又为舍利子说如是清净的甚深意义，清净般若于一切法无所执受等。又为善现广说一切毕竟净义。

三十六、《著不著相品》，又为说菩萨以有所得为方便的不能证得实相般若，以无所得为方便的得证实相般若。善现又为舍利子及帝释分别执着不执着相等，佛加以印可，更说其微细相，显示般若甚深无性无作不可得等。善现又说般若修行甚难，如修虚空都无所有、无可施设等。又为帝释说护持般若人如护虚空，菩萨修行般若虽知诸法如幻而亦不执为幻等。

三十七、《说般若相品》，时三千大千世界诸天由佛的神力各见千佛宣说般若，各见请说的上首善现，问难的上首帝释。佛又为善现说弥勒等当来诸佛宣说般若的行相，当证当说诸法毕竟净等。善现又述读诵，演说般若的功德。时诸天散华，佛又为解说般若转法轮义。

三十八、《波罗蜜多品》，善现更广赞般若波罗蜜多的大、无边等，佛一一加以印证。

三十九、《难闻功德品》，这时帝释心念般若殊胜难闻，舍利子也说闻已信解不信解由于夙因，佛为帝释宣说一切智智皆从般若生故，菩萨应学般若。又菩萨修行般若。于五蕴乃至诸佛无上菩提等法不住不习、亦非住非不住、非习非不习、所住习诸法不可得等。又为舍利子说般若甚深无量。舍利子也说闻是般若信受修行，当是善根成熟，不久当受菩提记，如行旷野已近王都等，佛加以赞可。并为说菩萨的四摄，及离我法等见着修行般若、速得圆满等。又般若是大宝聚、清净聚，受持读诵书写宣说般若的功德，乃至佛灭度后般若当盛行于东南、渐传至东北方等。

四十、《魔事品》，佛为善现具说修行般若时的魔事留难等。

四十一、《佛母品》，佛为善现说佛护念般若，如子护母，般若能示世间诸法实相，为诸佛母；般若虽能生诸佛、示世间相，而无所生、亦无所示，复能为诸佛示世间空相乃至无相，无愿相等。

四十二、《不思议等品》，善现又说甚深般若为大事故而现于世。为不可思议事、乃至无等事而现于世，佛加以印可，并说诸法乃至诸佛无上菩提也不可思议乃至无等，会中四众各得法益，菩萨得忍受记。

四十三、《办事品》，佛为善现说般若能成办六度二十空等，佛以三乘法付嘱般若，般若于五蕴乃至无上菩提无所取著、出现世间、能成办一切事业，菩萨亦于诸法无所取著等。诸天并赞菩萨般若所成就忍。

四十四、《众喻品》，佛更为说信解修习般若的菩萨所从来处。菩萨若不摄受般若和方便善巧，从初发心，住我我所执修行施等，堕二乘地；若从初发心离我我所执修行施等，便能摄受一切善法、不堕二乘，疾证菩提。

四十五、《真善友品》，佛更为说初业菩萨应先亲近真善知识，修行善法，普施有情，回向无上菩提，勿于诸法而生贪爱，自性空故。又菩萨虽知一切法空，而为世间令得义利、安乐等故发趣菩提。

四十六、《趣智品》，佛又为说于般若生信解的菩萨的性、相、状、貌、所趣、并所擐的甲胄等。善现又述般若甚深无能修、所修、修处等，于此甚深义中无少法实法可得，如修虚空乃至修除遣，佛加以印可。又说于般若等不生执着是不退菩萨，不为贪嗔痴慢等杂染心所牵引，相续随顺趣向临入一切智智等。

四十七、《真如品》，时诸天散华礼佛赞叹般若，并说般若经中说一切法即是一切智智、一切法即真如，皆一真如无二无别，佛加以印可，并说甚深般若即佛所证无上菩提，无能证、所证、证处、证时、非世间一切所能比度。菩萨若起我我所执，为摄取五蕴乃至一切佛法，或为弃舍诸法而行，即不能修六度证二十空等。善现又说随顺般若乃至三智等一切法，以无碍为相，一切法真如平等无二。善现更说一切法都无所有，诸随生者或所随生及随生处皆不可得，舍利子也说五蕴乃至真如亦不可得，佛皆加以印可。会中苾刍、苾刍尼、菩萨多得法益，有六万菩萨成阿罗汉。佛为舍利子说菩萨取声闻果，由于远离般若及方便善巧力的因缘，并说菩萨不应取相，不见有少法可得，以无得为方便修六度住二十空等。又为诸天说现觉一切法相证得菩提，而都不得胜义法相的能证、所证、证处、证时等可说，以一切毕竟空故。又善现、舍利子各述所解，佛均加以赞印。

四十八、《菩萨住品》，善现又说菩萨欲得菩提，当于一切有情住平等心，起大慈等心乃至空、无相、无愿心，自他共离十恶、修一切善，则于五蕴乃至一切佛法住无障碍等。

四十九、《不退转品》，佛为善现说不退转菩萨以无得为方便，如实知异生、二乘、菩萨、佛地诸法真如无二无别，并为说不退转菩萨的行相等。

五十、《巧方便品》，佛又为说不退菩萨依深般若相应理趣、如应而住、如应而学，摄取广大无数功德，共诸有情，回向菩提；由此回向巧方便力，证得无上菩提等。

五十一、《愿行品》，说菩萨修行施等，见有情苦，作愿勤修六度等相。

五十二、《殑伽天品》，述会中有一殑伽天女，发愿修行六度成佛后也宣说般若，并散花供佛，蒙佛授记。

五十三、《善学品》，佛为善现说行深般若的菩萨修习证入空等三三摩地等行相。又菩萨观法空时，为学而观，不为证而观，不退六度二十空等，不证漏尽、不住于空，并广说不退转相及魔娆乱相、傲慢的过患、真远离行、真胜善友、菩萨应修的一切法相等。及般若以虚空为相、无相为相乃至性空为相、远离为相等。又一切法空，由诸有情有我我所执而流转生死，既有杂染亦有清净。并广说般若相应作意的功德等。

五十四、《断分别品》，说菩萨不离般若及一切智智相应作意，因皆自性空、远离、无增、无减等。又非即般若或离般若能行般若，乃至非即诸法离诸法能行般若，并就诸法空虚、不实、即、离等义广作问答。并及菩萨成无生忍、得不退地、证得菩提等问题。

五十五、《巧便学品》，帝释说于般若自修、教他至于菩提不杂余心心所的功德成就，佛加以印可。又为阿难分别恶魔娆乱的有无，乃至菩萨和菩萨间的共住。更为善现说菩萨学义，及一切法本性清净，菩萨于中修学般若，离诸杂染复得清净，并以善巧方便令诸有情证此清净，不起悭贪执取心等。

五十六、《愿喻品》，时帝释心念菩萨般若殊胜，佛又为说随喜的福不可数量。又为善现说般若等法毕竟离，菩萨依止它能得无上菩提。善现又说菩萨所证的法义、能证的般若、证法、证者、证处、证时都不可得，如虚空、幻士等于一切法无分别。又为舍利子说一切法本无分别，但因有情颠倒造业感异熟果而有五趣差别及三乘圣位，菩萨应行如是无分别相的般若，得证无分别相所求的菩提。

五十七、《坚等赞品》，善现又为舍利子说行般若为行无坚实法，也不见有无坚实和坚实可得。时诸天子心念菩萨知诸法及有情皆不可得，而发心擐功德铠，度令究竟涅槃、心不沉没，甚为稀有。善现又说菩萨行深般若心不沉没的因缘。佛说如是菩萨为释梵乃至十方佛所护念，当令一切功德圆满，乃至证得一切智智。并说诸法实性不可得，菩萨观一切法空，如佛所化，安住真如精进修学、疾证菩提等。

五十八、《嘱累品》，帝释赞善现所说般若殊胜，诸天散花，六千苾刍得菩提记，佛以般若付嘱庆喜，并为说般若行的要义。及般若于诸法中最胜，等如虚空无量无边无尽。佛又出广长舌相，显示所说不虚，并说受持般若陀罗尼，即为总持一切佛法。

五十九、《无尽品》，佛为善现宣说般若及一切法如虚空无尽，观十二缘起等，远离二边，不见有法生、灭、有我、有情、常、无常乃至远离、不远离等，以无所得为方便，如是修行般若，魔不能娆等。

六十、《相引摄品》，佛为善现广说六波罗蜜多互相引摄，乃至安住般若，引摄布施诸度等。

六十一、《多问不二品》，善现与佛广泛问答菩萨久已发心，善根无不圆满；而般若照余五度，最居先导；菩萨依诸法自性空，而为有情修行六度；又依世俗言说般若最胜，而实无胜劣差别。又般若于诸善法无有取舍，菩萨以般若无执着、无安住为方便，遍摄受善法，引发殊胜功德，为诸有情回向菩提，乃至证得一切智智。又应勤学般若与略广六度相应法，如实了知五蕴乃至无上菩提实际相法界相略广相等。如是等法门，利根乃至不定根人能入，由此能证六度、二十空等。应当于般若无间地行、引、修，不其余作意；般若及一切法不可施设，佛依世俗方便说法，假说诸法法性，以三乘法度脱有情，及三智与三乘道与涅槃的性相差别，菩萨修行般若及般若的名义和甚深义趣等。

六十二、《实说品》，说菩萨虽不见有有情佛果，而为除有情我执颠倒、修满六度、证得菩提。一切法、有情、佛、菩萨真如皆无异，菩萨圆满修学真如，故名如来。又初心菩萨应思惟一切法以无性为性，乃至以无相为相，而常精勤成熟有情严净佛土，以行般若为最胜方便，观一切法非无非有，世俗、胜义、也非有异，为愍有情分别诸法，令知非实有。

六十三、《巧方便品》，说于五蕴乃至无为界空行菩萨行，于诸法中不作二相。又菩萨行深般若时，于诸法不为益、损、生、灭、染、净，广说善巧方便，修行六度及一切善法等。

六十四、《遍学道品》，佛又为善现说菩萨于五蕴乃至无上菩提的无性自性无所动，离诸戏论，用菩萨道入正性离生，起一切净道相智，以三十七品乃至三智、三乘道及因果安立有情，修此无相不着二边等义。

六十五、《三渐次品》，说菩萨行深般若，不住有无等想，无性即菩萨现观；又如来昔修菩萨道时，无倒修行六度，入四静虑，而无执着、无得、无分别。又于无性为自性法中，有渐次业、渐次学、渐次行，为趣菩提度有情等。

六十六、《无相无得品》，说一切法无性故无得、无差别；为令有所得者离染着故，方便说有六度等差别相。菩萨修般若时，一心具摄一切佛法，以离相无漏心修行六度，圆满一切佛法。

六十七、《无杂法义品》，说菩萨安住如梦响等无性无相的诸法中修行六度、圆满佛法。

六十八、《诸功德相品》，说菩萨住毕竟无际二空，修行般若，而方便善巧拔济有情，令修六度等一切佛法，令住三乘。又一切有情一切法和此等施设皆不可得，即由于内空乃至无自性空等都无所得，而能安立有情，住所应住，令解脱妄想颠倒执着，依世俗谛安立黑法白法、因果差别，于一切处皆得无碍等。

六十九、《诸法平等品》，说菩萨善达诸法实相，于法性都无分别，知诸法如幻化，而安立有情于无漏法；当学般若，亦学静虑，以方便善巧为诸有情施设名相等。

七十、《不可动品》，说菩萨安立有情于实际中，令离颠倒，谓诸法性空，而亦不坏色等，无二无相，也无分别；于一切法及诸有情住本性空，而修诸功德令证菩提，这是依世俗说，不依胜义等。

七十一、《成熟有情品》，说菩萨方便善巧修行六度，安住内空等，而为有情说法令得三乘。并广说布施、净戒及余大菩提道等。

七十二、《严净佛土品》，说六度、三十七品、二十空等总一切法皆菩萨道。知诸法性空而常学无倦，及常清净自他三业粗重，严净佛土，令所化有情往生彼土、成就菩提等。

七十三、《净土方便品》，说菩萨住佛乘正定聚，但为利乐有情愿生恶趣。又由观空方便善巧引发神通自在、成熟有情、严净佛土等。

七十四、《无性自性品》，说菩萨法即是佛法，由般若证四谛平等性，即是涅槃，如实见一切法空，能入菩萨正性离生等。

七十五、《胜义瑜伽品》，说一切法平等性是清净法，是依世俗说，胜义谛中无分别无戏论，菩萨于一切法不取为有为无，知皆如梦等。佛于无相中方便善巧，建立佛法差别，而于平等法性都无所动。

七十六、《无动法性品》，说菩萨不动于法性空，而令有情离妄想颠倒，住无为界，脱生死苦。又一切法皆如化，即自性空，无生无灭无一非化等。

七十七、《常啼菩萨品》，说初业菩萨当信解诸法自性毕竟皆空的方轨，欲求般若当如常啼菩萨不惜卖血、髓、心，欲从法涌菩萨求受般若的故事。

七十八、《法涌菩萨品》，继说法涌为常啼演说般若法义，乃至常啼以血洒地供养、获得法益等。

七十九、《结劝品》，佛告善现，结劝菩萨应学习闻思读诵书写流布般若，更以此法付嘱庆喜。

以上初会七十九品、四百卷，实为全经的主流。次则第二会八十五品、七十八卷，内容大同于初会，而品名的开合稍有差别，文字亦比初会简略，且无有最后的常啼、法涌、结劝三品。第三会三十一品、五十九卷，第四会二十九品、十八卷，第五会二十四品、十卷，文义逐会简短，但内容大同。今将二、三、四、五各会和初会各品内容对比如下：

初会	第二会	第三会	第四会	第五会
一、《缘起品》	一、《缘起品》	一、《缘起品》	一、《妙行品》	一、《善现品》
二、《学观品》	二、《欢喜品》	二、《舍利子品》		
（同上）	三、《观照品》	（同上）		
三、《相应品》	（同上）	（同上）		
四、《转生品》	（同上）	（同上）		
五、《赞胜德品》	四、《无等等品》			
六、《现舌相品》	五、《舌根相品》			
七、《教诫教授品》	六、《善现品》	三、《善现品》	（同上）	（同上）
八、《劝学品》	七、《入离生品》	（同上）	（同上）	（同上）
九、《无住品》	八、《胜军品》	（同上）	（同上）	（同上）
十、《般若行相品》	九、《行相品》	（同上）	（同上）	（同上）
十一、《譬喻品》	十、《幻喻品》	（同上）	（同上）	（同上）
十二、《菩萨品》	十一、《譬喻品》	（同上）	（同上）	（同上）
十三、《摩诃萨品》	十二、《断诸见品》	（同上）	（同上）	（同上）
（同上）	十三、《六到彼岸品》	（同上）	（同上）	（同上）
（同上）	十四、《乘大乘品》	（同上）	（同上）	（同上）
十四、《大乘铠品》	十五、《无缚解品》	（同上）	（同上）	（同上）
十五、《辨大乘品》	十六、《三摩地品》	（同上）	（同上）	（同上）
（同上）	十七、《念住等品》	（同上）	（同上）	（同上）
（同上）	十八、《修治地品》	（同上）	（同上）	（同上）
（同上）	十九、《出住品》	（同上）	（同上）	（同上）
十六、《赞大乘品》	二十、《超胜品》	（同上）	（同上）	（同上）
（同上）	二十一、《无所有品》	（同上）	（同上）	（同上）
十七、《随顺品》	二十二、《随顺品》	（同上）	（同上）	（同上）

续表

初会	第二会	第三会	第四会	第五会
十八、《无所得品》	二十三、《无边际品》	（同上）	（同上）	（同上）
十九、《观行品》	（同上）	（同上）	（同上）	（同上）
二十、《无生品》	二十四、《远离品》	（同上）	（同上）	（同上）
二十一、《净道品》	（同上）	（同上）	（同上）	（同上）
二十二、《天帝品》	二十五、《帝释品》	四、《天帝品》	二、《帝释品》	二、《天帝品》
二十三、《诸天子品》	（同上）	（同上）	（同上）	（同上）
二十四、《受教品》	二十六、《信受品》	（同上）	（同上）	（同上）
二十五、《散花品》	二十七、《散花品》	（同上）	（同上）	（同上）
二十六、《学般若品》	（同上）	（同上）	（同上）	（同上）
二十七、《求般若品》	（同上）	（同上）	（同上）	（同上）
二十八、《叹众德品》	（同上）	（同上）	（同上）	（同上）
二十九、《摄受品》	二十八、《授记品》	五、《现窣堵波品》	（同上）	三、《窣堵波品》
（同上）	（同上）	（同上）	三、《供养窣堵波品》	（同上）
（同上）	二十九、《摄受品》	（同上）	（同上）	（同上）
（同上）	三十、《窣堵波品》	（同上）	（同上）	（同上）
三十、《校量功德品》	三十一、《福生品》	六、《称扬功德品》	（同上）	（同上）
（同上）	三十二、《功德品》	（同上）	（同上）	四、《神咒品》
（同上）	三十三、《外道品》	（同上）	（同上）	（同上）
（同上）	三十四、《天来品》	（同上）	（同上）	（同上）
（同上）	三十五、《设利罗品》	七、《佛设利罗品》	四、《称扬功德品》	五、《设利罗品》
（同上）	（同上）	八、《福聚品》	五、《福门品》	（同上）
（同上）	三十六、《经文品》	（同上）	（同上）	六、《经典品》
三十一、《随喜回向品》	三十七、《随喜回向品》	九、《随喜回向品》	六、《随喜回向品》	七、《回向品》

续表

初会	第二会	第三会	第四会	第五会
三十二、《谶般若品》	三十八、《大师品》	十、《地狱品》	七、《地狱品》	八、《地狱品》
三十三、《谤般若品》	三十九、《地狱品》	（同上）	（同上）	（同上）
三十四、《难信解品》	（同上）	（同上）	（同上）	（同上）
（同上）	（同上）	（同上）	八、《清净品》	（同上）
三十五、《谶清净品》	四十、《清净品》	十一、《叹净品》	（同上）	九、《清净品》
三十六、《著不著相品》	（同上）	（同上）	（同上）	（同上）
三十七、《说般若相品》	四十一、《无标帜品》	（同上）	（同上）	（同上）
（同上）	（同上）	十二、《谶德品》	九、《谶叹品》	（同上）
三十八、《波罗蜜多品》	四十二、《不可得品》	（同上）	（同上）	（同上）
三十九、《难闻功德品》	四十三、《东北方品》	十三、《陀罗尼品》	十、《总持品》	十、《不思议品》
四十、《魔事品》	四十四、《魔事品》	十四、《魔事品》	十一、《魔事品》	十一、《魔事品》
（同上）	四十五、《不和合品》	（同上）	（同上）	（同上）
四十一、《佛母品》	四十六、《佛母品》	十五、《现世品》	十二、《现世间品》	十二、《真如品》
四十二、《不思议等品》	四十七、《示相品》	（同上）	（同上）	十三、《甚深相品》
（同上）	（同上）	十六、《不思议等品》	十三、《不思议等品》	（同上）
四十三、《办事品》	四十八、《成办品》	十七、《譬喻品》	十四、《譬喻品》	（同上）
四十四、《众喻品》	四十九、《船等喻品》	（同上）	（同上）	十四、《船等喻品》
四十五、《真善友品》	五十、《初业品》	十八、《善友品》	十五、《天谶品》	十五、《如来品》
四十六、《趣智品》	五十一、《调伏贪等品》	（同上）	（同上）	（同上）

续表

初会	第二会	第三会	第四会	第五会
四十七、《真如品》	五十二、《真如品》	一九、《真如品》	（同上）	（同上）
（同上）	（同上）	（同上）	十六、《真如品》	（同上）
四十八、《菩萨住品》	（同上）	（同上）	（同上）	（同上）
四十九、《不退转品》	五十三、《不退转品》	二十、《不退相品》	十七、《不退品》	十六、《不退品》
（同上）	五十四、《转不转品》	（同上）	（同上）	（同上）
五十、《巧方便品》	五十五、《甚深义品》	二十一、《空相品》	十八、《空相品》	十七、《贪行品》
（同上）	（同上）	（同上）	十九、《深功德品》	（同上）
（同上）	五十六、《梦行品》	（同上）	（同上）	（同上）
五十一、《愿行品》	五十七、《愿行品》	（同上）	（同上）	（同上）
五十二、《殑伽天品》	五十八、《殑伽天品》	二十二、《殑伽天品》	二十、《殑伽天品》	十八、《姊妹品》
五十三、《善学品》	五十九、《习近品》	二十三、《巧便品》	二十一、《觉魔事品》	（同上）
五十四、《断分别品》	六十、《增上慢品》	（同上）	（同上）	十九、《梦行品》
（同上）	（同上）	（同上）	二十二、《善友品》	二十、《胜意乐品》
五十五、《巧便学品》	六十一、《同学品》	（同上）	二十三、《天主品》	（同上）
（同上）	（同上）	（同上）	二十四、《无杂无异品》	二十一、《修学品》
（同上）	六十二、《同性品》	二十四、《学时品》	二十五、《迅速品》	二十二、《根栽品》
五十六、《愿喻品》	六十三、《无分别品》	二十五、《见不动品》	二十六、《幻喻品》	（同上）
五十七、《坚等赞品》	六十四、《坚非坚品》	（同上）	二十七、《坚固品》	（同上）

续表

初会	第二会	第三会	第四会	第五会
（同上）	（同上）	（同上）	（同上）	二十三、《付嘱品》
五十八、《嘱累品》	六十五、《实语品》	（同上）	（同上）	（同上）
（同上）	（同上）	（同上）	二十八、《散花品》	（同上）
（同上）	（同上）	（同上）	（同上）	二十四、《见不动佛品》
五十九、《无尽品》	六十六、《无尽品》	二十六、《方便善巧品》	（同上）	（同上）
六十、《相引摄品》	六十七、《相摄品》	（同上）	二十九、《随顺品》	
六十一、《多问不二品》	六十八、《巧便品》	（同上）		
六十二、《实说品》	六十九、《树喻品》	（同上）		
六十三、《巧便行品》	七十、《菩萨行品》	（同上）		
（同上）	七十一、《亲近品》	（同上）		
六十四、《遍学道品》	七十二、《遍学品》	二十七、《慧到彼岸品》		
六十五、《三渐次品》	七十三、《渐次品》	二十八、《妙相品》		
六十六、《无相无得品》	七十四、《无相品》	（同上）		
六十七、《无杂法义品》	七十五、《无杂品》	（同上）		
六十八、《诸功德相品》	七十六、《众德相品》	（同上）		
六十九、《诸法平等品》	七十七、《善达品》	二十九、《施等品》		
七十十、《不可动品》	七十八、《实际品》	（同上）		
七十一、《成熟有情品》	七十九、《无阙品》	（同上）		

续表

初会	第二会	第三会	第四会	第五会
七十二、《严净佛土品》	八十、《道士品》	三十、《佛国品》		
七十三、《净土方便品》	八十一、《正定品》	三一、《宣化品》		
七十四、《无性自性品》	八十二、《佛法品》	（同上）		
（同上）	八十三、《无事品》	（同上）		
七十五、《胜义瑜伽品》	八十四、《实说品》	（同上）		
七十六、《无动法性品》	八十五、《空性品》	（同上）		
七十七、《常啼菩萨品》				
七十八、《法涌菩萨品》				
七十九、《结劝品》				

以上第二至第五四会的内容，参照初会的叙述可知。

第六会有十七品，八卷。述佛在鹫峰山，为最胜天王说菩萨修学般若，能通十波罗蜜一切佛法，及说般若的相，菩萨学深般若能通达法界，行深般若、修四念住，能证如来法性，具诸功德。并为光德菩萨示现净土。为最胜说法性平等义，并为他授记。最胜为舍利子说菩萨示现苦行等相，为善思菩萨说虽授记而实无所得。佛又为最胜说过去燃灯佛求法得忍的故事，为曼殊室利说最胜天王的宿因。最胜又为善思说佛所化身及所说法无起、尽、生、灭。曼殊室利和寂静慧菩萨说陀罗尼，佛说寂静慧过去的本事，为曼殊室利说受持功德、毁谤过患，又说菩萨化他，自行二种般若等。

第七会，《曼殊室利分》，两卷。述佛在誓多林给孤独园和曼殊室利、舍利子等问答演说观佛即真如相，无生、灭、去、来、染、净、二、不二等，无见、无取、无得，于诸有情及涅槃界非二非不二相俱不可得，观身实相，观佛亦然，乃至涅槃无差别相，及修甚深般若一相庄严三摩地等事。

第八会，《那伽室利分》，一卷。述佛在誓多林给孤独园，妙吉祥菩萨将入城乞食，与龙吉祥、无能胜菩萨答问甚深般若，观一切非实，皆如谷响等。龙吉祥、善现、舍利子先后闻法入海喻定、灭定等三昧，乃至施食的近事女也受化得果，显示般若的胜德等。

第九会，《能断金刚分》，一卷。述佛在誓多林给孤独园，为善现说住无所住而生其心，不住我、人、众生、寿者相行施、戒等波罗蜜，无住、无得、离一切相，欲以三十二相见如来不可得，一切法如幻、露、泡、梦等。

第十会，《般若理趣分》，一卷。述佛在他化自在天宫，为金刚手菩萨等说一切法甚深微妙般若理趣清净法门，即菩萨句义，总四十一门清净句义。又为宣说寂静法性理趣现等觉门，乃至最胜第一甚深理趣无上法门。广说菩萨般若理趣境行果德等。

第十一会，《布施波罗蜜多分》，五卷。述佛在给孤独园，舍利子承佛意旨为诸菩萨广说布施波罗蜜多，应缘一切智智以大悲心为上首而行施，即能摄受一切智智、得证无上菩提。更为满慈子喻说菩萨、声闻行施的胜劣，并广说有巧方便行施，及随喜回向所引善根，常于有情作大饶益。应起决定的施心及无染布施，不起二乘相应作意。佛又为满慈子说一切法非实有、无舍、无得、无所损益等义。舍利子又为满慈子说应观一切法性空寂，一切智智具胜功德，以财、法施诸有情，随顺菩提，广作饶益等。

第十二会，《净戒波罗蜜多分》，五卷。述佛在给孤独园，舍利子承佛意旨，为满慈子演说菩萨持戒犯戒的相，以住二乘作意名菩萨犯戒，又见有少法名为作者，名犯戒菩萨，随修六度皆以大悲为首，发起随顺，回向一切智智相应之心名具戒菩萨。并称叹心无分限普度有情求大菩提引发净戒的菩萨。应对其他菩萨乃至一切有情供养恭敬，了达一切法空无实，于六度乃至三智无味着等。

第十三会，《安忍波罗蜜多分》，一卷。述佛在给孤独园，满慈子承佛意旨，为舍利子演说菩萨忍和声闻忍的差别，及菩萨修行般若，观身心如虚空，于境无分别，堪修安忍。又观蕴处界常无常等为行他行处，以平等心修行六度一切智智相作意为行自行处等。

第十四会，《精进波罗蜜多分》，一卷。述佛在给孤独园，为满慈子分别精进和懈怠的相状，菩萨从初发心，身心为他作饶益事，常应精进修六度等。

第十五会，《静虑波罗蜜多分》，两卷。述佛在给孤独园，为舍利子演说菩萨方便入四禅，四定而不味着，观一切法不可得而不弃舍一切智智。又为满慈子说安住静虑、摄受般若、精进、忍、戒、施等相，更为舍利子说三界静虑顺逆次第等。

第十六会，《般若波罗蜜多分》，八卷。述佛在王舍城竹林园白鹭池侧，为善勇猛菩萨广说般若的修行、圆满、安住等事。显示般若于一切法都无所依，与一切法非离非合，非相应非不相应，非一切法摄，也非离一切法，如梦幻焰影等。又为舍利子说于一切境皆无住着，以无边法为所行境，当精进行，自他俱利，是为菩萨般若行等。又为善勇猛说菩萨修行般若，于一切法都无所行，遍知一切所缘而行，遣除一切所缘而行，又一切法以无性为性，故无可修，也无可遣，于一切法无取、执、住、着，当得成就功德智慧大威神力降伏魔等。

此经文义浩瀚，论辩层垒，波澜壮阔，极尽佛教文艺的壮观，在汉译佛典中，可称为最巨大的文学作品。

经中广说境行果等一切诸法本性空寂，非生非灭，非一非异，无取无舍，无我我所，以无所得为方便，劝修一切善法道品，而示以毕竟空净，无住无著，于此广破见执显诸实相，是为大乘佛法的共通教义。

此经的特色，即在完全以大乘的面貌出现，直说大乘与般若，其性无二。并说大乘即是般若，般若即是大乘，说大乘即说般若，说般若即说大乘，如是二法，一体无异（初会第十七《随顺品》）。

经中并明白指出：般若能与一切善法为母（初会第二十一《净道品》）。一切佛法无不摄入般若（初会第十七《随顺品》）。般若能生诸佛，是诸佛母（初会第四十一《佛母品》）。般若能示世间诸法实相，名如来母，能生如来（二会第四十七《示相品》）。这就是后世以般若称为佛母的渊源。而实际上此经所显示的空、无相义，实为华严、方等、宝积、大集、法华、涅槃诸部大乘的共通思想和主要教义。汉译各代大藏经中，均特重此经以编列于一切经的首位，即因于此。

特别是此经所显大乘义中，有许多不共二乘的思想：

一、一切法本性清净思想。如说："诸法本来自性清净，菩萨于一切法本性净中，精勤修学甚深般若波罗蜜多，如实通达无没无滞，远离一切烦恼染着，故说菩萨复得清净。复次，虽一切法本性清净，而诸异生不知见觉，是菩萨摩诃萨……善巧方便，令诸有情证一切法本性清净"（初会第五十五《巧便学品》）。

二、住无所住思想。如说："菩萨摩诃萨虽住般若波罗蜜多，而同于如来，于一切法都无所住，亦非不住，……以无所得而为方便。"（初会第二十二天帝品）又菩萨摩诃萨于一切住无分别，能修六度、住二十空乃至三智等，不见菩萨及菩萨名，不见般若及般若名，不著一切染净诸法，也不离诸缘所生法等（初会第七《教诫教授品》）。

三、为利大众愿生恶趣思想。如说："菩萨摩诃萨虽成就一切白净无漏法，而为利乐诸有情故，方便善巧受恶趣身，如应成熟诸有情类。"（初会第七十三《净土方便品》）又"菩萨摩诃萨宁以自身具受生死无边大苦，而不爱著声闻独觉自利众善"（第十三会《安忍波罗蜜多分》）。

四、宁起三毒远离二乘思想。如说："二乘作意，违害无上正等菩提……欣乐涅槃，背厌生死，菩萨于彼应远离之。……贪嗔痴等相应之心，于大菩提虽为障碍，而能随顺菩提资粮。……谓菩萨众方便善巧起诸烦恼受后有身，与诸有情作大饶益，依之修学布施、净戒、安忍、精进、静虑、般若波罗蜜多令得圆满。"（第十一会《布施波罗蜜多分》）

五、严净佛土思想。如说："菩萨摩诃萨修行般若波罗蜜多，发弘誓愿精勤勇猛，自修一切菩萨摩诃萨行，亦劝他修一切菩萨摩诃萨行；自修诸佛无上正等菩提，亦劝他修诸佛无上正等菩提。……由此行愿，便能严净所求佛土。……菩萨摩诃萨各于所求严净佛土，证得无上正等觉时，所化有情亦生彼土，共受净土大乘法乐。"（初会第其十二《严净佛土品》）

经中并说："一切声闻独觉所有智慧，比行般若波罗蜜多一菩萨摩诃萨于一日中所修智慧，百分不及一，千分不及一，百千分不及一，……百千俱胝分不及一，数分算分计分喻分乃至邬波尼杀昙分亦不及一。"（初会第二学观品）甚至宣说："菩萨若起二乘相应作意，便违菩萨本所希求一切智智。……如是菩萨住菩萨心，不为二乘、恶魔胜伏，而能胜伏二乘、恶魔，如瑜伽师于境及定俱得善巧不可胜伏。"（第十一会《布施波罗蜜分》）

更值得注意的是，以上这些思想和当时盛行的声闻学说大相径庭；另一方面，"大乘非佛说"的论调，在这时声闻界或已产生，如此经说："设有恶魔，或魔使者，诈现佛像语菩萨言：汝所受持大乘经典非佛所说，亦非如来弟子所说，是诸恶魔或诸外道为诳惑汝作如是说，汝今不应受持读诵。是菩萨摩诃萨闻彼语已作是念言：此定恶魔或魔眷属，令我厌舍所求无上正等菩提，故说大乘甚深经典非佛所说，亦非如来弟子所说。"（初会第四十九《不退转品》、第二会第五十四《转不转品》）又说："设有恶魔作沙门像，来至其所说如是言：汝先所闻受持读诵甚深般若波罗蜜多相应经典，皆是邪说，应疾弃舍，勿谓为真！……非真佛语，是诸文颂者虚诳撰集。……汝等今应修尽苦道，速尽众苦得般涅槃，现在苦身尚应厌舍，况更乐受当来苦身？宜自审思，舍先所信：是诸菩萨闻彼语时，心不惊疑，但作是念：如是说者，定是恶魔。"（第五会第十六《不退品》）由此可以想见当时声闻、菩萨二乘思想对立的状况是非常明显的。因之此经处处显示出佛法分类，只有二藏：一声闻藏，二菩萨藏。这就影响到中国三论宗人，即以声、菩二藏为教相的基本判释（见《三论玄义》）。

另外影响于中国佛教界的，是此经显示般若教义为"三乘通教"。如经中说："欲学声闻地……独觉地……菩萨地……如来地者，当于般若波罗蜜多应勤听习读诵受持如理思惟令其究竟。何以故？如是般若波罗蜜多广说开示三乘法故。若菩萨摩诃萨学般若波罗蜜多，则为遍学三乘，亦于三乘法皆得善巧。"（初会第八《劝学品》）又"般若波罗蜜多，……诸予流者于此中学得予流果，诸一来者于此中学得一来果，诸不还者于此中学得不还果，诸阿罗汉于此中学得阿罗汉果，诸独觉者于此中学得独觉菩提，诸菩萨摩诃萨于此中学得严净佛土、成熟菩提"（初会第二十八《叹众德品》）。这是中国天台学者以此经列为化法四教中的通教的原因。

经中又以三乘学人由此可以得到三智，谓"菩萨摩诃萨欲学般若波罗蜜多，欲成办一切智、道相智、一切相智，当以无所得为方便，如应而学"（初会第十《般若行相品》）。又"一切智者是共声闻及独觉智，道相智者是共菩萨摩诃萨智，一切相智者是诸如来应正等觉不共妙智"（初会第六十一《多问不二品》）。"菩萨摩诃萨修行般若波罗蜜多时，一刹那心则能具摄布施、持戒、安忍、精进、静虑、般若波罗蜜多，……亦能具摄一切智、道相智、一切相智。"（初会第六十六《无相无得品》）这也是天台宗所谓"三智具在一心中得"的张本。

此经又显示出他方净土思想。如说："菩萨摩诃萨应修如是严净佛土：谓彼土中常不闻有三种恶趣，亦不闻有诸恶见趣，亦不闻有贪嗔痴毒，亦不闻有声闻独觉，……但闻说空无相无愿无生无灭无性等声，谓随有情所乐差别，于树林等内外物中，常有微风互相冲击，发起种种微妙音声，彼音声中说一切法皆无自性，无性故空，空故无相，无相故无愿，无愿故无生，无生故无灭，彼佛土中诸有情类，若昼若夜若行若立若坐若卧常闻如是说法之声。……十方如来应正等觉，皆共称赞彼彼佛名。若诸有情得闻如是所赞佛名，定于无上菩提得不退转。"（初会第七十三《净土方便品》）这可说是中国宗教界影响最大的净土思想的渊源。

又此经泯绝语言文字，在大乘法中还开辟了另一蹊径，如经中说："我曾于此不说一字，汝亦不闻，……甚深般若波罗蜜多文字言说皆远离故。由于此中说者听者及能解者皆不可得。”（初会第二十三《诸天子品》）又说：“我于诸法都无所见，故无所说，乃至般若不可说示。”（第十六会《般若波罗蜜多分》）这对于不立文字的中国禅宗思想所给予的影响也甚大。而此经第九会《金刚能断分》的异译本《金刚般若》，也即为禅宗五祖以下诸师传心法的正本。

又密乘教法，也渊源于此经。如经中说：“一切陀罗尼门，名为菩萨摩诃萨菩提道。”（初会第二十一《净道品》）又说：“菩萨摩诃萨依般若波罗蜜多修一切陀罗尼门。”（初会第二十九《摄受品》）尤其是第十会《般若理趣分》，广显如来智印的深密理趣，及说神咒三首，开启了密宗的秘藏，并为后世般若教义摄入密教兴其机运。

由此可见，此经贯摄了大乘全面思想，为一切大乘教法之所汇集，对于偏重大乘的中国佛教各方面的影响甚大。“东国最重般若”，当亦基缘于此。

此经全文虽十六会，但其主流则为最初五会，如近人欧阳渐说：“般若十六会，初有五会，义海全潮，有统有系。……全豹窥观，应于初五。初虽五分，义同文异。详略文异，应为三类：初分为一类，文四百卷，是为极详；四、五为一类，但有四周而缺方便，……是为极略；二、三为一类，具叙五周而缺最后方便付嘱，然秦译（《大品般若》）详，是为酌中，最便研读。”（《大般若波罗蜜多经叙》）

此经初会文义繁重，其第二会的二万五千颂般若繁简适中，在印度古代似已以为全经的代表典籍而颇为流通。中观学派首创者龙树疏解此经而撰成《大智度论》，瑜伽学派亦相传弥勒疏释此经撰成《现观庄严论》，并为印度解述此经的代表作。其中，《大智度论》汉译为百卷，主要论述此经所显实相性空无得之理，在中国汉地流传颇广。鸠摩罗什译此论时先译出其中初会的解释为三十四卷，从第二品以下加以节略择译其要，不再广译，得此百卷。可见此论原文的广博。《现观庄严论》全文二百七十四颂，主要显说此经所述实践行证之道，在古代印度中古时代相当流行，而在我国西藏传弘更盛。其后无著、世亲均依此经第九会加以疏释，各别撰成《金刚般若经论》。陈那又依此经第四会撰成《佛母般若波罗蜜多圆集要义论》，撮述一经的要旨，三宝尊义就其论加以疏释。此外依此经义撰制的论书，尚有龙树、提婆、佛护、清辩等的《中》《百》《十二门》等论，广弘般若性空的教义，至形成大乘中观学派和它以下的支分流系。

此经在中国，自后汉《道行般若》（小品）译出以来，三国吴支谦又加以重译，魏朱士行曾讲述《道行》，又为访取《大品般若》的梵本而西行求法，显示此经的弘传为当时汉地思想界所重视。随后又有无罗叉、竺叔兰，竺法护等相继译传，卫士度、帛法祚、支孝龙、康僧渊、支愍度、竺道潜，竺法温、支遁等传写讲述，使般若之学，弘扬渐盛。道安在襄阳时，更盛讲《放光般若》，并撰制解注文记，发扬此经的玄奥。同时代的般若学者，尚有于法开、竺法汰、竺昙壹、于道邃等，形成般若学的六家七宗的盛势。慧远亦曾从道安受学《般若》。但使此学得到真正弘通的，实始于鸠摩罗什广译《大小品》及《金刚般若》等经、《智度》《中》《百》等论，使《般若》的义学昌阐于时。什门诸贤僧叡、僧肇等并造章疏，继轨传述。此后六朝名僧也多有讲述《大品》或造疏释。梁武帝并注解《大品》，陈武帝也偏好《大品》，而三论宗师对于此经无所宗尚。但现今传存的大品疏述，仅有隋吉藏《游意》一卷、《义疏》十卷，及唐新罗元晓的《大慧度经宗要》一卷而已。唐玄奘亦以此土学人素重般若，决心北至玉华宫寺，专志译出此全文六百卷，并欢喜称庆，称为人天之宝。智昇编开元藏，即以此经列于众经的初首而特加尊重。至于此经的书写、精读、受持、供养，也为世所尚。其后由于义学渐衰，佛徒舍繁就简，《金刚般若》及《般若心经》遂代替全经而颇为流通，有关《金刚般若》与《心经》的历代疏释甚多，不遑列举。

关于此经的经义，龙树《大智度论》（卷一百）中曾摄为二道：一般若道（秦译《大品》前六十六品，相当于此经初会前五十八品），二方便道（《大品》后二十四品，相当于此经初会后二十一品）。弥勒《现观庄严论》中则摄为八品：一、《一切相智品》，二、《道相智品》，三、《一切智品》，四、《一切相现等觉品》，五、《顶现观品》，六、《渐次现观品》，七、《一刹那现观品》，八、《法身品》。这是印度古来颇为通行之说。

在中国有未详作者的《大品经义略序》，依第二会秦译本的文义，大判区分，略为三段：第一段（秦译《大品》一至六品，相当于此经初会一至六品），是佛自开宗对舍利弗为上根人说。第二段（《大品》七至四十四品，相当于此经初会七至三十八品），是佛命须菩提为中根人说。第三段（《大品》四十五至九十品，相当于此经初会三十九至七十九品），是归宗重为下根诸天及人更说般若。至梁武帝《注解〈大品经〉序》则以经中文义分为五段："劝说以不住标其始，命说以无教通其道，愿说以无得显其行，信说以甚深叹其法，广说以不尽要其修。中品所以累教末章所以三属。"近人欧阳渐氏也就此经第二会文义分五周：第一周（初四品，相当于初会前五品），为舍利弗般若（佛使舍利弗谈菩萨智慧，谈菩萨二谛）。第二周（五至二十四品，相当于初会六至二十一品），为须菩提般若（佛与须菩提谈菩萨三解脱门，谈摩诃衍摩诃萨义）。第三周（二十五至四十二品，相当于初会二十二至三十八品），为信解般若（佛与帝释谈般若福德令初发心者都生信解，又为弥勒说菩萨行令已成熟者入甚深般若）。第四周（四十三至六十五品，相当于初会三十九至五十八品），为实相般若（说魔幻魔事和阿鞞跋致相，令久修人功深不退）。第五周（六十六至八十五品，相当于初会五十九至七十九品），为方便般若（详说菩萨境行果，而以方便为指归）。后世有关此经提要的撰述，现存的有宋大隐的《大般若经关法》六卷、清葛鼒的《大般若经纲要》十卷、民国欧阳渐的《大般若波罗蜜多经叙》四卷等。又明代智旭《阅藏知津》卷十六至二十三，亦对本经作了简明的提要。

（高观如）

大品般若经

《大品般若经》，具名《摩诃般若波罗蜜经》，二十七卷（一作二十四卷、或三十卷、或四十卷），鸠摩罗什在姚秦弘始五至六年（403—404）译出。此经据《大智度论》卷一百说是二万二千颂，但古代印度南方另有二万颂的本子（《现观庄严论》所据本）流行，而玄奘法师所译《大般若经》第二会则是二万五千颂（见《法苑珠林》卷一百）。这些都是因时因地流传而有增减，但都是以二万五千颂为经名。

《般若经》在古代印度大乘教中出现最早。据多罗那他《印度佛教史》所述，八千颂的《小品般若》在旃陀罗崛多王时出世，此王若为阿育王之祖，则《小品》当于前四世纪之末流出。后于179年（汉光和二年）由竺佛朔和支娄迦谶译为十卷《道行般若经》。三国时，颍川朱士行以《道行》义不具足，于260年西行，到于阗国，得到《般若经》的梵书正本，凡九十章，于282年遣弟子弗如檀（法饶）送经到洛阳，后来遇竺叔兰和无罗叉，遂在291年共译为《放光般若经》三十卷（或二十卷）。在这以前，竺法护曾在286年译出《光赞般若波罗蜜经》三十卷（残），品目开合和《放光般若》有些不同。这两部般若内容大同于《大品般若》。

姚秦时代，鸠摩罗什大宏龙树一系的学说。他在翻译《大智度论》的同时，译出《大品般若经》，经文有疑，即依释论勘正，文义既具足，而且经论并翻，所以《般若》的传译极为完美。后来，初唐玄奘法师曾据二万五千颂本重译为《大般若经》第二会七十八卷（662年），辞义更为圆满，但对于中国佛学的影响终未如鸠摩罗什所译《大品》的巨大。现将《大品般若经》和《光赞》《放光》并《大般若第二会》各本对照如下：

《大品》(404)	《光赞》(286)	《放光》(291)	《大般若第二会》(662)
一、《序品》	一、《光赞品》	一、《放光品》	一、《缘起品》
二、《捧钵品》	二、《顺空品》	二、《无见品》	二、《欢喜品》
三、《习应品》	三、《行空品》	三、《假号品》	三、《观照品》
四、《往生品》		四、《学五眼品》	
		五、《度五神通品》	
		六、《授决品》	
五、《叹度品》	四、《叹等品》	七、《妙度品》	四、《无等等品》
六、《舌相品》	五、《授决品》	八、《舌相光明品》	五、《舌根相品》
七、《三假品》	六、《分别空品》	九、《行品》	六、《善现品》
八、《劝学品》	七、《三空品》	十、《学品》	七、《入离生品》
九、《集散品》	八、《假号品》	十一、《本无品》	八、《胜军品》
十、《相行品》	九、《行品》	十二、《空行品》	九、《行相品》
十一、《幻学品》	十、《幻品》	十三、《问幻品》	十、《幻喻品》
十二、《句义品》	十一、《摩诃萨品》	十四、《了本品》	十一、《譬喻品》
十三、《金刚品》			
十四、《乐说品》	十二、《等无等品》	十五、《摩诃萨品》	十二、《断诸见品》
十五、《辩才品》	十三、《大乘品》	十六、《问僧那品》	十三、《六到彼岸品》
十六、《乘乘品》	十四、《乘大乘品》	十七、《摩诃衍品》	十四、《乘大乘品》
十七、《庄严品》	十五、《无缚品》	十八、《僧那僧涅品》	十五、《无缚解品》
十八、《问乘品》	十六、《三昧品》	十九、《问摩诃衍品》	十六、《三摩地品》
十九、《广乘品》	十七、《观品》	二十、《陀邻尼品》	十七、《念住等品》
二十、《发趣品》	十八、《十住品》	二十一、《治地品》	十八、《修治地品》
二十一、《出到品》	十九、《所因出衍品》	二十二、《问出衍品》	十九、《出住品》
二十二、《胜出品》	二十、《无去来品》	二十三、《叹衍品》	二十、《超胜品》

续表

《大品》(404)	《光赞》(286)	《放光》(291)	《大般若第二会》(662)
二十三、《等空品》	二十一、《衍与空等品》	二十四、《衍与空等品》	二十一、《无所有品》
二十四、《会宗品》	二十二、《分曼陀尼弗品》	二十五、《合聚品》	二十二、《随顺品》
二十五、《十无品》	二十三、《等三世品》	二十六、《不可得三际品》	二十三、《无边际品》
二十六、《无生品》	二十四、《观行品》	二十七、《问观品》	二十四、《远离品》
二十七、《问住品》	二十五、《问品》	二十八、《无住品》	二十五、《帝释品》
二十八、《幻听品》	二十六、《法师如幻品》	二十九、《如幻品》	二十六、《信受品》
二十九、《散华品》	二十七、《雨法宝品》	三十、《雨法宝品》	二十七、《散花品》
三十、《三叹品》	（下缺）	三十一、《叹品》	二十八、《授记品》
三十一、《现灭诤品》		三十二、《降众生品》	二十九、《摄受品》
三十二、《大明品》		三十三、《守行品》	三十、《窣堵波品》
三十三、《述成品》		三十四、《供养品》	三十一、《福生品》
三十四、《劝持品》		三十五、《持品》	三十二、《功德品》
三十五、《遣异品》		三十六、《遣异道品》	三十三、《外道品》
三十六、《尊导品》		三十七、《无二品》	三十四、《天来品》
三十七、《法称品》		三十八、《全身舍利品》	三十五、《设利罗品》
三十八、《法施品》		三十九、《功德品》	三十六、《经文品》
三十九、《随喜品》		四十、《劝住品》	三十七、《随喜回向品》
四十、《照明品》		四十一、《照明品》	三十八、《大师品》
四十一、《信毁品》		四十二、《泥犁品》	三十九、《地狱品》
四十二、《叹净品》		四十三、《明净品》	四十、《清净品》
四十三、《无作品》		四十四、《无作品》	四十一、《无标帜品》
四十四、《遍欢品》		四十五、《等品》	四十二、《不可得品》
四十五、《闻持品》		四十六、《真知识品》	四十三、《东北方品》
四十六、《魔事品》		四十七、《觉魔品》	四十四、《魔事品》
四十七、《两过品》		四十八、《不和合品》	四十五、《不和合品》

续表

《大品》(404)	《光赞》(286)	《放光》(291)	《大般若第二会》(662)
四十八、《佛母品》		四十九、《大明品》	四十六、《佛母品》
四十九、《问相品》		五十、《问相品》	四十七、《示相品》
五十、《成办品》		五十一、《大事兴品》	四十八、《成办品》
五十一、《譬喻品》		五十二、《譬喻品》	四十九、《船等喻品》
五十二、《知识品》		五十三、《随真知识品》	五十、《初业品》
			五十一、《调伏贪等品》
五十三、《趣智品》		五十四、《解深品》	
五十四、《大如品》		五十五、《叹深品》	五十二、《真如品》
五十五、《不退品》		五十六、《阿惟越致品》	五十三、《不退转品》
			五十四、《转不转品》
五十六、《坚固品》		五十七、《坚固品》	
五十七、《深奥品》		五十八、《甚深品》	五十五、《甚深义品》
五十八、《梦行品》		五十九、《梦中行品》	五十六、《梦行品》
			五十七、《愿行品》
五十九、《河天品》		六十、《恒伽调品》	五十八、《殑伽天品》
六十、《不证品》		六十一、《问相行愿品》	五十九、《习近品》
六十一、《梦誓品》		六十二、《阿惟越致相品》	六十、《增上慢品》
六十二、《魔愁品》		六十三、《释提桓因品》	六十一、《同学品》
六十三、《等学品》		六十四、《问等学品》	六十二、《同性品》
六十四、《净愿品》		六十五、《亲近品》	六十三、《无分别品》
六十五、《度空品》		六十六、《牢固品》	六十四、《坚非坚品》
六十六、《累教品》		六十七、《嘱累品》	六十五、《实语品》
六十七、《无尽品》		六十八、《无尽品》	六十六、《无尽品》
六十八、《摄五品》		六十九、《六度相摄品》	六十七、《相摄品》
六十九、《方便品》		七十、《沤和拘舍罗品》	六十八、《巧便品》

续表

《大品》(404)	《光赞》(286)	《放光》(291)	《大般若第二会》(662)
七十、《三慧品》			
七十一、《道树品》		七十一、《种树品》	六十九、《树喻品》
七十二、《道行品》		七十二、《菩萨行品》	七十、《菩萨行品》
七十三、《三善品》		七十三、《当得真知识品》	七十一、《亲近品》
七十四、《遍学品》		七十四、《教化众生品》	七十二、《遍学品》
七十五、《三次品》		七十五、《无坚要品》	七十三、《渐次品》
七十六、《一念品》		七十六、《无倚相品》	七十四、《无相品》
七十七、《六喻品》		七十七、《无所有相品》	七十五、《无杂品》
七十八、《四摄品》		七十八、《住二空品》	七十六、《众德相品》
七十九、《善达品》		七十九、《超越法相品》	七十七、《善达品》
八十、《实际品》		八十、《信本际品》	七十八、《实际品》
八十一、《具足品》		八十一、《无形品》	七十九、《无阙品》
八十二、《净土品》		八十二、《建立品》	八十、《道士品》
八十三、《毕定品》		八十三、《毕竟品》	八十一、《正定品》
八十四、《差别品》		八十四、《分别品》	八十二、《佛法品》
八十五、《七譬品》		八十五、《有无品》	八十三、《无事品》
八十六、《平等品》		八十六、《诸法等品》	八十四、《实说品》
八十七、《如化品》		八十七、《诸法妙化品》	八十五、《空性品》
八十八、《常啼品》		八十八、《萨陀波仑品》	(下缺)
八十九、《法尚品》		八十九、《法上品》	
九十、《嘱累品》		九十、《嘱累品》	

由此可见，此经大体上仍保持朱士行西行取来的九十章（品）的形式（并行的品目开合略有不同，如玄奘译的《大般若经》第二会，缺《大品般若》最后三品，而《大品》的八十七品，则开合为八十五品，但多数品

目是一致的）。又梵本《二万五千颂般若》也有根据《现观庄严论》的义目分品的。多罗那他《印度佛教史》记述寂铠（约和陈那同时）曾为《般若经》的品目与《现观庄严论》不顺，三去布呾洛伽山，最后求得与《现观庄严论》分品符合的“二万颂”，足见在古代印度南方存在一种和《放光》《大品》等北传《般若经》分品不同的本子。关于各品名称的问题，僧叡的《大品经序》曾指出，胡本只有《序品》《阿鞞跋致品》《魔事品》有品名，其余各品不过标明品数次第而已。当时，鸠摩罗什曾以品名不是佛制，而从新以义正之。这说明早期流传的《般若经》只分品而无品名，后来译师依义定名，遂使各个译本品名有所不同。

《大品般若经》，经文次第可分为五周。自《序品》一下至第五品为舍利弗般若，佛使舍利弗谈菩萨智慧，谈菩萨二谛。第六品至第二十六品为须菩提般若，佛与须菩提谈菩萨三解脱门，谈摩诃衍摩诃萨。第二十七品至第四十四品为信解般若，佛与帝释谈般若福德，令初发心者都生信解。又为弥勒说菩萨行，令已成熟者入甚深般若。第四十五品至第六十六品为实相般若，说魔幻魔事和阿鞞跋致（不退转）相，令久修人功深不退。第六十六品至经末为方便般若，详说菩萨境行果而以方便为指归。从全经来看，第六十六品以前显然自成一部分（有《嘱累品》）；而《小品般若》和唐译《大般若经》的《四分》《五分》以及宋译的《佛母宝德藏般若波罗蜜经》（三卷，宋法贤译）都是这一部分的略本。从《小品般若》中可以看出信解般若和实相般若两周更是全经的重心。在这两周中帝释是请白问答的主要人物，如果以人为主，这两周也可合称为帝释般若。

《大品般若》的解释，当以龙树的《大智度论》为最早。《大智度论》由鸠摩罗什在姚秦弘始四年至七年（402—405）译出。而在古代印度这一部《大品般若》的释论似乎自鸠摩罗什以后即告失传，在无著以下的中观、瑜伽两系诸师的著作中，均未提及龙树的这一部著作。

古代印度后期及西藏所传弥勒五论之一的《般若论》为《现观庄严论》。据多罗那他的《印度佛教史》所说，和陈那的友人（或弟子）三宝使同时的寂铠已见到此论，而从世亲学般若的解脱军也疑惑经文与《现观庄严论》不符，后遇寂铠，得见从南印布呾洛迦山请来的《般若二万颂》，分七品与论相合，才据以作释。据此，则此论在五六世纪之交已广泛流行。但是唐代以前来华传译无著、世亲、陈那之学的印度译师都未提到这一部论，唐代入印求法的玄奘、义净、不空等也未提及这一部论，终唐之世来华的古代印度译师也未说到这一部论。尤其是与不空同时代的寂护（入藏的中观学者）的著作中也未曾见到有本论的迹象，因此近代的佛教学者大都认为此论的流行不能早于师子贤的时代。师子贤为寂护弟子，据多罗那他说他曾从遍照贤学《般若经》及《现观庄严论》，在古代印度法护王在位时弘法，约于法护王即位二十余年后入灭。他所著《现观庄严般若波罗蜜多优波提舍论释》，由古代印度高僧明作光和西藏译师吉祥积译为藏文。近人法尊曾依藏文译本将《现观庄严论》颂本译为汉文并加诠释。在《现观庄严论》中以八品分摄二万颂经义。八品是《一切相智品》（《大品般若》二至二十六品），《道智品》（二十七品至四十二品），《一切智品》（四十三品），《一切相现等觉品》（四十四至六十品），《顶现观品》（六十一至七十五品），《渐次现观品》（七十六品），《一刹那现观品》（七十七品），《法身品》（七十八至八十七品）。各品另分细目，都可与经文依次配属。

藏译有关二万五千颂的论释，在已收入藏经中的，还有圣者解脱军及大德解脱军两种《二万五千颂般若经论现观庄严释》，师子贤的《二万五千颂般若合论》（七十四卷），和牙军的《十万颂二万五千颂一万八千颂般若广释》，以及另外几种解释《现观庄严论》的著作等。汉土则有隋吉藏的《大品般若经游意》一卷，《义疏》十卷。唐新罗元晓的《大慧度经宗要》一卷等。

（郭元兴）

仁王护国般若波罗蜜经

《仁王护国般若波罗蜜经》，简称《仁王经》。现存两种译本：一题《仁王般若波罗蜜经》，姚秦鸠摩罗什译；一题《仁王护国般若波罗蜜多经》，唐不空译，都分上下两卷。旧传本经除现存的两种译本外，还有晋竺法护及梁真谛的译本，系《历代三宝纪》错误记载，不足信。据现存经录记载，本经第一译始见于梁代《出三藏记集》卷四，列入失译杂经录内。隋代《法经录》亦将本经列入疑惑录内，题《仁王经》两卷，下注云："《别录》称此经是竺法护译，经首又题云是罗什撰集佛语，今按此经始末义理文词，似非二贤所译，故入疑录。"自《历代三宝纪》以后，始以此译为鸠摩罗什译。其第二译，据《贞元录》记载，系唐代宗永泰元年（765）四月不空奉诏重译，而在此以前窥基撰《瑜伽师地论略纂》（卷十），述玄奘说，谓西方未闻有此经本，是则本经梵本之有无亦成问题。

本经主要内容，系说护佛果、护菩萨十地行法门及守护国土的因缘。全经分为八品，一、《序品》，叙佛在王舍城耆阇崛山中，与大比丘众八百万亿俱（唐译本作千八百人俱），复有尼众、大菩萨众、修普贤行众及诸梵天子等众。又有波斯匿王等十六大国王及其眷属来集。时佛入寂静妙三摩地，放大光明，波斯匿王次第问诸大众，佛已二十九年中（唐译无）为大众等说《摩诃般若》《金刚般若》《天王问般若》《光赞般若》（唐译作《大品般若》等无量无数般若），今放光明斯为何事，时诸大众无能答者。二、《观空品》（唐译作《观如来品》），叙佛知十六大国王意欲问护国土因缘，而先为诸菩萨说护佛果及护菩萨十地行因缘；本品明蕴、处、界、六大、四谛、十二因缘皆空，以及十八空等义，是为修护佛果因缘。三、《菩萨教化品》（唐译作《菩萨行品》），说菩萨护十地行因缘，应依伏、信、顺、无生、寂灭五种忍修行。此中前四忍位复各分上中下三忍，第五忍位分上下二忍。初伏忍位中，有习种性菩萨修十住行，发信等十心，是为信忍；性种性菩萨修十波罗蜜，起十对治，是为止忍；道种性菩萨修十回向，起十忍心，是为坚忍。次信忍位中有善觉、离达、明慧三忍（唐译作欢喜、离垢、发光三地）。次顺忍位中有炎慧、胜慧、法现三忍（唐译作焰慧、难胜、现地三地）。次无生忍中有远达、等觉、慧光三忍（唐译作远行、不动、善慧三地）。次寂灭忍中有灌顶、圆觉二忍。又将以上十四忍配铜、银、金轮王，欲界六天王，四禅王，三界王，以示菩萨本业及行化众生之相。四、《二谛品》，说第一义谛与世谛的一异，并述过去七佛偈，又分别为空、色、心三谛以摄一切法，附说此经名题及其功德。五、《护国品》，说护国土因缘，若国土将扰乱时，诸王应持诵此般若波罗蜜经，请百法师，设百高座，燃百灯，烧百和香，一日二时讲诵此经，则诸难消灭。并说普明王依法持诵此经，得免亡国之难，及感化诸王和斑足王的因缘。六、《散花品》（唐译作《不思议品》），说十六大国王闻说护国般若之法，散种种花以作供养，愿三世诸佛常设般若，比丘、比丘尼众常行般若，时佛为诸王现五种不思议神变。七、《受持品》（唐译作《奉持品》），佛重说菩萨依信等忍，修不净忍等十三观门，经一劫乃至百万阿僧祇劫，入僧伽陀等十三法师位（唐译作习种性、性种性、道种性及欢喜至法云等十地）。又说讲诵此经，国土中七难即灭。若有国王护持三宝，则五大力菩萨当往护其国（唐译配五方金刚，并有金刚手菩萨等于佛前说陀罗尼等文）。又列举听受奉持此经的诸王国土憍萨罗、舍卫、摩竭提、波罗奈等十六国名（唐译十六国名部分不同）。八、《嘱累品》，说佛以此经付嘱国王及四部弟子，若有国王自恃高贵，制佛弟子不听出家行道，立统官制众，统摄僧尼如狱囚兵役之法，横作法制，不依佛戒，是为破佛破国因缘，则正法不久即灭云云。

本经内容，颇多可疑之处，如《序品》说佛先已二十九年说《摩诃》《金刚》《天王问》《光赞》四部般若，此处所谓《摩诃般若》应指鸠摩罗什所译的《大品》，这和《光赞经》本但有广略之差，乃汉译本之不同，梵本上不应并举。《出三藏记集》卷八载梁皇帝《注大品序》，指摘当时讲经者多依本经《序品》所举四部般若复加《仁王》，立般若五时之别，不但次序不合，且因《仁王》在当时已被视为疑经，故不用其说云云，盖不为无因。又本经内时列举其他经名，如《护国品》述顶生王故事，云如《灭罪经》中说，述班足王故事，云如《十王地》中说，大都随举不经见的经名。在法相方面，本经所举五忍、十四忍、十三法师位、三谛、四谛、八谛等说，以及说般若波罗蜜亦名神符、辟鬼符、护国珠、天地镜等，都为他经所未见。又本经唐译本很多地方显然据旧译改订增删，如《序品》内改大比丘众八百万亿为千八百人，改《光赞般若》为《大品般若》等无量无数般若，及删佛说般若已历二十九年一语；《护国品》内删《灭罪》《十王地》等经名；《受持品》内改不经见的僧伽陀等十三法师位为习种性乃至法云等地，改二十八宿为星辰，并增重颂偈十二行，陀罗尼一则，其中五大力菩萨已成为密教的五方金刚菩萨。这些改订和增删，也都足启人怀疑。又《嘱累品》对于国王自恃高贵，统摄僧尼等大加非难，很像是针对中土北魏王朝设沙门统等僧官，屡次汰遣僧尼，及禁止民间私造塔寺等法律，加以斥责，此与佛教传入中土以后的特殊史实有关，如梵本而有此文，尤属可疑。

本经之出现与流行，反映了中古时代佛教与统治者间的协调、矛盾两方面情况，它既带有强烈的护国色彩，同时亦抗议有些统治者过于统制僧尼，可见有其和政教相关的历史背景。而其主要思想，在于本佛教般若皆空之旨，推广其义，以为实现国家社会和平的基本条件，当也是大乘教义之应有的发展。本经流行以后，中土历代王朝常有仁王法会之设，大都依本经《护国品》所说仪规建立道场，讲诵本经，以图镇护国家，祈禳灾变。见于记载的，先有陈代武帝于永定三年（559）在内廷设仁王大斋，又陈后主于至德三年（585）请智顗于太极殿讲本经百座，继续七昼夜燃千灯，唐代太宗于贞观三年（629）集京城僧尼于龙田寺，每月二七日行道，转《仁王》等经，以为常例。其后代宗时，不空出本经新译本，于永泰元年（765）在长安资圣、西明两寺设百高座；请百法师讲诵此经。此种护国法会，在高丽、日本两国，亦曾相继仿行。

据唐大兴善寺翻经沙门慧灵所撰《仁王护国经道场念诵仪规序》，说不空既重译经文，复出《仁王念诵仪规》《念诵法》《陀罗尼释》等，授其弟子良贲，详说五方金刚菩萨身相威德，及有关建立护国法会的择地设坛、入场、观想、结印等行法，使得本经与密教仪规发生联系，是以本经的唐译本在入藏录上常不属于般若部，而列入秘密部内。

本经注解，现存的有隋代智顗《疏》五卷，吉藏《疏》六卷，唐代圆测《疏》六卷，又敦煌本《疏》及《仁王般若实相论》残卷，宋代善月依智顗《疏》撰《神宝记》四卷，以上都释鸠摩罗什译本。释唐译本的有唐代良贲《疏》七卷，同疏唐遇荣《法衡钞》六卷，又净源《疏》四卷，明代真贵《疏》五卷。

（游侠）

般若波罗蜜多心经

《般若波罗蜜多心经》，简称《心经》，一卷，唐玄奘译，知仁笔受，贞观二十三年（649）出。旧传前译本有《摩诃般若波罗蜜大明咒经》一卷（现存），是姚秦鸠摩罗什所译，但梁代《出三藏记集》卷四及隋代《法经录》卷四，都将它列入失译录，到了唐代智昇撰《开元录》，才开始归之鸠摩罗什译籍以内，从此相沿不改，实不可信。此经在玄奘以后续出的异译本，现存的还有六种：一、唐摩竭提国三藏法月译，题《普遍智藏般若波罗蜜多心经》；二、唐罽宾三藏般若共利言译；三、唐智慧轮译；四、唐吐番国师法成译；五、唐梵翻对字音本，这四种经题均同奘译；六、宋施护译，题《圣佛母般若波罗蜜多经》。此外，据元代《至元录》卷一拾遗编入记载，尚有唐不空及契丹慈贤译本，已佚。又有藏、蒙古、满文字译本，都和法月译本相近。上举各种译本内，旧传失译本及唐梵翻对字音本，都与奘译本相同，只有经的正文，缺首尾序分和流通分，其他译本则具序、正宗、流通三分。这或者是由于此经原有大小两本而然。现存此经的梵本，即有在尼泊尔发现的大本和日本保存的各种传写模刻的小本两类。1864年，比耳始据本经奘译本译成英文，1884年，马克斯·缪勒共南条文雄校订本经大小两类梵本，1894年，马克斯·缪勒重将本经译成英文并编入《东方圣书》。

本经文旨，源出于大部《般若经》内有关舍利子的各品，此即秦译《大品般若》的《序》《奉钵》《习应》《往生》《叹度》五品（《大品般若》卷一至二），唐译《大般若经》第二分初《缘品》《欢喜》《观照》《无等等》

四品（《大般若经》卷四〇一至卷四〇五）。各品说佛和舍利子问答般若行的意义、功德，本经即从其中撮要单行，以故在先所出的译本都缺首尾二分。大经所说义理在发挥菩萨三三昧相应行中以空相应为第一，行空相应的菩萨即不堕二乘，而能严净佛土，成就有情，疾得无上正等正觉。本经依据此义，以行深般若波罗蜜多为空相应行。更进而说由空无所得为方便，遣五蕴执，契证实相。全经文句简约而赅摄般若甚深广大之义，得其心要，故名为《心经》。

至于全经结构，先明能观智，即深般若；次辨所观境，即显示诸法实相即空相，遮遣蕴、处、界、缘生、四谛、智、断诸法执；后显所得果，先之以得涅槃果，次之以得菩提果，阐明诸佛皆依甚深般若观慧相应无所得实相，而得一切智智之义。又本经首尾都说到般若能度苦厄，明般若之出现世间，乃为除世间一切苦，亦即大经所赞叹菩萨行般若波罗蜜多，心念慧益一切众生，当以一切智智知一切法，度脱一切众生，除佛智慧，过一切声闻、辟支佛上等等殊胜功德。经末尊重赞叹般若波罗蜜多，以之为大神咒、大明咒等，原来《大品般若》的《大明品》及《劝持品》，都直接以般若为明咒，别无咒文，本经所出咒文，亦见于《陀罗尼集经》卷三《般若波罗蜜多大心经》段，或系后世所加，总之显示般若妙慧有胜功用，能速疾成就菩提。

本经虽有多种译本，而历来但玄奘一译流行最广。凡诵习和注解大都用其译文。

本经历代注疏极多，其中主要的有唐窥基《幽赞》两卷，圆测《赞》两卷，靖迈《疏》一卷，法藏《略疏》一卷，净慧《疏》一卷；宋智圆《疏》一卷，明旷《疏》一卷，明宗泐、如玘《注解》一卷，德清《直说》一卷，智旭《释要》一卷。

（游侠）

妙法莲华经

《妙法莲华经》，简称《法华经》，七卷，二十八品，姚秦弘始八年（406）鸠摩罗什译。是说明三乘方便，一乘真实的经典，为天台宗立说的主要依据。

在什译前一百二十年，即西晋太康七年（286），就有竺法护译出《正法华经》十卷，二十七品。什译后一百九十五年，即隋仁寿元年（601），又有阇那崛多、达摩笈多重勘梵本，补订什译，名为《添品妙法莲华经》七卷，二十七品。以上三译，今皆并存。据《开元释教录》卷十一、十四载：还有《法华三昧经》六卷，《萨芸芬陀利经》六卷，《方等法华经》五卷三译阙本。但据现代学者考证，似属误传，实际只有今存的三种译本。历代以来世所广泛流传，讲解注疏，唯据什译。什译本原是七卷二十七品，且其《普门品》中无重诵偈。后人将南齐法献共达摩摩提译的《妙法莲华经·提婆达多品》第十二和北周阇那崛多译的《普门品偈》收入什译，构成七卷二十八品。其后又将玄奘译的《药王菩萨咒》编入，而成了现行流通本的内容。今依其品次，简介如下：

一、《序品》，叙述佛在耆阇崛山说《无量义经》后，即入三昧现瑞，表示将说《法华》的缘起。

二、《方便品》，佛从三昧而起，告舍利弗："唯佛与佛，乃能究尽诸法实相。"于是舍利弗三请，世尊说明开示悟入佛之知见，佛法唯有一乘，说二（乘）说三（乘）只是方便，并非究竟。

三、《譬喻品》，舍利弗于佛前受记，佛为宣说火宅四车譬喻，进一步说明三乘方便、一乘真实之旨。

四、《信解品》，须菩提、摩诃迦叶等闻佛说法，欢喜踊跃，即以长者穷子譬喻，体现领会佛意，深信理解。

五、《药草喻品》，佛说三草二木，以喻众生根机有别，“随其所堪而为说法”。

六、《授记品》，佛为摩诃迦叶等四大声闻授记。

七、《化城喻品》，佛言昔为大通智胜如来第十六王子时，曾教与会之众。又为说化城喻小法，以示方便，引入佛慧。

八、《五百弟子受记品》，富楼那、憍陈如和五百阿罗汉皆受当来成佛的记莂。

九、《授学无学人记品》，阿难、罗睺罗和学无学二千人皆得受记。

十、《法师品》，佛告药王菩萨关于聆闻、随喜、受持、解说《法华》的种种功德。

十一、《见宝塔品》，多宝佛塔“从地涌出”，赞叹释迦说《法华经》。

十二、《提婆达多品》，提婆达多蒙佛授记，文殊宣扬《法华》，龙女献珠成佛。

十三、《持品》，药王、大乐说等菩萨大众及已受记的罗汉众等发愿奉持、广说《法华》。摩诃波阇波提以及耶输陀罗皆蒙授记。

十四、《安乐行品》，佛告文殊，欲说《法华》，应当安住四法，即身（离权势等十事）、口（离说轻慢赞毁等语）、意（离嫉谄等过，修养自心）、誓愿（发愿令人住是法中，修摄自行）四安乐行。

十五、《从地涌出品》，众多菩萨和眷属从地涌出，向多宝、释迦如来礼拜；佛告弥勒，此菩萨众皆是佛于娑婆所化而发心者。

十六、《如来寿量品》，佛应弥勒请问，为说久远劫来早已成佛，但为教化众生，示现灭度。

十七、《分别功德品》，是说当时与会大众闻法受益，后世受持读诵、书写、讲说此经，亦皆获诸功德。

十八、《随喜功德品》，佛告弥勒随喜听受《法华》的种种功德。

十九、《法师功德品》，佛告常精进菩萨关于受持、读诵等五种法师功德。

二十、《常不轻菩萨品》，佛告得大势菩萨有关常不轻菩萨往昔因中的常不轻行和受持、解说《法华》的故事。

二十一、《如来神力品》，佛于众前现其神力，嘱于如来灭后，应对《法华》一心受持、读诵、解说、书写和如说修行。

二十二、《嘱累品》，佛以右手摩大众顶，嘱咐受持和广宣此经。

二十三、《药王菩萨本事品》，佛告宿王华菩萨关于药王菩萨往昔闻法供养日月净明德佛的本事，并说受持《法华》《药王本事》的功德，以及命终往生安乐。

二十四、《妙音菩萨品》，佛告华德菩萨关于妙音菩萨过去供养云雷音王佛的因果和处处现身说此经典的本事。

二十五、《观世音菩萨普门品》，佛为无尽意菩萨解说观世音的名号因缘、称名作用和三十三应普门示现等功德。

二十六、《陀罗尼品》，药王、勇施菩萨等各自说咒拥护受持、讲说《法华》者。

二十七、《妙庄严王本事品》，佛说妙庄严王于往古世为其二子所化的本事。

二十八、《普贤菩萨劝发品》，普贤问佛，如来灭后，云何能得《法华》？佛告成就为佛护念、植众德本、入正定聚、发救众生之心四法，当得《法华》。普贤白佛，凡持此经者，必得守护。

此经全文大段分科，古代主张不一。自从隋智顗作《玄义》《文句》，立《序品》为序分，定《方便品》至《分别功德品》前半为正宗分，以《分别功德品》后半至《普贤劝发品》为流通分；并判上十四品为迹门，下十四品为本门后，学人多依其说。

以上二十八品广泛开演大乘教义。其主要思想是空无相的空性说和

《般若》相摄，究竟处的归宿目标与《涅槃》沟通，指归净土、宣扬济世及陀罗尼咒密护等，可谓集大乘思想之大成。其突出重点在于会三乘方便，入一乘真实。

此经起源很早，流传特盛。据学者研究，大约产生于前一世纪，但有的学者从语言学的角度研究，认为产生于前三至前二世纪。它是问世很早的大乘经典。在《大般涅槃》《优婆塞戒》等经中提到它的名字，《大智度》等论里曾引用其文，世亲为之撰写了《优婆提舍》（论议，亲传，口诀。有二汉译）。在古代印度、尼泊尔等地曾长时期广泛地流行。迄今已发现了分布在克什米尔、尼泊尔和中国新疆、中国西藏等地梵文写本四十余种，克什米尔、中国新疆两地是五至九世纪的，但其数量少而残缺不全；尼泊、中国西藏两地是十一至十九世纪的，其数量和完整程度都较前者为佳。国际上有相当多的学者在对这些梵文写本从佛学、语言学和东西方文化交流史等方面进行研究和探索。1983年，北京民族文化宫图书馆曾用珂罗版彩色复制出版了原由尼泊尔传入珍藏于中国西藏萨迦寺的1082年所书的此经梵文贝叶写本。全经共一百三十四页，二百七十四面，内容完整无缺，字体清晰优美，很受专家学者的重视。

此经曾由日帝觉和智军译成藏文。1924年河口慧海把它同梵本对照日译出版了《藏梵传译法华经》。

十九世纪以来，此经先后译成法文和英文，又有梵汉对照、梵文和译、改订梵本以及原文等的出版。

此经自鸠摩罗什的汉译本问世后，随即于汉地盛传开来。在《高僧传》所列举的讲经、诵经者中，以讲、诵此经的人数最多，于敦煌写经里也是此经所占的比重最大，仅南北朝时期，注疏此经的就达七十余家，陈、隋之际智顗依据此经立说而创天台宗。隋、唐以后，乃至明、清，一直流传不衰。译本传入朝鲜、日本后，流传也盛。尤其在日本，六世纪就有圣德太子撰写此经《义疏》。九世纪传教大师续开台宗，特倡此经。十三世纪日莲专奉此经与经题立日莲宗。现代新兴的创价学会、立正佼成会和妙智会等教团，都是专奉此经与经题为宗旨的。

由于流传的因缘殊胜，出现了此经的伪作。早在隋代的《众经目录》中就有《妙法莲华经度量天地品》等三种伪经，《敦煌写经》《续道藏经》和日本《续藏经》中也都收有附会此经的伪作。

此经注疏很多，现存主要的有：刘宋道生《略疏》两卷；梁法云《义记》八卷；隋智顗《玄义》二十卷、《文句》二十卷，吉藏《玄论》十卷、《义疏》十两卷；唐窥基《玄赞》十卷，湛然《玄义释签》二十卷、《文句记》三十卷；宋法照《三大部读教记》二十卷，慧洪、张商英《合论》七卷；元徐行善《科注》八卷；明一如《科注》七卷，传灯《玄义辑略》一卷，德清《通义》七卷，智旭《纶贯》一卷、《会义》十六卷；清通理《指掌疏》七卷。新罗元晓《宗要》一卷。日本圣德《义疏》四卷，最澄《大意》一卷，日莲《注》十卷等。（本文为王新据原稿改写）

（高观如）

观世音菩萨普门品

《观世音菩萨普门品》，简称《普门品》。原是《法华经》里的一品，由于观音信仰传入中国渐次流行，因此它从汉文译本内分出来，成为便于受持读诵的单行本。它的原本，似乎最初只有长行，所以在汉文译本如晋竺法护的《正法华经》、姚秦鸠摩罗什的《妙法莲华经》等中，此品全都是长行。直到隋代阇那崛多和笈多补译的《添品法华经》，此品才有了重颂，这和比较晚出的梵文本和藏文译本《普门品》相一致（梵、藏本比隋译还要多出七个颂）。汉文本《普门品》的单行，时间比较早。梁代僧祐的《出三藏记集》卷四，就已记载有《光世音经》和《观世音经》，但注明出自晋译或秦译本，当然是只有长行的。后来通行的《普门品》单行本，则是从隋译别出，长行与重颂具备。

本品主要宣说观世音菩萨的普门示现。长行叙述无尽意菩萨和佛的两番问答。初番问答观世音菩萨得名因缘。次番问答观世音菩萨为众生说法的方便。末段特别赞叹观世音菩萨弘誓、慈力、劝当忆念归敬（《添品法华经》在偈文前，更有庄严幢菩萨问无尽意菩萨，佛子以何因缘名观世音，无尽意菩萨便遍观观世音菩萨过去愿海，告庄严幢而说偈言等文，与偈文“具足妙相尊，偈答无尽意”语气不合，通行本已删去）。颂文之后，以持地菩萨称赞得闻本品功德作结。

观世音信仰很早就流行于西域，而且历久不衰。因此，近人还在中国新疆吐鲁番发现了回鹘文和古代突厥文的《普门品》译本。其回鹘文本由拉德洛夫校刊并翻成德文，作为俄国的《佛教文库》第十四种，1911年在圣彼得堡刊行。此外，有意大利文重译本（依汉译本重译）。还有日本渡边照宏、长泽实导的两种日文译本（1935、1940、依梵本翻译）。

关于《普门品》的重要注释书，有隋代天台智顗说，灌顶记《观音玄义》《观音义疏》各两卷，其后宋代四明知礼各为作《记》四卷等。

大般涅槃经

《大般涅槃经》，或称《大本涅槃经》，或《大涅槃经》，是宣说如来常住、涅槃常乐我净、众生悉有佛性乃至阐提成佛等义的经典。汉译本作四十卷，北凉昙无谶译。经录家列为大乘五大部经之一。

此经最早传入中国的部分，相传即后汉支娄迦谶所译的《梵般泥洹经》两卷（《出三藏记集》作《胡般泥洹经》一卷），但其经早佚。其次曹魏安法贤译有《大般涅槃经》两卷，《历代三宝纪》据竺道祖录说它是“略大本前数品”；又吴支谦译有《大般泥洹经》两卷，同记也说是“略大本序分、《哀叹品》为两卷，后三纸小异”。这两部经早于凉译大本前阙佚，费氏既未及见，所云内容，也难可信。至东晋时，高僧法显于摩竭提国巴连弗邑，得到该地优婆塞伽罗（一作罗汰私婆迷，见《法显传》）写赠的《大本涅槃》前分的梵本，归至建康道场寺，于义熙十三年（417）与梵僧佛陀跋陀罗译出为六卷（或作十卷），名《大般泥洹经》，或称《方等大般泥洹经》。内容相当于《大般涅槃经》的前五品，为现存的此经的最早的异译本。此后数年，即北凉玄始十年（421）才有天竺三藏昙无谶因沮渠蒙逊之请，在姑臧出译此经为三十六卷（后作四十卷），分作十三品：一、《寿命品》，二、《金刚身品》，三、《名字功德品》，四、《如来性品》，五、《一切大众所问品》，六、《现病品》，七、《圣行品》，八、《梵行品》，九、《婴儿行品》，十、《光明遍照高贵德王菩萨品》，十一、《师子吼菩萨品》，十二、《迦叶菩萨品》，十三、《憍陈如品》，即名《大般涅槃经》。

此经的译者昙无谶，原在天竺遇见白头禅师，得到树皮《大涅槃经》

本而专业大乘，后来赍着此经的前分并《菩萨戒经》《菩萨戒本》等梵本来至龟兹，因龟兹人多小乘学，不信《涅槃》，遂至敦煌（见《出三藏记集》卷十四《昙无谶传》）。后因沮渠蒙逊于玄始十年攻入敦煌，迎谶同至姑臧，并请于同年十月出译此经，时西河高僧慧嵩、道朗相与笔受助译，翻成此经三十六卷（见《记集》卷十四《昙无谶传》），一作四十卷（见未详作者的《经记》）。关于此经梵本的来源，据《记集·昙无谶传》：谶先携来前分梵本十两卷译出，又以经本品数不足，还至本国去寻求，嗣于于阗更得经本，回到姑臧续译合成三十六卷。但另据《大涅槃经记》则说此经初十卷五品原本是智猛从天竺赍至高昌（据《记集·智猛传》云得自天竺华氏城大婆罗门、名罗阅宗家，法显先于其家得到一部），逊遣使往高昌取至，命谶译出，第六品至十三品梵本，则在敦煌，由胡道人送来姑臧云云。以上两说显然有异。但考《智猛传》，猛于元嘉元年（424）才由天竺出发东归，这时昙无谶已译出此经，其后谶又到处寻访，或者又得到智猛本和敦煌本加以补订，遂至补成为如经记所述的四十卷，也未可知。

此经四十卷本于元嘉七年（430）由凉地传至江南建业（见《三论游意义》），时宋京名僧慧严、慧观等因它文言质朴而品数疏简，遂共谢灵运加以修治，并依法显译六卷《泥洹经》增加品目：《寿命品》公出为《序》《纯陀》《哀叹》《长寿》四品，又由原本《如来名品》分出为《四相》《四依》《邪正》《四谛》《四倒》《如来性》《文字》《鸟喻》《月喻》《菩萨》十品，改为二十五品，三十六卷。世称此为《南本涅槃经》，而以昙无谶原译本称为《北本涅槃经》。

此经于六世纪间曾由汉译本转译成突厥语。据《北齐书》卷二十《斛律羌举传》，北齐后主（565—576）命侍人刘世清作突厥语翻《涅槃经》，送突厥可汗。并命中书侍郎李德林为此作了一篇序言。

此经的藏文译本有二种：一名《大乘大涅槃经》，由胜友、智藏、天月从梵本译出，相当于此经从初至《大众所问》的前分五品。或法显所译的六卷《泥洹经》。另一名《大般涅槃经》，由王宝顺、善慧、海军从汉译本重译出，相当于此经全部四十卷和《大涅槃经》后分两卷。

此经的梵文原本，据道朗《大涅槃经序》说："梵本正文三万五千偈，于此方言数减百万言，今数出者一万余偈。"但《经记》则说是"梵本都二万五千偈"，又八世纪间义净在印度亲见此梵本经目，说："其大数有二十五千颂，翻译可成六十余卷，检其全部竟而不获，但得初《大众问品》一夹，有四千余颂。"（见《大唐西域求法高僧传》卷上《会宁传》）又据由梵本译出的藏译本经后也说："经文二万五千颂，其中至《一切大众所问品》竟，有三千九百偈颂。"由此可知，此经原本似为二万五千偈，又其中前分《大众所问品》（相当于译本前五品）约四千偈，一直到后世印度尚存有其本的。

又此经的梵文断片，有日本高野山宝寿院藏有相当于《如来名品》第四之一的开始部分的梵文纸本一叶，现收载于《大正藏》本经的后面。又近世中国新疆出土的遗其中，有相当于《如来性品》第四之六末至之七初的梵文纸本一叶。

此经的英文译本，现存有比耳的译本，1871年，比耳就此经卷十二、三十九两卷加以翻译，收载于他所编辑出版的《中国佛教经典集》中。

此经的内容，分十三品。

一、《寿命品》（卷一至卷三），说佛在拘尸那城阿利罗跋提河边娑罗双树间，二月十五日临涅槃时，宣告大众：如有可疑，今可来问。那时众生悲啼号哭，声闻、菩萨四众、天龙八部人非人等都来集会，奉请供养，佛只受优婆塞纯陀的最后供养，并为说施食的果报。纯陀请佛住世，佛为说法，并令他去再办供养。大众又哀请住世，佛也给以慰语，并告诸比丘：应受持大乘，自他安住解脱、法身、般若三法；又为宣说无常、苦、空、无我，了知常、乐、我、净，离四颠倒。更为迦叶菩萨说佛身长寿的菩萨因行，以平等心视诸众生，如来常住不变易法，世出世间的差别，涅槃即法性义，佛法僧三归依处等。

二、《金刚身品》（卷三），佛为迦叶宣说如来法身常住、金刚不坏，及成就无量微妙功德，并说成就此金刚身由于护持正法的因缘。

三、《名字功德品》（卷三），更为宣说此《大般涅槃经》的名义和所具的功德等。

四、《如来性品》（卷四至卷十），佛为迦叶先说开示大般涅槃的自正、正他、能随问答、善解因缘义四义，这四义即是一义、空义。次说如来常住不变易义。又如来随顺世间神通变化，已于无量劫中成佛，更示现种种色相化众。次说如来所说实无秘藏，只因声闻少慧，为说半字九部经，迨机成熟，便说大乘毗伽罗论，即如来常住不变易说。次述大般涅槃百句解脱义，又四种人应持此经为世间依。及比丘当依法不依人等四依，佛说与魔说种种差别，众生悉有佛性，九部经中未说犯不犯戒的区别。并分别四圣谛法、四颠倒相、我与无我、三归依处、如来秘藏、众生皆有佛性、十四音字义、一切异法常无常等、佛性常住真实无变等义。乃至闻此经得菩提因，重罪众生得灭诸恶，唯除一阐提。又此经是如来密语，唯有菩萨知其实义。更为文殊师利说佛性非“本有今无”偈，又为迦叶说诸佛、菩萨、声闻、缘觉同一佛性无差别等义。

五、《一切大众所问品》（卷十），佛受纯陀最后供养，又以化身受大众供养，为纯陀说除一阐提、一切布施的功德；又为文殊说如来说法有余、无余之别；更为迦叶说无余义，及此经所得的功德。更为此三人授记。佛自现身疾，右胁而卧。

六、《现疾品》（卷十一），迦叶问佛：佛故现有病相？佛起趺坐，放大光明，广为演说如来的秘藏，并说实无有病，大般涅槃是诸佛的甚深禅定。又三种人（谤大乘、五逆罪、一阐提）非声、缘、菩萨所能治，有五种人（四果及辟支）于大乘涅槃有病行处，而非如来。

七、《圣行品》（卷十一至卷十四），佛为迦叶说菩萨应修圣行、梵行、天行、婴儿行、病行五种行。次即广说菩萨的圣行，谓于大般涅槃闻思修行，护持净戒，观四念处、四圣谛、知四圣谛的上中二智。又为文殊说世谛、第一义谛、实谛及临般涅槃而转无上法轮的意义。又为迦叶说二十五三昧。为住无垢藏王菩萨说从牛出乳等五味相生，以形容佛说法次第增胜乃至说大般涅槃。迦叶称赞此经并愿舍身书写流通，佛又为说过去世为雪山童子的为闻半偈而舍身的因缘。

八、《梵行品》（卷十五至卷二十），广说菩萨应修的梵行。先说菩萨住七善法，能具梵行。次说慈、悲、喜、舍四无量心的梵行，更说菩萨能得四无碍，名无所得。又重释“本无今有”偈义，及说三乘、一乘、常、无常等义。又佛所说法，菩萨能知见觉，由于菩萨念佛、法、僧六念处等。次述阿阇世王归佛的因缘，又佛也为一阐提说法，并为阿阇世王说应索心观身二十事等，使发菩提心。以下说《天行品》“如《杂花》（即《华严经》）说”，遂不详说。

九、《婴儿行品》（卷二十），说菩萨应修婴儿行。谓如来不起（不起诸法相）、不住（不着一切诸法）、不来（身行不动摇）、不去（已到大般涅槃）、不语（虽为众生演说诸法而实无所说），如婴儿等。

十、《光明遍照高贵德王菩萨品》（卷二十一至卷二十六），佛为高贵德王菩萨说修行大般涅槃经得十事功德：第一功德得闻所不闻等五事，有不生生、不生不生、生不生、生生四句，乃至不到到、不闻闻等四句，及涅槃的体和因，一阐提也不断佛性，如来常住、菩萨能永断诸漏等。又菩萨观四大、五阴、六入、六尘烦恼、修戒定慧解脱达于常乐我净的经过，又不见佛性的涅槃和见佛性的大涅槃的区别，及大涅槃有八大自在、四大乐、四大净等。次说第二功德得昔所不得等五事。第三功德舍世谛慈，得第一义谛慈。第四功德根深难倾拔等十事。第五功德诸根完具等五事。第六功德安住金刚三昧。第七功德得以亲近善友等四法为大般涅槃的近因，并明涅槃的八相、六相、断烦恼、化众生、见佛性等义。第八功德断除五阴、远离五见、成就六念处、修习五定、守护菩提心、亲近四无量心、信顺一道大乘、心善解脱、慧善解脱等。第九功德成就信心等五事，并说一阐提断善根而不断佛性，能得菩提。第十功德修习三十七道品、入大涅槃的常乐我净，为诸众生分别解说大涅槃经，显示佛性，信此经得入大涅槃等。

十一、《师子吼菩萨品》（卷二十七至卷三十二），师子吼菩萨问佛性义，佛为宣说菩萨具足智慧、福德二种庄严即知佛性，佛性名第一义空，名智慧，名中道，名佛，名涅槃，及一切众生悉有佛性义。次说菩萨具足成就十法，虽见佛性而不明了，佛见佛性明了的原因。又分别解说持戒破戒，佛性的因，众生于佛性有退不退，菩萨修习三十二相的业因缘，众生烦恼系缚，修习戒定慧诸相，乃至于拘尸那城涅槃的原因，及庄严娑罗双树常乐我净义，涅槃无十相名无相，修习定慧舍相能断十相得无相，名大般涅槃，即得明了见于佛性。菩萨成就信心具足等十法，能明见涅槃无相，并说业有轻重，有定不定，及善恶果等，乃至身戒心慧修与不修的人所受业报的轻重差别。又众生悉有佛性，但须修习无漏圣道才能得见；及菩萨以苦行等锻炼，得不退心。又大涅槃经如大海，有八不思议，及如来示现胎生不受化身的意义。最后师子吼菩萨说偈赞佛。

十二、《迦叶菩萨品》（卷三十三至卷三十八），佛为迦叶演说三子、三田等譬喻，譬说如来先教菩萨、次教声闻、后教阐提，为菩萨说十二部经中微细义，为声闻说浅近义，为一阐提说可生诸善等世间义，并述善星比丘的因缘故事，说一阐提尚未断未来世善根，故得成菩提。又如来具知诸根力，为调伏诸众生故，对于有智的不作二说，于无智的人作不定说，更列举诸弟子众所怀的四十种疑执的见解，一一加以解说摧破，而诫生决定想。并继说断善根人出入地狱的还生善根，及如来为众生说法有四种答。佛性中道，非有非无，亦有亦无。十二部经或随自意说、或随他意说、或随自他意说等。又如来说法为众生故有七种语，次述恒河七众生的譬喻，说明众生悉有佛性，一阐提人必成菩提，四果、辟支必当成道；又众生佛性常如虚空，非三世摄，遍一切处；又说烦恼因果乃至梵行、无常等十想。最后迦叶说偈赞佛。

十三、《憍陈如品》（卷三十九至卷四十），佛为憍陈如说五蕴无常乃至非寂静，五蕴灭可得解脱常住乃至涅槃寂静，知道这个道理名具足沙门婆罗门法。这时有诸外道听闻此说，与阿阇世王同来佛处问难，婆罗门阇提首那、梵志阿私吒、先尼、迦叶、富那、清静、犊子、纳衣、婆罗门弘广等次发问，佛一一为之说法解答，令得正果。其时阿难在娑罗林外为魔所挠，佛赞阿难为多闻藏，具八善法，能持十二部经，令文殊摄归阿难，并令与梵志须跋陀同来见佛，佛度须跋陀得阿罗汉果，大众皆得法益。

此经义理丰富而精至，其内容要点，即为针对灰身灭智的小乘涅槃说，而阐述佛身常住不灭，及常乐我净义。又不同于大乘中的三乘五姓说，而显示众生悉有佛性，一阐提和声闻、辟支都当得成大觉义；并广说与涅槃有关的一切菩萨法义。因此，此经可称为大乘佛教的极谈。

但部派佛教中的大众部义与此经颇有契合之处。如此经说："一切人中天上地及虚空寿命大河，悉入如来寿命海中，是故如来寿命无量。"（卷三《寿命品》）这就同于大众部的"诸佛寿量无边际"（见《异部宗轮论》，以下同）义。又说："如来身者是常住身、不可坏身、金刚之身，……不生不灭、不习不修、无量无边。"（同卷《金刚身品》）即同于大众部的"如来色身实无边际"义。又说："佛性亦尔，烦恼覆故，众生不见。"（卷八《如来性品》）即同大众部的"心性本净，客尘烦恼之所杂染"义。又说："佛以一音说一切法，彼此异类各自得解，各各叹言，如来今日为我说法。"（卷十《如来性品》）即同于大众部的"佛以一音说一切法"义。又说："菩萨摩诃萨为众生故，虽在地狱受诸苦恼，如三禅乐。"（卷十八《梵行品》）即同于大众部的"菩萨为欲饶益有情，愿生恶趣"义。又说："菩萨摩诃萨当以苦行自试其心，……虽受如是无利益苦，然不退于菩提之心。"（卷三十二《师子吼品》）即同于大众部的"苦能引道"义。

此经与《般若经》也非常接近，如卷八《如来性品》引《般若经》说："如我（佛自称）先于摩诃般若波罗蜜经中，说我与无我无有二相。"又经中说："从方等经出般若波罗蜜，从般若波罗蜜出大涅槃。"（卷十四《圣行品》）又说："诸佛世尊从六波罗蜜，三十七品十一空来，至大涅槃。"（卷十七《梵行品》）又说："佛性者名第一义空。"（卷二十七《师子吼品》）均显示此经和《般若经》义相联的关系。

此经还显示了与《法华经》的一致思想，如卷九《如来性品》说："是经（《大般涅槃经》）出世，如彼果实，多所利益安乐一切，能令众生见于佛性，如《法华》中八千声闻得受记莂，成大果实。"又《法华经》的"会三归一"的思想在此经中也非常显著，如卷五《如来性品》说："一切菩萨、声闻、缘觉，未来之世皆当归于大般涅槃，譬如众流，归于大海。"又卷十七《梵行品》说："是三乘之法，说言一乘；一乘之法，随宜说三。"

此经于《华严经》说也数数引用，如卷十八《梵行品》说："诸佛菩萨修习是施，……广说如《杂花经》。"又卷二十一《高贵德王菩萨品》说："尸罗尸罗波罗蜜，乃至般若般若波罗蜜，如《佛杂华经》中广说。"又卷二十将说《天行品》时，即云："《天行品》者如《杂花》说。"因此，此经与《华严经》义也相当接近。

由于此经畅演大乘，议论宏辟，精义迭宣，因此从开始译出以来，即在中国佛教界发生重大的影响。即在五世纪间，昙无谶译出经时，这一常乐我净、乃至阐提成佛的学说出现，使当时参加译场的"道俗数百人，疑难纵横"，而昙无谶"临机释滞，未尝留碍"。又此经传入宋地以前，高僧道生看见了法显所译的六卷《泥洹经》，就理解到一阐提人可能成佛，而发表阐提成佛说，给江南佛教界以震动。其后梁译大本传到宋京，果如道生所说。当时竟至有"生公说法顽石点头、僧嵩非难因而舌烂"的传说，这都反映出此经震动其时佛教界而获得重视的情形。另在凉州方面，曾经亲助昙无谶译此经典的河西道朗撰制了经序，并著《涅槃义疏》，释佛性义，为以后诸师讲说此经所依据。又同时笔受者智嵩也著有《涅槃义记》，并在凉地讲授，辩论深义。此经传入建业后，更经慧严、慧观、谢灵运等加以再治，称为南本，遂在南北各地弘传更广。

从宋初以来，江南名匠均盛行讲述。其中僧宗一生讲授此经百遍，宝林、慧静、僧镜、法瑶等并各制义疏。至梁代此经的弘传更为殷盛，梁武帝萧衍并命宝亮总集此经诸家注撰成《集解》七十两卷，又自讲此经并制成《涅槃讲疏》，曾以致送于扶南国（今柬埔寨，参照《佛祖统纪》卷三十七）。另以此经《义疏》赠百济国（《梁书》卷五十四）。萧衍并依此经《四相品》（据南本，即北本《如来性品》部分），自撰断酒肉文，又广集僧尼于华林殿前，令光宅寺法云宣讲立制。另在中国北方，此经的传持讲述也颇盛。北齐后主令译此经为突厥语，遗赠突厥可汗，即当时此经盛行弘传所影响。

隋代义学高僧如慧远、灵润、道洪、行等、吉藏诸德，对于此经均盛行讲述。隋王朝更于开皇十六年（596）立涅槃众，先后以法总、童真、善胄为涅槃众主，领众转读此经并开讲。又其时行等一生讲述此经至百遍，灵润讲至七十遍，道洪讲至八十七遍。高僧智顗并依据此经立五时教判，又广泛运用此经中的法义名相，开显天台一宗的教义。其后章安灌顶又以天台宗义疏释此经，盛为后世学人所传习。唐代以来天台学者如玄朗、湛然、道暹、行满乃至宋智圆、元必才等，都对此经钻研讲习，或制述章疏，给予后世以相续的影响。

古来学者在研究讲习中，对于此经文义的章段分剖，最早有“河西五门”说，即凉州僧朗以：一、今昔接引有缘门（卷一至二）。二、略广门（卷三至十）。三、涅槃行门（卷十一至二十）。四、菩萨功德门（卷二十一至二十六）。五、不可思议中道佛性门（卷二十七至四十）。五门概括全经的文旨（见灌顶《疏》卷一），为初期诸师讲习此经的指南。其后随此经在南朝的盛行，又有梁武帝萧衍的“两段”（中前　中后）说，开善寺智藏的“二分”（序分、正宗分）说，光宅寺法云的“三分”（序、正、流通）说等。至六世纪间，因元魏达摩菩提传译出了印度婆薮槃豆（世亲）的《涅槃论》的“七分”说，即：一、不思议神通反示分（《序品》，见南本，以下同），二、成就种性遣执分（《纯陀》《哀叹》二品），三、正法实义分（《长寿品》至《大众问品》），四、方便修成分（《现病品》至《高贵德王品》），五、离诸放逸入证分（《师子吼品》），六、慈光善巧住持分（《迦叶品》），七、显相分（《憍陈如品》），七分聘摄经义（见本论），为北方地论学者讲述此经所依用。另在江南又有山门法朗的“兴皇八门”说（一、引接今昔有缘门，二、破疑除执门，三、略广门，四、行门，五、位门，六、行中道门，七、方便用门，八、邪正不二门），为其时三论学者所凭借。但于后世传播较广的，则为章安灌顶的“五门分科”说，即一、召请涅槃众（《序品》），二、开演涅槃施（《纯陀品》至《大众问品》），三、示现涅槃行（《现病品》至《高贵德王品》），四、问答涅槃义（《师子吼品》），五、折摄涅槃用（《迦叶品》《憍陈如品》）。五门分摄全经始终文义，广为后来学人所依据。

由于此经宣说半满二字、牛乳五味等形容佛所说法的深浅先后，因此启发了此土学人对释迦教相判释的施设。最初是道场寺慧观立顿、渐、不定三教（一说顿、渐二教），以此经为渐教中最高的第五时常住教；齐僧柔、慧次、梁法云、智藏皆宗此说。随后虎丘笈师在这三教的基础上，于渐教中立三时教，宗爱立四时教，均以此经当于最后时的常住教。另在北地，慧光立四宗，以此经为第四常住宗。至隋天台智顗依此经《圣行品》义立五时教，以此经为第五时教，味当醍醐；又立四教，以此经为非顿非渐非秘密非不定而追说追泯的圆教。因而此经在中国佛教流传史上，均被认为佛陀最后最高的教说。

关于此经的疏释，现存有印度世亲造的《涅槃论》一卷（元魏达摩菩提译），《涅槃经本有今无偈论》一卷（陈真谛译），中土梁宝亮等撰的《大般涅槃经集解》七十一卷，隋慧远撰的《义记》十卷，吉藏撰的《游意》一卷，灌顶撰的《玄义》两卷、《疏》三十三卷，唐法宝撰的《略疏》十五卷，道暹撰的《玄义文句》两卷、《疏私记》九卷，行满撰的《疏私记》十两卷，宋智圆撰的《治定疏科》十卷，《玄义发源机要》四卷，《疏三德指归》二十卷，清净挺撰的《末句偈》一卷，新罗元晓撰的《宗要》一卷等。

已佚的此经注疏，尚有隋吉藏撰的《疏》二十卷，唐行满撰的《音义》一卷，元皓撰的《天台注》及《科文》十卷，慧沼撰的《义记》十卷、《科文》一卷，义寂撰的《义记》五卷、《纲目》两卷，新罗憬兴撰的《述赞》十四卷，《料简》一卷，太贤撰的《古迹记》八卷，极太撰的《疏》六卷等。

（高观如）

中阴经

《中阴经》两卷，姚秦凉洲沙门竺佛念译。《高僧传·竺佛念传》云：“自出《菩萨璎珞》《十住断结》及《出曜》《胎经》《中阴经》等，始就治定，意多未尽，遂尔遘疾，卒于长安。”可见该经是译文未定之本。

佛教主张一切有情生死轮回，而生死只是五阴相续，前身死后，后身未生，两身中间所受五阴叫作“中阴”。此经中说释迦如来在拘尸那伽双林于四月八日入灭后入于中阴，转名妙觉如来，教导一切中阴众生以大乘之法，凡有十二品。一、《如来五弘誓入中阴教化品》，佛入火炎三昧，普召集一切中阴，与弥勒菩萨说中阴法；次舍释迦牟尼佛名，转名妙觉如来，大集十方菩萨而为说法。二、《妙觉如来将诸菩萨入中阴教化品》，妙觉如来将大迦叶及四众，天龙八部入于中阴，为说四非常偈。三、《妙觉如来入中阴分身品》，佛为定化王菩萨分别可见不可见，有为无为，有对无对及三微妙法（中阴形，五色识形，非想非不想识）。四、《贤护菩萨问事品》，佛为贤护菩萨分别欲、色、无色、众生识量（有漏量、无漏量、有为量、无为量、有色无色量、有欲无欲量、有记无记量）。五、《道树品》，佛为树王菩萨分别有漏无漏（以上卷上）。六、《神足品》，妙觉如来以神足化此三千大千世界，说诸三昧名。七、《破爱网品》，妙觉如来入不动三昧，令四众知欲爱色爱无色爱，告炎光菩萨，以爱尽得度脱。八、《三世平等品》，佛为不厌患劫菩萨分别三世，接中阴众生至非想非非想识天，教化阿难陀迦兰陀。九、《无生灭品》，佛为三聚众生分别泥洹之法，为说无相法观。十、《空无形教化品》，如来舍中阴身，入虚空藏三昧，但以声教，不睹其形。十一、《有色无色品》，佛重分别三世之义。大势至菩萨观世音菩萨说偈谠叹。十二、《欢喜品》，佛见所度已毕，将游他方，欢喜说偈（以上卷下）。

（周叔迦）

阿含经

《阿含》是北方所传原始佛教经典汇编的名称，其意义为依着师承的辗转所传。一般佛教文献里都将它看成声闻乘三藏中的经藏。它区分为四大部，称为四《阿含》，即《长阿含》《中阿含》《杂阿含》和《增一阿含》。唐玄奘译本《难提蜜多罗所说法住记》参照南方上座部所传五《尼柯耶》的分法，也说有第五《杂类阿含》，不过通常以此类经典为杂藏，列在经律论三藏之外。据各种广律的记载，释迦佛涅槃之后，其弟子辈就结集了四《阿含》，但实际《阿含》编成的时期是比较在后的。

四《阿含》的分别编纂，主要依据于所收经典篇幅的长短以及形式上和法数的关系，同时也照应到各经所说的义理及其适用的范围（参照《撰集三藏及杂藏传》和《萨婆多毗尼毗婆沙》）。《长阿含》各经的篇幅最长，所说事实多涉及长远的时间（如过去七佛及世界成坏劫数等），又有重点地简别外道异说以显示佛教的优越，故为宣教者所专习，《中阿含》各经的篇幅酌中，且常有成对的同类经典，所说义理合乎中道，又着重于深入四谛，辨析空理，破除痴惑，所以为学者所专习。《杂阿含》各经的篇幅短小，近于细碎，记诵较难（因此译者翻译经题为“杂”），所说由能、所、所为，三方面区别事类，各经即依其性质随类编次（因此译家也翻译经题为“相应”），此一《阿含》的重点在说各种善法，故为修禅者所专习。《增一阿含》各经大都和法数有关，从一到十或十一顺序编次，所说多为施、戒、生灭、涅槃，渐次趋入的道理，其侧重之处在于随世人的根机，由各方面而说一法，并收有种种因缘故事，所以为劝化者所专习。这样四

《阿含》的应用各有所宜，因而佛教中有些部派随着实际活动的范围，常常偏重某一种《阿含》，如大众部之重视《增一阿含》（见《分别功德论》卷一），根本有部之重视《杂阿含》（见《瑜伽师地论》卷八十五，《根本说一切有部毗奈耶杂事》卷三十九）等。

声闻乘佛教的重要部派各有自部所传的四《阿含》（南方上座部所传称《尼柯耶》），其内容经典及其排列次序，各部传本都不尽同。这到第七世纪时，还存在上座部、大众部、正量部、化地部、饮光部、法藏部、有部的七种异本（见《大慈恩寺三藏法师传》卷六），不过各种整部的梵本《阿含》现已无存，零本断片在中亚地带发现的亦只十余种，所以要明了四《阿含》的内容结构，只有从中国的译本上见其一斑。

四《阿含》的中国译本是从东晋末年到南北朝初期短短的五十年中间陆续译出的。《中阿含》和《增一阿含》译出最早。《中阿含经》系于姚秦建元二十年（384）由昙摩难提译成，共五十九卷，现在全部已佚，只存一些零本。此译文句未能尽惬原意，所以后来东晋隆安二年（398）更由僧伽提婆改译，六十卷，现存。此本新译专名随后仍有些改为旧译，笔受者道慈特将新旧译名并录为一卷，附在目录之后以待审定，这一卷现已不存。《增一阿含经》于建元二十一年（385）也由昙摩难提译成，共四十一卷，现存（但改成五十一卷）。其后半十五卷每品或每大段末尾原有的摄颂未译，经道安与法和加以补订。但全经译文亦未尽善，后来僧伽提婆也曾略加修改。《长阿含经》在其次译出，乃于姚秦弘始十五年（413）由佛陀耶舍与竺佛念译成，共二十两卷，现存。《杂阿含经》译出最后，时在刘宋元嘉间（435—453），由求那跋陀罗译成，共五十卷。这一译本后来传写时似乎未得好好的整理，因而现存的本子卷次不顺，并佚去两卷，误以求那跋陀罗所译《无忧王经》编入（以上参照《出三藏记集》卷二、卷九）。除去这些整部的译本而外，现存各种《阿含》的部分翻译，还有三国时代（220—265）失译的《杂阿含经》，一卷，收二十七经。又三秦时代（351—431）失译的《别译杂阿含经》，二十卷，收三百六十四经。又安世高译

《杂经四十四品》，一卷。此为《增一阿含》的一部分，收四十四经，但现行本和《七处三观经》，《积骨经》夹杂在一起，改题为《七处三观经》。至于四《阿含》中各经单本，从后汉到北宋，历代都有翻译，现存的还有一百三十余种。

这些大部译本的部派所属，从来有好些不同的说法。现在从各本的内容看，大体可以说：《长阿含经》的译者先诵出《四分律》，属于法藏部，既而又诵出本经，虽其中各经次序和《四分律》所说不同，但经文中表现了对于供养佛塔的重视及阿罗汉身无漏的思想，都合乎法藏部的主张，故无妨看作和法藏部相近的部派传本（参照宇井伯寿《原始佛教资料论》，《印度哲学研究》两卷第134—135页）。其次，《中阿含经》的结构和西藏文译本静天所著《俱舍论疏要用论》引用的有部《中阿含》极其相似，故为有部的传本（参照樱部建《印度学佛教学论丛》）。再次，《杂阿含经》的结构和《根本有部毗奈耶杂事》所说相同，其基本部分经文次第也和《瑜伽师地论摄事分》引用的有部《杂阿含经本母》所解释的吻合，故为根本有部的传本（参照拙著《杂阿含经刊定记》，《内学》第一辑）。最后，《增一阿含经》有《序品》，又有十一法，显然非有部所传，而经中承认大乘，又有些义理近乎大众部的主张，当是大众部的传本（参照宇井伯寿前引《研究》）。此外，《别译杂阿含经》似乎以《八众诵》为一经之首，当出于化地部或法藏部所传（参照《五分律》卷三十，《四分律》卷五十四）。《杂经四十四品》的各经编次，和南方上座部所传《增支尼柯耶》相近，当是上座部的传本。至于单卷《杂阿含经》，内容简略，部属还不能定。

如上所说，四部《阿含》的中国译本所属部派几乎各不相同，从它们见到的内容结构，只限于这几个部派的某一种《阿含》，一派的全貌尚不能得，可不用说。

译本《长阿含经》的内容结构是四分，四诵（这是以一天诵毕的分量来区分的段落），合有三十经，成为一部。第一分，第一诵，收《大本缘经》等四经。第二分，第二诵，收《小缘经》等十五经。第三分，第三诵，收《阿摩昼经》等十经。第四分，第四诵，《世记经》，又细分《阎浮提州品》等十二品。

《中阿含经》的结构是四分，五诵，十八品，合有二百二十二经成六一部。现行本四分的段落不详，只有五诵。第一诵，诵名缺。五品半，合有六十四经。此即一、《七法品》（收《善法经》等十经），二、《业相应品》（收《盐喻经》等十经），三、《舍利子相应品》（收《等心经》等十一经），四、《未曾有法品》（收《未曾有法经》等十经），五、《习相应品》（收《何义经》等十六经），六、《王相应品》（前半品，收《七宝经》等七经）。第二诵，《小土城诵》，四品半，合有五十二经。 此即六、《王相应品》（后半品，收《乌鸟喻经》等七经），七、《长寿王品》（收《长寿王本起经》等十五经），八、《秽品》（收《秽经》等十经），九、《因品》（收《大因经》等十经），十、《林品》（收《林经》等十经）。第三诵，《念诵》，一品半，合有三十五经。此即十一、《大品》（收《柔软经》等二十五经），十二、《梵志品》前半（收《雨势经》等十经）。第四诵，《分别诵》，三品，合有三十五经。此即十二、《梵志品》后半（收《鹦鹉经》等十经），十三、《根本分别品》（收《分别六界经》等十经），十四、《心品》（收《心经》等十经），十五、《双品》（前半品，收《马邑经》等五经）。第五诵，《后诵》，三品半，合有三十六经。此即十五、《双品》（后半品，收《说智经》等五经），十六、后《大品》（收《迦楼乌陀夷经》等十经），十七、《晡利多品》（收《持斋经》等十经），十八、《例品》（收《一切智经》等十一经）。

《杂阿含经》的结构，依据我们试为整理的本子来说，是四分，十诵。第一分，《五取蕴、六处、因缘相应分》，有六诵，即一、《五取蕴诵》，二、《六处诵》，三、《缘起诵》，四、《食诵》，五、《谛诵》，六、《界诵》。第二分，《佛弟子所说、佛所说分》，有二诵，即七、《佛弟子所说诵》，八、《佛所说诵》。第三分，《道品分》，一诵，即九、《念住等诵》。第四分，《结集分》，一诵，即十、《八众诵》。这十诵是依着契经中佛语有九事（即有情、受用、生住、安住、染净、差别、说者、所说、众会）而编次的（考照拙著前引论文）。《杂阿含经》所收经文大都是短篇，译本现存四十八卷，约共一千三百五十九经（依《大正藏》本编号计算）。《八众诵》各经有诵，故《有部毗奈耶杂事》称为《伽陀品》，余皆长行。别译《杂阿含经》只有此中的《八众诵》和《佛所说诵》二诵的各经。

《增一阿含经》的结构，旧传有四分，八诵（见僧肇《长阿含经序》），但现行本只余十一法的《牧牛品》品目下标注《第四分别诵》，其余段落不明。全经五十二品，四百七十二经。此即一、《序品》，二、一法，《十念品》等十三品（一百零九经），三、二法，《有无品》等六品（六十五经），四、三法，《三宝品》等四品（四十经），五、四法，《四谛品》等七品（六十一经），六、五法，《善聚品》等五品（四十七经），七、六法，《六重品》等二品（二十二经），八、七法，《等法品》等三品（二十五经），九、八法，《八难品》等二品（二十经），十、九法，《九众生居品》等二品（十八经），十一、十法，《结禁品》等三品（二十六经），十二、十一法，《牧牛品》等四品（三十九经）。

从中国译本所见四《阿含》的结构，不用说没有一种和相当的南方上座部传本《尼柯耶》完全相同。其中比较接近的，要算《长阿含》和《长尼柯耶》。《长尼柯耶》凡三分，三十四经。《长阿含》四分，只多出第四分一分。又《长阿含》所收三十经，和《长尼柯耶》相同者有二十七经，只余三经未收入《长尼柯耶》。其次是《杂阿含》和《杂尼柯教耶》。《杂尼柯耶》凡五分，五十六篇，二百零三品，约二千八百七十经。《杂阿含经》四分十诵，区分即比较简略，而所收一千三百五十九经中和《杂尼柯耶》相同的有八百八十三经，占三分之二强。再次是《中阿含》和《中尼柯耶》。《中尼柯耶》凡三分，十五品，一百五十二经。《中阿含》四分十八品，区分较多，而所收二百二十二经中和《中尼柯耶》相同的仅九十六经，不足一半。差别最大的是《增一阿含》和《增支尼柯耶》。《增支尼柯耶》凡十一法，一百一十一品，约二千三百经。《增一阿含》虽然也同是十一法，但区分五十二品，则极简略，又所收四百七十二经中和

《增支尼柯耶》相同的一百三十五经，不足三分之一。以上所说各《阿含》和各《尼柯耶》相同之经，其内容和排列顺序仍有一些出入，可不待言（参照赤沼智善《汉巴四部四阿含互照录》）。

关于四《阿含》的内容大概，另见于本书各《阿含》条目内，这里不再说及。

印度旧有的四《阿含》注书，都已无存。现只从中国译本中见到注释《增一阿含》的一种，即后汉末（147—220）失译的《分别功德论》，五卷。它只注解了经文从《序品》到《弟子品》的过半，并非完本。另有钞集四《阿含》中法相而以“三分法”编纂便于记诵的《四阿含暮钞解》一种，两卷。此书系贤胄部世贤所抄，众军所解，苻秦时鸠摩罗佛提等译。其异译本有《三法度论》，三卷，东晋时僧伽提婆译。此外，唐代玄奘译《瑜伽师地论》卷八十五至九十八《摄事分》引用的《杂阿含经本母》以及同《论》卷十七，十八《思所成地》引用的《杂阿含经》伽陀旧解，都可看成比较完备的《杂阿含》注书。还有同《论》卷八十三、八十四《摄异门分》，则为解释《杂阿含经》中异门法相之作。

（吕澂）

增一阿含经

《增一阿含经》，五十一卷，苻秦建元二十一年（385）兜佉勒国沙门昙摩难提译。此经是古代印度北方所传《四阿含经》中的一种，所说多为渐次趋入佛法的施、戒、生灭、涅槃等道理。随世人的根机不同，常从各方面来演说一法，随事增上，以数相次，从一法增至十一法，并说有种种因缘故事，所以叫《增一阿含经》（见《弥沙塞五分律》卷三十，《分别功德论》卷上）。最初是由昙摩难提口诵出梵本，竺佛念译传，昙嵩笔受，共得四十一卷（现行本成五十一卷）。其后半十五卷每卷或大段末尾原有的录偈，因译人忘却未译，经道安与法和加以补订。但全经译文未能尽善，后来曾经僧伽提婆略加改订，因之现行本遂多题作"东晋瞿昙僧伽提婆译"。

此经的内容结构，旧传有四分八诵（见僧肇《长阿含经序》），但现行本只有十一法的《牧羊品》名下标注第四分别诵，其余段落不明。全经五十二品，四百七十二经。即：一、《序品》。二、一法，有十三品，一百零九经。三、二法，有六品，六十五经。四、三法，有四品，四十经。五、四法，有七品，六十一经。六、五法，有五品，四十七经。七、六法，有二品，二十二经。八、七法，有三品，二十五经。九、八法，有二品，二十经。十、九法，有二品，十八经。十一、十法，有三品，二十六经。十二、十一法，有四品，三十九经。各品主题如次：

一、《序品》第一，弥勒菩萨告贤劫中诸菩萨及诸天等流布此经；又阿难因优多罗曾受持七佛之法，故以此经嘱累优多罗。

二、一法，《十念品》第二，说念佛乃至念死是为十念，共十经。《广演品》第三，广说十念法门，共十经。《弟子品》第四，说弟子中阿若拘邻等百比丘各人专长一法。《比丘尼品》第五，说大爱道等五十比丘尼各人专长一法。《清信士品》第六，说三果等四十位优婆塞的功德。《清信士女品》第七，说难陀陀等三十位优婆斯的功德。以上四品合为一经。《阿须伦品》第八，以阿须伦不能触犯日月比喻波旬不能坏如法比丘，乃至一佛出世无与等者，共十经。《一子品》第九，如母爱独一子女，教使成人，佛诫诸比丘善念专心求于果证，乃至说用不净想灭五盖等，共十经。《护心品》第十，说心无放逸能灭三漏，乃至常当专精一心念佛，共十经。《不还品》第十一，说灭欲、恚痴、悭一法能成阿那含，乃至有一比丘心疑佛说，佛告以利养心重能败善本，如来所教不虚等，共十经。《一入道品》第十二，说依专一心，入贤圣八品道，能证泥洹，乃至利师罗比丘以贪利养致生地狱中等，共十经。《利养品》第十三，说修罗陀比丘因贪利养而堕恶道，若灭味欲即能成道，得尽诸漏；乃至帝释问须菩提病，闻法法生灭之道而悟无我等，共八经。《五戒品》第十四，说杀生等堕三途，不杀广施人天得道等，共十经。

三、二法，《有无品》第十五，说应舍有无二见。次说法财二施、二业、二思、愚智二相、思惟二法，礼佛、礼法、礼佛寺等，由受法教化及内思止观二种因缘起于正见，共十经。《火灭品》第十六，说难陀由觉淫坑火得度四流，次说有余无余等二涅槃，鸟猪等二喻，善不善，正邪法、贪嗔痴三毒尽为烛明，八正道业，忍与思惟二力，阿那律说天眼不如慧眼，佛记罗云具足禁戒当渐得道等，共十经。《安般品》第十七，佛告罗云修安般法，能证罗汉。次说如来与轮王出世甚难，辟支、罗汉出世亦难，作恶与不造善二法烦恼，邪见不可贵，正见可贵，阿难念欲无厌，佛为说顶生王因缘，说善恶二种知识，周刘槃特及舍利弗化世典婆罗门，提婆达兜劝太子弑父，佛说尊者应行正法等，共十一经。《惭愧品》第十八，说惭愧二妙法，说二无厌足，法食二施，断结即梵志，阿阇世王以醉象试佛，佛降伏醉象，训诫难陀，使游天、地狱二境，平等视众生为佛，佛赞大爱道第一广识多知，非法言法法言非法，此两种人为谤如来，应称誉者加以称誉，不应称誉者即不称誉，此两种人获福无量，共十经。《劝请品》第十九，说梵天请说法，为释提桓因说舍苦乐二行，断爱欲解脱法，师子王与阿罗汉二无怖，漏尽罗汉应学，有慧与无慧二法，贫贱与富贵二法，生贫贱家与豪族家二法，以及须深女发大乘心，二住地人，二难遇人，小恩不忘况复大者等，共十一经。《善知识品》第二十，说亲近善恶二知识，次说昙摩留支入禅三昧观见前身，供佛与谤佛二因缘，得食染著不染著二喻，近佛远佛，懈惰与精进，修止观二法，发欢喜心不懈慢，信施二法难与两种人说，供养父母及菩萨，以慧断结，除爱离二苦等，共十三经。

四、三法，《三宝品》第二十一，说归三宝之德，施等三福业，受胎三因缘，心于三宝安住不动，身、口、意三善业，诸根寂静等三法得漏尽，三病三药、三患、三恶行，欲、色、痛三法有味着，敬、戒、施三牢要，身、命、财三不牢要等，共十经。《三供养品》第二十二，说三应供养，于三宝所种善根，灭三毒使，三事宜复不宜露，三事宜露不宜复，生、死、老三有为相，愚智各有三相三法，戒定慧三成道法，少壮等三不可保法，贪欲等三堕恶趣法，贪饮睡三无灭足法等，共十经。《地主品》第二十三，佛为波斯匿王说作福无灭当如过去王，次为尊者二十亿耳以调琴适度喻比丘学道，提婆长者过去因缘，戒闻施三妙香，佛不与恶提婆达兜相见，并戒阿难莫与愚人从事，不著利养得戒定慧三法，三善趣三恶趣，等、邪、不定三聚，欲恚害三观，出要、不害、不恚三想等，共十经。《高幢品》第二十四，说念三宝得无畏，念三幢得无怖，次说度那优罗，释种请佛为王，佛说法胜于轮王，佛为五比丘说法，说惠施慈仁自守三法，度三迦叶及弟子等入道，三斋日受八关斋法，三事获福无量法，长寿王让国因缘，跋耆国有阿那律等三族姓子，得大善利，三结系缚人不到彼岸，三三昧不久住生死等，共十经。

五、四法，《四谛品》第二十五，说觉知四谛出苦。次说亲近善知识等四法，如来出世四未曾有法，持舍等四担，胎卵湿化四生，有无结等四人，生而似熟等四果如四种人，舍戒如四种鸟为风所坏，四鸟四云喻四比丘等，共十经。《四意断品》第二十六，说四意断为一切诸行所依，最为第一。次为波斯匿王分别先明后暗等四种人，戒、定、慧、解脱四应觉知法，老、病、死、无常如四山，无常等四法印，义法等四辩，世界等四不可思议，四法本末，四种人应起塔，婆迦梨得四谛能尽漏等，共十经。《等趣四谛品》第二十七，说舍利弗目犍连能广演四谛义。外道不能分别欲等四受，如日初升等喻布施四法，四无所畏，四众成就，四等心，知时等四施功德，四写敬人等，共十经。《声闻品》第二十八，说四大声闻化跋提长者等入道。次说欲恚等四结复心，卑、天、梵、佛四座，四大无常，四大广演义，世出世间四事，四果譬喻等，共七经。《苦乐品》第二十九，分别先后苦乐等四种人。次说身乐心不乐等四种人，四梵福，四食，四辩，四不可思议，四神足，四起爱法，四姓同名释种，慈悲喜护四等心等，共十经。《须陀品》第三十，佛印可须陀所说许为比丘。又老比丘无恭敬心，当生龙中，修摩那当见四谛，以及他过去的因缘等，共三经。《增上品》第三十一，为生漏婆罗门说以四禅得三明。次说恭敬三宝及持戒四事，四种行迹，四法本，四无量，四三昧，四毒蛇，四恩生天，依戒定慧解脱四贤圣道成佛，觉休息等四乐得四谛之法，比丘当修无常想，断欲、色、无色爱，多诵经呗不如思惟四缘之法，行法得道等，共十一经。

六、五法，《善聚品》第三十二，说信等五根为善聚，五盖不善聚。礼佛有五功德，比丘当灭五结修五根，多耆奢造偈第一，说天子五衰相证道因缘，又五事不可得，病人及瞻病人五易瘥法与五不易瘥法，惠施五功德，应时施五事等，共十二经。《五王品》等三十三，为波斯匿等五王说眼等五欲法。次说尸婆罗与五百童子出家因缘，五破欲比丘，不净观能除欲缚，扫地五事，扫塔五事，长游行人五难事，不多游行人五功德，一处住五非法，不一处住五功德，宁投身猛火亦不破戒，应修戒定慧，解脱、解脱知见等，共十经。《等见品》第三十四，说当思五阴无常、苦、空、无我，述流离王灭释种事及其过去因缘。诸天有五衰相。出家有五毁辱法，鸡头梵志证果因缘，世间有五事不可得，五种人不可治疗，阿须伦被五天所系缚，比丘也同样为魔所缚，五阴为灭法等，共十经。《邪聚品》第三十五，说五事邪聚、五事正聚。如来出世五事，有五种施无福，有五种施得大福，人无放逸则破魔五缚，比丘应有五想，有五时不向人礼，毗舍罗因五道大神证果因缘，女人有五种恶，五阴不牢固，僧伽摩知五阴无常降魔证果等，共十经。《听法品》第三十六，说随时听法有五功德。次说造浴室五功德，施杨枝五功德，屠牛等人必堕恶道，佛因帝释五因缘请为母说法，五王为佛造大神寺等，共五经。

七、六法，《六重品》第三十七，说舍利弗神力，目连神足各皆第一，身口意三业慈与同利、同戒、同见等六重法，令毋忘失。次说六界、六入、六识、六比丘快乐法，咒愿六德，求六通等当念戒德具足，六法入地狱，六法生天，六法至涅槃，观六入因缘生灭，不护六根为不修梵行，及记萨遮尼犍子见佛当尽苦际等，共十经。《力品》第三十八，说凡常六力，比丘当学佛以大慈为力，弘益众生。次说鸯掘魔贼值佛得阿罗汉道因缘，三恶道与三善道，灭六尘六入等内外六事，施等六法无厌足，灭六见法，乃至喜益王成辟支佛因缘，观六情法，思惟六情无主，波斯匿王增六事功德，佛以六事应受礼拜，输卢降伏六师外道，佛说六情染著则流转等，共十二经。

八、七法，《等法品》第三十九，说七法受乐漏尽。次说发心出家乃至成无漏七时，七事喻无善、退善、不进及四果，七事喻比丘净戒乃至魔不得其便，七神识住处，如来出世有七觉意现，比丘不必慕轮王七宝，应修梵行现身证果，童真迦叶解譬喻义因证罗汉，七车喻戒清净乃至得涅槃等，共十经。《七日品》第四十，说七日出时世界无常。次说比丘有七不退转法，七觉意能治贪欲等七使，七人可事可敬，毗罗先长者七日应命终堕落，阿难度令出家乃至生天，七断诸漏法，七事增益功德，于出入息修死想，欲存七日乃至一日皆放逸行，七尼犍子七倮形人等非梵行人，迦旃延广演七使义等，共十经。《莫畏品》第四十一，说断三结名不退转义，七死七生尽苦际。次劝梵志死七男儿勿为无常苦恼，观七善处，修七法得七觉意，佛以八种道及七觉法宝付嘱迦叶阿难，共五经。

九、八法，《八难品》第四十二，说三恶道等八难。次说八正道离八大地狱，佛度君荼罗比丘尼等，佛八未曾有法，以八因缘而天地动，八大人念，佛以八法胜八部众，赞八处惠施，说惠施八德，八邪趋泥犁，八道向涅槃等，共十经。《马血天子品》第四十三，为马血天子说八正道得尽世界边际。次说八关斋法，以八事至海喻人至涅槃，贪著利养则离八正道，由八正道度生死难，度阿阇世王虽不得八正道，而得无根信，当除随世回转八法，不着世间八法，四果四向等八种人不着生死等，共十经。

十、九法，《九众生居品》第四十四，说当离九众生居处。次说施愿九德，恶比丘成就九法不成道，孔雀九法以喻比丘颜貌端正等九善法，当舍女人系缚男子九法，不着四大乃至涅槃为诸法本，九种人离苦患，九种人可贵可敬，为满呼王说朱利槃特比丘的德行，予知人情等九种人，善知识为全梵行人众生性行不同想念各异，故知有九众生居与九神所止处等，共十一经。《马王品》第四十五，说女人有不净等九恶，过去商人堕罗刹国商主乘马王脱难因缘。次说比丘有九法不得长大，于四事供养当念少欲知足，世出世等九食，修慈当得尽漏，空三昧为王三昧等，共七经。

十一、十法，《结禁品》第四十六，说有十事功德，如来为比丘说戒。次说圣贤所居有十事，如来十力，十念法，比丘亲近国家有十非法易招讥嫌，国王比丘各有悭贪等十非法，持戒等十法，一论一义一演乃至十论十义十演，比丘当修白骨等想，令一著欲比丘重修十念证果，共十经。《善恶品》第四十七，说十恶堕落，十善生天，十念到涅槃。次说杀盗淫妄等十恶报，诫比丘等当思十功德论，罗云无身口意等十过，施主夺还施物与人非平等施，十善除邪见，众生百岁中其行性异等共十经。《十不善品》第四十八，说十不善业果报。次说过去七佛广略二戒因缘，弥勒下生成佛时教众修十想事，师子长者供养舍利弗等，佛为罗云说供养十人多福，等寿比丘入金刚三昧故事等共六经。

十二、十一法，《牧牛品》第四十九，说牧牛有得失各十一法，比丘亦有得失各十一法。次说比丘应成就十一法，佛因十大弟子及提婆各将徒众经行，因说善恶各以类相从，莫与恶知识共事，五通与六通不同，阿罗汉十一法，佛为比丘释十二因缘法，十一种人不得八正道，赞一座食法，息心为沙门，清净为梵志，提婆达兜成辟支佛因缘，修慈心得十一果报等，共十经。《礼三宝品》第五十，说礼佛等当行十一法。次说礼法当念十一事，礼僧当专十一法，大天王等以世法相续，如来今以出世法累嘱阿难，说四大泥梨之人罪报相，佛知五趣五趣道与涅槃涅槃道，雪山大树五事长大，人亦以信戒等五事长益，诵十二部经须知义依行，众生因无明长夜受苦，大小二劫，共十经。《非常品》第五十一，说众生流转生死，堕泪流血多于恒水。次说须菩提思惟无常成辟支佛，应除五弊断五结，精进比丘当具足戒律等，宁睡不造恶业，记阿那邠祁四子将来出家证果，阿那邠祁闻法生天，为阿那邠祁说四种妇，五阴身不可甘处，当求方便降伏于心，共十经。《大爱道般涅槃品》第五十二，大爱道等涅槃，佛自供养大爱道以报养育之恩，婆陀过去供佛求作女身，生死劫长应生过患。次说闻法有五功德，施主有五功德，施心宜平等，三业以意行为重，生死等四苦难免，十恶报剧，为波斯匿王释十恶梦等，共九经。

声闻乘各部所传之《阿含》，各各不同，《增一阿含》秦译本究属于何部所传，旧时已有一致的意见。因此经有《序品》，又有十一法，显然非一切有部所传。所谈义理有些近乎大众部的主张，大众部为大乘所自出，经中又承认大乘，所以此经大概是大众部的传本。

《增一阿含》全部梵本已佚，近年在新疆地方发现的梵文断简中，仅有一种，相当于《增一阿含》第三十三《善聚品》第五经《岁经》。

本经全部译出的前后，有不少零译本，现存者有《阿罗汉具德经》三十种（详见内学院编《精刻大藏经目录》）。另有杂经四十四篇一种，后汉安世高译，系部分《增一阿含》的译本（与全译本的原本不同）。从前杂在《七处三观经》一起，经今人考订才分别出来。

西藏大藏经中无《增一阿含》全译，仅有零本三种。一、《增一阿含》第二十四《高幢品》第一《幢经》。二、《增一阿含》第二十五《四谛品》第一《谛经》。三、《增一阿含》第四十九《放牛经》第十经。

《增一阿含》与南传巴利文《增支部》对勘，四百七十二经中，仅有一百三十五经相同，不足三分之一。其余勘同巴利文《长部》的约二经，同于《中部》的约三十三经，同于《相应部》的约四十六经（详见赤沼《对照目录》）。

（田光烈）

中阿含经

《中阿含经》，六十卷，东晋隆安二年（398）罽宾沙门僧伽提婆共僧伽罗叉译。此经是北方佛教所传《四阿含经》中之一。因为它所汇集各经，不长不短，事处适中，所以叫《中阿含经》（见《弥沙塞五分律》卷三十，《分别功德论》卷上）。汉译本最初是由昙摩难提于苻秦建元二十年（384）译出，共五十九卷（现已佚，只存一些零本）。因译文未能尽符原意，所以后十余年，僧伽提婆等加以改译。

此经译本内容，凡五诵十八品，内收有二百二十二经，约五十一万四千八百二十五字（见《出三藏记集》卷九道慈序）。各品主题如次：

初一日诵，有五品半，合有六十四经。

《七法品》第一，说七种法数及与有关问题，收有十经。一、《善法经》，说知法知义等七善法。二、《昼度树经》，以三十三天昼度树叶萎黄、还生、开花等七法，譬喻比丘从出家到证四果。三、《城喻经》，以王边城四食丰饶等七事具足，譬喻圣弟子得七善法，四禅成就。四、《水喻经》，以常卧水中以至住岸七种人，譬喻常作恶事到成四果。五、《木积喻经》，说宁抱火烧木受苦乃至殒身，亦不愿作破戒亲女人等事。六、《善人往经》，说七种阿那含为“七种善人所往到处及无余涅槃”。七、《世间福经》，说施房等七种世间福，以及闻佛名欢喜踊跃等七种出世间福。八、《七日经》，说由一日出世到七日并出世，以明诸行无常，劝众离舍。九、《七车经》，以波斯匿王从舍卫国递乘七车，速达婆鸡帝，譬喻由戒净等七净法，相续成就得到涅槃。十、《漏尽经》，说见断等七种有漏。

《业相应品》第二，说有关十善业与十不善业等法，收有十经。一、《盐喻经》，说修身、戒、心慧等智者，虽作不善业，亦仅受现法轻报，如少盐投恒河不觉其咸等。二、《和破经》，为尼乾弟子释和破说无明尽则不受后有，及见色不喜不忧等六善住处。三、《度经》破外道宿命等三论，因说眼、耳、鼻、舌、身、意等六处法，与地、水、火、风、空、识等六界法。四、《罗云经》，教诫罗睺罗莫妄语。五、《思经》，说故作十善业与不故作十善业受报不同。六、《伽蓝经》，诫十不善业，勤修四无量，得四安隐住处。七、《伽弥尼经》，说十恶十善果报，如石如油，沉浮不同。八、《师子经》，说宗本可作不可作法。九、《尼乾经》，说破尼乾子五可憎恶，说如来得五称誉。十、《波罗牢经》，说我知彼幻是幻，而自非幻，并说四无量及远离法定能断疑惑。

《舍梨子相应品》第三，主要为舍梨子所说，或与有关之事，收十一经。一、《等心经》，说等心天向佛述舍梨子说有内结人阿那含不还此间，有外结人阿那含还来此间。二、《成就戒经》，舍梨子说成就戒定慧者生余意生天中，能知灭定。三、《智经》，舍梨子向佛说得智生已尽、梵行已立、所作已办，不更受有等义。四、《师子吼经》，说有身身念（四念处中身念）者，则不轻慢梵行；若无身身念者，便轻慢梵行。五、《水喻经》，说五种不净行除恼法。六、《瞿尼师经》，舍梨子因瞿尼师告诸比丘，当学敬重随顺观等法。七、《梵志陀然经》，舍梨子教化梵志陀然生梵天修四梵室法，即四无量心，八、《教化病经》，说有上信等十种得须陀洹法，此可治病。九、《大拘絺罗经》，舍梨子问尊者大拘絺罗，因知不善、知不善根等得正见入正法事。十、《象迹喻经》，说四谛法摄诸善法，于一切法中最胜。十一、《分别圣谛经》，说过现未诸佛广显四圣谛法。

《未曾有法品》第四，收十经。一、《未曾有法经》，说佛于过去迦叶佛时，开始愿行佛道行梵行等未曾有法。二、《侍者经》，说阿难为佛侍者立三愿等未曾有法。三、《薄拘罗经》，说尊者薄拘罗未曾有法知足行。

四、《阿修罗经》，以大海中喻佛正法律中八未曾有法。五、《地动经》，说地动三因缘及如来成就功德得未曾有法。六、《瞻波经》，亦以大海喻正法律中未曾有法。七至八、《郁伽长者经》，说郁伽长者有八未曾有法。九至十、《手长者经》，说手长者有八未曾有法。

《习相应品》第五，收十六经。一、《何义经》，说持戒为令人不悔，辗转得解脱贪、嗔、痴法。二、《不思议经》，说法有自然而得者不须思量。三至九、《念经》《惭愧经》《戒经》《恭敬经》，说有正念、正智、惭愧、持戒、行恭敬，便能护根护戒，乃至解脱而得涅槃。十、《本际经》，说恶人因近恶知识，辗转乃至无明生爱；善人因近善知识，辗转乃至七觉支生明解脱。十一至十二、《食经》，说恶人为恶知识等食，与上经说相同，并取大海为喻。十三、《尽智经》，说奉事善知识为往闻善法之因，辗转乃至解脱得漏尽智。十四、《涅槃经》，无明为苦因，辗转乃至解脱为涅槃因，故遍观无明等十二因缘而得涅槃。十五至十六、《弥醯经》，即为比丘说经，说与善知识俱等五因，及修不净观等四法能令心解脱成熟。

《王相应品》第六，收十四经（《品》上七经）。一、《七宝经》，说转轮王出世便有七宝出世，如来则有七觉支宝。二、《三十二相经》，说轮王具足三十二大人相。三、《四洲经》，说佛本生为顶生王统御四洲而不知足。四、《牛粪喻经》，说顶生王布施等三种业报，但五蕴无常等。五、《频鞞婆罗王迎佛经》，佛为频鞞娑罗王说五蕴无常等法，王证果皈依。六、《鞞婆陵耆经》，迦叶佛为频鞞王说难提波罗陶师事。七、《天使经》，说阎王以生老病死恶业治罪，为五天使诘责罪人。

第二日诵有四品半，合有五十二经。

《王相应品》第六（《品》下七经）。八、《乌鸟喻经》，教诫比丘莫依非法活命如獭等。九、《说本经》，说阿那律陀本事，施辟支佛食得七返人天为王，又说未来转轮螺王及弥勒佛等事。十、《大天捺林经》，说大天轮王子孙族属历世出家等事。十一、《大善见王经》，说大善见王往古修四无量，六返舍身等事。十二、《三十喻经》，佛为舍梨子以王臣严饰等譬喻比丘比丘尼以戒德为严饰具等事。十三、《转轮王经》，说坚念转轮王成就七宝得四种如意之德，乃至比丘应如螺转轮王以念处为境界等事。十四、《蜱肆经》，说鸠摩罗迦叶断蜱肆王的无后世见。

《长寿王品》第品，收十五经。一、《长寿王本起经》，说长寿王及长生太子行慈不令杀人等事。二、《天经》，说修八行得光明生天。三、《八念经》，阿那律陀说得八大人念。四至七、《净不动道经》《郁伽支罗经》《娑鸡帝三族姓子经》《梵天请佛经》，佛为阿那律陀等说离欲法等。八、《有胜天经》，阿那律陀说大心无量心义以及光天净光遍净光天因果。九至十五、《迦绵那经》《念身经》《支离弥梨经》《长老上尊睡眠经》《无刺经》《真人经》《说处经》，阿那律陀说迦绵那法等。

《秽品》第八，收有十经。一、《秽品经》，舍梨子说世人有秽无秽等法。二、《求法经》，说三可毁三可称法，又说中道断欲贪等能得心住乃至涅槃。三、《比丘请经》，目犍连说成就戾语法者与成就善语法者得失不同。四至五、《知法经》《周那问见经》，周那说知法与不知法者譬喻等。六、《青白莲花喻经》，说身口灭法乃至慧见灭法。七、《水净梵志经》，说二十一种秽污于心之法。八至十、《黑比丘经》《住法经》《无经》，说善不善法乃至净法盛衰等。

《因品》第九，收有十经。一、《大因经》，广明缘起甚深乃至八解脱法。二、《念处经》，说四念处。三至四、《苦阴经》，分别欲味欲过患等法。五、《增上心经》，说常念五相得增上心。六、《念经》，说欲恚害念及无欲恚害念。七、《狮子吼经》，说无明为诸受本，无明尽则一切受断。八、《优昙婆罗经》，说苦行不可说为正解脱法。九、《愿经》，广说比丘所应愿事。十、《想经》，说计地等四大，便不知地等四大；不计地等四大，便知地等四大。

《林品》第十，收有十经。一至二、《林经》，第一经以比丘住林能不能得正念、定心、解脱、漏尽，涅槃配合求取衣食等来源易难而组成四料简，取能得正念乃至涅槃、乞取衣食等便易作终身住修场所。第二经也用与第一经同样的四料简，意取得沙门义易求生活资料的林处作终身依住。三至四、《自观心经》，说得止观应求漏尽。五、《达梵行经》，说知漏等因乃能尽一切苦。六、《阿奴波经》，说提惒达哆以放逸故必堕地狱等事。七、《诸法本经》，说诸法以欲为本等。八至九、《优陀罗经》《蜜丸喻经》，说三爱为痈本，六触处为一切漏。十、《瞿昙弥经》，佛许大爱道出家，因制八尊师法等。

第三一日诵，有一品半，合有三十五经。

《大品》第十一，收有二十五经。一、《柔软经》，说佛为老病死而出家。二、《龙象经》，说佛为龙象。三、《说处经》，说过现未三说处等。四、《无常经》，说观五阴无常能得证果。五、《请请经》，说我今受身是最后边身等。六、《瞻波经》，诃责犯戒之罪。七、《沙门二十亿经》，以弹琴喻精进证果。八、《八难经》，说学道八难八非时。九、《贫穷经》，以无善法财喻贫穷等。十、《行欲经》，说十种行欲人。十一、《福田经》，说学无学二种福田人。十二、《优婆塞经》，说优婆塞持五戒、念三宝，必能证果。十三、《怨家经》，说嗔恚是怨家、妨害好色等事。十四至十五、《教昙弥经》《降魔经》，说信如来所说四事故出家等。十六、《赖吒惒罗经》说意业最重等。十七、《优婆离经》，说优婆离舍尼乾子归佛事。十八、《释问经》，说八正道护六根等。十九、《善生经》，佛教善生礼拜六方法。二十、《商人求财经》，说计根尘阴界是我者皆被见所害。二十一、《世间经》，说佛从成道到涅槃所说皆实。二十二、《福经》，说佛往者七年行慈福报。二十三、《息止道经》，说初学比丘应常念不净，除欲恚病。二十四、《至边经》，说欲尽苦应修沙门法。二十五、《喻经》，说无量善法以不放逸为本，喻如地等。

《梵志品》第十二，收二十经（《品》上十经）。一、《雨势经》，说比丘七不衰法与六慰劳法。二、《伤歌罗经》，佛为伤歌罗摩纳梵志说如意足、占念、教训等三轮示现令其皈依。三、《算数目犍连经》，佛为算数目犍连梵志说佛法中次第。四、《瞿默目犍连经》，阿难为梵志瞿默目犍连说无一比丘能与世尊等。五、《象迹喻经》，佛为生闻梵志说从出家护根到证无漏，方为极大象迹。六、《闻德经》，又为生闻梵志说闻诵差别功德，从舍家到证灭。七至八、《何苦经》《何欲经》，佛答生闻梵志所问在家苦乐事等。九至十、《郁瘦歌罗经》，《阿摄惒经》，说四姓平等。

第四一日诵，有三品，合有三十六经。

《梵志品》第十二（《品》下十经）。十一、《鹦鹉经》，为鹦鹉梵志，分别在家出家事，又说五盖及法从心起。十二、《须闲提经》，为须闲提异学说离欲法喻。十三、《婆罗婆堂经》，佛为婆私吒及婆罗婆二梵志说四姓来历及业报平等。十四、《须达哆经》，为须达哆居士说施心差别。十五、《梵波罗延经》，说今梵志已越梵志法。十六、《黄芦园经》，说于五欲无味无怖，证四禅三明乃不入胎。十七、《头那经》，佛为头那梵志说如梵等五梵志法。十八、《阿伽罗诃那经》，佛答阿伽罗诃梵志问说梵志经典依于人住，辗转乃至依于涅槃。十九、《阿兰那经》，说佛因阿兰那梵志出家说无常法利益无量。二十、《梵摩经》，说梵摩梵志，优多罗摩纳观佛相好出家。

《根本分别品》第十三，收有十经。一至二、《分别六界经》《分别六处经》，分别六界聚、六触处，十八意行等法。三、《分别观法经》，分别观法心散不散等。大迦旃延更为广演。四至五、《温泉林天经》《释中禅室尊经》，说佛莫念过去未来，常说跋地罗帝偈，迦旃延约根尘加以广释。六、《阿难说经》，阿难说跋地罗帝偈及其意义，得佛印可。七、《意行经》，说八定、八天处等以灭定为最胜。八、《拘楼瘦无诤经》，分别诤无诤法。九、《鹦鹉经》，分别业报差别法。十、《分别大业经》，分别三报受时差别。

《心品》第十四，收有十经。一、《心经》，说心将世间去、心染着、心起自在等。二、《浮弥经》，说邪正梵行得果与否。三至四、《受法经》，约现乐后苦等现未苦乐四种料简。五、《行禅经》，分别盛衰等四种行禅。六、《说经》，说八定中退住及漏尽义。七、《猎师经》，修四禅等能脱魔境。八、《五支物主经》，说第一义沙门当知善戒不善戒等具八正道。九、《瞿昙弥经》，说施受净不净。十、《多界经》，说知界处缘起为智慧，又说眼等十八界与六十二类界。

《双品》第十五，此品分属两诵，成为两品，故名《双品》。收有十经（《品》上六经）。一至二、《马邑经》，说沙门法须三业清净成就禅定，乃至漏尽。三、《牛角娑罗林经》上，乐如意道者大目犍连、乐头陀行者大迦叶、论议者迦旃延、成就天眼者阿那律陀、习禅者离欲哆、多闻者阿难等随用心自在与舍梨子问答各说修行所得。四、《牛角娑罗林经》下，阿那律陀等说修四禅四无量等为人上法。五、《求解经》，说由见色闻声求解如来，正知如来法。六、《说智经》，说与梵行已立比丘问答知见五阴、四食、四说等事。

第五一日诵有三品半，合有三十五经。

《双品》第十五（《品》下四经）。七、《阿夷那经》，说法非法众等见。八、《圣道经》，说正八圣道及正解脱、正智十支，约邪正修断为四十善不善法品。九、《小空经》，说行真实空不颠倒，应不念人想、村想、无事想，乃至不住无想定。十、《大空经》，说欲多行空者，当修内空、外空、内外空法、不移动法等。

《后大品》第十六，收有十经：一、《迦楼乌陀夷经》，赞断过中食。二、《牟梨破群那经》，说出家应修无欲、习慈悲喜舍等。三、《跋陀和利经》，赞一坐食法。四、《阿湿贝经》，责过中食。五至七、《周那经》《优婆离经》《调御地经》，说修行不放逸、六诤本、七灭法等、七灭诤等如法不如法等。八、《痴慧地经》，说痴与慧种种相苦乐报。九、《阿梨吒经》，说欲法障道。十、《嗏帝经》，十不往生，详说十二缘起。

《晡利多品》第十七，收有十经。一、《持斋经》，说应持八支斋，并修念佛等五念。二、《晡利多经》，佛为晡利多居士说离杀等八支、断俗事。三、《罗摩经》，说求无病安隐涅槃法为圣求，求病法等为非圣求。四、《五下分结经》，说依道依迹断五下分结。五、《心秽经》，说拔疑佛等五种心中秽，解身缚等五种心中缚，是为比丘比丘尼清净法。六、《箭毛经》（上），佛为异学箭毛等说佛以无上戒等五法令弟子恭敬不离。七、《箭毛经》（下），佛为异学等说天眼宿命通。八、《鞞摩那修经》，说无谄诳、随佛教化必得正法。九、《法乐比丘尼经》，法乐比丘尼答毗舍依问法。十、《大拘𫄨罗经》，大拘𫄨罗答舍利弗问法。

《例品》第十八，收十一经。一、《一切智经》，佛为波斯匿王说四姓成就五断支事，于后世有差别。二、《法庄严经》，波斯匿主赞佛种种法靖。三、《鞞诃提经》，说佛说法善，众弟子趣向善，又佛行善身行不为沙门梵志聪明智慧及余世间之所憎恶。四、《第一得经》，说弟子不欲变异法，惟应广布八正道。五、《爱生经》，说生爱时便生愁苦。六、《八城经》，阿难为八城居士说十二禅。七、《阿那律陀经》，阿那律陀说得四禅及漏尽为比丘贤死。八、《阿那律陀经》，说见质直、修念处、四无量等为不烦热死。九至十、《见经》《箭喻经》，说佛一向说有常无常，又不一向说世有常等。十一、《例经》，说欲断无明乃至老死以及别知无明乃至老死者应修三十七菩提分、十一切处、十无学法。

声闻乘各部派中所传的《阿含》各各不同，秦译《中阿含》究属于何部所传从来也没有一致的意见。但此经初次译本与《增一阿含》同出于有部译师昙摩难提，今本翻译时，由僧伽罗叉讲梵本，僧伽提婆转梵为晋，二人皆有部的根据地罽宾人，而提婆别译之《阿毗昙八犍度论》（即《发智论》），罗叉续成鸠摩罗什所译的《十诵律》，并为有部重要典籍。又此经的结构和西藏译本止天所著《俱舍论疏要用论》所引用的有部《中阿含》极其相似。从这几方面来看，此经可能是有部的传本。

此经全部梵本似已散佚，早年在新疆地方发现的梵本断简中，仅有三经与本经中零本相同。即一、同于本经之第一百二十一《请请经》。二、同于本经之一百三十三《优婆离经》。三、同于本经之一百七十《鹦鹉经》。

在本经全部译出的前后，零本翻译很多，现存的计有七十三种。西藏大部经中，仅有相当于本经的零本五种。本经与南传巴利文本中部对勘，二百二十二经中仅有九十六经相同。盖本经所收者，篇幅或长或短，不全是适中的。所以，在南传巴利文本，也有九十余经编入他部中（据赤沼氏《对照目录》），本经中各经见于巴利文《长部》者凡九经，见于《增一》部者凡七十六经，见于《相应部》者凡七十六经。

（田光烈）

长阿含经

《长阿含经》，二十两卷，姚秦弘始十五年（413）罽宾沙门佛陀耶舍共竺佛念译。此经是北方所传《四阿含经》中之一。因为它所汇集各经的篇幅最长，除了有重点地批判外道异说以显彰佛教而外，所说的事实又多半涉及长远的过去事，所以叫《长阿含经》（见《弥沙塞五分律》卷三十，《分别功德论》卷上）。

此经译本内容，共四分四诵，内收有三十经。各经主题如次：第一分第一诵，收《大本经》等四经，主要叙述诸佛及弟子过去事缘。

《大本经》第一，说毗婆尸等七佛种族、生处，出家成道，所化弟子等本生因缘，并特详述毗婆尸佛初成道时，多修安隐、出离二观，为王子提舍大臣子骞茶等说法等事。

《游行经》第二，佛因摩竭王阿阇世欲伐跋祇命大臣离舍来佛所问法，佛因为比丘说七种、六种不退法。又历叙佛游行教化，说四深法、五宝难事、四谛、地动八因缘、世有八众、四种应得起塔，乃至入涅槃分舍利等事。

《典尊经》第三，说佛在"因行"中为大臣典尊化七王、出家等事，但仍非究竟道，今为弟子说法，乃是究竟梵行。

《阇尼沙经》第四，说人王优婆塞念佛，命终为毗沙门天王太子，得初果，七生中常名阇尼沙（译胜结使），向佛述闻自梵童说四念处，七定具、四神足等法。

第二分第二诵，收《小缘经》第十五经，主要叙述佛所说法要及修行等事。

《小缘经》第五，佛说四种姓善恶升降平等，出家修道同为释种。又说四种姓生起因缘，以成就明行为最上。

《转轮圣王修行经》第六，说过去坚固念等六转轮王以正法治世，至第七王恶法自用，致成减劫；后王修善，又渐成增劫。因此教比丘等当修善法，可得四神足等。

《弊宿经》第七，说童女迦叶在拘萨罗国为弊宿婆罗门说种种法破除断见，令彼皈依佛法，设令施众，命终生天等事。《散陀那经》第八，佛因尼俱陀梵志对散陀那谤佛，佛为说苦行垢无垢等法，化令皈依。

《众集经》第九，佛命舍利弗为众说法，因而共集佛说，从“一切众生皆依食住”之一法起，逐次增一，说至十无学法止。

《十上经》第十，佛命舍利弗说十上法，从成修等十种一法，逐次增一，至十种十法，具足五百五十法，能除结缚，得至涅槃，尽于苦际。

《增一经》第十一，佛为诸比丘说一成、一修、一觉、一灭、一证等，增一至十成、十修、十觉、十灭、十证等五法。

《三聚经》第十二，佛为诸比丘依据趣恶趣、趣善趣、趣涅槃等三聚，说增一法门。从一三法聚增至十三法聚。

《大缘方便经》第十三，广说十二因缘深义。

《释提桓因问经》第十四，帝释发微妙善心欲来见佛，先使乐神般遮翼鼓琉璃琴赞佛。佛为说天人怨敌之因起于戏论，“若无调戏则无想，无想则无欲，无欲则无爱憎，无爱憎则无贪嫉，若无贪嫉则一切众生不相伤害”。又说舍离诸受等。

《阿㝹夷经》第十五，佛为房伽婆梵志说善宿比丘往因。又说破外道苦行邪见等事。

《善生经》第十六，佛为长者子善生说离四种恶行，及敬礼六方之法。

《清净经》第十七，佛因沙弥周那陈述尼乾子徒众分裂诤论等事，乃说清净梵行等无诤正法。

《自欢喜经》第十八，舍利弗念佛说制法（三十七菩提分）、处法（十二处）等，智慧无余，神通无余，世间所有沙门婆罗门无有与如来等者。

《大会经》第十九，诸天鬼神婆罗门于佛所集会，佛各别为之结咒。

第三分第三诵，收《阿摩昼经》等十经，主要叙述佛对异学的论难。

《阿摩昼经》第二十，佛为婆罗门阿摩昼说释种种姓因缘，并为说法使见佛相好，引其师来皈依悟道。

《梵动经》第二十一，说寡闻凡夫，不达深义，惟知赞佛持戒等小因缘；贤圣弟子则能赞佛甚深微妙大光明法，谓佛善知沙门婆罗门本劫本见、末劫末见、尽入六十二见之中，因而详说六十二见。

《种德经》第二十二，佛赞许种德所说婆罗门出生等五法中，惟持戒智慧二者为不可缺，因说比丘的戒慧二法令使皈依。

《究罗檀头经》第二十三，佛为婆罗门究罗檀头说三种祭祀、十六祀具，及归、戒、慈心、出家修道功德，令使皈戒。

《坚固经》第二十四，坚固长者子请佛教比丘显现神通，佛说惟教弟子静处思道，复藏功德，发露过失，终不教弟子显现神通。

《倮形梵志经》第二十五，佛为倮形梵志迦叶说共行有善恶二趣，均非出离之道；惟佛善能说法，令人修道，究竟涅槃。

《三明经》第二十六，佛破斥三明婆罗门所说三梵天道的虚妄，另说四无量为梵道。

《沙门果经》第二十七，佛为阿阇世王说沙门现得果报，使王忏悔。

《布吒婆楼经》第二十八，破斥布吒婆楼梵志异论，显示想的生灭有因有缘。

《露遮经》第二十九，露遮婆罗门请佛而生恶见，谓沙门婆罗门不应为他说法。佛说世有三师等破之。

第四分第四诵，即《世记经》第三十，详述六道众生所居世界成败劫数等相。细分为《阎浮提洲品》，第一、《郁单曰品》，第二、《转轮圣王品》，第三、《地狱品》，第四、《龙鸟品》，第五、《阿须伦品》，第六、《四天王品》，第七、《忉利天品》，第八、《三灾品》，第九、《战斗品》，第十、《三中劫品》，第十一、《世本缘品》，第十二等十二品。

声闻乘各部派所传的阿含，各各不同。晋译的《长阿含经》究属于何部所传，从来就没有一致的意见。不过，《长阿含经》的译者佛陀耶舍是罽宾人，在翻译本经之前，他先诵出的《四分律》是法藏部的作品。又译本第二《游行经》中，有关于供养佛塔的重视，以及认为阿罗汉身无漏的思想，又都符合法藏部的主张，所以《长阿含经》可能出于法藏部。至于汉译本以外其余各部所传《长阿含经》，除南方上座部尚保存有整部经本《长部》可以见其全貌而外，其余只能从各部律藏中所述有关本经的材料得其大概。即所收经典也不全同，同名各经的排列次序与内容亦有出入。

《长阿含经》的梵本，似已佚失。近人在中国新疆境内曾发现多种梵本断片，其中相当于《长阿含经》者，只《众集经》一种而已。

本经原来所收各经，义不相属，故在整部译本出现的前后，不断有人从事零本的翻译。仅就现存大藏经中的各异译本言，就有十九种之多。此外，现存藏文大藏经甘珠尔中无《长阿含经》全本，只有相当的零本两种，即《大会经》和《梵动经》。至于《长阿含经》晋译本与南方所传《长部》内容大致相同，仅《增一》《三聚》《世记》三经，为南传本所未见。南北两本《长阿含》的详细对照，日本赤沼智善所编《汉巴四部四阿含互照录》，可以参考。

（田光烈）

杂阿含经

《杂阿含经》，五十卷，刘宋元嘉二十年（443）中印三藏求那跋陀罗译。此经的别行本传入中国颇早，初期（从汉末到晋末）的译家，如安世高、支谦、竺法护等，都相继翻译。后来，唐代玄奘、义净，宋代法贤、法天、施护等，也续有另本的重译。现存别行本有《水沫所漂经》等三十种之多。对这些另本而言，五十卷本也可称为《大本杂含》。此外，还有三秦时代（350—431）失译的《别译杂阿含经》十六卷，相当于大本的第四、二十二、三十二至三十六、三十八至四十、四十一后半卷、四十二、四十四至四十六、四十八至五十各卷。

本经题名“杂阿含”，古来有解释为杂碎难持（见《分别功德论》一），也有解释为对四众、天子、天女等的杂说（见《五分律》三十、《四分律》五十四），也有解释为文句、根、力、觉、道等杂（见《摩诃僧祇律》三十二），都不见得很正确。唐代义净在所译《毗奈耶杂事》内，曾译此经名为《相应阿含》（见卷三十九），表示本经系随事义的相应而集成各别品类。但本经实际的编纂，仍以各类相应的经，依着方便而夹杂排列（如佛和弟子所说相应，从能说人而言应安放在篇首，但经文却随宜夹杂于种种事相应之间等），次第不顺，所以有“杂”的意义。这是《瑜伽师地论》（卷八十五）对它的解释，最为恰当。所以玄奘翻译本经名仍为《杂阿含》。

本经结构，据姚秦时僧肇所撰《长阿含经序》，应有四分十诵。但写刻本品目不全，仅有《诵六入处品》第二，《杂因诵》第三，《弟子所说诵》第四，《诵道品》第五等四个品目，其余的都缺失了。又本经译出以后，即未经过好好的整理，卷次紊乱，兼以经文繁短，依《大正藏》编号，约共一千三百五十九经（《大正藏》本对该经一一编号，合成一千三百六十二经。其中，第二十三和二十五两卷原已佚失，后人误收西晋安法钦译《阿育王传》、梁僧伽婆罗译《阿育王经》的部分以及另一典籍共三经，故《杂阿含》实为一千三百五十九经）。间有颠倒，是以向来学者大都视本经为无次第可言。二十世纪初，日人姊崎正治曾对勘巴、汉文四《阿含》，发表《汉文四阿含》一文，认为《杂含》当分为八诵六十二部（最初发表于《日本亚细亚杂志》三十五卷，1908），其说亦出之假定，缺乏根据。以后经中国学者从唐译《瑜伽师地论》内，探索到本经依佛说九事（有情事、受用事等）而编辑的体例，并用《瑜伽》中大段引释本经的摩呾理迦详细对勘，刊定本经确为四分十诵，并改正写刻本的卷次，恢复原状（详见吕澂撰《〈杂阿含经〉刊定记》，载《内学》第一辑，1924），其名目、卷次，大体如下：

一、《蕴、处、因缘相应分》（所说分的所了知部分），计六诵：《五取蕴诵》第一（《经》第一卷以下）、《六处诵》第二（旧题《六入诵》第二，《经》第八卷以下）、《缘起诵》第三（旧题《杂因诵》第三、《经》第十两卷）、《食诵》第四（《经》第十五卷以下）、《谛诵》第五（《经》第十五、十六卷）、《界诵》第六（《经》第十六、十七卷）。

二、《佛弟子所说、佛所说相应分》（能说分），计二诵：《佛弟子所说诵》第七（旧题《弟子所说诵》第四、《经》第十八卷以下）、《佛所说诵》第八（《经》第二十两卷以下）。

三、《道品相应分》（所说分的能了知部分），一诵：《念住等诵》第九（旧题《诵道品》第五、《经》第二十四卷以下）。

四、《结集相应分》（所为说分），一诵：《八众诵》第十（《经》第三十五卷以下）。

本经是古代印度北方所传四《阿含经》中的一种，重在说明各种禅观和它的效果，所以为修禅者所专习。其各诵所说法义，颇多彼此重复之处，以下只略说其主要内容。

第一分，《五取蕴诵》第一（依《刊定记》旧本《经》卷一、十、三、二、五，共五卷，一百一十二经，此依《大正藏》编号计算，下并同），主要内容为依无常、苦、空、无我四门正观五蕴，如实了知，于色等诸行起厌离想，心得解脱。又反复教导，应如实观察五蕴、蕴集、蕴灭、蕴灭道迹（卷十第四经），如实知蕴爱味、蕴过患、蕴出离（卷一第十三经），以上为七处善。观察蕴、界、处，思惟其义，是为三种观。更分析五取蕴是本行（先业烦恼）、所作（今所生诸诸行）、本所思愿（后有爱）所集，彼法灭故是名为灭，非永无相。世人颠倒，依于有无二边，惟如实正观世间集（缘起）者则不生世间无见，正观世间灭（性空）者则不生世间有见；是以如来离于二边，说于中道，所谓此有故彼有，谓缘无明有行，乃至老病死等苦集，此无故彼无，谓天明灭则行灭，乃至老病死等苦灭（卷十第七经）。凡愚于非所应求诸老病死而反生起，于所应求所谓涅槃不如实知，闻说无我、我所，妄生怖畏（卷三第九经）。见有我者，一切皆于色等蕴为取所缘，无明所盖，不知苦际。应于诸行，依止无我见发其胜解，无明触灭，明触觉起，于色等舍而不取，寂灭而住，则欲贪断，正向灭尽，自证我生已尽，乃至自知不受后有，不起诸漏，心得解脱（卷三第五经）。此中以欲贪不现行名断，以超越随眠，永离欲贪名心解脱。若于五蕴取着，生于爱恚，名有漏法，反此名无漏法（卷二第二十三经）。又说如来为法根、法眼、法依，附辨如来与慧解脱阿罗汉同分、异分（卷三第七十四经）；说比丘当善思惟，观察于心，心恼故众生恼，心净故众生净（卷十第十二经），都蕴含了以后教义上的进一步发展。又载佛自说，我如法语，不与世间诤，而世间盲无目者不知不见，乃与我诤（卷二第五经）；及萨遮尼犍言色等是我，佛问：汝于色等能为主宰，悉得自由否？终于默然不答，从佛教法（卷五第八经）等，可略见佛化外道事迹。

《六处诵》第二（旧本《经》卷八、九、四十三、十一、十三，共五卷，一百三十一经），主要内容为尊者罗睺罗问：云何知，云何见？于内识身及外一切相，令我、我所、我慢、使系着不生（卷八第十一经）。又略示应超越二法，断诸爱欲，转去诸结，离诸相，寂灭解脱，究竟苦边（卷八第十九经）。此中以眼、色等为二，缘眼、色生识，三事和合生触，触生受，若于此受的集、灭、味、患、离不如实知，即种植增长诸恶不善法（卷八第二十八经）。而非眼系色，非色系眼，于其中间起欲贪则是其系（卷九第二十经），故说内六入处是一边，外六处是一边，受是其中，爱为缝（卷四十三第一经）。眼见色已，爱念染着贪乐，起身口意业，是名为海，一切世间悉于其中贪乐沉没（卷八第三十经）。是故应善守护根门，常摄其心，住身念处。举龟见野干觅食，即便藏六喻，勉诸比丘常当执持眼律仪住，于律仪及非律仪应善了知（卷四十三第三经），于六触入处极生厌怖，内心安住，制令一意。更举四蛇、五怨、六贼喻（卷四十三第八经），勉善备资粮，作所应作。又说内六入处名为世间，诸触受若苦、若乐、若不苦不乐，一切是危脆败坏法，名为世间（卷九第五经）。如实知眼空（有为空）、常恒不变易法空（无常等）、我我所空（无为空），此性自尔，名为世间空（卷九第四经）。虽于外事中依俗谛假名说有果及有受者，而眼生时无有来处，灭时无有去处，不实而生，生已尽灭，有业报而无作者，当知是名第一义空（卷十三第三十一经）。如是如实了知，名圣弟子到世间边，知世间，度世间，究竟苦边（卷九第六经）。又载佛教弟子二十亿耳于修习中应善发起平等精进，举有名的善弹琴喻，说精进太急增其掉悔，太缓令人懈怠，应如善调琴弦，不缓不急，然后发微妙和雅音，当平等修习摄受，莫着，莫放逸，莫取相，是名善修（卷九第二十五经）。又举渡灰河喻（以灰河南岸极热，喻内外六入处）说菩萨诸正行道以及道果胜声闻乘、为无有之义（卷四十三第十二经）。

《缘起诵》第三（旧本《经》卷十二、十四、十五的一部分，共约两卷半，三十九经），主要结集佛所宣说，昔未成道时，观一切世间皆入生死（卷十五第二经），依正思惟，始从生死次第逆观苦集二谛缘起道理，复以善方便观灭道二谛，知何法无故则老死无，何法灭故则老死灭。如游旷野，披荒觅路，忽遇故道，随行前进，入故城邑，圆观清净，丰乐安隐。于老病死及其集、灭、灭道迹，自知自觉，成等正觉（卷十二第五经）。并说过去诸佛，亦于缘起正思惟已，证等正觉（卷十五第五经）。进而说明缘起法，无始时来因果辗转相续，非我作，亦非余人作，如来出世及未出世，法界常住。如来自觉此法成等正觉，为诸众生分别演说，开发显示，所谓此有故彼有，此无故彼无，谓无明缘行乃至纯大苦聚集；此无故彼无，此灭故彼灭，谓无明灭故行灭乃至纯大苦聚灭（卷十二第十七经）。多闻圣弟子于缘起法、缘生法世间集灭如实正知，善见、善觉、善入，觉知觉见世间生灭，成就贤圣（卷十二第十三经）。依缘起法义，若不知前后际、不知内外、不知业报等，则痴暗大冥，是名无明（卷十二第十六经）。缘其实性最极甚深，由微细因果、无我、离系有情而有系缚、有系有情而离系缚等四相，难于了知，或于此疑惑犹豫，先不得得想，不获获想，不证证想，复为说出世空相应缘起随顺法（卷十二第十一经）。又说凡夫于四大身生厌，离欲背舍，但非于识。应观心意识刹那转变，异生异灭，于缘起善巧，如理观察，识无常性（卷十二第七经）。如是观者，于色解脱，于受想行识解脱，于生老病死忧悲恼苦解脱，说彼于苦得解脱，自知我生已尽，乃至不受后有，而安住于毕竟若有余依、若无余依二涅槃界（卷十二第八经）。

《食诵》第四（旧本《经》卷十五的一部分，八经），主要说众生依抟、触、思、识四种食资养而得住世。四食由爱为缘而有，爱由受，受由触，触由六入处。凡愚于此有所追求，造作新善恶业，便能摄受当来后有，故说爱集是食集，食集故未来老病死忧悲苦恼集。如是六入处灭则触灭，乃至爱灭、食灭，而纯大苦聚灭（卷十五第七经）。正观诸食，以识为依，缘起轮回不绝，说为食义（卷十五第八经）。又于四食深见过患，当观抟食如子肉想，则五欲断；观触食如无皮牛，常有苦毒，则三受断；观思食如大火起，急思远避，则三爱断；观识食如受三百矛，则名色断（卷十五第十经）。言资益众生寿命四食，比丘若有喜有贪，则招纯大苦聚；若对四食无贪无喜，识无所住，犹如虚空，则苦聚灭（卷十五第十经至十五经）。

《谛诵》第五（旧本《经》卷十五，十六经的一部分，约一卷半，六十五经），主要说佛转法轮，自说所缘境界及所得方便。所缘境界即苦、集、灭、道四圣谛，所得方便即于此四谛三周正转而生起的十二相智此中初转于苦圣谛乃至道圣谛作正思惟，如实了知，于本所未闻法生眼（能取现见事）智（能取不现见事）明（悟入尽所有事）觉（悟入如所有事）四种行相（卷十五第十五经）。次转以其妙慧如实遍知当知苦谛，永断当断集谛，作证当证灭谛，修习当修道谛，亦起眼、智等四种行相（卷十五第十八经）。三转自知于所应作我皆已作，于苦谛已知，集谛已断，灭谛已作证，道谛已修，亦起眼、智等四种行相，得出得脱，自证得无上正等菩提（卷十五第二十五经）。如是三转法轮，以义饶益世间，故称如来为世间大医王，成就四法：一善知病，二善知病源，三善知病对治，四善知治病已当来更不复发，依次喻显苦集灭道四圣谛法（卷十五第二十五经）。又举大海盲龟，百年一出头，偶值浮木一孔，喻示人身难得，正法难闻，更难于彼，劝于四谛起增上欲，精进修学（卷十五第四十二经）。于谛智已证得者，如因陀罗柱，深入地中，四方猛风不能令动，智慧坚固，一切异论不能移转，不随他语（卷十五第三十四经）。若于四谛有疑者，则于佛有疑，于法、僧有疑（卷十六第十四经）。应由闻慧任持其法，思慧任持其义，修慧任持其证。是故当正思惟四谛，慎莫思惟世间不应思处，以彼非义饶益，非法饶益，非智非觉，不顺涅槃故（卷十六第一经）。又说四谛现观为渐非顿，先于苦谛证现观已，然后次第证于集灭道谛现观（卷十六第二十九经）。又说趣证谛智现观位次，三结尽者得须陀洹，乃至于一切漏尽、自知不受后有者名阿罗汉，若于四谛平等觉者名为如来（卷十五第二十九经）。

《界诵》第六（旧本《经》卷十六的一部分，十七，共两卷，四十六经），主要说众生常与界俱，与界和合，共相滋润，相似而转。当知诸界其数无量（卷十六第三十八经）。是故当说分别诸种种界，如实了知。略说有眼界、色界、眼识界等十八界（卷十六第四十五经）各自相续，决定差别。谓众生不善心生时，与不善界俱，当分别种种诸界（卷十六第四十经）。缘种种界，生种种触、种种受、种种想，种种欲，种种觉，种种热，种种求，是名依欲求故建立诸界（卷十六第四十八经）。缘界故生说，生见，生想，不离于界；凡夫者是无明界，乃至无上正等觉见，亦缘界而生，不离于界（卷十七第二经）。凡愚身触生诸受，心生狂乱，为贪使所系，增长身受心受，比如一人身被二毒箭，极生苦痛（卷十七第十五经）。应观乐受作苦想，苦受作剑刺想，不苦不乐受作无常灭想，是名正见（卷十七第十二经）。以一切行无常故，是变易法故，又依诸行渐次止息寂灭故，说所有诸受悉皆是苦（卷十七第十八、十九经），说名受患。正观受自性及其杂染、清净因缘，于受断，越欲贪，是名受离，为出为脱，离诸颠倒（卷十七第二十经）。当修止观二法，专精思惟。修习于止，终成于观，修习观已，亦成于止。止观双修，得解脱诸界，乃至断一切行，是名断界。一切行灭，是名灭界（卷十七第九经）。

次第二分，《佛弟子所说诵》第七，《佛所说诵》第八，此二诵与下第四分《八众诵》第十，内容上大体仍说蕴、处、缘起、道平等事，但所说不拘于一义，不易归纳，故别开为二分，三诵。

《佛弟子所说诵》（旧本《经》卷十八至卷二十一，卷八十六经），可分为舍利弗说、目犍连说等六品。舍利弗品多说八正道，及十善不善业迹。目犍连品多说神通及果报。阿那律品多说四念住，赞念住为净诸众生一乘道。大迦旃延品赞内外入处离欲名塞源流，及修六念、四证净等功德。阿难陀品多说断爱、修梵行事，特提无相心三昧智果功德。质多罗品解释佛所说无量心、无量相、无所有、空等诸三昧，有种种名、种种味，是名法一义、味种种；又善说种种界，及三业入出灭尽定灭、起次第。

《佛所说诵》（旧本《经》卷四十一的一部分，卷六、卷七、卷三十一至卷三十五、卷三十七、卷四十七，共约九卷半，二百八十三经）系结集佛说部分之不用伽他问答形式者，内容与各诵所说大体相通，而特赞净信、行施、修慈、戒杀、不放逸，及分别善不善业迹。佛善知诸众生根之优劣，应机施教，经中具载佛化遮罗阇罗那、战斗活、调马、凶恶、摩尼珠髻、王顶、刀师诸聚落主（卷三十二第三经至十一经），及临般涅槃许外道须跋陀罗问法，摄受出家，知法入法，得阿罗汉果，先佛入灭（卷三十五第八经）等事迹。

第三分，《念住等诵》第九（旧本《经》卷二十三至卷三十，及卷四十一的一部分，二百六十九经），本诵可分为菩提分、持息念、三学、四证净四段。菩提分段，于导首的身、受、心、法四念住部分特详，赞为一乘道，净诸众生（卷二十四第三经），为世出世间无量善法生起依处，为声闻行四种增上方便（卷二十四第九经），离此即违背如理作意，无缘能生正见等正道，于苦不得解脱（卷二十四第四经），故菩提分法安立念住为初。而当先净其戒，直其见，具足三业，然后郑重修习（卷二十四第二十一经）。念住随身等法，观缘生性，悟入无常无我，系心集灭观而无所依住，是故当自取心，持自境界，莫令外散（卷二十四第十四经）。次四正断，四神足部分，经文已佚。次五根部分，分别指出信根是四不坏净，精进根是四正断，念根是四念处，定根是四禅，慧根是四谛（卷二十六第五经）。又特指出五根诸功德皆以慧为导首。由思择力，如理作意，思惟诸法，此增上故，乃于涅槃得正信解，次发精进，于身等所缘境界安住正念，令心一趣，乃至于一切法如实了知，尽其究竟。如是慧于初中后多有所作，最为殊胜，一切皆为所摄故（卷二十六第十经）。复以发菩提心义贯摄五根，谓于菩提心起净信心，起精进方便，及初发心所起念、三昧、智慧、顺次名为信等五根（卷二十六第十三经）。次五力部分，先约为二力，谓数力与修力（卷二十六第二十经）。于一切恶行深见过患，能正思择，息恶修善，是名数力。以此为依，能正修习四念住等菩提分法，是名修力。又约为三力，谓信力、进力、慧力，或信力、念力、慧力。依此开为信、进、念、定、慧五力，顺次配指四不坏净、四正断等法，与五根同。或增惭、愧二力，为其力。又说如来成就十种智力，与声闻成就五种学力差别。若诸声闻始学，智慧未足，如来以法随时教授，令其深入坚固，成就不放逸（卷二十六第三十七经）。次七觉支部分，念、择法、精进、猗、喜、轻安（猗）定、舍七觉支，能正对治贪欲、嗔恚、睡眠、掉悔、疑五盖，能作大明，引趣涅槃（卷二十六第五十五经）。此中以念为能依，择法为所依，应善分别修习过程的适时非时（卷二十七第三经）。若能随时随量运转现前，一心正受，则不勤方便自得平等（卷二十七第八经）。如是七觉支渐次起已，修习满足，当得现法智证乐及命终涅槃等七种果（卷二十七第二十八经）。次八正道部分，此以导首的正见为主。正见生已，正志、正语、正业、正命、正方便、正念、正定次第生起，得正解脱（卷二十八第二经）。诸不善法，一切皆以无明为根本，不如实知故起于邪见乃至邪定；若诸善法，一切皆以明为根本，如实知者则为正见（卷二十八第三经）。正见乃至正定是为彼岸，是逆流道（卷二十八第二十一经）。学谓学正见成就乃至正定成就，至于无学正定成就是名圣漏尽（卷二十八第十二经）。是故当修正见，以义饶益，常得安乐。正见为首，八正道支顺正理故，说名为法；能灭一切烦恼故名毗奈耶；去诸恶法，一切贤圣共修习故说名为圣；趣涅槃故说名应修（卷二十八第三十九经）。二、持息念段，说正修习安那般那，思惟系念乃至息灭，随顺观察，住乐知觉，身心轻安，不生染着（卷二十九第七经），能令昏沉下劣俱行粗重皆悉远离，对治妄想，令寻伺等亦皆寂静，修纯明分想速得成就（卷二十九第六经）。经载如来以两个月为期，持息念思惟住，称为圣住，亦名无学现法乐住。学人修此，所不得当得，不到当到，不证当证（卷二十九第十二经）。三、三学段，此中首尊重增上戒学，说修习三学，则为摄受一切戒（卷二十九第二十三经）。如有汎尔出家，不以净戒为其增上，则于定于慧，比知亦尔，佛即说彼于沙门果证为无能者（卷二十九第二十四经）。又说解脱坚固念为增上，学胜利住慧为上首（卷二十九第二十九经）。最后四证净段，经以八正道为流，而说成就于佛、法、僧、戒四不坏净为入流（卷三十第十四经）。成就四不坏净者，于世尊处得清净信乐，决定不生疑惑，则不由他信，不由他欲，不从他闻，不取他意，不因他畏，是名有如实正慧知见（卷三十第五经），是为增上三学所依止处。佛嘱比丘，若有人于汝处乐闻、乐受者，当为说四证净，令入令住（卷三十第八经）。

第四分，《八众诵》第十（旧本《经》卷三十八至卷四十、卷四十六、卷四十二、卷四、卷四十四至卷四十五、卷三十六、卷二十二、卷四十八至卷五十共十三卷，三百一十经），系结集佛为八众说法之用伽他问答形式者，《刊定记》依别译二十卷本（相当于大本三十卷以下之文）所存经名、结颂，对校大本，得所属各卷。一、沙门众部分，着重赞止息恶业，出家学道，以剃除须发及尽诸漏为沙门二种端严（卷三十八第一经）。赞戒香能顺逆风熏被世间，宁食热铁丸，不犯戒而食信施（卷三十八第十二、十四经）。诫依法行乞，莫著嗜欲，莫贪利养（卷三十九第三经）。最勉断爱、除慢、息嗔、离结（卷三十八第七经），摄心护根，令内心寂静，正念正如，决定明了（卷三十九第二经）等。二、魔天众部分，多说魔化种种形，扰乱佛及比丘，及佛以净心降魔事。说五蕴、六入非我之所，若于此无所着，则不着魔境界。赞天帝释敬礼三宝，并为说止恶修善，修施戒等福德，导入正法。三、三十三天众部分，主要说受持供养父母、行惠施等七法者得生天。又说比丘当行忍辱，如天帝释恭敬三宝等。四、刹帝利众部分，主要为波斯匿王说法，劝修义、修法、修慈、信三宝，于福田行施等功德。五、婆罗门众部分，主要为诸婆罗门说八正道是清净道。亦有婆罗门因种种执着，嗔佛毁佛，见佛闻法后驯服，得净恶见等。六、梵天众部分，多说梵天赞颂佛说法功德，及兴供养、归信等事。七、尊重众部分，多载婆耆舍赞颂诸大弟子功德，及亲近佛、诸大弟子教诲受益，说譬赞颂事。八、四天王众部分，主要说佛许屈摩夜叉所说正念、慈心等法。又说若知法句，能持戒离杀生、不妄语，舍非义，则能脱鬼神道。虽父母不能解脱子苦，唯闻如来法，其苦得解脱等。

本经勘与根本有部摩呾理迦相符（见《瑜伽》八十三至九十八各卷），系根本有部传本无疑。

此经全部梵本已佚。近年在中国新疆地方等发现的零星梵本和《杂阿含经》个别经文相同的有十一经。

本经大部译出的前后，零本翻译很多，现存的有三十九种之多（见内学院编《精刻大藏经目录》）。

西藏文大藏经中相当《杂阿含经》的零经亦有十一种。《杂阿含经》和南传巴利文本《相应部》相对勘，约有三分之一相同，其余同于巴利文本《增支部》者约一百二十经，同于中部者约二十经。详见赤沼智善《汉巴四部四阿含互照录》。

（田光烈　游侠）

佛本行集经

《佛本行集经》六十卷，隋代开皇七年到十一年（587—591），阇那崛多译，僧昙、费长房、刘凭等笔受。原有彦琮制序，今不存。本经是以昙无德部所传的佛传为主，集合摩诃僧祇、萨婆多、迦叶维（一作迦叶遗，迦叶惟）、尼沙塞（一作弥沙塞）四部所传，以及《譬喻经》等异说而成的一部综合佛传，并以昙无德部的《释迦牟尼佛本行》的经名为本书名，而称为《集经》。印度古来部派佛教中昙无德等五部戒律并行的地点大约在乌仗那等一带（见《西域记》卷三、《南海寄归传》卷一），所以这样综合五部律师之说来集成一书，可能也在那些地方。现在还未发现它的梵本。

本经是佛传中内容最繁博的一种，共六十品。大体分两部分：第一部分三品，从《发心供养品》到《贤劫王种品》，叙述关于释迦牟尼佛出身的两种世系：一、宗教中佛佛相传的法统，二、世俗中王室相传的王统。第二部分五十品，从《上托兜率品》乃至《阿难因缘品》，叙述释迦牟尼佛的生平事迹到成道后行化六年为止，以及一些过去因缘，连带叙述六年中所化弟子的事迹和因缘。

第一部分法统中又集合四个系统：一、从三十亿同号“释迦如来”的一组起直到一位名“示诲幢如来”的一组止，除中间八万八千亿辟支佛不计外，共列十六组佛的法统，大都是释迦佛往昔作转轮圣王时所遇到而曾经供养的。这里也有弥勒菩萨往昔所供养的。这一系统，是因目犍连请问而说的；与后来宋施护译《佛说诸佛经》颇有相似之处，仅先佛的名号和数量上有异。明人智旭说《佛说诸佛经》和《佛本行集经》的初品出于同一个原本（《阅藏知津》卷二十九），不为无据。这一系也见于《大事》第一卷。二、从帝释幢如来到胜上如来共九十九组佛的法统，次第授记。其中除憍陈如组为一百佛，尸弃组为六十二佛和胜王组为三百佛外，其余各组都是一佛。这是答阿难之问而说的。《大事》卷三也有其说。三、说释迦清净天眼见十方佛刹诸菩萨发心乃至受记成道度生等，于中特别说到然灯菩萨供养宝体如来事和得到能作光明如来的授记作佛、说法、化生等事。这是根据《然灯菩萨本行经》之说，《大事》也有然灯佛的本生，但较略。四、释迦牟尼佛的前身云童子供养然灯如来得到授记，又从然灯到迦叶的十五世佛，释迦前身也都一一供养得到授记（关于这十五世的佛名，本经前后文翻译略有出入）。这十五世里包含着贤劫四佛中过去三佛（拘娄孙、拘那含牟尼、迦叶），又和南方佛教所传二十四佛（见于巴利文本《佛种姓经》《大史》等）大体相同。本经在十五世佛之后还提到曾供养过弥勒菩萨，这样过去的十五世佛和现在的释迦牟尼以及将来的弥勒，三世诸佛就都联系起来了。

第一部分中的王统，先叙从大众平章王到大须弥王的三十世转轮圣王止；次从大须弥的子孙一百零一小转轮王为一组起，到大自在天王的子孙八万四千王为一组止，共十七组小转轮王；次从各各转轮圣王所有散粟诸王中真生王到大茅草王三十六世，大茅草王传一百零八世，最后的一个大茅草王没有儿子，通过出家被射滴血生甘蔗的神话才有甘蔗王，又通过嫡庶相争四子被逐的故事才开始有释迦族，第四个儿子传了五代就到释迦牟尼。这个王室的谱系也以或同或异的形式出现于《大楼炭经》（卷六）、《起世经》（卷十）、《四分律》（卷三十一）、《有部毗奈耶破僧事》（卷一至二）和《众许摩诃帝经》（卷一至二）等文献中。

本经的第二部分叙述释迦牟尼托胎、降生、学艺、竞婚、出家苦行、降魔成道、受天请转法轮、以及六年中教化弟子耶输陀、富楼那、那罗陀、娑毗耶、迦叶三兄弟、优婆斯那、大迦叶、跋陀罗、舍利弗、目犍连、五百比丘、优陀夷、优婆离、罗睺罗、难陀、婆提唎迦、摩尼娄陀、阿难等事迹，及其过去因缘。所说事迹虽和其他佛传大致相同，但本经随处举出各部师的异说，并还详叙本生、本事（即过去因缘），可谓独具特点。

在列举各部异说中，本经特别指出五个部派各有其不同名字的佛传：摩诃僧祇师名之为“大事”，萨婆多师名之为“大庄严”，迦叶维师名之为“佛生因缘”，尼沙塞师名之为“毗尼藏根本”，昙无德师名之为“释迦牟尼佛本行”（见本经第六十卷）。这一说法，旁证以现存梵本《大事》可以肯定“大事”是摩诃僧祇部别系“说出世部”的传本。又唐译《方广大庄严经》带着萨婆多部的色彩，也是确凿无疑的。至于所举各部异说，总计：摩诃僧祇师有十二条，萨婆多师有一条（此部异说较少，大概是和本经基本部分昙无德部之说相近似的缘故），迦叶维师有十一条，尼沙塞师有五条，四师同说（诸师）有五条。其昙无德师主张虽未明白举出，但从以上的不同各条方面也可看得出来。

这些异说从所联系的事迹来看，大要如下：一、萨婆多以外的四师说，太子既已诞生，母摩耶夫人更不能得诸天威护和也不能得太子在胎时所受快乐，因而其形羸瘦，遂便命终。或有师言，摩耶夫人寿命算数只限于七日所以命终。萨婆多师复言，菩萨母见所生子端正，喜不自胜即便命终（卷十一）。二、佛从优娄频螺迦叶边受食讫，往差梨迦林经行而住。尼沙塞师说，知优娄频螺迦叶心之所念，不欲佛在祭祀集会众中示现神通夺他利养，即至郁单越乞食。摩诃僧祇师说，优娄频螺迦叶恐人民因观佛而不为彼等作斋食，对佛避喧移至清净空闲之处而住（卷四十一、四十二）。三、尼沙塞师说，频头娑罗王施佛招提僧等竹园；迦叶维师说，是迦兰陀长者所施（卷四十一、四十五）。四、摩诃僧祇师说，长老阿湿波踰祇多告优波低沙说：“我彼大师‘说因缘法，谈解脱路，我师偈说，如是之法’。”迦叶维师说，阿湿波踰祇多说：“我师说是法句，‘诸法从因生，诸法从因灭，如是灭与生，沙门说如是’。”余师说：“诸法因生者，彼法随因灭，因缘灭即道，大师说如是。”（卷四十八）五、度罗睺罗因缘中，本经依昙无德等所说，罗睺罗在佛出家六年以后始生，故佛还家之日，年始六岁，即令出家。摩诃僧祇师说，罗睺罗持戒第一。又迦叶维师说，罗睺罗时年十五，出家为沙弥。又五师中有说（未详何部），罗睺罗生二年后，菩萨方始出家，苦行六年然后成道，成道七年后方向迦毗罗城（如是计算，罗睺罗出家时年正十五）。或有诸师说，世尊已证无上菩提，过十二年方还迦毗罗城（卷五十五）。此外，还有关于佛成道后，树下思维七日的异说等。

本经保存了这些各部律有关佛传的异说，对于鉴别现存不明部属的各种佛传来说，是很有用处的。例如，马鸣的《佛所行赞》说摩耶夫人见所生子端正如天童，过喜不自胜，命终生天上（卷一），与本经所举萨婆多师之说相似，可能是萨婆多师所传。《过去现在因果经》说佛知优娄频螺迦叶心念，往诣北郁单越七日七夜停彼不现，及频毗娑罗王施佛竹园（均见卷四），和尼沙塞师说相同，可能是尼沙塞师佛传。又《中本起经》说迦兰陀施佛竹园（卷上），则和迦叶维师说相似，可能是迦叶维师佛传。即此三例，已可见其一斑了。

（李安）

贤愚经

《贤愚经》，一名《贤愚因缘经》，十三卷，是叙述因缘故事的典籍。北魏太平真君六年（445）凉州（今甘肃省武威市）沙门慧觉（一作昙觉）等译。汉译而外，还有藏文、蒙古文译本。

译者慧觉、威德等八人，曾西行求经至于阗（今新疆维吾尔自治区和田地区）大寺，遇见当地五年一次举行的般遮于瑟会。会中长老各讲经律，他们八人分别听了记录下来，译成汉文，于445年回到高昌，综集成为这一部经，又经过流沙，送到凉州，凉州名僧慧朗将它题名《贤愚经》。以后由凉州传入建业（今江苏省南京市）。这是此经的传译经过（见《出三藏记集》卷九《贤愚经记》）。

本经汉译本原为十三卷（见《祐录》），后世分卷较多。北宋开宝藏本及丽藏本作六十二品，以后各藏作六十九品。本经的各经内容，各包含一段长短不同的因缘故事，还层叠地引出几段因缘。而与本经各品相同或类似的因缘，也有时见于汉译各经律中。

本经六十九品的品名如下：

一、《梵天请法六事品》。（第一事另见于《佛说妙色王因缘经》《撰集百缘经》卷四善面王求法缘；第二事另见于《增一阿含经》卷三十八、《菩萨本行经》卷上、《大方便佛报恩经》卷二《对治品》；第三事另见于《六度集经》卷六凡人本生；第四事另见于《撰集百缘经》卷四梵摩太子求法缘；第五事另见于《菩萨本行经》卷下；第六事另见于《佛说师子素驮娑王断肉经》《六度集经》卷一萨波达王本生、《菩萨本行经》卷下、《菩萨本生鬘论》卷一尸毗王救鸽命缘起、《撰集百缘经》卷四尸毗王剜眼施鹫缘、《大庄严论经》卷十二、《众经撰杂譬喻》卷上。）

二、《摩诃萨埵以身施虎品》。（另见于《佛说投身饴饿虎起塔因缘经》《菩萨本生鬘论》卷一投身饲虎缘起。）

三、《二梵志受斋品》。（另见于《撰集百缘经》卷六二梵志共受斋缘。）

四、《波罗榛人身贫供养品》。（另见于《根本说一切有部毗奈耶》卷三十四、《杂宝藏经》卷四长者子客作设会获现报缘。）

五、《海神难问船人品》。（另见于《菩萨本生鬘论》卷三开示少施正因功能缘起、《杂宝藏经》卷一弃老国缘。）

六、《恒伽达品》。（另见于《撰集百缘经》卷十恒伽达缘。）

七、《须阇提品》（另见于《大方便佛报恩经》卷一《孝养品》《菩萨本生鬘论》卷一如来分卫缘起、《杂宝藏经》卷一王子以肉济父母缘。）

八、《波斯匿王女金刚品》。（另见于《撰集百缘经》卷八波斯匿王丑女缘、《杂宝藏经》卷二波斯匿王丑女赖提缘。）

九、《金财因缘品》。（另见于《撰集百缘经》卷九宝手比丘缘。）

十、《华天因缘品》。

十一、《宝天因缘品》。

十二、《羼提波梨品》。（另见于《六度集经》卷五羼提和梵志本生、《僧伽罗刹所集经》卷上、《中本起经》卷上。）

十三、《慈力王血施品》。（另见于《菩萨本生鬘论》卷三慈力王刺身血施五夜叉缘起。《根本说一切有论毗奈耶》卷十一。）

十四、《降六师品》。（另见于《菩萨本生鬘论》卷二最胜神化缘起、《四分律》卷五十一、《根本说一切有部毗奈耶杂事》卷二十一。）

十五、《锯陀身施品》。（另见于《根本说一切有部毗奈耶破僧事》卷十四。）

十六、《微妙比丘尼品》。（另见于《大方便佛报恩经》卷五《慈品》《根本说一切有部毗奈耶杂事》卷三十、三十一。）

十七、《阿输迦施土品》。（另见于《杂阿含经》卷二十三、支娄迦谶译《杂譬喻经》。）

十八、《七瓶金施品》。

十九、《差摩现报品》。

二十、《贫女难陀品》。（另见于《增一阿含经》卷三十八、《生经》卷五、《譬喻经》。）

二十一、《大光明始发道品》。（另见于《根本说一切有部毗奈耶药事》卷十五。）

二十二、《摩诃斯那优婆夷品》。（另见于《摩诃僧祇律》卷三十二、《四分律》卷四十二、《根本说一切有部毗奈耶药事》卷一。）

二十三、《出家功德尸利苦提品》。（另见于《菩萨本生鬘论》出家功德缘起。）

二十四、《沙弥守戒自杀品》。

二十五、《长者无耳目舌品》。

二十六、《贫人夫妇迭施得现报品》。（另见于《撰集百缘经》卷八白净比丘尼衣裹身生缘。）

二十七、《迦旃延教老母卖贫品》。

二十八、《金天品》。

二十九、《重姓品》。

三十、《散檀宁品》（另见于《根本说一切有部毗奈耶药事》卷一。）

三十一、《月光王头施品》。（另见于《佛说月光菩萨经》《六度集经》卷一乾夷王本生、《菩萨本缘经》卷二月光王品、《大方便佛报恩经》卷五《慈品》。）

三十二、《快目王眼施缘品》。

三十三、《五百盲儿往返逐佛缘品》。（另见于《众经撰杂譬喻经》卷下。）

三十四、《富那奇缘品》。（另见于《根本说一切有部毗奈耶药事》卷二至卷四。）

三十五、《尼提度缘品》。

三十六、《大劫宾宁品》。（另见于《撰集百缘经》卷九劂宾宁王缘。）

三十七、《梨耆弥七子品》。

三十八、《设头罗健宁品》。（另见于《六度集经》卷一贫人本生、《生经》卷五《譬喻经》。）

三十九、《盖事因缘品》。

四十、《大施抒海品》。（另见于《六度集经》卷一普施商主本生、《生经》卷一《堕珠着海中经》《佛本行集经》卷三十一。）

四十一、《净居天请佛洗品》。

四十二、《善事太子入海品》。（另见于《大方便佛报恩经》卷四恶友品、《四分律》卷四十六、《根本说一切有部毗奈耶破僧事》卷十五。）

四十三、《摩诃令奴缘品》。

四十四、《善求恶求缘品》。

四十五、《阿难总持品》。

四十六、《优婆斯兄所杀品》。（另见于《根本说一切有部毗奈耶》卷六。）

四十七、《儿误杀父品》。（另见于《根本说一切有部毗奈耶》卷九。）

四十八、《须达起精舍品》。（另见于《杂阿含经》卷二十二、《中本起经》卷下、《四分律》卷五十、《根本说一切有部毗奈耶破僧事》卷八。）

四十九、《大光明始发无上心品》。（相同于本经第二十一品。）

五十、《勒那阇耶品》。（另见于《六度集经》卷六商人本生。）

五十一、《迦毗梨百头品》。（另见于《摩诃僧祇律》卷十四、《根本说一切有部毗奈耶》卷九。）

五十二、《无恼指鬘品》。（另见于《别译杂阿含经》卷一、《佛说鸯掘摩经》《佛说鸯崛髻经》《鸯掘摩罗经》《增一阿含经》卷三十一、《六度集经》卷四普明王本生、《佛说师子素驮娑王断肉经》《僧伽罗刹所集经》卷上、《杂譬喻经》卷上。）

五十三、《檀腻鞆品》。

五十四、《师质子摩头罗世质品》。（另见于《根本说一切有部毗奈耶破僧事》卷十三。）

五十五、《檀弥离品》。

五十六、《象护品》。

五十七、《波婆离品》。

五十八、《二鹦鹉闻四谛品》。

五十九、《鸟闻比丘法生天品》。（另见于《众经撰杂譬喻》卷下。）

六十、《五百雁闻佛法生天品》。（另见于《撰集百缘经》卷六五百雁闻佛说法缘、《杂宝藏经》卷八五百白雁听法生天缘。）

六十一、《坚誓师子品》。（另见于《大方便佛报恩经》卷七《亲近品》。）

六十二、《梵志施佛纳衣得受记品》。

六十三、《佛始起慈心缘品》。

六十四、《顶生王品》。（另见于《佛说顶生王故事经》《佛说文竭陀王经》《增一阿含经》卷八、《佛说顶生王因缘经》《六度集经》卷四顶生王本生。）

六十五、《苏曼女十子品》。

六十六、《婆世踬品》。

六十七、《优婆鞠提品》。

六十八、《汪水中虫品》。（另见于《大方便佛报恩经》卷三论议品）。

六十九、《沙弥均提品》（同上）。

本经通常作为譬喻类（按其内容，实有“记别”“因缘”“譬喻”“本事”“本生”五类），这是因为在它以前传来同类的经，多题为“譬喻经”。例如，支娄迦谶译《杂譬喻经》（一卷）、失译《杂譬喻经》（两卷）、康僧会译《旧杂譬喻经》（两卷）、道略集《杂譬喻经》（一卷）、鸠摩罗什译《众经撰杂譬喻》（两卷），都是“牵引物类，转相证据”（《出三藏记集》卷九

《譬喻经序》)，正与本经旨趣相同。

本经又和《撰集百缘经》(十卷，吴支谦译)、《杂宝藏经》(十卷，元魏吉迦夜共昙曜译)，称为汉译譬喻文学中的三大部。本经的第一品在宋、元、明刻本大藏经上即题为《杂譬喻经》(或品)，藏文译本也题作《杂譬喻品》并称全经为《贤愚杂譬喻经》。似乎本经初翻来时原称为《譬喻经》，经过慧朗的斟酌，为了避免与其他各种譬喻经名重复，才给它另题名为《贤愚经》。他说："此经所记，源在譬喻；譬喻所明，兼载善恶；善恶相翻，贤愚之分也。前代传经已多譬喻，故因事改名号贤愚焉。"至于《贤愚因缘经》一名，《开元释教录》始见记载，可见"因缘"二字是后人所加的。

本经内容，不出六度修行的范围。有轻灵的寓言，有神奇的传说，有生动的叙事，也有隽永的说理。各品对它所从出的经律，有的经过删节，有的经过扩充或修饰。随说法者的善巧，而衍说经文的方式，中国后来的俗讲文学，好像也渊源于此。

本经的影响颇为广泛。在汉文撰集的《法苑珠林》《经律异相》等中，常引用到它。藏文译本据德格版和奈塘版目录载为法成所译，译时约在850年左右，内容分十两卷五十一品。1310年后，又译成了蒙古文，题名《譬喻大海》分十两卷五十二品。近代施密特由藏文本译成德文，1843年出版。另有戈登的英译本，于1953年出版。

(隆莲)

梵网经

《梵网经》，上下两卷，唐代《开元录》以后写本题“梵网经卢舍那佛说菩萨心地品第十”（参见唐玄逸《开元释教广品历章》卷十五），北宋初刻本和高丽复刻本藏经都依着它，并在“品”字上加一“戒”字，汉文大藏经把它编入大乘律部。通常诵习，用下卷说菩萨戒相部分，称为《梵网菩萨戒本》或《梵网菩萨戒经》。

本经题后秦鸠摩罗什译。据梁僧祐《出三藏记集》卷十一所载《菩萨波罗提木叉后记》（无作者名字），只说鸠摩罗什在姚秦一代译经时，最后从《梵网经》中诵出菩萨十重四十八轻部分（什译目内不载此种）。至隋《法经录》才著录《梵网经》两卷，编于众律疑惑类，并注云：诸家旧录多入疑惑。同时费长房《历代三宝记》卷八，依经前旧序列此经入鸠摩罗什翻释目录内，其后写刻本就相沿题为鸠摩罗什所译（经前的序是依《菩萨波罗提木叉后记》改作，并说到全经有一百一十两卷、六十一品。此序后来并加了作者僧肇名字）。

本经内容，上下两卷分说菩萨修道阶位和菩萨重轻戒相。上卷说释迦牟尼佛问卢舍那佛，一切众生以何因缘得成菩萨十地之道及所得果是何等相。卢舍那佛为说菩萨修道阶位四十法门。初说坚信忍中舍心、戒心、忍心、进心、定心、慧心、愿心、护心、喜心、顶心等十种发趣心向果；次说坚法忍中慈心、悲心、喜心、舍心、施心、好语心、益心、同心、定心、慧心等十种长养心向果；次说坚修忍中信心、念心、回向心、达心、直心、不退心、大乘心、无相心、慧心、不坏心等十种金刚心向果；最后说坚圣忍中体性平等地、善慧地、光明地、尔焰地、慧照地、华光地、满足地、佛吼地、华严地、入佛界地等十种地向果。下卷叙释迦牟尼佛受教已，示现降生、出家、成道，十处说法，并说无量世界犹如网孔，一一世界各各不同，佛教门亦复如是，以此说明经题取喻梵网之义。次于菩提树下，复述卢舍那佛初发心时常所诵的一切佛大乘戒——菩萨十波罗提木叉及四十八轻戒相。十波罗提木叉即菩萨十重戒，顺次为：一、杀戒，二、盗戒，三、淫戒，四、妄语戒，五、酤酒戒，六、说四众过戒，七、自赞毁他戒，八、悭惜财法戒，九、嗔不受悔戒，十、毁谤三宝戒。四十八轻戒依经文逐段结释分为五聚。除最后一聚外，各聚都注明在大部《梵网》中那些品内广明。从第一至第十戒为一聚，即一、不敬师友戒，二、饮酒戒，三、食肉戒，四、食五辛戒，五、不教悔罪戒，六、不供养请法戒，七、懈怠不听法戒，八、背大向小外戒，九、不瞻病苦戒，十、畜诸杀具戒；经文说如是十戒如下《六度品》中广明（《六度品》，据北宋福州版）。次从第十一至第二十戒为一聚，即十一、通使入军戒，十二、贩卖人畜棺木戒，十三、无根谤他戒，十四、放火损烧戒，十五、僻教小外戒，十六、为利倒说戒，十七、恃势乞求戒，十八、无解作师戒，十九、两舌谤贤戒，二十、不行放救戒，如是十戒如《灭罪品》中广明。次从第二十一至第三十戒为一聚，即二十一、嗔打报仇戒，二十二、骄慢不请法戒，二十三、轻慢新学戒，二十四、弃正从邪戒，二十五、不善和众戒，二十六、独受利养戒，二十七、受别请戒，二十八、故别请僧戒，二十九、邪命自活戒，三十、违禁行非戒，如是十戒如《制戒品》中广明。次从第三十一至第三十九戒为一聚，即三十一、不行救赎戒，三十二、畜作非法戒，三十三、观听作恶戒，三十四、暂念小外戒，三十五、不发大愿戒，三十六、不发誓自要戒，三十七、犯难游行戒，三十八、坐无次第戒，三十九、不劝修福慧戒，如是九戒如《梵坛品》中广明。次从第四十至第四十八戒为一聚，即四十、拣择受戒戒，四十一、为利作师戒，四十二、非处说戒戒，四十三、毁戒受施戒，四十四、不敬经律戒，四十五、不化众生戒，四十六、说法乖仪戒，四十七、非法立制戒，四十八、自坏内法戒。经末以“明人忍慧强”十四颂说持此法获五种利、劝说流通作结。

本经的传播，向来都重视下卷说菩萨戒相部分。相传梁慧皎曾撰《梵网戒义疏》，似乎本经在梁代即已流行。到了隋代，智顗为了令学人易于了解受持，特提出讲说弘扬，有《菩萨戒义疏》传世，于是本经在大乘律里开始受到重视，影响于后世，使它成了中国汉地传授大乘戒主要的典据，且为诸宗同所通用。唐代且由汉文译成藏文（略称《法大母经》），现存藏文大藏经甘珠尔内。

关于本经的菩萨戒法，在中国汉地较之瑜伽菩萨戒更为流行。这是由于本经所说的内容和其他经律有很多相契之处：如关于菩萨重戒条目，北凉译《菩萨戒本》和《菩萨地持经》都说菩萨不共重戒只毁、悭、忿、谤四项，刘宋译《菩萨善戒经》加和声闻戒相共的杀、盗、淫、妄为八重，本经即在此八戒外再增《优婆塞戒经》六重中的后二重不酤酒、不说四众过失而为十重。又关于菩萨轻戒条目，《菩萨戒本》举四十二，《菩萨善戒经》举五十，所说大体相类。本经轻戒四十八条和上二本条目有些出入，如三食肉戒，四食五辛戒，二十四受别请戒，三十二畜作非法戒，三十三观听作恶戒，三十四暂念小外戒及三十六不发誓自要戒所举的十二愿等，都是上二本所没有的而和《大般涅槃经》第十一《圣行品》所说相契。又如二十八故别请僧戒，四十三毁戒受施戒，据唐法藏《梵网经菩萨戒本疏》说和《比丘应供法行经》（今佚）有关。又如四十六说法乖仪戒、四十七非法立制戒、四十八自坏内法戒都与《仁王护国般若波罗蜜经·嘱累品》所说相契。至于经末“明人忍慧强”偈颂，说持如是法获五种利，与《菩萨地持经》戒品末后所说依戒得五种福利相契。特别是本经强调“孝名为戒”，宣扬孝顺父母三宝师僧、孝顺至道之法，很适合于中国封建社会的伦理思想，而有利于本经在当时社会的传播。因此，此经在中国佛教界流传甚盛，宋、元以后汉族各宗出家比丘受菩萨戒多依此经的菩萨戒本。

本经从隋代以来受到重视，注疏颇多。隋代有智顗说、灌顶记《义疏》两卷。唐代有法藏《疏》六卷，明旷《疏删补》三卷，新罗元晓《私记》两卷（今存上卷），新罗义寂《疏》两卷，智周《疏》五卷（今存第二、四卷），利涉《疏》三卷，法铣《疏》四卷（今存上卷），传奥《记》两卷。宋代有慧因《注》三卷，与咸《疏注》八卷。明代有袾宏《义疏发隐》五卷、《发隐事义》一卷、《发隐问辩》一卷，智旭《合注》七卷、《玄义》一卷，弘赞《略疏》八卷。清代有书玉《初津》八卷等。注全经的，唐代有胜庄《述记》四卷，新罗太贤《古迹记》三卷、《宗要》一卷。明代有寂光《直解》四卷。清代有德玉《顺硃》两卷。日本有空海《开题》一卷，善珠《略疏》四卷，法进《注》六卷，凝然《日珠钞》五十卷等。

（游侠）

菩萨戒本

《菩萨戒本》是大乘律藏中记载菩萨戒的条文，并说明戒相的典籍，也是菩萨学习戒律的唯一依据。在汉文、藏文大藏经中，均有《菩萨戒本》的译本，而汉文有前后所出不同的四种译本。

一、《菩萨戒本》一卷，北凉昙无谶译，从《菩萨地持经》卷四《方便处戒品》录出又加归敬颂等而成，后人为了区别于唐译《菩萨戒本》称它为《地持戒本》。昙无谶在敦煌停留的数年中，译出此本。其年代大概在他于北凉玄始十年（421）去至凉都姑臧之前。

二、《菩萨善戒经》一卷，刘宋求那跋摩译。求那跋摩于元嘉八年（431）到建康（今江苏省南京市），由祇洹寺僧慧义等请其译出《菩萨善戒经》二十八品，后来他的弟子又于定林寺代译出二品，成三十品。此一卷本《菩萨善戒经》，即弟子代译二品之一，是在缮写时分出单行的。

三、《优婆塞五戒威仪经》的前半卷，译者不详。《优婆塞五戒仪经》系失译本（见《出三藏记集》卷四），《大周刊定众经目录》中误以为求那跋摩译。（《周录》说依据《宝唱录》，但此录早已失传，而较早的费长房《历代三宝记》亦未说此经是求那跋摩所译，故《周录》所说不可信。）

四、《菩萨戒本》一卷，唐玄奘译，从《瑜伽师地论·本地分菩萨地初持瑜伽处戒品》录出，一般称它为《菩萨戒本》；又为了区别于凉译戒本，也称它为《瑜伽戒本》。玄奘于贞观二十年（646）五月十五日至二十二年（648）五月十五日，在长安弘福寺翻经院译出《瑜伽师地论》一百卷，其中第四十卷末至第四十一卷即《菩萨戒本》。玄奘又于贞观二十三年（649）

七月十五日于大慈恩寺翻出《菩萨戒羯磨文》一卷。同月二十一日别出《菩萨戒本》一卷，都是普光笔受。这是《菩萨戒本》的最后定本。

以上四种译本中失译与凉译内容略同，条文对照只少一条。凉译出自《菩萨地持经》，宋译出自《菩萨善戒经》，《地持》《善戒》都是唐译《瑜伽师地论·菩萨地》的异译，所以这四种译本是同本的异译。

《菩萨戒本》构成的素材，出自佛说诸大乘经中所列的开遮事例，这正如《瑜伽戒本》的末尾所说："如是所犯诸事菩萨学处，佛于彼彼素怛缆中随机散说，谓依律仪戒、摄善法戒、饶益有情戒，今于此菩萨藏摩怛履迦综集而说。"这说明《菩萨戒本》是总结了各种大乘经中佛所说的菩萨学处而成的。汉译题为弥勒菩萨说，藏译题为无着造，实际乃是弥勒、无着根据佛说及当时佛教界的情况纂集而成。

《菩萨戒本》汉文四种异译的结构互有出入。但四种译本主要内容同是说明菩萨戒相，包含四种重戒和四十余种轻戒。所说菩萨戒相分三大类，称为菩萨三聚戒，即摄律仪戒、摄善法戒、饶益有情戒。此中摄律仪戒的戒相，同于七众别解脱戒和十善戒，再加以摄善法戒的六度善行和饶益有情戒的四摄利他，合成三聚圆满净戒。其七众别解脱戒和十善戒已于别处广说，故《菩萨戒本》中即不详列。此中所列四种重成、梵、藏本皆云"似他胜处"，含有扩充声闻四重戒的意义。次列四十余种轻罪，即分别属于摄善法戒和饶益有情戒。

在四种译本中，唐译《菩萨戒本》不具备布萨时诵戒形式，而直接节录《瑜伽师地论·戒品》文（《戒品》主要解九门净戒，本书即录其第二门"辨一切戒"下"广明修学"的大部分）。其结构可大略分为三段：总明持戒、广辨戒相和总结劝学。

在广辨戒相中，先明重戒，列举菩萨四种他胜处法：一、贪求利养、恭敬（余三译只说为利养）自赞或毁他（宋译只说自赞）；二、他求财法，悭吝不施；三、忿恼有情，不受谏谢；四、谤大乘法、说相似说（失译只说谤法，宋译说见他谤法不应赞叹）。其次释他胜处罪名任犯随一重罪，现生就不能摄集菩提资粮，及证初地，故名他胜。再次辨舍不舍戒：若上品缠（现行烦恼）犯他胜处法即舍戒，软中品缠犯不舍戒，尚可忏悔清净。依四种缠分别三品，四种缠是：一、屡次现行，二、全无惭愧，三、深生爱乐，四、见为功德。四缠全备为上品，有见为功德而前三种不全备的为中品，没有见为功德而前三种随具多少的为下品。菩萨犯了重罪舍戒，现生可以重受，这和比丘犯别解脱戒根本重罪即不能重受者不同。

其次明轻戒，先说应了知恶作犯非犯相，次列举四十三恶作：一、不供养，颂赞、信念三宝，二、贪着利养、恭敬无厌（余三译只说贪利养），三、不敬长老、不答来问，四、不受他请，五、不受施物，六、求法不施，七、弃舍犯戒有情（余三译作不说法教化，以上七轻障施），八、于诸遮罪不应与声闻共学而共学（为护他心所制应共学，为少事业所制不应共学），九、为利他故七支性罪应开不开（余三译无），十、邪命不舍（宋译作受赞默然），十一、威仪不静，十二，不乐涅槃，十三、于恶声誉不护不雪，十四、护他忧恼不作调伏（以上七轻障戒），十五、报复嗔打骂弄，十六、犯他不忏谢，十七、不受他忏谢（以上二条宋译合为一条），十八、于他怀恨坚持不舍（以上四轻障忍），十九、染心畜徒众，二十、贪睡眠依卧，二十一、贪无义语虚度时日（以上三轻障精进），二十二、不求教授，二十三、不除盖障，二十四、贪世间禅（失译作着禅功德，宋译无此条，以上三轻障定），二十五、轻弃声闻乘，二十六、舍菩萨藏专学声闻藏，二十七、未精佛教研异学、外论，二十八、爱乐异、外论（以上二条宋译合为一条），二十九、谤菩萨藏甚深法义，三十、怀爱恚心，自赞毁他，三十一、不往听正法，三十二、轻慢说法者（失译无此条，以上八轻障慧，以上三十二轻属摄善法戒），三十三、不为助伴，三十四、不瞻病苦（以上二轻障同事），三十五、见作非理不为说正理（此一轻障爱语），三十六、不报恩惠，三十七、不慰忧恼，三十八、求财不施，三十九、不以财法摄受徒众（以上四轻障布施），四十、不随他心转（宋译无），四十一、他实有德不欲赞扬，四十二、不折伏行非法者，

四十三、不现神通引摄制伏（以上四轻障利行，上共十一轻属饶益有情戒）。依《瑜伽论记》，第八条可开为二条，又第二十九条也可再开为不信和毁谤二条，共为四十五条。

以上四十三种轻戒，若有违犯，都属“恶作”所摄。

恶作也分下、中、上三品。这些轻戒分别，如由邪见、爱染、不信、无惭愧、恨、恼、悭、嫉等发起的为有染违犯，仅由忘念、懈怠等而犯的为非染违犯，有正当因缘而开许的为无违犯。至于增上狂乱，重苦逼切及未受净戒，皆无违犯。又菩萨受戒之后，即应依对三聚戒的意乐护所受戒，若有毁犯，应如法悔除。

四种译本中的凉译，开头有归敬述意四颂；正文详列戒相，录《菩萨地持经·戒品》中四重戒和四十二轻戒；末后说戒法功能、护持心要和护戒利益。这些里面，除戒相引《地持》文外，余文皆编辑者所加，而在诸译中特别具备布萨时诵本的体裁。

其次，刘宋译本正文出于《菩萨善戒经》，《戒品》中明依戒修学以下的半品。开头广明受戒法，为其他三译所无。次广说戒相，结构略同唐译，但多出菩萨戒由二缘舍弃及经生不失的说法。至于戒相条文，和其他译本出入甚大。重戒中还加了别解脱戒的四根本戒于菩萨四重之前，成为八重，这是其他三译所没有的。轻戒中与唐译对勘缺四条，合并二条。又于唐译第三条后多“为求过听菩萨戒”。第十八条后多“贪心共比丘尼一道行，未发菩提心从非亲里比丘尼受食”二条。第三十五条后多“畜白衣物”“用金银器受食”二条。第三十九条后多“坐高床”一条，共加六条。这样总计轻戒数仍为四十三条。

又次，失译本开头有归敬劝学六颂，正文列四重戒，四十一轻戒（比凉译“少轻慢说法者”条），最后述菩萨戒功德，并有回向发愿三颂。它略具布萨诵本的形式，但不如凉译完备。

在四种译本中，除唐译外，其余都没有开性罪的一条。这一条是《菩萨戒本》中最能引起疑难和争论的。唐译本对于护持遮戒与行菩萨行所有的违难，在第八条已作了总的解决；至于护持性戒与行菩萨行所有的违难，则在此条解决。唐译于七支性罪的开缘各有详细说明。例如，开杀生、开不与取、开欲邪行、开妄语，都是在救脱利益多数有情的条件下，以及专对在家菩萨而开的。故唐译所说开性罪，有的并不犯别解脱的根本戒，如开不与取和妄语条。有的限于在家菩萨，例如，开欲邪行条。有的轻重相权，虽犯根本戒却不得不开的，如开杀生条。但能开杀生等的菩萨，依藏文译本各家注解，有说必须是已登地的菩萨，有说必须是多劫修行善巧方便成就大悲的菩萨。最胜子等注释中说："是无染获得自在清净意乐菩萨所行，非少善根智慧驽钝贪著自利于素怛缆藏如言取意者之所行境。"在古代因为开性罪部分有时与国家的法律可能发生冲突，故凉、宋译人都避忌而不译。但没有这一条就不能彻底解决菩萨戒与声闻戒之间，摄律仪戒与摄善法戒、饶益有情戒之间可能发生的抵触。唐译为此补译完全，它在四种译本中文义最完备明晰，现在一般都采用此本。

至于菩萨戒在中国的传授，在鸠摩罗什以前，传来的戒律只限于声闻乘。自昙无谶以后，大乘戒始盛传于中国北方，南方传大乘戒，则以求那跋摩为始。昙无谶在敦煌译出《菩萨戒本》后，有张掖沙门道进闻风驰往，求受菩萨戒。后凉州名僧道朗，又自减少戒腊，从道进受菩萨戒，一时从受者甚多。玄奘译出《菩萨戒本》后，入室弟子多持大乘戒而称号大乘某，如窥基称大乘基等。窥基并且每日对弥勒像前诵菩萨戒一遍，以为常课，可见当时《瑜伽戒本》之受到重视。慧沼《劝发菩提心集》列正法藏所传受菩萨戒法，更可见慈恩后世弟子仍继续依《瑜伽戒本》受大乘戒。

《瑜伽戒本》虽曾这样盛行一时，但《梵网经》则更为通行。因为《梵网经》的若干戒条，很符合中国社会的伦理思想和佛教界的生活习惯，比较《瑜伽戒本》许开性罪的突出之点，更易为人所接受。所以《瑜伽戒本》传布不久，即随着唯识宗的消沉，华严等宗的兴起，出家比丘在受具足戒同时受菩萨戒，都依用《梵网戒本》，而《梵网经》在出家众中遂占了莫大的优势，通行范围大大超过了《瑜伽戒本》。

注释《菩萨戒本》的书，现在汉文中流传下来的很少，远不如《梵网经》注释的丰富。汉文注释，现存的仅四种：

一、《瑜伽师地论记》卷十，唐道伦集撰。

二、《瑜伽师地论略纂》卷十一，唐窥基撰。

三、《地持论义论》卷三下，隋慧远述。

四、《菩萨戒本经笺要》一卷，明智旭笺。

以上一、二两种系解释《瑜伽师地论·戒品》文，第三种系解释《菩萨地持经·戒品》文，第四种系解释凉译《菩萨戒本》。此外还有日本行性述《菩萨戒本笺解》三卷，亦系用汉文注释唐译《菩萨戒本》。

另外在藏文论藏中，译出了好几种印度关于《瑜伽戒本》的注释如下：

一、《瑜伽师地论菩萨地释》，海云造，静贤、戒胜合译（德格版yi函，一至三百三十八页）。

二、《菩萨戒品疏》，德光造，慧铠、智军合译（ḥi函，一百八十二a至一百九十一a页）。

三、《菩萨戒品大疏》，最胜子造，胜友、慧铠、智军合译（ḥi函，一百九十一a至二百二十一a页）。

四、《菩萨律仪二十颂》，月官造，（ḥi函，一百六十六b至一百六十七a页）。

五、《律仪二十颂疏》，静命造，明狮子、文殊铠合译（ḥi函，一百六十七a至一百八十四b页）。

六、《菩萨律仪二十颂释难》，觉贤造，青玛噶喇、觉慧合译（ḥi函，一百八十四b至二百一十七b页）。

藏文的注释，有宗喀巴著的《菩萨戒品释》，系集诸家注释的大成。此外，从前注释《梵网经》的古德，如法藏、义寂、法铣、胜庄等，都曾将《瑜伽戒本》各学处加以对照解释，也可资参考。

（隆莲）

四分律

《四分律》，亦称《昙无德律》（昙无德意译法藏或法密），原四十五卷，现行本六十卷，姚秦弘始十年（408）罽宾佛陀耶舍于长安中寺译。它是汉语系佛教僧尼奉行的一部广律。《四分律》因全部由四分构成而得名。初分为比丘戒，第二分为比丘尼戒和二十犍度中的前三个半犍度（北宋丽藏本，依旧写本如此，南宋、元、明藏本改作前二犍度），第三分为中间十四个半犍度（北宋、丽藏本如此，南宋、元、明藏本改作十六个犍度），第四分为最后二犍度等。这样的分段，道宣等都以为因结集时分四次诵出，但后来义净说是因梵本分为四筴故称四分。定宾《饰宗记》从义净说，元照《资持记》则仍依道宣之说。

《四分律》为昙无德部所传，一般称为五部广律之一。《僧祇律》后记说“优波崛多后遂有五部名生”，昙无德名列于最初。故此部律系从优波崛多系统下分出。唐代玄奘到乌仗那国时，其地还是五部并行，并以昙无德为首（见《西域记》卷三）。

本律原属声闻乘，但律宗学者北魏慧光即已判为大乘。唐代道宣更明确地主张《四分律》通于大乘。如《行事钞》卷上三说：“四分宗义当大乘。”同书卷四说：“四分律一宗是大乘。”《羯磨疏》并以五义证“四分通明佛乘”。他所引的五义中有劝信颂及戒本回向文，都是昙无德部流传本所加。

《四分律》的译出，据《出三藏记集》说，是秦主姚兴因鸠摩罗什的建议迎佛陀耶舍来长安，因佛陀耶舍能诵《昙无德律》，司隶校尉姚爽就请他翻译。姚兴怀疑他只凭记忆会有错误，经过测验，耶舍能以三天工夫记忆药方户籍四十余纸，诵出一字不错，才加信服。译出的时期是弘始十年（408）。另据《四分律》序说，支法领曾在于阗遇着佛陀耶舍，知道他通《四分律》等，就在那里写出梵本，于弘始十年（408）偕回中国，姚兴即于其年请耶舍译出此书。当时有持律沙门三百余人于长安中寺参加，而以支法领的弟子慧辩任校订之事。这样《四分律》又有校改的一本，唐定宾作《饰宗记》时，还是已校改本和未校改本并行的。《法经录》谓《四分律》题为佛陀耶舍共竺佛念译，这大概是因《高僧传》总说佛陀耶舍曾共竺佛念译《长阿含经》等，就认为译《四分律》也是二人共译了。今通行本即从《法经录》之说。《宋高僧传·昙一传》说本书为佛陀耶舍共鸠摩罗什译，未详所据。

《四分律》主要说明僧尼五众别解脱戒的内容和受持的方法。但关于本书的主旨，古代诸律师说法不一：一、有说此律以止（二部戒）作（犍度等）为宗，二、道晖说以受（受戒时总发戒体）随（受戒后随事别修）为宗，三、有说以止恶为宗，四、法愿、智首说以教行（专精不犯，犯已能悔）为宗，五、有说以因（戒本及犍度所明止作）果（大小持戒犍度）为宗，六、道云以为戒在多处别说不可论宗旨，七、法砺说以止善为宗，八、道宣说以净戒为宗，九、怀素说以戒行为宗，十、定宾说以善说毗奈耶为宗（见《四分律开宗记》卷一，《律宗纲要》卷上）。

本律内容，可分为序、正、流通三分。初五言颂四十六颂半为劝信序，次长行“如来自知时”以上叙舍利弗请佛结戒因缘为发起序。此二序为序分。

正宗分包含二部戒及二十犍度。

二部戒中，初比丘戒（卷一至卷二十一），即四波罗夷，十三僧伽婆尸沙，二不定，三十尼萨耆波逸提，九十波逸提，四波罗提提舍尼，百众学，七灭诤法，共二百五十戒。每一戒下各各说明缘起（为何事结戒）、其缘起人（因谁结戒）、立戒（佛结戒的经过和所结戒的条文）、分别所立戒（条文的解释）、判决是非（是犯非犯和所犯轻重的判断）。每结一戒必说十句义（结戒的意义），即“摄取于僧，令僧欢喜，令僧安乐，令未信者信，已信者令增长，难调者令调顺，惭愧者得安乐，断现在有漏，断未来有漏，正法得久住”。（本律与今斯里兰卡所传的《巴利律》同出于法藏部，故内容极相近。特别是比丘戒堕罪的条文次第，二律多作对应的互换，例如《四分律》波逸提第四和第六条，在《巴利律》即为第六和第四条等，可见二律有近支的关系。）

次比丘尼戒（卷二十二至卷三十），即八波罗夷，十七僧伽婆尸沙，三十尼萨耆波逸提，一百七十八波逸提，八波罗提提舍尼，百众学，七灭诤法，共三百四十八戒。众学法及七灭诤法与比丘共，文中略去。波罗夷前四戒，僧伽婆尸沙前三戒，尼萨耆波逸提前十八戒，波逸提前六十九戒，与比丘共，其缘起等已见比丘戒中，故此中仅有结戒条文。其余与比丘不共的各条，每条下也都有缘起等五段，如比丘戒。

二十犍度中：一、受戒犍度（卷三十一至卷三十五），说释迦佛出家成佛，度人出家受戒，立受戒法的经过，和所立的受戒法。二、说戒犍度（卷三十五至卷三十六），说建立说戒法的缘起和说戒法。三、安居犍度（卷三十七），说安居缘起和安居法。四、自恣犍度（卷三十七至卷三十八），说自恣缘起和自恣法。五、皮革犍度（卷三十八至卷三十九），说用皮革的缘起和各种开遮。六、衣犍度（卷三十九至卷四十一），说粪扫衣和受施衣等的开遮。七、药犍度（卷四十二至卷四十三），说关于饮食的各种开遮。八、迦絺那衣犍度（卷四十三），说迦絺那衣的制法、受法和舍法。九、拘睒弥犍度（卷四十三），说拘睒弥比丘僧破复合的经过和羯磨法。十、瞻波犍度（卷四十四），说作羯磨如法非法的分别。十一、呵责犍度（卷四十四至卷四十五），说呵责等七种羯磨的内容和如法非法的分别。十二、人犍度（卷四十五），说犯僧伽婆尸沙的治罪法。十三、复藏犍度（卷四十六），说行复藏法。十四、遮犍度（卷四十六），说遮说戒法。十五、破僧犍度（卷四十六），说调达破僧，舍利弗、目犍连复令僧和合的经过及破僧的内容与果报。十六、灭诤犍度（卷四十七至卷四十八），说以七种毗尼灭四诤法。十七、比丘尼犍度（卷四十八至卷四十九），说比丘尼与比丘不共的受戒法，比丘应不应与比丘尼作羯磨等。十八、法犍度（卷四十九），说客比丘与旧比丘共住法和乞食等杂行法。十九、房舍犍度（卷五十至卷五十一），说关于房舍的各种开遮。二十、杂犍度（卷五十一至卷五十三），广说各种杂事的开遮。杂犍度后半部分有大小持戒犍度，为其余诸律所无。其内容从生信出家，沙弥十戒，防过十七事，守护根门等五种行，成化身等五胜法，最后得三种智明，为大小乘所共学。

最后流通分，包含五百结集，七百结集，调部毗尼和毗尼增一。五百结集（卷五十四）说迦叶集五百阿罗汉结法毗尼的经过。五百结集（卷五十四）说佛涅槃后百年上座一切去等七百阿罗汉论法毗尼审查跋阇子比丘所行十事非法的经过。调部毗尼（卷五十五至卷五十七），说优波离问佛诸戒是犯非犯的分别。毗尼增一（卷五十七至卷六十）为律学的法数，从一数乃至十三、十七及二十二。

本律全体的结构，依律中毗尼增一分五大段：一、序，谓“知时”以前；二、制，谓僧戒本；三、重制，谓尼戒本；四、修多罗，受戒犍度以下；五、随顺修多罗，调部毗尼以下。又依五百结集说，比丘律、尼律、犍度、调部毗尼、增一，亦为五段。法砺、怀素、定宾等则开为三十七法，即比丘戒八法（波罗夷、僧伽婆尸沙、不定、尼萨耆波逸提、波逸提、波罗提提舍尼、众学法、灭诤），尼戒六法（少不定及灭诤，灭诤法智首以下都说应有，当是律文省略），二十犍度为二十法，二结集合为一法，调部及增一各为一法，共为三十七法。

中国比丘戒的传授是从昙柯迦罗始的。但昙柯迦罗只译了《僧祇戒本》。他来后不久，康僧铠和昙谛也来到洛阳。昙谛译出了《昙无德羯磨》，康僧铠译出了《郁伽长者》等四部经。《开元释教录》说唐时所得《四分杂羯磨》一卷即四经之一（此书不见于以前诸经录，故是否铠译尚有可疑）。《高僧传》说昙柯迦罗译出《僧祇戒本》后“更请梵僧立羯磨受戒”。这些梵僧所立羯磨属于何部虽无显明记载，但那时已有《四分羯磨》的译本，受戒所用很可能就是四分。又《智首传》云：“海内诵戒并诵法正（即昙无德）之文。”《续高僧传·明律篇·论》也说：“穷其受戒之源宗归四分。”道宣《续高僧传》对以前南方律师受（受戒）遵《四分》，随（行持）依《十诵》表示遗憾。可见自来受戒都依着《四分》的。就戒而言，所受的与所持的应当求得一致，故后来《四分律》的通行乃是必然的趋势，但已是《四分律》译出六十余年以后的事了。那时元魏北台法聪开始弘《四分律》，而南方还盛行《十诵律》，至唐中宗时明令禁止，而后《四分律》才南北通行。道宣《续高僧传·论》云：“今混一唐统普行四分之宗。”即指此而言。从唐时推行《四分律》，并发展为律宗，直至现在，汉地佛教僧尼一直奉行《四分律》不改。

属于昙无德部的律典多和本律有关，现存别译或集录而成的，就有：佛陀耶舍译《四分律比丘戒本》一卷，怀素校订《比丘戒本》一卷，《比丘尼戒本》一卷，道宣《删定僧戒本》一卷，宋元照《重定比丘尼戒本》一卷，明弘赞辑《式叉摩那尼戒本》一卷，曹魏康僧铠译《杂羯磨》一卷，昙谛译《羯磨》一卷，刘宋求那跋摩译《比丘尼羯磨》一卷，道宣集《删补随机羯磨》两卷，怀素集《僧羯磨》三卷、《尼羯磨》三卷。

关于本书的注疏，旧注将近二十家（见《云雨钞》），现多佚失。现存的重要注疏有下列各种：智言《疏》二十卷（只存第九卷），法砺《疏》十卷（一作二十卷），道宣《四分律删繁补阙行事钞》十两卷（一作三卷或六卷），《比丘含注戒本疏》八卷（一作四卷），《删补随机羯磨疏》八卷，《拾毗尼义钞》六卷，《比丘尼钞》六卷，怀素《开宗记》十卷（一作二十卷），定宾《戒本疏》两卷，大觉《行事钞批》二十八卷，志鸿《搜玄录》二十卷，后唐景霄《行事钞简正记》十七卷，宋允堪《行事钞会正记》（卷一、二及残册两卷存）、《戒疏发挥记》（卷三存）、《业疏正源记》八卷、《毗尼义钞辅要记》六卷，元照《行事钞科》十两卷、《资持记》四十两卷，

《含注戒本疏科》八卷、《含注戒本疏行宗记》二十一卷、《业疏科》八卷，慧显《行事钞诸家记标目》一卷，道世《毗尼讨要》六卷，道言《释四分戒本序》一卷，明元贤《四分戒本约义》四卷，广莫《四分戒本缘起事义》一卷，智旭《重治毗尼事义集要》十八卷、《大小持戒犍度略释》一卷、《毗尼珍敬录》两卷（广承辑录，智旭会补），明弘赞《名义标释》四十卷，《四分戒本如释》十两卷，清德基《毗尼关要》十六卷、《事义》一卷，读体《毗尼止持会集》十六卷、《毗尼作持续释》十五卷。此外敦煌出土本还有法成《疏》的残简，和佚名的著作：《四分戒本疏》卷一至三，《律戒本疏》一卷，又一卷，《律杂抄》一卷，《宗四分随门要略行仪》一卷（《大正藏》古逸部），《四分律戒心疏》，《四分律颂》，《四分律行》，《四分律并论要用抄》卷上，《四分律及论明三宝义》第十二（《敦煌本古逸经论章疏》）。

（隆莲）

僧祇律

《僧祇律》，具云《摩诃僧祇律》，即大众部所传的广律，四十卷，东晋佛陀跋陀罗共法显译。

大众部戒律的传来，远在曹魏嘉平二年（250），时有中印度昙柯迦罗于洛阳白马寺译出《僧祇戒本》，并立羯磨受戒。晋咸康年间（335—342）又有沙门僧建于月氏国得《僧祇尼羯磨》及《戒本》，升平元年（357）于洛阳请外国沙门昙磨羯多立坛受戒。但此诸译本均已佚失。法显因慨律藏残缺，于东晋隆安三年（399）与同学慧景、道整、慧应、慧嵬等自长安出发往古代印度，后于摩羯提巴连弗邑阿育王塔南天王寺（《法显传》中说是摩诃衍僧伽蓝）抄得《摩诃僧祇律》梵本，于晋安帝义熙十二年（416）持还扬州。义熙十四年（418）二月于道场寺与佛陀跋陀罗共同译出。其后北魏明泰常五年（420）又有智猛等十五人往古代印度，于北魏太武帝始光元年（424）复于波吒釐子城罗阅宗婆罗门家得《摩诃僧祇律》梵本，持还凉州，此本未译。

据《法显传》说，本律乃根本大众部所奉行，成立于五部分裂之前。大众部实际是在佛灭后百年，由跋阇子（即婆麤富罗）比丘乞金银钱而引七百结集，终于发生异议而分立。本律即跋阇子比丘一方面结集之律，故旧传为婆麤富罗律。以当时跋阇子人数众多，成为大众部，本律亦即是大众部律。后来，五部并立之大众部律或与本律有广略之殊，但实质不会有多少出入。如本律叙五百结集处，承认乞金银钱之合法，又列举五种净法，即五种开许方便，均表见大众部戒律的特点。至于持律者传承出于陀沙婆罗一系，在本律五百结集文末，有明白记载。陀沙婆罗即七百结集时跋阇子方面上座，故本律之渊源所自，尤为明白了然。

本律的内容，卷一至卷二十二为比丘戒，包含四波罗夷、十三僧伽婆尸沙、二不定法、三十尼萨耆波夜提、九十二波提提、四波罗提提舍尼、六十六众学法、七灭诤法，共二百一十八戒。每戒之下，又有制戒因缘，结成条文及解释。其他广律各犍度的内容，可归于各条解释下的，都大量收入。特于波夜提第四戒下，将相当于《四分律》灭诤及拘睒弥等犍度的文字，几乎全归纳进去。波夜提第四十别众食戒阙，注云衹洹精舍梵本虫噉。

卷二十三至卷三十三上为杂诵跋渠，相当于《四分》等律的诸犍度，但组织不同。杂诵分十四跋渠，每一跋渠各含十法。各跋渠内容为：一，受具足戒法，折伏、不共语、摈出、发喜等羯磨法，二、举、别住、摩耶埵、出罪、应不应、随顺、他逻吔、异住、波罗夷学悔、觅罪相等羯磨法，三、举他、治罪法、驱出、异住、断事法、园田法、田宅法、僧伽蓝法、营事法、床褥法、恭敬法，四、布萨法、安居法、自恣法、迦 那衣法、衣法，五、病比丘法、药法、和尚法、阿阇黎法、弟子法、沙弥法、钵法、粥法、饼法、菜法、麸法、浆法，六、比尼断事法、障碍不障碍法、比丘尼八敬法、内宿、内煮、自煮、受生肉、受生谷、自取、更受、皮净，七、重物、无常物法、痴法、见不欲、破起信施、革屣法、屣法、浴法、末屑法、杖络囊法，八、蒜法、复钵法、衣纽帖法、腰带法、带结法、乘法、共床卧法、共坐法、共食法、机法，九、为杀、不听食人等肉，蒜法、皮法、揩脚物、眼药、筒、筹、盖法、扇法、拂法，十、刀治、灌筒法、剃发法、作具、破僧、和合僧、五百比丘结法藏、七百结集律藏、略说比尼，十一、毁呰、伎乐、香华法、镜法、担法、抄系衣法、上树法、火法、铜盂法、回向法，十二、众生法、树法、樵木法、花法、果法、种树法、治罪法，十三、七灭四诤事、调伏事、听法、油法、粉法、刷法、梳法、簪法，十四、塔法、塔事、塔龛法、塔圆法、塔池法、塔支提、供养具、伎乐供养法、收供养具法、难法。

卷三十三下至卷三十五为威仪法，约当于《四分律》法犍度，有七跋渠：一、布萨、食上法、教弟子法、依止法，二、收床褥、治房、作厕屋法、上厕法、小便法、齿木法，三、衣席法、障隔法、房舍法、涕唾法、护钵法、行住坐卧法，四、客旧比丘法、洗脚法，行水受水法、作浴室法、浴法、器物法、衣法，五、阿练若比丘法、聚落比丘法、礼足法、语法、入众法，六、着衣法、前后沙门法、迎食法、乞食法、食时相待法，七、然灯法、禅杖法、丸法、持革屣法、尼师坛法、謦咳法、嚏法、频伸欠呿法、把搔法、放下风法。共五十条。

卷三十六至卷四十上为比丘尼戒，包含八波罗夷、十九僧伽婆尸沙、三十尼萨耆波夜提、一百四十一波夜提、八波罗提提舍尼、六十六众学法、七灭诤法，共二百七十九戒（戒本二百九十戒）。波夜提中七十戒与比丘共，唯有摄颂而无解释。

卷四十下为尼杂诵，有五跋渠：一、坐法、簟席法、缠腰、袯衣、女人严饰服、畜媱女、园民女、僧祇支法、浴衣法，二、手拍、胡膠形、洗法、月期衣法、浣月期衣法、客浣衣处、悬注水、流水、根，三、羯磨、憍奢耶、僧祇支、庄严法、优钵罗花、结鬘法、纺缕法、坏威仪，四、钵事、复钵法、厕法、浴室法、阿练若处、迦絺那衣受舍，五、二众食净不净，三非比丘、三非比丘尼、无残食法、八上座法。

本律二部戒的波夜提和众学法，也以十法为一跋渠。比丘戒九十二波夜提为九跋渠、六十六众学法为六跋渠、比丘尼戒一百四十一波夜提为十四跋渠。所有各跋渠之后，皆有摄颂，以便忆持。第一卷首有长行及九行颂明五事利益，相当于劝信序。卷四十末，有《摩诃僧祇律》私记，明本律传译经过。从上述内容，可见本律组织于诸部律中别具一格。

即在本律叙述两次结集文中，都说本律总的内容有九法序：一、波罗夷，二、僧伽婆尸沙，三、不定法，四、尼萨耆波夜提，五、波夜提，六、波罗提提舍尼，七、众学法，八、七灭诤法，九、法随顺法。本律篇聚，似以波罗夷、僧伽婆尸沙、偷兰遮、波夜提、波罗提提舍尼、众学（越毗尼）、威仪（越毗尼心悔）为七聚，此与《四分律》于五篇加偷兰遮（恶作）恶说为七聚者不同。《四分》及《巴利律》，突吉罗依身口业分为恶作及恶说，本律则以轻重分为越毗尼心悔及越毗尼。戒条次第于诸律中本律与《巴利律》最相近。特别是九十二波夜提的次第，与《巴利律》出入很少。

至于戒相的开遮，本律与《四分律》有些显著的不同。如离衣宿戒，《四分律》明相护衣（即明相出前须到衣所在地），而本律通夜护衣（即只需夜间一度到衣所在地）。又还衣法，《四分律》即座还衣，而本律得停至半月。至于捉金银戒多“染着者”三字，不染着者得使净人畜，也是毗舍离跋门者子比丘许乞医药值的痕迹。总之，本律的限制，是比《四分律》为宽的。

本律四波罗夷每条之后各载制戒时地。其时间为佛成道后五年冬分第五半月至六年冬分第四半月间。但盗、杀、妄三戒因缘中皆有阿难侍佛左右。阿难于佛成道夜生，为佛侍者绝非佛成道后五六年间事。制戒处所与所为制戒的人名，本律也多与诸律不同。“听法”中说一切制听皆在舍卫等八大城。

本律既为大众部所奉持，故所许法相亦与大众部一致。如卷二说舍过去未来佛不名舍戒，与大众部许过未无体相合。卷十四说佛定中安慰五百客比丘，与大众部许佛常在定中而诸有情谓佛说法相合。又大众部为大乘所从出，故本律时流露大乘经意味。捉金银戒说浴金银菩萨形象：“塔法”说地下涌出迦叶佛塔；大妄语戒说比丘应善观察真实义；波罗提提舍尼中说尸摩利比丘尼入金刚三昧，皆显示大乘说法的萌芽。

本律波罗夷及僧残戒条解释下常引用本生经，亦为特点之一。此种引用，计有：一、舍利弗本事名称王及大臣陶利因缘，二、耶舍本事轻躁众生食地味缘，三、耶舍母本事名称王夫人诱金色鹿缘，四、难提本事仙人意子俱舍频头缘（卷一），五、达腻伽本事众生最初不与取缘，六、又金翅与龙更相忏悔缘，七、又大象王与猎师缘，八、又大身象缘，九、取衣比丘本事婆罗门为羊所触缘（卷二），十、瓶沙王本事名称王畏罪缘，十一、又婆罗门杀那俱罗缘（卷三），十二、佛本生罗大波罗二鹦鹉缘，十三、轻躁比丘本事狼守斋缘，十四、增上慢比丘本事贫穷婆罗门缘（卷四），十五、优陀夷本事猕猴缘，十六、又嵩渠婆罗门缘（卷五），十七、二摩诃罗本事伽尸国婆罗门以豆市驴缘，十八、林中比丘本事跋懅比丘畏鸟声缘，十九、又像怖树折缘，二十、譬喻龙王惜宝珠缘，二十一、阐陀比丘本事镜面王猕猴缘（卷六），二十二、提婆达多本事野干主破水罐缘，二十三、六群比丘本事五百猕猴缘，二十四、阐陀比丘本事奴阿摩由缘，二十五、又奴迦罗呵缘，二十六、又王头痛驱狗缘（卷七），二十七、阿难本事鹦鹉遮秃枭为王缘，二十八、优婆难陀本事水獭捕鲤鱼缘（卷八），二十九、鸟生经（卷八），三十、《难提本生经》，三十一、《三兽本生经》，三十二、《象王本生经》（卷十二），三十三、《怨家本生经》，三十四、《长寿王生经》（卷十二），三十五、《迦毗罗本生经》（卷十四），三十六、《贤鸟生经》（卷十五），三十七、《孔雀鸟本生经》，三十八、《鸟本生经》，三十九、《鳖本生经》，四十、《罗睺罗六年在胎本生经》（卷十七），四十一、《仙人弥猴本生经》（卷十八），四十二、《释提桓因本生经》，四十三、《猕猴王本生经》（卷十九），四十四、《蛇本生经》（卷二十），四十五、佛本生颠多鸟、猕猴、象三兽缘（卷二十七），四十六、《举吉罗本生经》，四十七、《颠多梨鸟本生经》，四十八、《鳖生经》，四十九、《鹦鹉鸟生经》（卷二十九），五十、《长者子及贼生经》（卷三十五），五十一、五离车童子本事五天子缘，五十二、跋陀罗比丘尼本事梳头人供辟支佛缘，五十三、又婆罗门女供迦叶佛缘（卷三十八）。

此外，本律所引的经还有：一、《沙门果经》，二、《劫具契经》（卷八），三、《跋陀利綖经》，四、《优陀夷綖经》，五、《孙陀利经》，六、《柔软綖经》（卷十七），七、《善来比丘经》，八、《中阿含经》（卷二十），九、《毗卢綖经》，十、《六人綖经》（卷二十七），十一、《大爱道出家线经》（卷三十），十二、《增一线经》（卷三十一），十三、《大般泥洹经》（卷三十二）。由所引的经来看，可见本律集成时期是比较在后的。

有关本律的译本，有《摩诃僧祇律大比丘戒本》，题为佛驮跋陀罗译，又有《摩诃僧祇比丘尼戒本》，题为法显共觉贤译。《尼戒本》中众学法齐整着内衣条开为十条，齐整披衣条开为五条，少生草上大小便等二条，故《尼戒本》众学法为七十七条（明藏本内衣及披衣二条未开，多上树过人条，故为七十五条）。《比丘戒本》前有六念法，为余部戒本所无。二部戒本外，《出三藏记集》载有《摩诃僧祇部比丘随用要集法》，后汉失译，梁时已佚。

诸部戒本的传来，以《僧祇》为最早。最初汉地比丘受戒羯磨依《四分》，诵戒一直用《僧祇戒本》。比丘尼最初受戒，也依《僧祇戒本》和羯磨。至于《僧祇律》译出后即盛行，直至元魏之时北台法聪始罢讲本律而弘扬《四分》。宋慧询（375—458）、道营（396—478）、齐慧祐、慧光、隋灵藏（519—586）、洪迈等皆以善本律称，但均无疏释流传。唐初关中犹盛行本律，后乃衰微。

（隆莲）

十诵律

《十诵律》，六十一卷，后秦弘始六至七年（404—405），弗若多罗、鸠摩罗什共译。此律是古萨婆多部的广律，全书由十回诵出，故有此称。

本律传译经过非常曲折。初，罽宾卑摩罗叉专精《十诵》，在龟兹（今新疆维吾尔自治区阿克苏地区库车市）弘扬律藏，鸠摩罗什早年就从他学《十诵律》，382年凉州（今甘肃省境内）的吕光伐龟兹，携鸠摩罗什东返，而卑摩罗叉避地乌缠。后来罗什于姚秦弘始三年（401）到长安，同时有罽宾国的弗若多罗专精《十诵律》，也到长安。弘始六年（404）十月十七日集义学沙门六百余人于长安中寺，由弗若多罗诵出《十诵律》梵文，鸠摩罗什译为汉文，才完成三分之二，弗若多罗入灭。因当时所译只凭口传而无梵本，所以弗若多罗一去世，译事即行停顿。这时适有西域沙门昙摩流支也精于律藏，于弘始七年（405）到达长安，携有《十诵律》的梵本，庐山慧远乃写信请他和罗什续译，他遂与罗什共译此律成五十八卷。未及删订，鸠摩罗什又入灭了。鸠摩罗什生前，在乌缠的卑摩罗叉因闻鸠摩罗什在长安大弘经教，也来长安。及鸠摩罗什逝世后，他去寿春石涧寺讲《十诵律》，又补译出《善诵毗尼序》（或称《毗尼诵》）三卷，合鸠摩罗什所译共成六十一卷，方称完本。鸠摩罗什临终时说他所译经论三百余卷，只有《十诵律》一部没有来得及删除繁文，但保存了原来的语义，不会有什么错误，所以《十诵律》是鸠摩罗什自己认为契合原本的译作。

《十诵律》梵本，今未发见，惟早在库车出现有梵本《别解脱经》与《十诵律》中比丘戒本极为相近（1913年有刊本）。此外在西域地带发现的梵本中尚有与《十诵》相同之尼戒本及十七事的断片。

十诵律的内容：初诵（卷一至卷六）、二诵（卷七至卷十三）和三诵（卷十四至卷二十），包括四波罗夷法、十三僧残法、二不定法、三十尼萨耆法、九十波逸提法、四波罗提提舍尼法、一百七众学法、七灭诤法。四诵（卷二十一至卷二十八）包括七法：受具足戒法、布萨法、自恣法、安居法、皮革法、医药法和衣法。五诵（卷二十九至卷三十五）包括八法：迦絺那衣法、俱舍弥法、瞻波法、般荼卢伽法、僧残悔法、遮法、卧具法、诤事法。六诵（三十六至卷四十一）包括调达事、杂法（初二十法、中二十法、比丘尼法、后二十法）。七诵（卷四十二至卷四十七）为尼律，包括六法。八诵（卷四十八至卷五十一）为增一法，包括一法至十一法。九诵（卷五十二至五十五）为优婆离问法。十诵（卷五十六至卷五十九）包括比丘诵、二种毗尼及杂诵、四波罗夷、僧伽婆尸沙法。最后附善诵毗尼序（卷六十至卷六十一），分四品：前二品述结集的始末，后二品集录有关羯磨、说戒、安居、衣食、医药、房舍等的开遮。这样《十诵律》将受具足戒等十七事部分糅述在僧尼律中，是它特有的结构。

此律为说一切有部所传，后来唐义净广译根本说一切有部律，他认为根本说一切有部的律仪轨则大旨与《十诵律》相似，但他又说《十诵律》也不是根本说一切有部。我们知道说一切有部是佛灭后第三百年初自上座部分出。据清辨传说，根本说一切有部又是后来从说一切有部分出来的。因此，《十诵律》应较根本说一切有部律为古。我们试将义净所译各种律文与《十诵律》比较，如义净译《根本说一切有部毗奈耶》五十卷（702年译）和《根本说一切有部苾刍尼毗奈耶》二十卷（710年译）相当于《十诵律》的比丘及比丘尼戒法，但净译内容稍广，而法数也有删订的现象，如众学法的学处数目，《十诵律》作一百七，而净译本作九十九。又义净译《根本说一切有部出家事》四卷、《随意事》一卷、《安居事》一卷、《皮革事》两卷、《药事》十八卷、《羯耻那衣事》一卷，相当于《十诵律》的犍度法的受具足戒、自恣、安居、皮革、医药、迦絺那衣等法。又义净译《根本说一切有部毗奈耶破僧事》二十卷、《杂事》四十卷、《尼陀那》五卷，相当于《十诵律》的杂诵中调达事、杂法和增一法的前半。两译对照，内容大纲是两者一致的，可知其同属一系而非异部。但净译本缺乏相当于《十诵律》犍度分中的布萨法、衣法、俱舍弥法乃至净事法等七法，而藏文译本有部律中则有从出家事至破僧事的十七事，依此知净传根本有部律还不完备。又义净译律文比《十诵律》繁广，而且多载《十诵律》所无的本生因缘等事。关于此点，《大智度论》卷二说优波利结集毗尼法藏，以二百五十戒义作三部（《十诵律》初、二、三诵）、七法（四诵）、八法（五诵）、比丘尼毗尼（七诵）、增一（八诵）、优波利问（九诵）、杂部（六诵）、善部（十诵），内容大纲和《十诵律》相同。又据《出三藏记集》卷三《新集律来汉地四部序录》说，律文本有八十诵，大迦叶传承以后至第五师优波掘始删为十诵，这是以十诵为八十诵的略本。又《大智度论》卷一百说，毗尼有八十部，也分二种，第一是摩偷罗国所行的毗尼，包括阿波陁那（譬喻）、本生、有八十部；第二是罽宾国毗尼，除却本生、阿波陁那，但取要用者为十部。由此看来，义净译本与摩偷罗国所行广释相合（有譬喻、本生），而罗什译的十诵律与罽宾的“取要用者”相当，它之名为“十诵”当是依此分部标目的，这由各诵间长短相差极大（极少四卷、极多八卷）可以推知。

《十诵律》较现行的根本说一切有部各律更为原始，这由原始佛教的流传状况也可加以推定。罽宾本为阿难弟子末田地传教之地。末田地同门舍那婆私则传教于摩偷罗，舍那婆私的弟子优波笈多也毕生传教于该地。优波笈多既曾删订旧律，以后摩偷罗国的大天又以五事引起僧伽中的诤论，上座僧徒尽迁罽宾，这应当是《十诵律》流传罽宾的原因。由此也足证《十诵律》为现行较古的一部广律。

此律在古代本为口口相传，402年法显在南亚次大陆北部求戒律时，各地的戒律仍然是“师师口传，无本可写”。同时，弗若多罗来长安和鸠摩罗什共译《十诵律》时，由翻译的情况来看，可知也未有原本。后来，昙摩流支来长安，就带来有《十诵律》的梵本。在这以后二十年间，中国陆续译出了好几部广律，如法藏部的《四分律》（410—412年罽宾佛陀耶舍译，六十卷）、大众部的《摩诃僧祇律》（416年佛驮跋陀罗共法显译，四十卷），化地部（弥沙塞部）的《五分律》（原本法显由师子国取来，423—424年罽宾佛陀什译，三十卷）。据《异部宗轮论》，法藏部出于化地部，而化地部又是佛灭第三百年中从说一切有部分出。又据清辨的《异部精释》，化地、法藏、铜鍱（南传上座部）、饮光（迦叶毗部）同属分别说部而非上座部的正统。《十诵律》既来自说一切有部的根据地罽宾，因此，它在戒律中可说是较为原始的文献。关于本律的传承，僧祐的《萨婆多部记目录序》（见《出三藏记集》卷二）列有两个系统：一系是大迦叶以下至达摩多罗五十三人次第相承，另一系是阿难以下至佛大跋陀罗的萨婆多部六十人次第相承。

此律译出后，卑摩罗叉曾携至江陵（今湖北省荆州市）弘扬，江左慧猷从他受业，大明《十诵》，为一时宗师，著有《十诵义疏》八卷。同时，有河内僧业（367—441），在长安从鸠摩罗什受学，专攻《十诵》，后弘法于姑苏（今江苏省苏州市），并依新的大本《十诵》改正《戒心》文句，成为一种通行的戒本。还有赵郡慧询（375—458）也从鸠摩罗什受学，善《十诵》和《僧祇》，曾重制条章。后在广陵（今江苏省扬州市）大开律席。又有宋京慧观，曾在江陵听卑摩罗叉讲说《十诵》，记录有关律制轻重各说成书两卷，携归建康，江南僧尼，竞相传写。又僧业的弟子慧光、僧璩，继承僧业的学风，常讲此律；僧璩并撰有《僧尼要事》两卷。又有慧曜、昙斌、僧隐、成具、超度（著《律例》七卷）、法颖（416—482）撰《十诵戒本》并《羯摩》等，法琳（？—495）、智称（430—501、著《十诵义记》八卷）、僧祐（445—518，著《十诵义记》十卷）、道禅（458—527，交趾人）、昙瑗（著《十诵疏》十卷，《戒本》《羯磨》疏两卷）、僧辩、法超（456—526）、智文（509—599，撰《律义疏》十两卷《羯摩疏》四卷，《菩萨戒疏》两卷等）、道成（532—599，著《律大本羯磨诸经疏》

三十六卷）等人都祖述《十诵律》，著述弘扬，其中尤以智称最为知名，为当时所宗仰。梁慧皎曾总结《十诵律》在中国的流传状况说，虽然诸部的律文都已传译，而《十诵律》一本当时在东国（今中国东部江淮一带）最为盛行。

上文所述各代律家有关《十诵》的著述，只有刘宋僧璩所撰《十诵羯磨比丘要用》一卷尚存，其中载受三归五戒文、受八戒文乃至僧中说清净文等，是从《十诵》犍度法中的受具足戒法、布萨法、安居法，以及尼律单堕法、善诵毗尼序等中抄出羯磨等文而成。此外，与《十诵律》有关的律部，译为汉文的现存有《萨婆多毗尼毗婆娑》九卷，失译，是比丘戒法中除众学法余七法的随释。又刘宋时僧伽跋摩译《萨婆多部毗尼摩得勒伽》十卷（435年译），又名《摩得勒伽经》，补说增一法、优婆离问法及比丘诵，且列优婆离问法中的一些要目。又《大沙门百一羯磨法》（又名《大沙门羯磨法》或《百一羯磨文》）一卷，失译，内容相当于十诵犍度法中的布萨法、自恣、医药、衣、迦 那衣、僧残、悔等法的羯磨文。

（郭元兴）

律经

《律经》共有二千七百颂，分为九卷，印度德光论师所造。作者德光论师，印度摩觇罗国人，约在六世纪时生于大婆罗门家。自幼善学一切明论，在根本说一切有部出家受具，又从世亲论师学习声闻乘三藏经典及诸大乘经论，通晓诸部律藏，为室利诃罗沙王师。后住摩觇罗国阿伽罗补利寺，广弘律教，撰成本书。其弟子中能诵持全部律藏的有五百人，著述《律经大疏》的法友论师，即是他的上首弟子之一。

本书总摄根本说一切有部律的要点，依出离戒广释一切应止应行的学处，是声闻乘增上戒学的宝库。唐代义净赴印求法，亦甚推重此书，以为有再弘律藏之功。

根本说一切有部律藏，总分四部，一、十七事，二、辩阿笈摩，三、杂事，四、胜教（亦名上教）。十七事中，广说出家、受具、布萨、安居等一切应行之事。辩阿笈摩中，广释比丘、比丘尼所受的别解脱戒。杂事，则对于上两部中所未说及之琐碎细节，补充说明。胜教有《邬波离问》等十种小品，对于前两部中诸问题，详细抉择断疑。故前两部如本事，后二部似是抉择。

《律经》的组织，即以十七事与辩阿笈摩中所说的别解脱戒为基础，于每一事或每一戒之后，如杂事及胜教有所补充，即依次抉择之。如第一段，说明出家受戒时，先叙“出家事”中的各种学处，次叙“杂事”乃至“胜教”中所说关于出家的各种学处。又如解释苾刍戒时，先叙“辩阿笈摩”中所说的戒相开遮，再叙“杂事”乃至“胜教”中有关该戒的开遮学处。

《律经》一书系依未受戒者先应如何受戒，受戒之后当如何防止犯戒，以及如何奉行出家人的生活行持等的次序而组织。故最初广说十七事中“出家事”，次乃解释“辩阿笈摩”中所释的苾出和苾刍尼的别解脱戒，最后解释十七事中余十六事，此十六事又分为五类：

一、净治学处事，此有三事，即布萨事，安居事，解制事。二、依乐住缘事，此有四事，即羯绨那衣事，衣事，皮革事，药事。三、作事方便，即羯磨事。四、还净忏悔事，此有七事，即忏悔事，摄时非时事，住余处行事，净治事，破羯磨事，破法轮事，诤事。五、所依卧具事。总此律藏大义，又可归为三大类：一、未得戒者如何受戒类，即“出家事”及“杂事”等中有关出家的法则等。二、得戒后如何守护不犯和端正生活类，即“辩阿笈摩”中所释各戒，和十七事中属于衣、食、卧具的学处等。三、如有毁犯，如何忏悔、息灭之类，即十七事中忏悔等七事。

《律经》的主要内容，兹再分述如下：

先明造此《律经》的目的是令行者证得解脱涅槃之果，其能得涅槃之方法为戒定慧三学，其中戒学最为根本。而戒学中，主要是七支远离（谓离“非梵行”“不与取”“杀生”等三支身恶行，和“妄言”“离间”“粗恶语”“绮语”等四支语恶行）和眷属（不饮酒等即是远离之眷属）。而本书即是广明佛徒为求得何等果，当修何等道，以及用何种心念，如何防护戒律等事。

次明未受戒者如何受戒，广说前后各种出家受戒的方法，出家者应具备之条件，不许出家受戒之障缘，以及出家受戒后如何依止师长，与僧伽共住，日常生活的细则等。

次明受戒之后所学的学处，分为两大类：一、应遮止的学处，二、应修习的学处。初应遮止的学处中，先广说苾刍五苾戒相，就一一戒条详加抉择。次别说苾刍尼的五篇戒相。后以《邬波离问》广抉择犯不犯戒、与所犯轻重等各种差别。此中苾刍的二百五十三条戒中，有些条沙弥作了不成犯戒，或成犯戒等，都以此为据。其次所应修学的学处凡有五类。

第一类净治学处事中有三事。一、布萨事，明出家受戒后不应虚度时日，应求闻思，住远离处精勤修习止观等，并广说住远离处如何修行，依何等伴友，正修行时作何种威仪，修何等道，希证何果等。又于半月半月中当诵《别解脱戒经》，检查身心对于二百五十三条戒相有无毁犯，常应起防护心，不使毁犯。二、安居事，明出家者于夏季三月中，当住寺中勤修静虑。不应游方，以防房舍损坏等自身遭遇灾难及践踏有情生命，并说明如何安居之法，及安居其中之制度等。三、解制事，说明先在安居其中僧众所得衣物不许分配，见他人犯戒暂不举发等制度。到安居期满时则解除彼制，可依据见闻疑三根，互相举发犯罪（戒），如法忏悔，所有安居中的衣利等，也须平分，以后往各处游方参学。

第二类依乐住缘事中有四事。一、羯絺那衣事，说明苾刍在安居中修行疲劳，于解制后为使游方便利，僧众共张羯絺那，即可少携衣物轻装游行。关于衣服饮食等律条，对张羯絺那衣者也多有开许。二、衣事，广说如来听许苾刍用的生活资具，如三衣材料、尺寸、形状、颜色及守持方法等。三、皮革事，说明苾刍在雪山区等寒冷地域及在边方国土，听许着靴鞋等。但不许着长筒皮靴及有花彩、金银等装饰的。又为明目故听许用熊平等。四、药事，说明苾刍可用四种药，谓时药、更药、七日药、尽寿药。又详明四种药的体相，守持方法，各种药服用时间的界限，及以何种观念受用彼药等。

第三类作事方便即羯磨事，说明苾刍所作的羯磨，总分三种，谓单白羯磨、白二羯磨、白四羯磨。又说明传沙弥戒和苾刍戒时如何作羯磨，布萨、安居、解制时如何作羯磨，加持资具、忏悔“僧残”、忏悔余罪、加持净厨等时如何作羯磨等。

第四类还净忏悔事，共有七事。一、忏悔事，广说犯僧残罪如何忏悔，犯舍堕、单堕、别悔、恶作等罪，如何忏悔。又说明僧残根本罪及粗罪的如何忏悔等。二、摄时非时事，详细抉择如何成复罪，或不成复罪，及如何忏悔复罪的方法等。三、住余处行事，说明行波利婆娑和摩那埵等住余处者，在僧众中当以何威仪作何等事，不应受本性地苾刍的礼敬承事等。详明住余处者的行法。四、净治事，广明对何等人何等事如何举发犯罪，使其忏悔清净等。五、破羯磨事。六、破法轮事，总说明破坏僧伽，破法轮事唯起于佛在世时，破羯磨，则佛灭后，烦恼强盛时易于发生。但破坏僧伽之罪尤重于犯根本戒罪，能使佛法隐没故。七、诤事，说明僧众中起诤的四种原因和诤的四种差别，息灭诤的方法等。特别说明由嗔恨心互相毁訾，斗诤不息，损害自他，造成重罪，烧毁善根，应当防护等。

第五类卧具事，说明佛弟子众如何恭敬大师，在僧众中如何礼敬亲教师和轨范师，戒腊小者如何礼敬长者，对谁应礼对谁不应礼，何时可礼或不可礼，及礼拜之仪式。又说明如何修建寺宇，寺房如何绘画，如何供塔及不离大师像等。最后，总叙略教，谓佛以前未开未遮之事，分别清净与不清净，可不可行等事。此略教文约义丰，可随事类比，详加研究。

《律经》梵文原本似已散佚。现存藏文译本，系第九世纪时根本有部律师胜友及度语龙幢所译，今在丹珠尔中。唐代智弘律师赴印求法，曾就名师学习此书，随听随译，但未传播，仅一见于义净《求法高僧传》的记载而已。

《律经》的注释，在藏文论藏中有德光论师自造的《律经注释》一万四千颂。又有法友造的《律经大疏》二万一千颂，七十卷。有般若迦罗造的《律经注》，另有《律经略解》一种，传为德光论师自造，但可能是西藏人假托。

西藏历代大德所造的注释很多，措拿瓦所造的《律经释日光论》、和僧成造的《律经密意释宝鬘论》，尤为现在西藏学习《律经》者必须参考的资料。其余西藏各大寺院中，各有所依据的注疏，不胜枚举。

（法尊）

十地经论

《十地经论》，世亲造，内容是解释《华严经》中的《十地品》义。在中国有汉、藏两种文字译本。汉文译本作十两卷，由菩提流支、勒那摩提同译，佛陀扇多传语，于508年夏译出。藏文译本，由藏族译师智军、德积和古代印度的妙吉祥藏、慧胄同译，译出年代不详，大略在八世纪后半。

本论作者世亲本来是小乘学者，后在阿瑜陀国听人读诵《十地经》而信仰大乘（《西域记》卷五，多罗那他《印度佛教史》第二十二章）。他所作的这一部论在中国佛教教义发展史上曾起过相当的作用。汉译者菩提流支和勒那摩提原来都是世亲一系的学者，世亲和安慧的著述最初由他们传到中国。《历代三宝纪》依《宝唱录》说此论原来是流支和摩提分别翻译，后人合为一本，但依崔光所作论序，未有此说。

本论的内容：汉译本卷一至卷三，释十地中的初欢喜地，分为序分、三昧分、加分、起分、本分、请分、说分，较量胜分八分。卷四释第二离垢地，分为发起净分、自体净分二分。卷五释第三明地，分为起厌行分、厌行分、厌分、厌果分四分。卷六释第四焰地，分为清净对治修行增长因分、清净分、对治修行增长分、彼果分四分。卷七释第五难胜地，分为胜慢对治分、不住道行胜分、彼果胜分三分。卷八释第六现前地，分科和五地相同，在前第四地中所说的是对治由于人我执引生的悟解法的增上慢，第五地中说对治在清净中相续不同的增上慢，而在这第六地中则说对治由于法我执所成的杂染清净分别的增上慢。卷九释第七远行地分为乐无作行对治、彼障对治、双行、前上地胜、彼果五分。卷十释第八不动地，分为总明方便作集地分、得净忍分、得胜行分、净佛国土分、得自在分、大胜分、释名分七分。卷十一释第九善慧地，分为法师方便成就、智成就、入行成就、说成就四分。卷十二释第十法云地，分为方便作满足地分、得三昧满足分、得受位分、入大尽分、地释名分、神通力无上有上分、地影象分、地利益分八分。

《十地经》文比较难解，梁《高僧传》卷二《佛陀耶舍传》记鸠摩罗什译《十住经》（即《十地经》）时，疑难犹豫一个多月未能动笔，后来他的师父佛陀耶舍来到长安以后，两人共同讨论才明确了词句义理。世亲这部释论不仅使经文的义理得以纲举目张，而且从经文中发掘出许多新义为后来大乘教义发展的张本。

首先，论中举出六相以释经文中各种十法的意义。这六相是从初地菩萨第四愿中菩萨方便行的经文提出来的。汉译论文（卷一）所举六相之名为总相、别相、同相、异相、成相、坏相。这六相的释义在后来华严宗的著作中得到广泛的应用。

其次，论中解释五地菩萨为饶益一切众生要善知世间的一切文字、学术等，对于这些世间的学术，如文字、论典、算术、医方等，特别说明是人类为了消除外界的各种障害的对治。这种说法体现了《华严经》文（八十卷本，卷三十六）的含义，使佛法和世法有所会通。

最后，论中解释有支缘起和大乘观法（第六地）。如卷三释缘起（原译作因缘）有三类：一、自相，包括名色至有；二、同相，即生、老、病、死等过患；三、颠倒相，指众生不觉为我我所而受苦恼。此中自相又有三种：（一）异熟相（原译报相），即与名色俱生的阿赖耶识；（二）彼（指阿赖耶识）因性相，即指名色，与彼不离故，又依彼共生起故；（三）彼果次第相，即从六入至有各支。卷八释六地时，则依缘起（原译“因缘集”）立三种观门：一、成立、答难和相的建立，这也叫作有支相随（原译次第）缘起观。二、胜义谛的建立，即指经文“三界唯心”。三、世俗谛的建立，又分六观：（一）杂染依止观，所谓十二有支皆依一心。（二）因观，又分他因观、自因观二种。（三）摄过观，即以烦恼道、业道、苦道三者摄苦因苦果。（四）护过观（断除过患），说防护三种过患。（五）不厌厌观，对于细苦粗苦心生厌离。（六）深观，依龙树《中论·观因缘品》“诸法不自生”一颂而作解释。此外，论中又举大悲随顺观，分四种：一、愚痴颠倒，摄成立、答难、相观；二、余处求解脱，摄胜义谛观和杂染依止观，指凡夫不知三界唯心，不于阿赖耶及转识中求解脱，而于余处我我所中求解脱；三、异道求解脱，摄因观至不厌厌观；四、求异解脱，摄深观。又举一切相智分别观，分九种，亦如上相配合。

本论自译出后即由道宠、慧光等宏阐发扬而形成地论学派，在六世纪中分为南道、北道两派，盛极一时（参见本书第一册“地论师”条）。后来，本论义理为一部分禅家所吸收，并促成中国初唐时华严宗的成立（贤首的《探玄记》引用本论甚多）。又本论释经，纲举目张，要言不烦，对后来注释经典的体裁颇有影响。

本论的注疏，有隋慧远的《义记》十四卷（现存八卷）。唐法藏也有《疏》若干卷，佚名《注十地论》二十卷（以上佚）。佚名《十地五门实性论》六卷（现存一卷）。又敦煌出土古写本中有北周保定五年（565）写本法上后记的《十地义疏》第三卷，释论之初地后半及第二地。国外也藏有敦煌写本释初地一部分（缺首尾）的《义疏》（笔迹与上本相同）和《十地义记》卷第一的另本（敦煌写本）。以上三种都收于大正藏第八十五卷内。

（郭元兴）

佛地经论

《佛地经论》七卷，亲光等菩萨造，唐代玄奘译。相传亲光是护法门人，丹珠尔收有戒贤造的《圣佛地经释》一部和本论基本部分相同。

玄奘自贞观十九年（645）正月二十四日到长安以后，五月二日即开始翻译。初翻《大菩萨藏经》二十卷，七月十五日又译《佛地经》一卷（辩机笔受），显然是以这两部经为菩萨学行的纲领。以后即广译《显扬》《杂集》《瑜伽师地》《摄大乘》《因明》《菩萨戒》《唯识三十》《识身足》等论，到贞观二十三年（649）八月都已完成，跟着就译出《佛地经论》（大乘光笔受，同年十二月二日至二十四日），可见玄奘是以此论为瑜伽系学说的总结的。

本论的解释佛果是阐发三身的说法的。大乘中三身之说虽早已兴起，而自这一部经论问世以后，关于佛果的境界才完全明白了。

本论详析佛果的境界，用五法摄佛地。所谓佛果，在弥勒和无着的论著中是以断果和智果摄尽的。本论以清净法界为断果，以摄佛地的无为功德，而清净法界也就是真如的异名。经文以十虚空喻释难抉择，论文依之广释。

又分智果为四，以摄佛地的有为功德。初、大圆镜智，由第八识转依所成，能任持佛地一切功德，穷未来际无有断尽，用十圆镜喻显示其义。次、平等性智，由第七识转依所成，常与大慈大悲相应，无住涅槃即依此智而建立，受用身土的影像也由此智所示现，是妙观察智的不共所依，要通过十地的修习才能圆满成就十相。三、妙观察智，由第六识转依所成，能任持一切陀罗尼门、三摩地门，在大众会中说法断疑，于此列举有十种因来辨明它的相貌。四、成所作智，由前五识转依所成，能在一切世界随应示现佛变化事，利乐一切有情，依这一智的业用成立如来化身，于此列举有十种化以明其相。

本论开始曾解释大觉是佛，具三种身，即自性身、受用身和变化身，而佛地则是佛身所依、所摄、所行的境界。本论把佛地的一切功德摄入五法加以阐明后，佛的三身的意义也自然确定下来。这比较旧日义学只就佛身来理解，在义理上有很大的发展。本论卷七曾出五法与三身相摄之义有二异解，如下表：

- 一解
  - 自性身 —— 清净法界、大圆镜智
  - 受用身 —— 平等性智、妙观察智
  - 变化身 —— 成所作智
- 二解
  - 自性身 —— 清净法界
  - 受用身 —— 自受用身、他受用身 } 四智自性相应共有及为地上菩萨所现 —— 分细相
  - 变化身 —— 为地前菩萨所现 —— 分粗相化用

三身与五法配合之间之有异说，正说明《佛地论》的学说，在古代印度六世纪或其以前的古代印度瑜伽系中已发展到了相当的阶段，并引起不同的理解。作者亲光菩萨更承着这些研究成果而撰成此论，对于佛的果德，作出了比从前更为精密周详的阐明，这是本论的最大特色。以后关于佛土的问题在玄奘门下窥基的著述中更有圆满的抉择。

经末有四颂总摄经义，论文以最末两卷广释，颇多精要，如真如义、二障义、断惑义、化业义、三身差别义、三身形量义、如来三身有别无别义、如来化缘共不共义，等等，都足使历来纷纭隐晦的疑难得到明确的解决。至于四颂颂文也见于《大乘庄严经论·菩提品》。

本论的内容，从比较《成唯识论》和藏文译本《圣佛地经释》的研究上，可以推定其中的义理是本于护法，成于戒贤，而广于亲光的。从古代

印度佛教的发展过程来说，自龙树以至陈那数百年间大乘佛教有很大的转变，本论是总结这一时期关于佛果问题的一部成熟的作品。本论自玄奘译出后，唐代靖迈著有《注疏》六卷，现存写本。又有智仁《疏》十四卷，神泰《疏》四卷，均已散佚。

（郭元兴）

大智度论

《大智度论》一百卷，龙树造，姚秦弘始四年（402）夏，鸠摩罗什于长安逍遥园中西明阁上创译，至七年十二月二十七日乃讫（见《大智论记》和《开元释教录》）。此论是解释《摩诃般若波罗蜜经》（也称《大品般若》，即一再翻译过的《放光般若》《光赞般若》和后来唐玄奘译的《大般若经》第二分）的论著。首缘起第一，略述佛说摩诃般若波罗蜜的因缘。继释经初其中如是我闻一时第二，乃至释初其中信持无三毒第五十二，是为释《序品》第一。顺次以下释《报应品》（《即奉钵品》）第二，乃至释《嘱累品》第九十，是为释摩诃衍（大乘）论。般若波罗蜜，摩诃衍一义，但名字异（论卷四十六）。摩诃衍空般若波罗蜜亦空，空又一故（卷五十二）所以，《大智度论》释般若也就是释摩诃衍论。《龙树传》说他著有《优菩提舍》（论议）十万颂，这种体裁是解释经文并加以发挥的，可能就是指的《大智度论》。

鸠摩罗什译《大智度论》不久，又兼译《大品般若》，首先对旧译用原文作了订正，以后又据《大智度论》再次改动经文，并从经本楷定论义。如于《大品般若》品目名称的确定，就是以释论精神作依据，对《光赞》《放光》的品目有所整理改订，把《序品》之外的各品都改动了，一方面对旧本略有开合，另一方面改订了一些品名。在改订中还可以看出贯彻龙树释论的精神之处。最明显的要算第七品。罗什名这品为《三假名》（法假、受假、名假），而《放光》名为《行品》，《光赞》名为《分别空品》，玄奘译的《大般若经·二分》又标《善现（须菩提）品》，都不能像鸠摩罗什用“三假”一名那样能表现出这一品的主要内容。三假不仅是这一品的中心，也是全经的中心，在龙树看来，般若的整个精神就在以假成空，以假显空。主要以三假贯彻于般若的全体，从而构成空观。《大智度论》对般若学的重要于此可见。

此论的译本一百卷，尚非全译。僧叡在《大智释论序》中说：“论之略本有十万偈，偈有三十二字，并三百二十万言。胡夏既乖，又有繁简之异，三分除二，得此百卷，于大智三十万言，玄章婉旨朗然可见。”只有论的初品三十四卷解释经文初品的一品，是全译出的。二品以下，鸠摩罗什认为华人喜简，不习惯于烦琐议论，只略取其要，以释经文大意，不再备译广释，仍有一百卷。因为经文初品主要阐述名相事数，恰是二百多年来中国佛学家一直搞不清楚的问题，详译出来，原原本本地加以解释，就可适应学者研究的要求；至于其余阐明义理部分，简化一些也无妨，因此删节不少，三分除二。

此论的体裁，《大智释论序》中说：“其为论也，初辞拟之，必标众异以尽美；卒成之终，则举无执以尽善。”就是说光举出对法相的各种不同解释，以此为尽美；最后归结为无相、实相，以此为尽善。这种方法在论的初分尤为明显。龙树所著的《大智度论》等书中，大小乘的最初交涉，历历可见。

一、龙树所讲的空，是般若波罗蜜的中道实相，以二谛相即来解释实相，从真谛来看是空，从俗谛来看是有，既看到空，也看到非空，同时又不着两边，便成为非有（空）非非有（非空）的中道，即般若波罗蜜。所以，论第十八卷中说：“若人入此三门，则知佛法义不相违背，能知是事即是波罗蜜力，于一切法无所罣碍。若不得般若波罗蜜法，入阿毗昙门则堕有中，若入空门则堕无中，若入蜫勒门则堕有无中。”可见龙树所主张的是中道实相。

二、此论性质本非毗昙，当时大乘无独立毗昙，其分别法相所资自必取诸小乘。不同小乘的意义而同小乘的体例。《智论》于小乘毗昙引文不下三十余处（参照吕澂《阿毗达摩泛论》）。

三、大乘小乘对举，境行果三法法皆对。大小乘有以境为对的：声闻乘多说众生空，佛乘说众生空法空（卷四）。声闻中无犍闼婆城喻，有种种余无常喻；色如众沫，受如泡，想如野马，行如芭蕉，识如幻等（卷六）。大小乘有以行为对的，阿毗昙义中，是空解脱门缘苦谛摄五众，无相解脱门缘一法所谓数缘尽，无作解脱门缘三谛摄五众。摩诃衍义中是三解脱门缘诸法实相，以是三解脱门观世间即是涅槃（卷二十）。大小乘有以果为对的，声闻极大思惟所断结生分住分灭分三时断；佛则不尔，一生分时尽断。声闻人见谛所断结使生时断、思惟所断三时灭、佛则见谛所断思惟所断无异。声闻人初入圣道时，入时与达时异，佛则一心中亦入亦达。声闻人有二种解脱，烦恼解脱少障解脱，佛有一切烦恼解脱，亦有一切法障解脱，佛自然得智慧，诸声闻人随教道行得（卷二十四）。

四、小乘也说大乘，慈以乐与众生故，《增一阿含》中说有五功德；慈心于《摩诃衍经》处处说其功德，如《明网菩萨经》中说菩萨处众生中行三十二种恶，渐渐增广转成大悲（卷二十）。

五、大乘不离小乘。三十七品，三三昧等皆声闻法，菩萨用三十七品到涅槃城，用三三昧入城三门，而以四禅、四空、四无量、八背舍、八胜处、九次第定，十一切处试心知得柔软自在，随后能入。

六、般若必以空为用。佛法中不可得空，于诸法无所碍；因是不可得空，说一切佛法十二部经，譬如虚空，本无所有，而一切物皆依其长成（卷二十五）。

七、同一事而有二种意义。般若有两种，一与诸天声闻菩萨共说，二与十住具足菩萨说（卷三十四）。无所得有两种，一所求不如意名无所得，二实相无决定名无所得（卷十八）。

八、备举两端。诸佛两种说法，先分别诸法，后说毕竟空（卷二十六）。法亦有二种，一者三藏十二部法聚，二者三学圣道解脱涅槃法义（卷二十二）。观相有二种，一者观一切法有相，地重水湿风动火扬；

二者观一切法无相，和合因缘生无自性（卷十八）。菩萨行有二种，一者观一切法自性本空，二者从不舍离一切众生（参照欧阳渐的《大智度论初品序》）。

《大智度论》于释义中，旁征博引，保存了许多已散佚而有价值的论议。例如，罗睺罗的《赞般若偈》二十一颂，对般若性德的各方面描写得很彻底，特别第四颂把佛、般若、涅槃统一起来，认为是“三则一相，其实无有异”。又第十六颂：“言说为世俗，怜悯一切故，假名说诸法，虽说而不说。”提出说而不说，把俗谛和真谛统一了起来。

《蜫勒论》失传难考，《智论》卷十八谓其中有随相门、对治门等种种诸门。随相谓：“但说自净其意，则知诸心数法已说；但说四念处，当知已说四正勤等余门。何以故？同相同缘故。对治门如但说四颠倒，当知已有四念处义，譬如说药已知其病，说病已知其药。”由此可推知《蜫勒论》门的一般体例。

龙树的《大智度论》《中论》《十二门论》和提婆的《百论》这四部论，构成一个完整的体系，各论之间有着内在的联系。例如，僧叡在《中论序》中说：“《百论》治外以闲邪，斯文祛内以流滞，《大智释论》之渊博，《十二门》观之精诣，寻斯四者，真若日月入怀，无不朗然鉴彻矣！”在《大智释论序》里，僧叡更详细地说到这一组织的内在关系：“释所不尽，则立论以明之；论其未辨，则寄折中以定之；使灵篇无难喻之章，千载悟作者之旨，信若人之功矣。”就是说，《智论》是依经作释，解释不能完全穷尽义理，因而立论以明之。“论”指《中论》《十二门论》《智论》所没有完全讲清楚的，《中论》等则以“折中”（即中道）的思想予以决定。换句话说，三论全部归宿于中道。

后来，隋吉藏创立三论宗，弘扬关河三论，不把《大智度论》列入，也是因为“秦人好简”，就把百卷大部的《智论》除外，而四论的整个学说体系不算完备，实为可惜。

东晋慧远曾把《智论》节抄成二十卷的略本，在《大智论抄序》中说：

“辄依经立本，系以问论，正其位分使类各有属。谨与同止诸僧共别撰以为集要，凡二十卷，虽不足增晖圣典，庶无大谬。”这也是为了适应华人好简的习惯，可惜仅存载在《出三藏记集》中的序文而已。注《智论》的书有南北朝时蜀地潼州迁善寺沙门释慧影抄撰的《大智度论疏》，但已残佚，仅存第一、第六、第十五、第十七与第二十四卷，也不完全。

（李安）

现观庄严论

《现观庄严论》，弥勒造。他著了五部论书，《现观庄严》就是其中的第一部。弥勒的书都由无著传述而流传，但这一部似乎流行比较迟，所以以翻译介绍弥勒、无著学说著称的玄奘法师，就没有提到它。

《现观庄严论》是解释《大般若经》的。它用《优菩提舍》（论议）的体裁，将经文逐段的大意，写成提纲，归纳在各种句义之内，并不拘于字句的解释。《大般若经》内容很复杂，玄奘法师的译本有十六会，即十六个部分。其中最基本的，是开头的五部分。《现观庄严论》所解释的相当于第二分，即《二万五千颂般若》。这一分前后流传的本子也略有变化，论中写出的纲要和晚出的本子最吻合。多罗那他的《印度佛教史》里就有一段传说，提到世亲的门人圣解脱军先感觉论文和经文不相应，后来在波罗奈斯见到南印普陀洛传来的《二万颂八品般若经》，才解决了这一疑问，原来论文次第是和那部经符合的（见《印度佛教史》第二十三章，德格版第六十八页）。现存的《二万五千颂般若经》梵本也就是这一种本子，所以写本常在前面附有《现观庄严论》颂文，而本文的段落也依论中的句义条目区分，并在逐段末尾注了出来。

《现观庄严论》全部分为八品，共二百七十四颂。除掉开头的归敬颂用豹戏调，又最后一品内有五颂用天帝杵调而外，其余都用赞颂调。八品是：一、《一切相智品》（七十三颂），二、《道相智品》（三十一颂），三、《一切智品》（十六颂），四、《现证一切相品》（六十三颂），五、《顶现观品》（四十二颂），六、《渐次现观品》（一颂），七、《一刹那现观品》（五颂），八、《法身品》（四十颂）。在八品前有归敬颂一颂，最后有总结两颂。

就在第一品的一、二颂里说明了为何造论，三、四两颂标出了八句义，总括一经的纲领，第五颂到十七颂细列各句义理的条目，一共有七十义。以上可称为本论的序分。从此以下到论末，分品解说七十义的详细内容，其中更有许多细目，并夹有旁论解释疑难等。

本论这样的组织，完全是从实践方面即从如何修行成佛的全部过程来理会《般若经》的。所以用当前实证的“现观”来做论名。“庄严”是一种文体，也含有如实开示道理的意义（见《瑜伽师地论》卷六十二）。八品的次第依着狮子贤的解释是这样：为了求得佛果的菩萨应该普遍知道一切法相，所以最初就举出果位的一切相智性来做目标。一切相智须遍知声闻等道才成就，所以其次说道智。道智又须遍知一切事才成就，故又说一切智。由此为了对这已经了解的三类智能够完全自在而修习，先总的得着概括相、道、事的一切相现等觉。其次由迈进的方法而修习达于最胜的边际，得着顶现观。又次对已知道的义理或分或合，整理、巩固来修习，得着次第现观。再加以充分修习，最后证得一刹那现观。次一刹那即证得究竟的法身。这是八其次第相生的意义，也概括了二万五千颂般若全经的全貌。

八句义还可简化为六句和三句，这是在本论最后两个结颂所说的。六句是包括三种智的相，它的加行（这指一切相现观，即修行的总体），加行的极点（顶加行），加行的次第（渐次加行），加行的究竟（一刹那现证），加行的异熟果（法身）。三句义更为简略，乃是将八句合并为境（即修行时智慧所思虑的境界）、行（种种修行）、果（修行之所得）三者。

《现观庄严论》以这样整齐的条理解释般若全经的内涵，明白地指出大乘修行的全程，价值是很大的，并且它所依据的理论和弥勒其他著作从瑜伽一系唯识道理出发的又有不同。它处处都用般若性空的说法（如第一品二十八颂—三十一颂、七十二颂，第三品十二颂，第四品十一颂、五十九颂、六十三颂，第五品十八颂、二十一颂等）。所以，藏文学者说它属于中观的学说一类，宗喀巴更以为它和后来月称一系的见解即应成派相通。宗喀巴还说从前大师们注解《般若经》的虽有陈那、齿军等，但都不是依据中观宗的，不能当作般若经根本的注解，只有《现观庄严论》显示经中修证之道，和龙树《中论》阐明性空道理的相照应，才有重要的意义。

《现观庄严论》在古代印度流行之后就受到学人的重视。最初有世亲弟子圣解脱军替它作注解，接着他的弟子大德解脱军也作了注解，这两人生在四世纪中到五世纪初，而活动于中印度一带。后来到了八九世纪时，东印度波罗王朝达磨波罗王（在位年代约770—810），特别推重《般若经》，他的王师狮子贤龙以精通《般若经》和《现观庄严论》著名。他著有解释此论的四种书，其中的《现观庄严般若波罗蜜多教授论释》（也称为《发明义理疏》）和《八千颂般若波罗蜜多疏现观庄严明义》两种最为重要。其后注解《现观庄严论》的大都以二者为据，而从此到十三世纪初佛教在古代印度衰落为止，四百年间，此论一向弘传很盛。传译到中国西藏地区注书连解脱军和狮子贤所作的在内，现存有二十一种之多，都收在藏文丹珠尔之内。作者，如宝生寂、智生慧，都是十一世纪初之人，为当时著名学府超岩寺的守门大师，又如无畏护也是十一世纪时人，曾先后做过金刚座寺、超岩寺和那烂陀寺的主座。这几位都是一代大师，兼通显密的学说，而都替《现观庄严论》作了注解，可见此论对佛教学说发生影响之大。总之，此论在古代印度佛学晚期历史上占有重要位置是无疑的。

本论传入藏地也很早，传说在前宏期约九世纪之初，译师吉祥积就已翻译过了，现在藏文丹珠尔内还存有他所译的狮子贤《小注》和觉吉祥智所作《集颂难语释》，到了后宏期，大译师宝贤（958—1055）译出了狮子贤的《大注》。而对后世影响最大的要算翱译师（1059—1109）重译的《现观庄严论》颂文和校改旧译的大小二注。这一类校改本现在成为我国蒙、藏地区通用本。他并且还为《现观庄严论》作了注解，是为藏族学者这类注书的创始。其弟子慧燃和再传的菩提智，相继于卫藏地区弘扬本论，并著有注解数种，为后来注家的典据。例如，菩提智弟子慧精进和童戒及他们的弟子愿戒都作注疏。愿戒疏文详细解释解脱军和狮子贤二家之作，影响尤广，至此《现观庄严论》乃成西藏佛教各派所必须学习之要典，而各派学者亦各有注书（上述翱译师和其后学都属于迦当派，故此派对此论尤为重视，发生的影响也很深远）。

至十四五世纪时，西藏格鲁派创始者宗喀巴（1357—1419）也特别重视《现观庄严论》，著了注解《详解善说金鬘疏》，为藏族学者著述中最详尽明白的作品，他的重要门人（如嘉曹杰、克主杰、僧成等）各有注疏，后来学者著述不绝，至十七、十八世纪妙音笑金刚（1648—1742）之时，已近百种之多。他就见过这些注书，并易作注解《宝灯论》（一称八品论和七十义论），这些书在蒙、藏地区声誉甚高，影响也大。因为格鲁派寺院的学制，《现观庄严论》规定为五种学科中般若科必读的书，有名的注疏也就为参考所不可少的了。

《现观庄严论》的梵本已于1929年经谢尔巴茨基和奥贝米勒校订合藏文译本印行，又1954年，校刊附梵藏索引本。汉文译本有法尊译连同略释的印本（1938）。

（王森）

华严经疏钞

《华严经疏钞》八十卷，唐澄观撰。作者先于兴元元年到贞元三年（784—787）撰《大方广佛华严经疏》（略称《大疏》）六十卷，解释唐译《大方广佛华严经》文，后来又为弟子僧睿等百余人撰《大方广佛华严经随疏演义钞》（略称《演义钞》）九十卷，解释疏文。《疏》《钞》原来别行，到了宋代，晋水净源（1011—1088）才录疏以配经，编为一百二十卷，称为《华严经疏注》（现缺第二十一卷至第七十卷、第九十一卷至第一百卷）。后人更会钞入疏，称为《华严经疏钞》。

唐译《华严》于唐武后证圣元年（695）译出后，法藏即撰《新译华严经略疏》，写到第十九卷而圆寂，弟子慧苑继承遗业，撰《续华严略疏刊定记》，但《刊定记》所说往往和法藏所说不同：一、慧苑依《究竟一乘宝性论》立四种教，异于法藏的五教教判；二、慧苑立德相、业用两重十玄、异于法藏的一重十玄说，都是其荦荦大端。澄观的《大疏》和《演义钞》，便是为破斥慧苑异说、复兴贤首大义而作的。

《大疏》立十门解释经文，《演义钞》分四段解释疏文。《大疏》十门是：第一，教起因缘，述佛说《华严经》的缘由在因及缘两方面各有十义。第二，藏教所摄，《华严经》在经律论三藏中属经藏摄，在声闻菩萨二藏中属菩萨藏摄。在小、始、终、顿、圆五教中，是圆教所摄。第三，义理分齐，《华严》圆教乃是别教一乘，由所依体事，摄归真实、理事无碍、周遍含容（即事事无碍）四个十门以显无尽。此中周遍含容十门是：同时具足相应、广狭自在无碍、一多相容不同、诸法相即自在、秘密隐显俱成、微细相容安立、因陀罗网境界、托事显法生解、十世隔法异成、主伴圆明具德。此即依《华严教义章》及《探玄记》的十玄门而立。第四，教所被机，《华严》所被，有五类机根，其中第一类一乘圆机，正是《华严》教摄。第五，教体浅深，说教体从浅到深，大略有音声言语、名句文身、通取四法（声、名、句、文）、通摄所诠、诸法显义、摄境从心、会缘入实、理事无碍、事事无碍、海印炳现十门。该罗收摄，无一不是教体，但后二门是《华严》所宗。第六，宗趣通别，通述昙隐所立因缘、假名、不真、真实四宗，又总收佛一代的教法为我法俱有、法有我无、法无去来、现通假实、俗妄真实、诸法但名、三性空有、真空绝相、空有无碍、圆融具德十宗。别明《华严》一经的宗趣，以法界缘起不思议、或因果缘起理实法界不思议、或法界理实缘起因果不思议为宗。第七，部类七会，此有四门。一、彰本部，说《华严》有略本（指晋、唐两译）、下本、中本、上本、普眼、异说、主伴、眷属、圆满十类。二、显品会，说晋译《华严》说佛七处八会，唐译说七处九会。三、明支类，先显从大本《华严》流出的别行经，有《兜沙经》《菩萨本业经》等。次说《修慈经》《金刚鬘经》《如来不思议境界经》等，都是《华严》的流类。四、辨释，有龙树的《大不思议论》、世亲的《十地经论》、北齐刘谦之的六百卷《华严论》及北魏灵辨的一百卷《华严论》等。第八，传译感通，先明晋、唐两经翻译及补缺的年代，次明传道感应的事迹。第九，总释名题，先用十门，解释经的题目，次分四段，解释《世主妙严品》的名称。第十，别解文义，先举十例，后用三分科说，以第一《世主妙严品》为序分，第二《如来现相品》以下为正宗分，第三十九《入法界品》："尔时文殊师利从善住楼阁出"以下为流通分。又依佛说此经之处分全经为七处九会：初会在菩提场，说毗卢遮那如来依正因果法门，即《世主妙严品》以下六品。第二会在普光明殿，说十信法门，即《如来名号品》以下六品。第三会在忉利天宫，说十住法门，即《升须弥山顶品》以下六品。第四会在夜摩天宫，说十行法门，即《升夜摩天宫品》以下四品。第五会在兜率天宫，说十回向法门，即《升兜率天宫品》以下三品。第六会在他化自在天宫，说十地法门，即《十地品》一品。第七会重会普光明殿，说等觉法门，即《十定品》以下十一品，前六品明因圆，后五品明果满。第八会三会普光明殿，说普贤行法，六位顿修，即《离世间品》一品。第九会在室罗伐城逝多园林，说入法界法门，即《入法界品》一品。更就能诠之文归纳九会为四分，初会《世主妙严品》以下六品为举果劝乐生信分，第二会《如来名号品》到第七会《如来出现品》三十一品为修因契果生信分，第八会《离世间品》一品为讬法进修成行分，第九会《入法界品》一品为依人证入成德分。又就所诠之义说《华严》一部有五周因果：初会六品，前五品显示毗卢遮那的果德，后一品阐明他的本因，叫作所信因果。从第二到第七会中《随好光明功德品》共二十九品，前二十六品辨因，后三品明果，叫作差别因果，或生解因果。第七会二品，前《普贤行品》辨因，后《如来出现品》明果，叫作平等因果，或出现因果。第八会中初明五位因，后明八相果，叫作成行因果，或出世因果。第九会中初明佛果大用，后显菩萨起用修因，叫作证入因果。

《演义钞》的四段是：第一总序名意，解释《疏序》的文意；第二归敬请加，演绎《大疏·归敬偈》的文意；第三开章释文，说《大疏》开十门以释经义；第四谦赞回向，说《大疏》最后的《回向偈》。

澄观之作虽以恢复法藏的真意为己任，但因其早年曾遍就三论、天台及禅宗南北两系的学者受学，特别是受禅宗、天台的影响很深，因之他的学说掺加这二宗的成分很多，就和法藏的原说有了出入。像他在《华严归敬偈》的疏钞中，就说作疏的目的是："用以心传心之旨，开示诸佛所证之门；会南北两宗之禅门，撮台衡（南岳）三观之玄趣；使教合七言之旨，心同诸佛之心。"而他在《疏钞》中常将《华严》和禅融会而谈，像解释《菩萨问明品》的"非识所能识，亦非心境界，其性本清净，开示诸群生"一偈，先说了别就不是真知，不是识所能识，以除遣南宗以了见心性为真知的病。次说瞥起也不是真知，不是心的境界，以除遣北宗以起心看心为真知的病。后说心体离念不是有念可无，说性本清净，是双会北宗的离念和南宗的无念。又法藏说明五教中顿教，只举《维摩》所显离言不二等。《演义钞》却说"达摩以心传心正是斯教"。《大疏》还说法藏所立五教，"大同天台，但加顿教”；这和慧苑说法藏的五教大都受天台的影响，“唯加顿教令别”，依然相同。又在明十宗中，把法藏所立“一切皆空”“真德不空”“相想俱绝”“圆明具德”四宗，改为“三性空有”（又作“二谛俱有”）、“真空绝相”（又作“二谛双绝”）、“空有无碍”（又作“二谛无碍”）、“圆明具德”四宗，来和始、终、顿、圆的次第配合。其次，疏钞又将华严、天台两家最大的异点性起和性具相结合。像《大疏》在卷二十一中援用天台家的“性具善恶”之说，解释《夜摩天宫偈赞品》说：“心是总相，悟之名佛，成净缘起；迷作众生，成染缘起。缘起虽有染净，心体不殊。……是以如来不断性恶，亦犹阐提不断性善。”《演义钞》卷四十二又说：“此即《涅槃经》意，天台用之，以善恶二法同以真如为性，故无尽也。”《演义钞》卷一解释《疏序》“真妄交彻即凡心而见佛心”句又说：“若论交彻，亦合言即圣心而见凡心，如湿中见波，故如来不断性恶，又佛心中有众生等。”皆是其例。

宋净源录疏注经以后，明世宗嘉靖年间（1522—1566）有妙明法师，厘经入疏，厘疏入钞，成《华严疏钞会本》，镌板流通，存武林（浙江省杭州市）昭庆寺，世称昭庆本。现行《续藏》本，即以此为底本，但真可的弟子道开在神宗万历年间（1573—1619）撰《藏逸经书标目》破斥昭庆本说：“起止配合，率多牵强。”到熹宗天启年间（1621—1627），嘉兴叶祺胤，即以《南藏》别行本校订昭庆本重刻，《玄谈》八卷，《疏钞》八十卷，收入嘉兴《续藏》。清龙藏本及金陵刻经处的刊本，都系以此本为底本。但以原来删节不全，会合不当，所以龙藏本及金陵本都跟着有讹略。1939年《华严疏钞》编印会，广泛搜集藏本及其他流通本，参互校勘，简择异同，经过六年而编印告成，可称为《疏钞》较善的刊本。此外，关于《疏钞》的《悬谈》部分述作，有辽鲜演撰《华严经谈玄抉择》六卷（现缺初卷），元普瑞撰《华严悬谈会玄记》四十卷等（《频伽藏》收有《大方广佛华严经疏演义钞》二十九卷，实在也是一种《疏钞》的《悬谈》部分会本，卷首有《疏钞序》的注解一段，大概是编者所撰）。

（黄忏华）

观无量寿佛经疏

《观无量寿佛经疏》四卷，唐代善导（613—681）撰。本疏简称《观经疏》，内分玄义、序分义、定善义、散善义四部分。所以，通常称为《四帖疏》。除此疏外，作者还著有《法事赞》《观念法门》《往生礼赞》《般舟三昧赞》四部五卷。

本疏在宋代似只有玄义分流行。遵式的《西方略传序》及戒度的《观经扶新论》曾提到它，元照的《观经义疏》也曾引用其文。此书传入日本似在天平年间以前，天平十六年（744）后逐渐有四卷的写本流行，此后有关净土诸书往往加以引用，成为日本净土教的要籍。例如，日本的源空，就是依据本书散善门一心专念义而开创净土宗的。

此书广开净土法门。内容分四部分。第一部分为玄义分，作七门料简：一、先标序题，二、次释经名，三、辨释一经的宗旨和教判，四、谈说法人的差别，五、料简定善和散善二门，六、和合经论相违，问答释疑，七、料简韦提希闻佛正说得益分齐。第六门问答释疑中又分六段：一、先述诸师所解的往生九品义，二、以道理破诸诸师义，三、重举九品返对破，四、引文证明往生的对象定为凡夫非为圣人，五、会通别时义，六、会通二乘种不生义。以上七门料简都是文前玄义，一一引教证明。以上是第一卷。

第二部分为序分义。作者将全经文义分科为五门：一、序分，从“如是我闻”至“五苦所逼云何见极乐世界”。二、正宗分，从日观初句至下品下生。三、得益分，从“说是语时”主诸天发心。四、流通分、从阿难白佛至韦提希等欢喜，以上四分佛在王宫正说，这是一会。五、阿难为耆门音大众复述，又是一会。

此中序分义，又分为二：一、证信序，即“如是我闻”一句。二、发起序，即从“一时”至“云何见极乐世界”。此中又分为七：一、化前序，二、禁父缘，三、禁母缘，四、厌苦缘，五、欣净缘，六、散善显行缘，七、定善示观缘。以上是第二卷。

第三部分为正宗分定善义，即显示十六观中前十三观：初、日观，二、水观，三、地想观（地观），四、宝树观，五、宝池观，六、宝楼观，七、华座观，八、像观，九、真身观，十、观音观，十一、势至观，十二、善观，十三、杂想观。从初日观至第七华座观，总明依报，从第八像观至第十三杂想观，总明正报。以上是第三卷。

第四部分为正宗分散善义，又分二段：一、明三福为净土的正因，二、明九品为净土的正行。三福中第一福即是世俗善根，第二福即是戒善，第三福即是行善。九品是十六观中的第十四上辈观、第十五中辈观、第十六下辈观，这三观又各分上中下三品。前明十三观为定善，今此三福九品为散善，定散两门总属正宗分。这是全经的纲要。

以下得益分、流通分、阿难为大众复说等义，都附在这一部分后面。以上是第四卷。

本疏关于净土立教要义和他宗说法不同之处有下列几点。

第一，辨《观经》的宗体。净影寺慧远以观佛三昧为宗，嘉祥寺吉藏以劝物修因往生为宗，净土因果为体。本疏则以观佛三昧与念佛三昧两义为宗，一心回愿往生净土为体，更以二藏二教判，此经属菩萨藏顿教。

第二，显示往生的门路，即此经中所说的定散二门。定是息虑凝心，散是去恶修善。倘能依这两行求愿往生，皆可以乘弥陀大愿为增上缘而生安乐净土。对于定散二门的分别，净影等都以十六观为定善，以三福为散善，定散皆韦提希启请而说：但本疏以十六观中的前十三观为定善，后三观为散善。定善是韦提希启请，散善是佛陀自说。

第三，净土的果体。即众生所生的净土和所见弥陀佛身。净影等作三种区别：以为上辈人同时见应身应土与化身化土，中辈人见应身应土，下辈人只见化身化土。但本疏则以为是报身报土，并主张是以凡夫身往生。

第四，指出念佛的因缘。这里，他解释称名念佛的作用有三种意义。首先是以称佛名号为亲缘。其次是以佛影显现为近缘，最后是以命终往生为增上缘。

第五，说明两类净业。一类是依据净土三经一论所说，为读诵、观察、礼拜、称名、赞叹五行。其中主要是称名行，即念佛名号，念念不舍而入正定，名为正业；其余读诵、观察等行，名为助业。这两种业叫作正行。此外种种散善又成一类，叫作杂行。这两种净业是与经文十六观配合而说的：即正行与定善十三观相应，杂行与散善三辈观相应。

以上所谈的几点，都是善导在本疏中着重发挥的净土要义。

本疏奠定了净土宗的教理基础，而且在行持中倡导称名乃至读诵、赞叹等等方式，使之大众化。从而完成了净土一宗的宗义，使之成为后来中国和日本佛教宗派中最为流行的一个教派。

（田光烈）

法华经玄义

《法华经玄义》具名《妙法莲华经玄义》，略称《法华玄义》，十卷（或二十卷），隋智顗说，灌顶记。这是天台宗详释《妙法莲华经》题名的主要著述，为天台三大部之一，即天台宗开祖智顗大师立五重玄义解释《妙法莲华经》的标题，开说一经的要旨，弟子章安灌顶笔录成书。智顗开说《法华经》的要旨有两次：第一次是陈废帝光大元年（567），在金陵瓦官寺；第二次是隋文帝开皇十三年（593），在荆州玉泉寺。现行的《法华玄义》，是第二次讲说的记录。

本书详说《法华经》的意旨，并且阐明《法华》开显法门的纯圆独妙，以确定《法华经》在佛一代所说诸经中的位置。

本书的组织，是以释名、辨体、明宗、论用、判教五重玄义为骨干，更在前面作七番共解。七番是标章、引证、生起、开合、料简、观心、会异七科，通解五重玄义。然后就五重玄义的每一重又各个详细分别解释。

七番共解的第一番标章，内分列释名、辨体、明宗、论用、判教五章的名称及其要略；第二番引证，援引佛语来证明建立五章的根据；第三番生起，阐明五章前后生起从粗到细的次第；第四番开合，五章通释《法华》一经，为令易于了解，而作五种、十种及譬喻等三种开合解释；第五番料简，问答料简有关五章的异议；第六番观心，令从标章到料简一一都入观心一门；第七番会异，会释五章与四悉檀的同异。

正说五重玄义的第一重释名，其中又分作四段：一、判经名的通别，“妙法莲华”是别名，“经”是通名。二、定妙法的先后，标题为便于称名，所以先妙后法，解释为便于析义，所以先法后妙。三、出旧解，略举道场观、会稽基、北地师、光宅云四家的旧解。四、正解“妙法莲华”经名。

“法”即十界十如权实之法，亦即宇宙万法，把它概括作众生法、佛法、心法三种，而依《法华经》圆融三谛的意旨，说这三种法融妙不可思议、无差别。

“妙”有相待、绝待二种：和粗相对待而称为妙，叫作相待妙，例如半字和满字相对待，半字是粗、满字是妙，常无常、大小亦然；不因和粗相对待而称为妙，叫作绝待妙，例如法界是一个整体，不再有其他的法可以和它互相形比，无可对待而称为妙。众生法、佛法、心法，都具备相待、绝待二妙，所以称为妙。更开迹门（如来从久远之本，以垂近成之迹）、本门（如来开近成之迹，以显久远之本）两种十妙，这两种也都具备相待、绝待二妙。迹门十妙是：一、境妙，是说如下的智妙所观照的宇宙一切万法，智顗把它概括作十如、十二因缘、四谛、三谛、二谛、一谛、无谛七科。十如等境都是圆融不可思议的妙法，只有佛才能够穷尽，是诸佛所师，所以称为境妙。二、智妙，是说照了十如等境妙的观智，有一世智乃至二十妙觉智等，境既然妙，智自然也和它相称，境智不可思议，所以称为智妙。三、行妙，是说用智妙观察境妙的修行，有一行三昧、止观、闻思修或戒定慧、四念处、五门禅、六波罗蜜、七善法、八正道、九种大禅、十境或十乘观法等，行行融通，一行即一切行，由于智妙，行也随着圆妙不可思议，所以称为行妙。四、位妙，是说修行所历的阶位，有十信、十住、十行、十回向、十地、等觉、妙觉等，是妙行所契，所以称为位妙。五、三法妙，是说妙位所住的真性、观照、资成三法，也就是三轨（三种轨范）：真性轨是说在果位的境妙，即真实的法体；观照轨是说在果位的智妙，即破惑显理的智用；资成轨是说在果位的行妙，即彼此相依起用的万行。名字虽然有三种，只是一个大乘法。前面所阐明的诸谛即是真性轨的相貌，诸智即是观照轨的相貌，诸行即是资成轨的相貌；而前面所阐明的诸位，只是修行此三法所证果。宇宙的法法都妙，并非只此三法，一切三法亦复如是，三轨、三道、三识、三佛性、三菩提、三大乘、三身、三涅槃、三宝、三德等，彼此同一意义，自它类通，所以称为三法妙。六、感应妙，是说具备上述的四妙与三法，成就因圆果满的佛身，寂而常照，众生能以圆机相感，即以妙应相应，如同水不上升，月不下降，而一月普遍影现在众水当中，不可思议。七、神通妙，是说佛为化益众生，示现药树王身如意珠王身等身轮，毒鼓天鼓等口轮，随自意随他意等心轮，善权方便，称道机宜，转变自在，不可思议。八、说法妙，是说如理圆说十二部法，令众生开示悟入佛之知见，能诠的言教、所诠的义理都甚深微妙不可思议。九、眷属妙，是说佛出世时，十方诸大菩萨，或以神通来生，或以夙愿来生，或以应现来生，辅佛行化，如同世间眷属，天性亲爱，更相臣顺。十、利益妙，是说诸佛所作感应、神通、说法三妙都不唐捐，沾溉地上清凉益、小草益、中草益、上草益、小树益、大树益、最实事益等七种利益。如同云行雨施，草木各得生长。以上是迹门十妙。本门十妙是：一、本因妙，是说甚大久远的畴昔，释迦牟尼佛本初在因位发菩提心、行菩萨道时所修的妙因。二、本果妙，是说本初所行圆妙之因，初证得究竟常乐我净的妙果。三、本国土妙，是说本佛所住的净妙国土。四、本感应妙，是说既已成果，即有本时所证二十五王三昧，一一三昧中皆有慈悲誓愿冥熏法界，机感妙应，寂而能照。五、本神通妙，是说昔时所得的无记化化禅（任运成就，不须作意，化复能化）和本初在因地时的各种慈悲相合，现稀有事，启发最初可度的众生。六、本说法妙，是说往昔初坐道场始成正觉所说醍醐妙法，令诸菩萨发大道心，至今皆住不退。七、本眷属妙，是说迹化的眷属，其实是过去久远本地本佛的内眷属。八、本涅槃妙，是说迹化的涅槃，是常住本寂的涅槃垂迹。九、本寿命妙，是说本地本佛的寿命，劫数长远，不可思议，和迹化的寿命有长短远近不同。十、本利益妙，是说远从本地成道以来，八番十番饶益本时的业、愿、通、应等眷属，皆令得到利乐。

以上解释妙法，以下解释莲华，妙法深意，借“莲华”的譬喻来加以显示。莲华具有六义，即以譬喻佛法界的迹本两门：一、为莲故华，譬喻为实施权。二、华开莲现，譬喻开权显实。三、华落莲成，譬喻废权立实。这三种譬喻迹门从初方便引入大乘，终竟圆满，称为迹门三喻。四、华必有莲，譬喻从本垂迹。五、华开莲现，譬喻开迹显本。六、华落莲成，譬喻废迹显本。这三种譬喻本门始从初开终至本地，称为本门三喻。又莲华还譬喻十如、十二因缘、四谛、三谛、二谛、一谛、无谛等法。

“经”是梵语“修多罗”的意译，古来有翻译的，有不翻的，今和合两家，分列五义：一、明有翻，二、明无翻，三、和融有无，四、历法明经，五、观心明经。

第二重辨体，分作七段：一、正显经体，二、广简伪，三、一法异名，四、入体之门，五、遍为众经体，六、遍为诸行体，七、遍为一切法体。其中正显此经以一实相印（宇宙万法当体即是实相的妙体）为体。妙有、真善妙色、实际、毕竟空、如如、涅槃、佛性、如来藏，中道、第一义谛等，都是实相的异名。众经、诸行、一切法都以实相为体，而入体相之门是教行。

第三重明宗，分作五段：一、简宗体，二、正明宗，三、众经同异，四、明粗妙，五、结因果。其中正明此经是以佛自行因果为宗，或以合师弟因果为宗。

第四重论用，分作五段：一、明力用，二、明同异，三、明历别，四、对四悉檀，五、悉檀同异。其中正明此经是以断疑生信为用，即用佛菩提的权实二智，在迹门中断三乘的权疑，生一乘的实信；在本门中，断菩萨执着方便近迹的权疑，令生本地久远实成深远不可思议的实信。

第五重判教，分作五段：一、大意，二、出异，三、明难，四、去取，五、判教。其中先批判“南三北七”的旧说，次立“五时八教”的教判，而判《法华经》为超越八教纯圆独妙，并以涅槃五味中的醍醐为譬。

本书末尾附有《记者私录异同》一篇，是灌顶记录智顗所说后的附记，其中分为杂记异闻与推尊师说二段。杂记异闻中又分为四：一、阐明《般若》与《法华》的同异，二、阐明经论中诸藏的离合，三、阐明四教名义的依据，四、批判古时“七阶五时”教判的穿凿。本书的注释，有唐湛然的《法华玄义释签》二十卷，宋法照的《法华经玄义续教记》五卷，宋从义的《法华玄义补注》三卷。本书的节本，有明传灯的《法华经玄义辑略》一卷，智旭的《法华经玄义节要》两卷。此外有关的撰述，有唐湛然《法华经玄义科文》五卷，宋善月的《法华大部妙玄格言》两卷，有严的《法华经玄签备检》四卷，智铨的《法华经玄签证释》十卷，清灵耀的《法华经释签缘起序指明》一卷。

本书虽是解释经题，内容却是判释佛一代时教，也可说是天台宗对于全佛教的概论，可称为以往中国佛教学人卓越的佛教研究成果。

（黄忏华）

法华经文句

《法华经文句》，具名《妙法莲华经文句》，略称《法华文句》，十卷（或二十卷），隋智顗说，灌顶记。是天台宗对于《妙法莲华经》本文的主要解释，为天台三大部之一。即天台宗的开祖智顗大师，于陈后主祯明元年（587），在金陵光宅寺开讲《妙法莲华经》，就经中字句及其意义详加解说，弟子章安灌顶笔录成书。

本书以天台宗的见地，将《法华经》二十八品大别为本迹二门：以前十四品为如来迹（垂迹）门的说法，它的要旨是“开权显实”，即开三乘之权而显一乘之实，阐明过去佛以方便力，于一佛乘分别说三；现在开方便的权门，示真实的妙理，会三乘归一佛乘，令众生开示悟入佛之知见。以后十四品为如来本（本地）门的说法，它的要旨是“开近显远”，即开近成的化迹而显久远的实本，阐明释迦牟尼佛不是新近在菩提伽耶方才成道的新佛，而是从远在三千尘点劫以前久远实成的本地本佛垂迹。

本书将《法华经》二十八品，先依佛家通例分作序、正宗、流通三分：以最初的《序品》为序分，以从第二《方便品》到第十品《分别功德品》第十九行偈共十五品半为正说分，以从那以后到经末共十一品半为流通分。又将全经大别作迹、本二门，从第一《序品》到第十四《安乐行品》，是迹门法华；从第十五《从地踊出品》到经末，是本门法华。这本、迹二门，又各有序、正宗、流通三分。

第一《序品》是迹门的序分，从第二《方便品》到第九《授学无学人记品》是迹门的正说分，第十《法师品》以下五品是迹门的流通分。其中，正说分又分作略、广两部分：从“尔时世尊从三昧安详而起”以下是略说开三显一；从“尔时世尊告舍利弗：汝已殷勤三请，岂得不说”，以下是广明开三显一。广明开三显一共七品半，总分作三个阶段：一为上根人法说，二为中根人譬说，三为下根人宿世因缘说，这称为法华三周。在第一周，佛为上根人说三乘方便、一乘真实，这时候只舍利弗一人领解其说，即第二《方便品》中所说，这称为法说周。在第二周，佛为中根人在法说周中不能领解真实的妙理，更说三车、一车的譬喻，起初羊、鹿、牛三车是施权，后来等赐一大白牛车是显实，这时有摩诃迦叶、大目犍连、须菩提、摩诃迦旃延等四大弟子领解其说；这就是从第三《譬喻品》到第六《授记品》特别是《譬喻品》所说，称为譬说周。在第三周，佛为下根人在以上二周中不能领解，于是说宿世的因缘并举化城的譬喻，令其领解“如来方便之力于一佛乘分别说三”，有富楼那弥多罗尼子等一千二百学、无学声闻弟子因此领解；这就是第七《化城喻品》以下三品特别是《化城喻品》所说，称为因缘说周。

从第十五《从地踊出品》开始到“汝等自当因是得闻”是本门的序分。从同品“尔时释迦牟尼佛告弥勒菩萨”以下到第十品《分别功德品》弥勒说十九行偈是本门的正说分，其中第十六《如来寿量品》是正开师门的近迹、显佛地的远本。第十七《分别功德品》中：佛说长行是总授法身记，弥勒说偈是总申领解。从《分别功德品》弥勒说偈以下到第二十八《普贤菩萨劝发品》是本门的流通分，其中：从弥勒说偈以下及第十八《随喜功德》、第十九《法师功德》、第二十《常不轻菩萨》三品是劝持流通；从第二十一《神力品》到第二十八《普贤菩萨劝发品》是付嘱流通。

本书以天台宗一家的见地把《法华》一经分作以上的科段，而其解说经的文句，也用一家所特创的四种释，即：一、因缘释，二、约教释，三、本迹释，四、观心释。因缘释是以世界悉檀、为人悉檀、对治悉檀、第一义悉檀等四悉檀为因缘来解释法义。四悉檀义原出《大智度论》卷一，龙树论师用它说明释迦如来一代说法的方式，智顗转用作释义的准绳。悉檀原来的意义是成就。智顗追随慧思，说悉檀是梵汉兼举，悉是汉语，意思是遍，檀是梵语，翻译作施。世界悉檀，是随顺众生所乐欲令生喜悦。为人悉檀，是随顺众生的机宜令发起正信，增长善根。对治悉檀，是以种种法药遍施众生令除遣贪欲、嗔恚、愚痴等恶病。第一义悉檀，是令悟入诸法实相的妙理。约教释是依藏、通、别、圆四教来解释法义，起初用藏教意作浅近的解释，其次通教、别教，最后依圆教意作深入的解释。例如初说一心是意识，其次说是阿赖耶识，又次说是如来藏，最后说是一念三千诸法。本迹释是依本地、垂迹二门来解释法义。例如经初的"如是"，依释尊最初成道来解释，是本；依释尊中间以及现今作佛说经来解释，都是迹。观心释是依观行来解释法义（此如解释"王舍城"时，说王即八识心王，舍是心王的住处即五阴。观心时，把五阴加以分析而观为空，这是藏教。体达五阴即空，即空是涅槃，是通教。观由伏灭五阴中色获得常色，受、想、行、识亦复如是，是别教。观五阴即法性，法性无受、想、行、识，一切众生即是涅槃，不可复灭，毕竟空寂。如此的涅槃即是真如法体，是圆教）。

本书于显自宗义外，随处举破其他家之说，尤以梁光宅法云的《法华经义记》（二十卷，世称《法华光宅疏》）所说为重点。

本书系灌顶于二十七岁时在金陵听受笔记，又六十九岁时在丹丘删补（见"序品"标题下附注）。唐玄宗天宝七年（748），有东阳郡清泰玄朗和尚，感于本书的文势有时凌乱、失次，因加以排比令相贯串（见卷首神迥的《天台法华疏序》）。现行本当即此本。又宋孝宗淳熙三年（1176），诏令福州东禅寺刊天台教藏同大藏流通（见《佛祖历代通载》卷二十），本书亦当在其中。

本书主要的注释，是唐湛然的《法华文句记》三十卷。此外，有关的撰述，有唐道暹的《法华经文句辅正记》十卷，智云的《妙经文句私志诸品要义》两卷，《妙经文句私志记》十四卷，宋法照《法华经文句读教记》七卷，从义的《法华经文句补注》四卷，有严的《法华经文句签难》四卷，善月的《法华经文句格言》三卷，清道霈的《法华经文句纂要》七卷，还有湛然《法华经文句科文》六卷。

（黄忏华）

瑜伽师地论

《瑜伽师地论》一百卷，弥勒菩萨说，唐玄奘译。旧传佛涅槃后九百年，弥勒菩萨下降中印度阿踰陀国讲堂，为无著菩萨宣说五部大论：一、《瑜伽师地论》，二、《分别瑜伽论》，三、《大乘庄严经论》，四、《辨中边论》，五、《能断金刚般若波罗蜜多经论》，《瑜伽师地论》即为其中最根本的一部论。

本论的梵文原本，以前只存在《菩萨地》部分，这已于1930—1936年由日本荻原云来校订印出，1936年古代印度罗睺罗更于西藏萨迦寺发现本论梵本，录写归印，已有部分刊行。

本论在唐译以前，已经有几种部分译本：一、《菩萨地持经》十卷，昙无谶于北凉玄始三年到十五年（414—426）译出，相当于唐译本论第三十五至五十卷前半《本地分菩萨地》。二、《菩萨戒本》，一卷，昙无谶在和前经同时译出，相当于本论第四十卷至第四十一卷《本地分菩萨地戒品》。三、《菩萨善戒经》，九卷，求那跋摩于宋元嘉八年（431）译出，相当于《本地分菩萨地》，和《地持经》大同，但另有《序品》。四、《优婆塞五戒威仪经》，一卷，求那跋摩在和前经同时译出，这是《菩萨戒本》的异译。五、《十七地论》，五卷（已佚），真谛于梁太清四年（550）在富春译出，相当于本论第一卷至第三卷《本地分五识身相应地》和《意地》。六、《决定藏论》，三卷，真谛于梁代（一作陈永定元年到太建元年间，即557—569）译出，相当于本论第五十一卷至第五十四卷《摄抉择分五识身相应地意地》。以上皆本论的部分异译。本论另有西藏文译本，总题《瑜伽行地》，区分前十二地（二十六卷），声闻地（二十卷），菩萨地（二十二卷），摄抉择（四十三卷），摄事（二十二卷），摄调伏，摄异门，摄释（都不分卷），共八部分。题为无著造。同译，收在西藏大藏经丹珠尔中。

本论的译者唐玄奘法师为求取本论全文赴印游学，从戒贤法师得到了传授，回国后，即于贞观二十一年（647）五月，于弘福寺翻经院开始传译。当时列席译场的，有名僧灵会、灵隽、辩机、文备、神泰等二十余人，到二十二年五月译完。次年（649）七月，又在大慈恩寺翻经院译出《菩萨戒羯磨文》一卷（本论第四十、四十一卷的一部分）。同时译出《王法正理论》一卷（本论第六十一卷别译）。《菩萨戒本》一卷（本论第四十卷末及第四十一卷的别译，和昙无谶译《菩萨戒本》及求那跋摩译《优婆塞五戒威仪经》的前半相同）。在这以后不空于天宝十二年到大历九年（753—774），译出《佛为优填王说王法政论经》一卷，和玄奘译《王法正理论》大同。

本论题名《瑜伽师地》，瑜伽译云相应，并有一致、和合等义。依《瑜伽师地论释》，本论说三乘行者（即瑜伽师）所观的境、所修的行、所证的果位（即瑜伽师地），互有方便善巧、相应的意义，故总以瑜伽师地为名。

本论内容大别五个部分：第一《本地分》，五十卷（从第一卷到第五十卷）；第二《摄抉择分》，三十卷（从第五十一卷到第八十卷）；第三《摄释分》，两卷（从第八十一卷到第八十两卷）；第四《摄异门分》，两卷（从第八十三卷到第八十四卷）；第五《摄事分》，十六卷（从第八十五卷到第一百卷）。此中，《本地分》是全论的基本部分，把瑜伽师所依、所行的境界区分十七地，以详说三乘观行的根本事相，因此本论旧有《十七地论》之称。后四分是释论，以抉择解释论本兼及经律的要义。

第一《本地分》，广分别十七地。一、五识身相应地，就前五识的五方面说：（一）自性，是了别色、声、香、味、触五境；（二）所依，是五根与意根及一切种子阿赖耶识；（三）所缘，是五境；（四）助伴，是俱有相应的心所；（五）作业，是了别自境。二、意地，就第六、第七、第八三识说，也有五方面：（一）自性，是心、意、识；（二）所依，是意及一切种子阿赖耶识；（三）所缘，是一切法如其所应；（四）相伴，是具有相应的五十三种心所；（五）作业，有共不共业；和前五识相同的是共业，特殊的是不共业。由此更用色聚、相应平等十门以解释其义用。这是因为一切诸法依识而起，以识为体，识法最胜，故先建立以上二地。三、有寻有伺地，四、无寻唯伺地，五、无寻无伺地：寻是（思或慧）于所对境粗略推求；伺是（思或慧）于所对境详细审察。在欲界及色界初静虑的根本定和它的未至定，都有寻、伺，是为有寻有伺地。静虑中间即在初静虑和第二静虑间的中间定，只有伺而无寻，是为无寻唯伺地。第二静虑以上七地的根本定及近分定，都无寻伺，是为无寻无伺地。这三地都用界、相、如理作意、不如理作意、杂染等起五门加以说明，并分别阐明这三地的有漏、无漏诸法。六、三摩呬多（等引）地，就定地说，有五方面：（一）总标，有静虑（四静虑）、解脱（八解脱）、等持（空、无愿、无相三三摩地等）、等至（五现见、八胜处、十遍处、四无色、无想、灭尽定等等至）四种三摩呬多；（二）安立，只此等四种是三摩呬多地，欲界的心一境性不在其内；（三）作意差别，有了相作意等七种根本作意及缘法作意等四十种作意；（四）相差别，有所缘相、因缘相、应远离相、应修习相四种相，又有自心相、外相、所依相等三十二相；（五）略释诸经宗要，依经总释解脱等三种定义。七、非三摩呬多地，即修定中未能如法，一切散乱，自性不定，有十二种相。这两地总摄一切定非定位所有诸法。八、有心地，九、无心地，都用地施设、心乱不乱、生不生、分位、第一义五门建立。其中五识身相应、意、有寻有伺、无寻唯伺四地是有心地。无寻无伺地中，无想定、无想生及灭尽定是无心地，其余是有心地。但依第一义建立，只无余依涅槃界中，阿赖耶识永灭，是无心地。十、闻所成地，是于五明处听闻解了，包括其中内明处有事施设建立相、想差别施设建立相、摄圣教义相、佛教所应知处相四种相；医方明处有于病相善巧、病因善巧、已生病断灭善巧、已断病后更不生方便善巧四种；因明处有论体性、论处所、论所依、论庄严、论堕负、论出离、论多所作法七种；

声明处有法施设建立相、义施设建立相、补特迦罗施设建立相、时施设建立相、数施设建立相、处所根栽施设建立相六种；工业明处有营农工、商估、事王、书算计度数印、占相、咒术、营造、生成（畜养）、防邪（裁缝等）、和合（调解斗讼等）、成熟（成熟饮食）、音乐十二种类。十一、思所成地，是于自性清净、思择所知、思择诸法三种相相应善巧。其中，自性清净是审谛思惟所闻诸法的道理等，有九种相；思择所知是思惟抉择一切所应知的法义，于有法了知有相，于非有法了知无相；思择诸法是思惟抉择经文和偈颂的法义。十二、修所成地，是修道中于四处、七支相应善巧。四处是修处所、修因缘、修瑜伽和修果，这四处又可分摄为生圆满、闻正法圆满、涅槃为上首、能成熟解脱慧、修习对治（瑜伽）、世间一切种清净、出世间一切种清净七支。十三、声闻地，阐明声闻的种姓、发心、修行和得果。有四瑜伽处：初种姓瑜伽，第二数取趣（补特迦罗）瑜伽，第三安立瑜伽，第四世出世瑜伽。十四、独觉地，阐明独觉的种姓、发心、修行和得果。独觉原摄于声闻类，今只略说独觉种姓、道、习、住、行五种相。十五、菩萨地，阐明菩萨的种姓、发心、修行和得果，分四持瑜伽处：初持十八品，总明菩萨所学之法，叫作初持瑜伽处。第二持四品，是随初持所学法而起修，叫作随法瑜伽处。第三持五品，由修习而成满，叫作究竟瑜伽处。第四持一品，重明以前诸其次第的意义，叫作次第瑜伽处。十六、有余依地，阐明有余依涅槃有三种相。十七、无余依地，阐明无余依涅槃有三种相。

依《瑜伽师地论略纂》所说，此十七地可以境、行、果三种相摄，即前办地是三乘境。其中由于一切法以识为体，故五识及意二地是境体；寻伺三地有上下粗细的不同，是境相；等引、非等引，有心、无心四地有定散隐显的分别，是境用。次六地是三乘行，通修三慧行，故闻、思、修三地是通行；三乘都随机修法，成就自乘，故声闻、独觉、菩萨三地是别行。后有余依、无余依二地是三乘果。

第二摄抉择分，对于本地分中的问题加以抉择，并抉发本地分所没有详述的深隐要义。分十二大段：一、抉择五识身相应地意地，先以略义十门建立阿赖耶，阐明唯识的道理；后以广义六门解说六善巧，阐明法相的道理。二、抉择有寻有伺等三地，初杂抉择，分辨焰摩因饶益众生而称为法王及大海水咸等因缘。次正抉择烦恼杂染、业杂染和生杂染。三、抉择三摩呬多地，初杂抉择，次引经解释，次抉择修定三种因缘及六顺出离界修定法，次抉择四静虑及四种修定法等。四、抉择非摩呬多地，阐明十二种不定地和十二种不定地的对治法。五、抉择有心地，言诸心差别而转，略由五相：（一）由世俗道理，（二）由胜义道理，（三）由所依（阿赖耶识）能依（七转识），（四）由俱有，（五）由染净建立，并加以解释。六、抉择无心地，说由七种因缘，心不得生。七、抉择闻所成慧地，初释归依，次释沙门、婆罗门的差别，次释欲、有、梵行三求，次释内明，次杂抉择闻所成慧地的义理。八、抉择思所成慧地，初就四种思议等五门杂抉择，次就有色无色、有见无见等二十九门分别。九、抉择修所成慧地，阐明声闻乘相应的作意和大乘相应的作意等十六种修。十、抉择声闻地及独觉地，只抉择声闻地，初就成立无种姓等七门分别，次辨声闻种类，次辨四圣谛等，次分别律仪，次声闻行果，后杂抉择。十一、抉择菩萨地，先次第抉择前三持瑜伽，后引《宝积经》解释十六法门以及一切菩萨行果等。十二、抉择有余依、无余依二地，分别二种涅槃界中离系、寿行、转依、住等多门差别。

第三摄释分，解释十七地有关诸经特别是《阿含经》的说法和解释的仪则，初明说法应知的五分，次明解经的六义。第四摄异门分，略释十七地有关诸经特别是《阿含经》所有诸法的名义差别。第五摄事分，略摄十七地有关的三藏特别是《杂阿含经》等众多要事义。初阐明契经事，次明调伏事，后明本母事。

本论抉择分等四分，引用多种旧籍，如本地分思所成地引《法句经》本母释，摄抉择分菩萨地引《小品宝积》及《解深密经》的本母释，摄事分引《杂阿含经》本母释等，又释异门分实即《阿含经》的释名。

本论的印度旧注，现存的有：汉藏文译本《瑜伽师地论释》，最胜子等造（藏译本不题作者），汉译本唐玄奘译。藏译本缺译人名，旧录或作胜友译。

卷首有归敬序，次总释《瑜伽》一论的大纲，分所为、所因、名义、宗要、藏摄、释文六门，释文门中更略释十七地的名义。据玄奘法师说这部释论大约有五百卷（见《瑜伽论记》卷一上），现只翻译了一卷。这是《瑜伽》注疏中最古的一种，后来的注疏，大都采用它。此外，古代印度旧注，还有仅存藏文译本的《菩萨地释》，《菩萨戒品释》，都是德光所造。前一种是然灯吉祥智、戒胜同译，后一种是慧铠、智军同译。又《菩萨戒品广释》，胜子造，胜友、慧铠、智军译。又《菩萨地释》，海云造，寂贤、戒胜同译。其次，中国的注疏，现存《瑜伽师地论略纂》，原十六卷，唐窥基撰，这是《瑜伽》从第一卷到第六十六卷的注释，卷首依《释论》作归敬序，次依释论用叙所为、彰所因、明宗绪、显藏摄，解题目、释本文六门料简。又《瑜伽论劫章颂》，一卷，唐窥基撰，全文都是七言颂，共三十六颂半，乃是将《瑜伽》卷二中有关劫的名目、次第、数量及成住坏空四时期和始终名义结成颂文以便记诵的。又《瑜伽论记》，四十八卷，唐遁伦集撰，在第一卷首，也依《释论》和《略纂》用叙所为等显六门发端，和《略纂》大同，本文采集玄奘门下景、泰、备、基四大家及余师十余家之说。《瑜伽师地论义演》，四十卷，今存二十两卷（后半杂入澄净科文），唐大安国寺沙门清素于贞元十七年（801）撰述，卷首略释《瑜伽》的名义，次用叙起论因、彰说论意、明论宗体、藏乘所摄、辨总别题、依文制释六门料简。此外敦煌本《瑜伽师地论分门记》（已印出六卷），《瑜伽论手记》（已印出四卷），都是唐法成所讲述，听者笔记，前一种是大科，后一种是略解，并有对照藏文本注出异议。又有《瑜伽师地论叙》，两卷，近代欧阳渐撰，全叙分作总略、五分、十要、十支、十系、绪言六项。以上都是研究本论的参考要籍。本论的注疏已佚的有二三十种，其中重要的有惠景《疏》二十卷，神泰《疏》十卷，文备《疏》十三卷，元晓《疏》四卷，憬兴《疏》十卷，《释论记》三十六卷，行达《料简》一卷，智周《疏》四十卷，太贤《纂要》三卷，《古迹记》四卷，极太《羽足钞》五卷等。

（黄忏华）

阿毗达摩集论

《阿毗达摩集论》(略名《集论》)是无著所撰简略汇集《阿毗达摩经》中要义的两部论书之一，乃以三乘共同的法相为依据写作的（另外一部是《摄大乘论》，据大乘不共的法相而写作)。纯粹的《阿毗达摩论》书在小乘的典籍里，虽然数见不鲜，但大乘中仅有此论一部。又大乘理想中的完整《阿毗达摩论》应该具备“对法”(说趋向涅槃法的圣道)、“数法”(说数的即不止一次的解释诸法的自相和共相)、“伏法”(说制伏异说的论议法门)、“解法”(说释通经义的解释法门）这四个方面（见《大乘庄严经论·述求品》)，而这部《集论》就是完全合乎这样标准的论书。

《集论》全文约一千五百颂，分为五集。“相集”第一，这属于一论的基本法相部分，所以也称为“本事”。其中区分解释蕴、处、界三类法，相摄、相应、成就四大段。首段以九门详细解释蕴等诸法的体性，这就是：一、蕴等所有种类，二、只有这些种类的缘由，三、蕴法别名“取蕴”的意义；四、蕴等相状，五、建立蕴等的缘由，六、蕴等前后次第的所以，七、蕴等的名义，八、经中对蕴等所说譬喻的意义，九、以实有假有等六十门广分别。在最后诸门分别中又每门都以法门的意义、种类以及用此门观察之所为，这三层来作分别。诸门分别原是“数法”的中心部分，所以本论在这方面显示出大乘特别的精神。小乘《阿毗达摩论》里所有诸门分别只为了成立法体的实在，而在本论则门门都显示舍离“法有自性”的执着，而归趋于法空。第二大段从诸法体性相同的方面说其相摄的关系，这有“相”等十一种摄，熟习了这些就可以在观察境界时易于得到略集思的效用。第三大段从诸法体性不同的方面说其相应的关系，这有“不相离”等六种相应。相应的意义特别显著于各种心法的统一上面，因而熟习了它就易于了解“相应依据心法并无实我”的道理。第四大段从诸法在相续中有增有减的方面说其“成就”的意义，这有“种子”等三种成就，熟习了这些就能对世间法的兴衰不做决定的看法。如上运用摄，相应，成就三种法门都着重在帮助法空的理解，这和小乘的《阿毗达摩》是有不同的。以上四大段相当于《阿毗达摩》中“数法”的一方面。其次，“谛抉择集”第二，详说四谛法。苦谛说有情世间及器世间，集谛说烦恼和从他增上所生的诸业，灭谛说在诸法实相上断灭诸有漏法，道谛说资粮等五道能断集证灭。再次，“法抉择集”第三，在十二分教的基础上详说佛教的意义。再次，“得抉择集”第四，说能修习的种种人（补特伽罗）和所修的种种现观。以上抉择的谛是佛教所诠之理，法是佛教能诠之教，而得是依教修行，合拢来相当于《阿毗达摩》里“对法”的一方面。最后，“论议抉择集”第五，用义理等六门说明释通诸经要旨的方法，又从论轨法门说明论议胜他的方法，这一抉择即相当于《阿毗达摩》里“解法”和“伏法”两方面。这样，全论五集表现了《阿毗达摩》的四个方面，所以说它是一部规模完备的论书。

另外，《阿毗达摩大乘经》是大乘瑜伽学系立说的重要典据，但是此经既未翻成他国的文字，原本也早散失了。《摄大乘论》虽以经为据，只是解释其一品，而不完全。惟有《集论》才是遍集经义，也就是汇集一经所有应该思考分别的观点而无所遗漏。由此，我们从论文里，特别是和《瑜伽论》说法有不同的地方，可以想见《阿毗达摩经》的全貌，这是极有意义的。

《集论》原本在古代印度已经散失，后来古代印度人在中国西藏发现了此论的梵本断简（约存全论的五分之二，为十一世纪初叶的写本），1950年，经普拉汉校订并从汉、藏译本返译梵文补其残缺而出版。

无著撰成《集论》之后，其门人觉师子曾为作注，对于论说多所补充，后来安慧更糅合本释二文以为一体，成《集论释》，原本现存一部分。此外还有净月所作的释论，原本已佚。

《集论》在中国唐代永徽三年（652）由玄奘译出，题名《大乘阿毗达摩集论》，七卷。其内容依据论首的总集颂将原来第一集的四大段分开为摄、相应、成就三法，共四品，总名为“本事分”，其余四集为四品，总名为“抉择分”。安慧所糅合的《集论释》则在其前六年的贞观二十年（646）早经译出，题名《大乘阿毗达摩杂集论》十六卷。其内容和《集论》译本一样，改成二分八品。又因其体裁和《杂心论》之发展《心论》别成一书的有些相似，所以译本改题为《杂集论》。又此论即代替《集论》为瑜伽十支论之一，因此玄奘门下十分重视它，作注甚多。现存的有窥基的《杂集论述记》十卷，玄范的《疏》十卷。已佚的有灵隽的《疏》十六卷，智仁的《疏》五卷，胜庄的《疏》十两卷，元晓的《疏》五卷，太贤的《古迹记》四卷等。另外，《集论》有藏文译本。论注也有藏译，十卷，五品，作者题为最胜子。此外，还有杂糅论释藏译本。以上各本的译者，胜友即系安慧的再传弟子，他对本论的传授是有其渊源的。从他传与译人智军、龙种等，这样相承而下，直到布敦、法祥、宗喀巴，传授不绝。现在，格鲁派的教学中，将此论和《俱舍》等观，以为对法学的基本典籍。学者注疏著名的，即有布敦的《日光疏》，结曹的《善释对法海藏疏》等。

（吕澂）

因明正理门论

《因明正理门论》一卷，陈那造，唐玄奘于贞观二十三年（649）在弘福寺译出。书名“因明”一词，梵本原来没有，译者为要表示此论的性质而加上去的。大藏中另存义净（635—713）所译《因明正理门论》一卷，论本部分和奘译完全一样，仅仅开头多了“释论缘起”一段。这一段最后说：“上来已辨论主标宗，自下本文随次当释。”可见义净拟译的是一种释论而非论本，他只译了一点，后人取奘译论本凑足一卷，录家因而误传，大藏中亦相沿未改。

作者陈那，传说是世亲门人，擅长因明。其有关因明的著书凡有八论，《理门论》即其一种。（见义净《南海寄归传》卷四，八论除《理门》外，余七为《观三世论》《观总和论》，《观境论》《因门论》《似因门论》《取事施设论》及《集量论》，其中《因门》《似因门》二论，现不传，余有汉译或藏译本。）陈那因明著述，可分两个时期，前期以论法为中心，后期以认识论为中心。《集量论》为后期代表作，《理门论》则为前期代表作。故论文开首即标出宗旨：“为欲简持能立能破义中真实，故造斯论。”全论分两大段，第一大段论述能立及似能立，第二大段论述能破及似能破。

本论首段分真能立和立具。在真能立方面，唯取随自意乐而立宗义，并须避免种种相违的似宗。此类似宗可分析为五：一、自语相违，二、自教相违，三、世间相违，四、现量相违，五、比量相违。其次，依因之三相改五支论式（宗、因、喻、合、结）为三支比量，使因明论证开始具有演绎推理的必然性。论式中的因（或中词）须立敌共许，方能令敌生忆念，依此忆念方生了智，依此了智方能成宗。所以违背因之初相——遍是宗法性（遍有法皆具此因），就犯四不成过：一、两俱不成，二、随一不成，三、犹予不成，四、所依不成。依因之后二相——同品定有性与异品遍无性，配合成为九句，以为因的真似的刊定。九句：一、同异品共有，二、同品有异品无，三、同品有异品俱，四、同品无异品有，五、同异者均无，六、同品无异品俱，七、同品俱异品有，八、同品俱异品无，九、同品俱异品俱。在这九句中，只有第二同有异无与第八同异俱无是正因，第四、第六属“法自相相违”，其他五种都犯“不定”过（威利布萨那《印度逻辑史》中认为发现二、八为正因，据他所知道的是以陈那为第一人）。二、八所以成为正因，其关键不在于同有或同俱，主要是在于异无。如立“声是无常，所作性故，同喻如瓶，异喻如空”。同品之瓶，有“所作性故”这个因，而异喻之空却没有，同有异无，当然是正因。但如立：“声是无常，勤勇无间所发性故，同喻如瓶如闪电，异喻如空。”这“勤勇无间所发性故”因，于瓶有，而于闪电无，虽不同于第二同品遍有，而依“勤勇无间所发性”因，仍祇成立声是无常宗，不会成立声是常宗，所以也是正因。玄奘所译因明论书，对于因之第二相，不译成同品遍有性而译成同品定有性，正是体现了陈那将正因分为同有异无和同俱异无两类的精神。陈那由第四、第六句和正因相反的方面，又发展说有四相违与“相违次定”的相违因。在喻支方面，陈那又明确了论式上合和离的正确作法，同喻的合作法，是以因（中词）合宗（大词），举例说：什么法上有所作法，就什么法是无常，异喻陈那的离作法是由宗离因，举例说：什么法不是无常，什么法上便没有所作性，反此，就有“倒合”“倒离”之过。其次，谈到立具，即是现量与比量。现量有四类：一、五识，二、和五识同起的意识，三、贪等心所的自证分，四、定中离教分别的瑜伽现量。比量有两层：一、从现量或从比量而来的审了宗智，这是远因；二、忆因之念，才是近因。因为只有通过回忆才明白因与宗有必然的联系，如正面了解有烟应有火，所作应是无常，反面也明确了无火必无烟，常必非所作。

可见比量的决定智（果）实合审宗智（远因）与忆因念（近因）而生。至于陈那为什么只说现比二量，其根本理由，就是所量之境不外自相（特殊）与共相（一般）。事物的本身或者它的特定的意义，各依附着它的本身而不通到其他方面的叫作自相，譬如风声，无关其他的声音，就是事物的本身。无常只指风声而不指其他，这叫作特定的意义，都是属于自相。如有法体或义象缕贯华，那就是共相。譬如“声”的概念，通于人声、钟声、鸟声、树声、雨声等。又如“无常”的概念，通于瓶盆草木鸟兽等，都属于共相。认识自相的叫作现量，因为是对现在事显现现成证知的。认识共相的叫作比量，因为是有待三相推比才决定知道的。在人类知识的领域内，除了自相共相，再也没有所量之境，所以能知之量，也只限于现量和比量，不容增减。

本论第二大段述能破与似能破。在能破方面，可分为六类：一、支缺（缺一有三，缺二有三而无全缺），二、宗过，三、因过不成，四、因过不定，五、因过相违，六、喻过。似能破方面，用以上能破的标准，衡量过去所说的过类，只取其十四种：似宗过破有一，叫作常住相似。似缺因过能破有三：一、至不至相似，二、无因相似，三、第一无生相似。似喻过破有二：一、生片相似，二、第三所作相似。似不成因破，凡有四种：一、无说相似，二、第二无异相似，三、第二可得相似，四、第一所作相似。似不定因破有九：一、同法相似，二、异法相似，三、分别相似，四、犹予相似，五、义准相似，六、第一第三无异相似，七、第一可得相似，八、第二可得相似，九、第二无生相似。似相违破有一，叫作第二所作相似。除了重复以外，共有十四过类。

本论详于立破，对于现比量论述则较少，这表示作者在著此论时，还保留一些旧观点，并未形成量论（包括认识论和逻辑）的整个体系。但作者不久即以本论为基本资料，而另著《集思论》，不再以现比量为能立的资具，而予以独立的地位，大成了量论的组织，所以本论也含有从论法到量论的过渡意义。

译者玄奘在古代印度游学时，对于因明反复钻研，有很深的造诣。他回国五年继译商羯国罗主《入正理论》之后译出了本论。译本既出，他门下弟子，竞作注疏。后人相继撰述，可考者，有神泰的《述记》一卷（今存本不全），太贤的《古迹记》一卷，大乘光的《记》两卷，圆测的《疏》两卷，文轨的《疏》三卷，净眼的《疏》三卷，胜庄的《述记》两卷，憬兴的《义钞》一卷，道证的《疏》两卷、《钞》两卷，玄范的《疏》两卷，定宾的《疏》六卷，文备的《疏》三卷、《注释》一卷、《钞》一卷，崇法师的《注》四卷，以上可惜大都已佚失不传。此外，窥基《因明大疏》尝引本论论文（日人宝云等尝引用以注疏本论），但也详前略后。随后慈恩宗势力衰微，《理门》一论遂至无人过问了。近代中外学者研究成果较大的有如下列：

一、欧阳渐撰：《因明正理门论本叙》（1930），将此论的要义和《入正理论》、法称因明的同异详略问题，做了极其扼要的叙述。

二、吕澂与释印沧合撰：《因明正理门论本证文》（1927），此作对勘《集量论》，考正译文，注出同异，可助理解，兼明学说的渊源。

三、丘檗撰：《因明正理门论斠疏》六卷，依据证文广为辑引解释，据其例言："斠疏辑成，綦难匪易。一疑之析，动经浃旬，一词之出，遍征众籍，采缀纶贯，几经审慎。"显见他费了不少功力。

四、日人宇井伯寿撰：《因明正理门论解说》（1929），篇首有序论，将陈那的因明、《正理门论》在因明的地位以及西欧与印度学者对《正理门论》及《入正理论》混淆的说法，都作了相当详尽的批判叙述。其解释部分，除依据旧说，更采取西欧学者新的研究并征引梵本，作出正确的解释。宇井伯寿后更于1950年，将《正理门论》译成日文，列入所著东洋的论理附录。

五、意人将《正理门论》译成英文（1930），对照《集量论》，详加附注。

（虞愚）

因明入正理论

《因明入正理论》，一卷，商羯罗主造，唐玄奘于贞观二十一年（647）在长安弘福寺译出。作者商羯罗主的历史已难详考，据窥基《因明入正理论疏》说他出于陈那门下。今从他的著作对于陈那晚年成熟的量论学说很少涉及，他可能是陈那早年的弟子。又陈那久在南印度案达罗一带讲学，而商羯罗主此论的主要内容后来也被吸收在南印泰米尔语文学作品之内，由这些事实的旁证，作者可能是南印度的人。

本论之名“入正理”，有两层意义：其一，陈那早年关于因明的重要著作是《正理门论》，文字简奥，不易理解，本论之作即为其入门阶梯，所以称为入示理。其二，正理是因明论法的通名，本论为通述论法的门径，所以称为入正理。窥基曾说此论“作因明之阶渐，为正理之源由”，这是很恰当的论断。

本论的全部内容，在开头有总括一颂说：“能立与能破，及似唯悟他。现量与比量，及似唯自悟。”这就是后人通说的“八门（能立、似能立等）二益（悟他、自悟）”，实际包含了诸因明论所说的要义。

这八门二益虽然不出陈那诸论的范围，但本论是做了一番整理补充的功夫的。特别是在似能立一门里，依照宗、因、喻三支整理出三十三过，以便实用，可说是一大进展。这三十三过是似宗九过，其中相违五种，不极成或极成四种；似因十四过，其中不成四种，不定六种，相违四种；似喻十过，其中由于同法的五种，由于异法的五种。本论对于这些过失，都作了简要的说明，并举了适当的例证。

本论辨别三支过失那样的精细，完全是以构成论式的主要因素“因的三相”为依据。这三相即遍是宗法性、同品应有性、异品遍无性。三相的理论虽然从世亲以来就已组成，又经过陈那用九句因刊定而渐臻完备，但到了商羯罗主才辨析得极其精微，像他对于因的初相分析，连带推论到宗的一支，需要将宗依即有法（论题中的主辞）和能别（论题中的宾辞），从宗体（整个论题）区别开来，而主张宗依的两部分须各别得到立论者和论敌的共同承认而达于极成。因此在似宗的九过里也就有了能别不极成、所别不极成、俱不极成三种，这些都是陈那著作中所未明白提出的。另外，他对因的第二、三相的分析，连带将陈那所立因果里的相违决定和四种相违一一明确起来，不能不说是一种学术上的发展。

本论是一部极其精简的著作，词约而义丰，但仍包括不尽，所以在论末更总结了一颂说：“已宣少句义，为始立方隅，其间理非理，妙辩于余处。”这是要学者更参照陈那所著的理门集论而求深入的。

本论的内容和特点，大概如上。

本论的译者玄奘在古代印度游学时，对于因明到处参闻。他回国三年之后就译出了本论。译本既出，玄奘又口授讲义，都是创闻新说，所以他门下弟子，奉为秘宝，竞作注疏。其中大庄严寺文轨和慈恩寺窥基所作尤为流行。轨《疏》三卷，制作较早，后称“旧疏”。基《疏》三卷，解释繁广，后称“大疏”。奘门最后惟窥基一系独盛，他门下慧沼相继撰《义断》一卷、《纂要》一卷，《续疏》（这是补足基《疏》末卷的）一卷；再传智周，又撰《前记》三卷、《后记》三卷，都简别他家异义而宣扬窥基之说。此外还有道邑的《义范》三卷，道巘的《义心》一卷，如理的《纂要记》一卷，也是发挥窥基学说的，可惜已佚失不传。

本论在玄奘门下，不但传习很盛，并且立破方法还被运用到各家著述之中，因而成为研究慈恩一宗必须通达的要籍。只是历史不久，即跟着此宗势力的衰微，而逐渐无人过问。此论流传于日本，反而得着很大的发扬，传承不绝，著述解说也极多。直到清代光绪二十一年（1895），杨仁山居士才从日本将窥基的《大疏》刻本取回中国，核对流通，这才重新引起学人对于本论的研究。

本论的梵文原本因为一向受古代印度耆那教徒的重视而保存。十二世纪时，耆那教徒师子贤曾为之作注，相继有胁天的复注和吉祥月的复注，现都存在。1930年，德鲁瓦校刊了本论梵本和师子贤注、胁天复注原本，合册出版。次年，米洛诺夫又从注书里辑出论本刊登于《通报》之上。1933年宇井伯寿又对校各梵本勘成本论的定本，附载在所著《佛教论理学》之末（并还作了新的日文译本），这样本论的原来面目就大白于世了。

其在西藏，本论曾有过两种译本。初译的一种是从汉译本重翻，这是汉人胜藏主和度语教童所译，并经汉人法宝校订，但误题本论作者之名为方象（即是域龙的同意语，乃陈那一名的翻译）。后译的一种是从梵本直接译出，这是迦湿弥罗一切智护和度语名称幢祥贤所译，时间较晚，故在《布敦目录》等旧录上未载。这一译本，大概是受了旧译本误题作者名字的影响，也将著论者题作陈那，并还错认本论即是陈那所作的《理门》，而在译题之末加上一个“门”字。以上两种译本都收入《西藏大藏经》丹珠尔中，经释部第九十五函，但德格版、卓尼版均缺第二种译本。又第二种译本1927年拔查恰尔雅校刊出版，收在他所校刊的梵文本《入正理论》的第二部分。

就因为西藏译本上一再存在着错误，近人费德雅布沙那在所著《印度逻辑史》中依据藏译详细介绍了本论，也看成它是《理门》同本而出于陈那手笔，由此在学者间对于本论与《理门》是一是二，以及作者是陈那还是商羯罗主，引起很长久的争论。其实，如要相信最早传习此论的玄奘是学有师承的，那么，他说本论作者是商羯罗主，也一定确实不容置疑的。至于本论和《理门》完全为两事，则玄奘另有《理门》的译本存在，更不待分辨而明了。

（虞愚）

大乘百法明门论

《大乘百法明门论》，世亲造，唐玄奘于贞观二十二年（648）在长安北阙弘法院译出。

作者世亲为印度大乘佛教瑜伽系学者，著述宏富，有千部论师之称。其所造论译成汉文的约三十部，此《百法明门论》即其一种，被称为瑜伽十支论之一。本论是据《瑜伽》五分中本事分、略陈名数的著作。内容略以三门分别：一、引经标宗，即“如世尊言”等；二、寻经起问，即“何等一切法”等；三、依问次第作答：先明“百法”以解答“何等一切法”问题，复明“二无我”以解答“云何为无我”问题。

关于明一切法的部分，分五大类，共有百法：第一类心有八法；第二类心所有，有五十一法，又分为六位：一、遍行有五法，二、别境有五法，三、善有十一法，四、烦恼有六法，五、随烦恼有二十法，六、不定有四法；第三类色有十一法；第四类心不相应行有二十四法；第五类无为有六法。在说明无我方面：初明人无我；后明法无我。本论对于一切法与无我法，都作了简要的分析，并各举了实例，极易了解。

本来百法的名称，散见于《瑜伽》《显扬》《集论》和《五蕴论》等中，但采集百法区分为五大类而加以有系统的说明的无疑是从《百法明门论》开始的。此论主要是剖析一切法和无我理。在一切法摄为五大类的次序上，还贯彻了唯识的精神。论文讲得非常清楚，它说：“一切最胜故（心），与此相应故（心所有），二所现影故（色），三分位差别故（必不相应行），四所显示故（无为）。”这是说在有为法中，心法最为殊胜，所以首先提出。其次说心所与八识常相适应；其中有无论那一识起时，必定俱起的，立为“遍行”一类；有对特殊境界才能生起的，另立为“别境”一类；有惟在善心中得生的，另立为“善”之一类；有能引生随烦恼的，另立为“烦恼”一类；有由根本烦恼派生的，另立为“随烦恼”一类；有不同于以上五种心所，于善恶皆不定的，另立为“不定”一类。再次说色法不是独起的，乃是依着心法及心所法而变现的影像。再次说不相应行法、如得、命根等二十四种法，也都不是独立的法，乃是依着心法、心所法及色法差别假立的。再次说无为法需要借着前四种法断染成净而显示。由此可见五类的区分，虽有些像《俱舍论》等之说，而其实是世亲借以建立唯识理论的基础，一举心识就百法齐彰、系统秩然。其次，此论是剖解无我道理。此包括补特伽罗无我和法无我。五蕴心法色法都是相互依缘而有，其中都无实我可得，如执蕴为我，蕴则非一，究竟色法是我？还是心法是我？一一心所法是我呢？如执离蕴是我，我又在哪里？故知“人”之一名，但依五蕴假立，都无主宰实自在用，由此说补特伽罗无我。其次蕴、处、界诸色法心法，也是相互依缘而有，绝没有独立常存之一物。换句话说：一切法都无实自性可名为我。此二无我理概括大乘教义是非常重要的概念。义忠《百法明门论疏》说：“天亲降迹造论时代，正显第三非空有教、初陈百法明遣执空，后答无我为除有执。若但科文明法中无我者，虽除有病，空执仍存。”由此可见本论基本精神之所在。

本论译出以后，玄奘门下制疏者有好几家，但后来唐潞府沙门义忠的《疏》最为流行。义忠十三岁时听慧沼（650—714）讲《涅槃经》，二十岁后与慧沼就学于慈恩，遂作百法论疏，因为它文义安排得当，移解二无我段以后，不像基师等疏文那样烦琐，所以一直盛行到宋代不衰（见《宋高僧传》卷四），而且由于忠《疏》的盛行，各家热烈地学习，就提高此论的地位到与唯识、因明并驾。唐五代就有许多以专讲这部论名家的。例如，唐长安青龙寺释道氤，“为众推许，乃登首座，于《瑜伽》《唯识》《因明》《百法》等论，竖立大义六科”。又唐京师西明寺释乘恩也重撰《百法》

论疏并《钞》行于西土，其疏祖慈恩而宗潞府，终后弟子传布。又梁滑州明福寺释彦晖，对《因明》《百法》二论各讲百许遍，著《滑台钞》，盛行于世。又后唐会稽郡大善寺释虚受，对《百法论》有别行义章，汉洛阳天宫寺释从隐，进具后讲《百法论》，周魏府观音院释智佺，前后讲《百法论》可百许遍。

至于旧时《百法论》的注书，在义忠《疏》以外；有窥基的《决颂》一卷、《玄赞》一卷、《述记》两卷；圆测的《疏》一卷；义寂的《总述》三卷、《注》一卷；普光的《疏》一卷；太贤的《疏》五卷、《古迹记》一卷；泰师的《疏》一卷；林师的《疏》一卷；金刚的义门《钞》两卷；择邻的《疏钞》两卷；玄沼的《钞》七卷；义幽的《显要钞》五卷、《科》两卷；崇琏的《聚拾钞》十六卷；景猷述、慧涉删补的《钞》十六卷；诠明的《金台义府》十五卷、《科》两卷、《大科》一卷；智因的《纲要略释》一卷；从芳的《显幽钞》十卷；广陵的《义选钞》四卷……以上撰著今已多数佚失。

（虞愚）

大乘起信论

《大乘起信论》，一卷，马鸣造，梁真谛译。这是以如来藏为中心理论，为发起大乘信根而作的一部大乘佛法概要的论书。

此论的内容分为五分：一、因缘分，二、立义分，三、解释分，四、修行信心分，五、劝修利益分。此中第一章因缘分，列举制造此论有八种因缘，即是造论缘起。第二章立义分，显示大乘的实质有二：一法，二义。法即是众生心，心能摄一切法，有心真如相和心生灭因缘相；义有体大、相大、用大三大，这是诸佛菩萨所乘，故名大乘。第三章解释分，根据立义分的法义，分三大段加以解释：一、显示正义，二、对治邪执，三、分别发趣道相。此中初段显示正义，即显示立义分所说的法义。先释心真如门，显示真如是一法界（即一切法）的总相法门体，不生不灭，离言说相，离心缘相，毕竟平等，无有变异；但依言说分别，有如实空和如实不空二义。次释心生灭门，显示一切法的体、相、用——即依如来藏有生灭心转，它是不生不灭与生灭和合，非一非异，名阿黎耶识。此识有觉和不觉二义；又觉中有本觉和始觉，始觉有不觉、相似觉、随分觉、究竟觉四种差别。在不觉中，又有根本不觉和枝末不觉；由不觉故，生无明业相、能见相、境界相三种细相；又由境界缘故，生智相、相续相、执取相、计名字相、起业相、业系苦相六种粗相。其次说生灭因缘，众生依心（阿黎耶识）、意（业识、转识、现识、智识、相续识）、意识（分别事识）转，一切诸法由此而生，唯心虚妄，由于不了达真如法界，念起无明，有六种染心。其次分别生灭相，说有粗细二种生灭，又有真如、无明、妄心、妄境界四种染、净法薰习；由于此等薰习之力，而生流转还灭之果。以上解说心生灭的法。此下显示大乘自体、相、用三大的义：真如的体、相，不因凡圣而有增减，从本以来自性清净、光明遍照、满足一切功德，即是如来法身。真如的用是报、应二身：报身是菩萨所见，应身是凡夫二乘所见。最后显示由生灭门入真如门的道理。第二段对治邪执，说一切邪执依于人、法二种我见，即凡夫五种人我见、二乘声闻的法我见应加对治。第三段分别发趣道相，是说菩萨发心修行的过程，有信、解行、证三种发心，是信满乃至十地菩萨发心修行之相。以上是本论解说大乘的部分。第四章修行信心分，是本论解说起信的部分。是就未入正定聚的众生显示修行而起信之相，要有信根本真如、信佛、信法、信僧四种信心，修施、修戒、修忍、修进、修止观五种修行。另又为修大乘法心怯弱者显示净土法门，令专念佛往生净土。第五章劝修利益分，叙说闻持此大乘法的利益功德。

在以上五分中，第一因缘分又为此论的序分，第二、三、四三分又为此论的正宗分，第五劝修利益分又为此论的流通分。或又以此论最初归敬颂为序分，最后回向颂为流通分，全论文五分为正宗分。

此论文义明整，解行兼重，古今佛教学人盛行传诵。据传当时真谛和他的弟子智恺都造有疏释，随后隋代昙延、慧远也各造疏记，智顗、吉藏的著述中也引用此论文；唐代佛教界对于此论的传习更广，相传玄奘在古代印度时曾谈到此论的真如受薰之说，彼地学者闻之惊异。玄奘回国后，又将此论译成梵文，传往古代印度。而在中国由于贤首、天台二宗的兴起，弘赞此论，智俨、法藏、元晓、澄观、宗密各有疏记，湛然著作中也吸收了此论的思想。因而此论入宋以来，流通更盛，一直到近世教、禅、净各家，都以此论为入道的通途而重视它。

此论通传是马鸣菩萨造、真谛三藏译，但在《马鸣菩萨传》和《付法藏因缘传》中，都没有马鸣造《起信论》的记载。又此论所谈如来藏缘起、阿黎耶识转现等义，和马鸣只说空、无我义（见《尼乾子问无我义经》等）

也不相类，因而说是马鸣菩萨造已属可疑。至于此论的译语，和真谛译的《摄大乘论》《金光明经》《佛性论》等用语也颇不一致，而译出的年月和地点，一说是梁太清四年（550）于富春陆元哲宅所出（见《历代三宝纪》卷十一），一说是梁承圣三年（554）九月十日在衡州始兴郡建兴寺译出（见智恺《起信论序》），一说是陈世初叶（557—569）译出（见隋彦琮《众经目录》），也莫衷一是。隋法经的《众经目录》卷五则将此论列入疑惑部，认为“《大乘起信论》一卷，人云真谛译，勘真谛录无此论，故入疑”。唐均正的《四论玄义》卷十也说：“《起信论》一卷，或人云，马鸣菩萨所造。北地诸论师云，非马鸣造论，昔日地论师造论，借菩萨名目之，故寻觅翻经论目录无有也，未知定是否。”（此系日僧珍海《三论玄疏文义要》第二转引，现存《四论玄义》无此文。）可见古来对此论的撰造和译者已有疑问。

此论的异译本，有唐实叉难陀译的《大乘起信论》两卷，他的梵本来源有问题，据说是“于阗三藏法师实叉难陀赍梵文至此，又于西京慈恩塔内获旧梵本”（见《新译起信论序》）。其实，当时古代印度已无此论，而此论梵本或系玄奘依据汉文还译之本。例如，《续高僧传》卷四《玄奘传》说：“又以《起信》一论，文出马鸣，彼土诸僧，思承其本，奘乃译唐为梵，通布五天。”后来，此梵本在印度也不存在，因而也没有藏文的译本，如《至元法宝勘同总录》卷九说此论“蕃本缺”。

但此论在汉地佛教界甚为风行，如法藏、元晓、宗密、知礼都说此论通依诸大乘经，慧远、智旭说此论是别依《楞伽经》而作，又因此论劝修净土，因之唐、宋以来在汉地发展的贤首宗、天台宗、禅宗、净土宗各派学人对于此论盛行弘讲。而此论思想对于近世佛教学术界的影响也很大。

关于此论的注疏等撰述甚多，现存的有梁代智恺（？—568）的《一心二门大意》一卷，隋代昙延的《论疏》两卷（现存上卷），慧远的《义疏》两卷，法藏的《义记》五卷、《别记》一卷，宗密的《注疏》四卷，昙旷的《略述》两卷（敦煌写本）、《广释》若干卷（同上），宋代子璿的《疏笔削记》二十卷、《科文》一卷，明代真界的《纂注》两卷，正远的《捷要》

两卷，德清的《直解》两卷、《略疏》四卷，通润的《续疏》两卷，智旭的《裂网疏》（释新译）六卷，清代续法的《疏笔削记会阅》十卷，民国梁启超的《考证》一卷等。

此外，据《历代三宝纪》卷十一说：真谛三藏于梁太清三年（549）出有《起信论疏》两卷，这大概是传说。其他的佚失的疏记，有梁代智恺的《论疏》一卷、《论注》两卷（见《义天录》），唐灵润的《论疏》若干卷（见《续高僧传》中《灵润传》），智俨的《义记》一卷、《疏》一卷，宗密的《一心修证始末图》一卷，传奥的《随疏记》六卷（均见《义天录》），慧明的《疏》三卷（见《东域传灯录》），宋代知礼的《融会章》一篇（见《四明教行录》），仁岳的《起信黎耶生法图》一卷（见《佛祖统记》），延俊的《演奥钞》十卷，元朗的《集释钞》六卷，智荣的《疏》一卷（均见《义天录》）等。

此论在朝鲜、日本流行亦广。朝鲜古代僧人有关此论的著述，现存有元晓的《疏》两卷、《别记》两卷，大贤的《古迹记》（即《内义略探记》）一卷，见登的《同异略集》两卷。此外已佚本还有元晓的《宗要》一卷、《大记》一卷、《料简》一卷，憬兴的《问答》一卷。

日本有关此论的章疏亦多，现存有湛睿的《决疑钞》一卷，圆应的《五重科注》一卷，亮典的《青释钞》五卷，即中的《科解》两卷，贯空的《注疏讲述》一卷，昙空的《要解》三卷，藤井玄珠的《校注》一卷、《讲述》一卷，村上专精的《达意》一卷、《科注》一卷，汤次了荣的《新释》一卷、望月信亨的《研究》一卷、《讲述》一卷等。此外，日本学者有关法藏的《义记》的注释也多至数十种。

此论的日译本，有岛地大等译、1921年东京刊行（收于《国译大藏经》内）的一本，和望月信亨译1932年东京刊行（收于《国译一切经》内）的一本。还有铃木大拙和李提摩太英译本，前者曾于1900年在美国刊行，后者曾于1918年在上海刊行。

（高观如）

中论

《中论》，龙树菩萨造，是破斥部派知见而显示自宗基本理论的著作。姚秦鸠摩罗什法师以弘始十一年（409）于长安大寺译出。龙树造《无畏论》十万颂，其中有自作《中论》的注（见《龙树传》）。此文五百颂在鸠摩罗什时就有七十多家的注解，鸠摩罗什认为青目的注最好，一同译出共四卷。此论讲实相中道，揭橥中观，故名《中论》。即影法师在《中论序》中所说："不滞于无则断灭见息，不存于有则常等冰消，寂此诸边故名曰中，问答析微所以为论，是作者之大忌也。亦云中观，直以观辨于心，论宣于口耳。"

《中论》对"中观"下一定义，见于第二十四品《观四谛品》末颂，画龙点睛，一语道破全书要义："众因缘生法，我说即是空。亦为是假名，亦是中道义。"中国佛学家如三论宗、天台宗等，都很重视这一颂。因颂中有三个"是"字遂称为"三是偈"，天台宗把"空""假""中"看成是谛，又称为"三谛偈"。颂的原意是批判部派佛学的知见。佛学的根本原理是缘起，其中"一切有部"主张偏有，把凡是从因缘而生的法都说成是实有。此颂就是针对它的。"众因缘生法"是指缘起。缘起之法有两个方面，第一是无自性，即空"我说即是空"。这空是存在认识之中，以言语表现出来的，所以说"我说"。所谓法、事物、现象等本身，无所谓空与不空。仅仅这样认识空还是不够的，第二还应该明白诸法是一种"假名""亦为是假名"。如果光说空，不是否定了一切了吗？世界上何以又有千差万别的事物呢？因此说法虽是空，还有假名。"假"在别处也译为"施设”“假设”，都是指概念的表示。概念表示不外乎语言、文字（佛学也叫“名言”）。对缘起法，不仅要看到无自性（空），而且还要看到假设（假有）。因其无自性才是假设，因为是假设才是空。这样看缘起法，既不着有（实有），也不着空（虚无的空），就“亦是中道义”。中观思想是直接由缘起空思想发展来的，这就是龙树的中观方法，对中观下的定义。“中”是从“空”发展出来的，是对空的进一步认识，由此连带产生着假又综合“空”“假”而成立“中”。部派佛学把“空”看成极端而误解为否定一切，一说空就会破坏四谛、四果、四向、三宝等佛法；佛法的因果既无，世间因果也不能离佛说因果而存在，也破坏了世间法。为了清除这种误解，龙树对空的真义作了进一步说明，也有一颂：“汝今实不能，知空空因缘，及知于空义，是故自生恼。”说他们对空的三重意义：一、空的本身，二、空的因缘，三、空的意义不了解，所以产生误解。要不误解，应先了解空的本身是什么，同时要知道为什么要讲空，最后还要了解空的实际应用和它的意义所在。空的所为，在于显示胜义谛。佛学把佛说法分成层次，有了层次才能了解佛法的真义。要分层次就得有个标准，这个标准叫谛。一般以二谛为标准，以世俗谛来说一切法是有，以胜义谛来说一切法是空。所以说，“空”的作用之一是为显示胜义谛。空的实际应用就在于有空才能有种种设施，如四谛、四果、四向、三宝等。如果没有空，一切法都有决定不移的自性，就无法作这些安排。所以，中观把空同假名设施连带起来看，是对空的进一步认识的必然。

《中论》一书集中表现了龙树的主要思想。原始要终地讲，就是论中所提出的“八不中道”和“实相涅槃”两种理论。前者属于“境”的部分，后者则与“行”“果”相关。

八不中道见于《中论》开头的两个归敬颂，虽只是本文的引子，但正如青目《释》指出的，它解明了写这部论的目的。后来无著写《顺中论》解释这二颂全名为《顺中论义入大般若初品法门》，即认二颂为大般若初品十万颂的入门。论开头还说“如是论偈，是论根本，尽摄彼论”。

这可代表印度学者的看法。中国的三论宗人对这二颂也说成是“诸佛之中心，众圣之行处”，“正观之旨归，方等之心髓”，将它看得特别重要。原来佛学的根本思想就在于正确说明因果现象，即所谓缘起的道理。原始佛学是从十二缘起，即无明缘行乃至生缘老死来解释人生现象的。后来有所发展，不但涉及人生现象，而且以人生为中心扩大到宇宙的一切现象去，看成都是互相依待，并看出其中的主要条件所在。因此就在缘起的基础上，发展出两种极端看法：一是有部认为一切都有缘起做根据，不是凭空产生，所以一切现象都是实有的；一是大乘初期的方广道人，认为因缘生法是空，一切不实在，一切虚无，又陷入“空”的极端。到龙树时期，他认为释迦提出的缘起是全面的，不单纯说有说无，而是有无的统一。从因果关系上说有无，所能推论出来的现象不外生灭、常断、一异、来去等现象，这些都是由时空上因果相望而说的。真正的缘起说对八个方面都不能执着，因而提出八不中道：“不生亦不灭，不常亦不断，不一亦不异，不来亦不出。”如果偏执生或灭等，就等于无用的废话或不正确的戏论。而佛所说的缘起是超出戏论，消灭戏论，也可说寂灭状态，所以颂说“能说是因缘，善灭诸戏论”。用这种观点讲因果，是过去所有各种因果说中说的最完善的，所以说“我稽首礼佛，诸说中第一”。缘起理论超出这一戏论，才能得出对现象实在的认识，达到真实，名为实相。

八不中道是关于认识“境”的理论。从“行”“果”的实践方面，佛学最终目的追求涅槃。随着缘起说的发展，讲涅槃也联系到一切法，不是消极的消灭就了，而是应该去掉不相干的戏论，显示一切法的本来面目，即实相；其实践的基础就是“显示实相”，涅槃究竟境界乃来自对实相的认识、应用。世间是流转生死的，涅槃是超出生死流转的，但是世间一切现象是毕竟空，以空为实相，这实相也就成为涅槃的内容，所以世间与涅槃是一回事，由实相把两者统一起来了（当然两者不可混同）。世间即涅槃，在趋向涅槃过程中，不应离开世间去另求涅槃。世间是无尽的，趋向涅槃的实践过程也应该是无住的。八不中道与实相涅槃可以概括龙树的学说。

龙树破其他执的方法有其基本原则，在《中论·观五阴品》最后二颂曾经提到，只是译者未能将这一精神译出来。颂文说："若有人问者，离空而欲答，是则不成答，俱同于彼疑。若有人难问，离空说其过，是不成难问，俱同于彼疑。"原意是说，龙树破其他是以"空义"做武器，同时声明自己的武器也是空。空义是全面的，不留给他人以反击余地地说："为什么你自己却保留了'空'？"龙树在《无畏论》中特别说明此两颂为一切空义章中要义，但青目释中未引这句话，罗什的译文也忽略了。

《中论》是讲破的，但各品都冠以"观空"字，比较客气，含有商讨的意味，这是因为破的对象都属佛教内部知见。《中论》破异论所用的方法常是进退两事征求，如破因果说："果先于缘中，有无俱不可，先无为谁缘，先有何用缘。"或者三事周遍穷诘，如破去来说："已去无有去，未去亦无去，离已去未去，去时亦无去。"在破的方式上，用得最多的是假言推理，先假设一论题，然后加以否定，如"若果非有生，亦复非无生，亦非有无生，何得言有缘"。《中论》破义：非无因、非相违、非无穷、非无体、非无果之因、无因之果，不到，不违教，相因待，已法不更法，一法不二体，有如是等义。

《中论》的关键性重要义理大致如上，顺次读文则如下：观生灭去来法，相应在因缘去来二品。观蕴处界法，相应在六情五阴、六种三品。观二取法，取之为人法能所，相应在染染者，作作者，然可然三品；取之为有无为相、根受所依，相应在三相本住二品。观十二支法，生死五蕴，相应在本际与苦二品；无明缘行、三和合触，相应在行与合二品；有及取爱，相应在有无缚解及业三品。观二空法，相应在法、时、因果、成坏四品。是等诸法观属于染。若观属净，相应所在，则人之为如来品，相之为颠倒品，行之为四谛品，果之为涅槃品。以上是观菩萨大乘法。观四谛品，观诸见执，相应在十二因缘及邪见二品。这是观声闻小乘法。诸有所执，生灭、去来、三科、二取乃涅槃，有决定性，如虚空华本无所有。缘生无自性，生亦无自性，缘亦无自性，都无自性，起而无起，宛然而寂然，所谓染法净法大法小法者皆如幻如化不坏假名。《中论》中示究竟旨归说：“大圣说空法，为离诸见故，若复见有空，诸佛所不化。”此所谓实相中道义。

《中论》注释著名的有：龙树自注《无畏疏》，佛护《疏》，德慧《疏》，安慧《中观释论》，清辨《般若灯论》，月称《疏》，天奋《疏》，德吉祥《疏》等。汉文译传安慧、清辨之说，藏语丹珠藏中无畏、佛护、月称之书犹存。隋吉藏弘关中旧义，创三论宗，著有《中观论疏》，均可资钻研。

（李安）

十八空论

《十八空论》，一卷，隋《仁寿录》最初著录，以为陈真谛所译，原作者不详。

本论内容可分三段，正解释十八空，兼释七真实和十胜智义。

初段，释十八空，先解内、外等前六空说明空体，又解行、非行（有为、无为）等后十二空说明空用。次后说第十三空至第十六空共四种空（即有法空、无法空、有法无法空、不可得空），仍可作说空体看，所以并属于前，即成十六空或十四空。再次依净不净、非有无、非一异三门辨释成立空义之理，又就十八空作四种料简，显示它在实践上有破除戏论、怖畏、懈怠、疑惑四种过失之用。

第二段，解释七真实，从第三唯识真实（缺前两种真实）说起，又引释《解节经》所说七种真如，以七真如皆是第一义谛，同归一味，即是七种真实的异名。

第三段，解释十胜智，说明建立蕴、界、处等十种胜智，是为了用来破除执一者、因者、受者等十种我见，但只解说了一、二、三、四种胜智，其余文缺佚。

以上三段文义并不连属，所以不成一部有体系的论书。依现代佛教学者研究，本论三段是解释世亲《中边分别论相品》内的十六空和《真实品》内的差别、善巧二种真实部分的文义，而由编者凑合成书。本论最后并有“关于三性的根本义已如前释，例难可得，不复重记”等语，可见原来还有其他部分编在一起。又本论内有一部分和圆测《解深密经疏》及窥基《成唯识论述记》所引真谛《中边分别论疏》文相符，故本论或即是真谛《中边分别论疏》的片段，并非译本。这从本论的理论与真谛的学说，特别是所译的《中边分别论》基本相同，可以证明。至于论中释唯识真实段，说到正观唯识遣除生死虚妄识心一切净尽，唯有阿摩罗识清净心；又依净不净分别空理段，辨明如如及禅定同为烦恼所复，同为不净，而不净的意义不同；又释五阴胜智段，说到相杂无明，列举说一切有部和经部对于八圣道中的正思、正见，是否同为般若所摄之不同看法，都保存了古代印度佛学的旧说，而为值得注意、研究的文献资料。

（游侠）

菩萨本生鬘论

《菩萨本生鬘论》，十六卷，前四卷圣勇菩萨造，后十两卷寂变、圣天造（今存金代复宋刻大藏本如此，又《至元法宝录》所说同）。宋熙宁年间（1068—1077）释绍德慧询等分译。圣勇的年代不详，依西藏多罗那陀《印度佛教史》第十八章说，圣勇即马鸣异名。

本论前四卷也就是基本部分，和现存梵本《本生华鬘》（音译社得迦摩罗）三十四种本生中初十三种和第十五种相同。其余都缺，大概是没有译出。本论后十两卷是一种释论，从尊者护国本生义边第十一释文末段起到第三十四为止，而且所释和前分文句不符，或者是解释《护国尊者问经》（宋施护译）中本生义（梵本说五十本生）的论书，杂编在此。本论全文原本，是集取佛过去生中所行菩萨六度行的难行之事作为诗赞，为咏赞中极美之作。从前非但流行全印度，而且南海各国不论僧俗都广为讽颂（见义净《南海寄归传》卷四）。西藏文大藏中有译本，又有法称广释一种。另有斯拜尔的英文译本。

本论前十四章的主要内容可分为二：一、本生因缘，二、在世因缘。

一、谈佛本生事缘共八章如次：

第一，投身饲虎缘起。世尊在般遮罗大聚落林中，说过生中为摩诃萨埵王子，与父兄纵赏山谷，舍身饲饿虎救虎子等事。

第二，尸毗王救鸽命缘起。过去佛在阎浮提中作大国王，名曰尸毗，意志坚定，乐求佛道。时帝释天主化为饿鹰，其臣毗首天子化为一鸽，逐至尸毗王所，欲害鸽命，尸毗王舍身救之。因悲愿感应，肢体顷即平复。

第三，如来分卫缘起。过去佛为善生王子，年始七岁，随父母避难，途中粮食断绝。饥羸殆尽，善生王子乃割身肉以救二亲，使父母安达目的地，而己身亦得平复。

第四，最胜神化缘起。世尊在舍卫国八日神变，富阑那等外道六师受辱，溺水自杀。佛乃为大众说过去世佛名株杌太子，娶妇远国，富阑那等时为六国国王，举兵相攻，欲夺其妇，株杌与战得胜，六王授首。由此因缘，六师今虽遇佛而不蒙济度。

第五，如来不为毒所害缘起。王舍城中，申日长者信外道言，凿坑置毒，谋害世尊。世尊履险如夷，饭毒无损。申日忏悔，哀恳摄受，世尊为说苦集灭道之法。

第六，兔王舍身供养梵志缘起。佛昔曾作兔王，为仙人梵志宣说正法。时因天旱乏食，梵志欲离兔王而去，兔王不忍，积薪自焚其身，供养梵志。

第七，慈心龙王消伏怨害缘起。菩萨往昔以嗔因缘堕于龙中，为诸龙之王。时有一金翅鸟王欲取诸龙以为食，龙王为说过去因缘，于是怨怼得以消。

第八，慈力王刺身血施五夜叉缘起。过去无量劫时，佛在此阎浮提一国中为王，名慈力。以佛法治国，国土安泰，使诸疫鬼及五夜叉不能损害国人。五夜叉饥渴欲绝，求王哀悯。王乃刺身五处出血，夜叉饮之，既饱且喜。

二、谈佛在世因缘共六章如次：

第九，开示少施正因功能缘起。佛在舍卫国为一商主说法，赞布施行。复为商主授优婆塞戒，商主受持，蒙佛护念。因此与诸商人泛海经商，得免于难，并获珍宝还家。诸商人等咸荷佛恩，愿为弟子。

第十，如来具智不嫉他善缘起。世尊与诸大弟子游化王舍城中，显现神变，身相庄严，具足圆满。并告阿难：我无量劫以来，尊敬一切众生。见到众生所修殊胜善行，便加以称扬，使其增益；对众生福德，丝毫不起嫉心。所以护此胜报。

第十一，佛为病比丘灌顶获安缘起。王舍城中有一比丘，身患恶疮，被人遗弃。佛为报彼无量世前的恩惠，特避开众人，独至其处，为病比丘以圣水灌顶，使得痊愈。佛于小恩常施大报，从无量劫以来就是如此。

第十二，称念三宝功德缘起。如来为大众说观佛三昧法门时，相好具足，放无量光明。而会中另有五百释种，由于过去毁谤佛法邪见障蔽，不能见此相好庄严。佛为说明过去因缘，并令彼等称念三宝，于是顿时得见。

第十三，造塔胜报缘起。佛告阿难，如有人于佛灭后，以敬慕之心求一舍利造塔供养，其福无量，非算数譬喻所能了知。

第十四，出家功德缘起。王舍城中有一长者名叫福增，年齿衰老，家人厌弃。他听说出家功德高如须弥，深如大海，乃至佛所，请求出家，佛令目连收为弟子，与他受戒；并带他去游行，观察生死无常苦空。福增即得解脱，证阿罗汉果。

自下十两卷释论，专谈法相。译文未经润饰，词意艰涩。

（田光烈）

入菩萨行论

《入菩萨行论》，是说明菩萨如何修行的要典。中国西藏佛教前弘期，曾由印度一切智天同西藏吉祥积，依据迦湿弥罗国本，译成藏文（约750—850）。在后弘期初起（980—1015）印度法祥贤同西藏宝贤又重译和校改。后来，宝贤同释迦慧，又依中印度本修改一次。再后，俄·罗敦喜饶到迦湿弥罗国求法（1076—1108）又同印度善慧称（贾曹杰注中说是尼泊尔人），依照迦湿弥罗国本，经过修订和润文，成为现在流通的藏文颂本。

在汉文译典中，宋太宗雍熙二年（985）由天息灾翻译，名为《菩提行经》共四卷，八品，七百八十六颂，较藏文本缺两品，少一百二十七颂零三句，文义也有出入。本文据藏文颂本略作介绍。

作者寂天（约650—750），为南印度梭罗修多罗国德铠王之子，原名寂铠。他成长以后，不愿继承王位，在登位前夕，逃出宫廷，行至一片森林地带，遇见一个妇女，把他带到森林深处，见到一位瑜伽行者，传授他许多甚深教法，依法修习，获得禅定和智慧。后到中印度那烂陀寺从胜天出家，取名寂天，著有《学处要集论》（汉译名《大乘集菩萨学论》）和《诸经要集》，后来又为大众说了一部《入菩萨行论》。由在座的学者们，听后记诵下来。

关于本论颂文有多少，当时各地学者说法不一。迦湿弥罗人说共有一千多颂，在论的前面增加了皈敬颂；东印度人说有七百颂，论首加上了中论的皈敬颂，但少忏悔颂和智慧颂；中印度人则说无皈敬颂和作者誓言颂，共有千颂，因而引起了争论。于是，有三位学者到迦怜伽城去见寂天，请问他《学处要集论》和《诸经要集》收藏的处所及《入菩萨行论》共有多少颂。他回答说：《学处要集论》和《诸经要集》用树皮亲笔写的小字，放在住室的窗户上。《入菩萨行论》颂文，中印度人所说是正确的。

本论文体全以颂文写成，所以又名千颂。但现在通行的藏文本，只有九百一十三颂零三句。除第一颂皈敬三宝，第二第三颂说明造论的因由外，其余的颂，共分十品，分别说明发菩提心和修菩萨行的方法。说发菩提心的有四品，说修菩萨行的有六品。其内容略述如下。

第一，《赞菩提心功德品》，共有三十三颂，分两大科。一、菩提心的胜利，说明一切被业和烦恼所系缚的众生，只要能发菩提心，一刹那间，就能称为佛子，就可受人天的供养，广赞胜利，无量无边。二、菩提心的种类，说菩提心有两种，即愿菩提心和行菩提心。“为利他故愿成佛”的心是愿心，为施等波罗蜜多向着成佛的路上走去的心是行心。

第二，《忏罪品》，共有六十五颂，分四大科。一、供养。是用大自然中的无主物山水森林等和有主物乃至自身为供物，供养三宝。二、礼敬。以观想我身变为无量身，到诸佛刹土而作礼拜，并于现前塔庙、和尚、阿阇黎前，也作恭敬礼拜。三、皈依。从今日起，直到获得菩提果位，皈依一切如来、正法、菩萨众会。四、忏悔。由具足四力门忏悔业障。（一）能破现行力。即从无始以来直到今生，由于愚痴，对“殊胜境”——父、母、师长等所做的一切罪业，现在发至诚心，于导师（佛）前，发露忏悔。（二）依止力。思维所造罪业，即从今日，皈依佛、法、僧三宝，如教而行。（三）对治现行力。说三毒的大病，唯有大医王佛所说的教法，才能医治。应从今日，依佛说法而修对治。（四）遮止罪恶力。对所造的性罪或者遮罪，心生追悔，于佛菩萨前，恭敬礼拜而作忏悔，以后，决定不造。

第三，《总持菩提心品》，共有三十三颂零两句，分三大科。一、加行。是在发菩提心以前先集顺缘资粮，随喜一切善法，见有作世间功德和修解脱的正因或由修持能得无上菩提的善法，都心生欢喜随喜赞叹。二、正行。是正发起菩提心的方便。为作众生的现时和究竟的利益，发起菩提愿心和行心，并依次学习菩萨学处等。三、结归。是总结发心以后的功德。想这一生，能发菩提心，从此生于佛的种族中，得名菩萨了。愿望得到实现，心中欢喜，常受安乐。

本品上半品所说的随喜功德等，就是集积顺缘资粮，结合第二品的《忏罪品》，就是净违缘障。由修习这两个前方便以后，下半品才说明发起两种菩提心的方便。这样正适合于三士道的修习次第，先修共下中士道，然后才修上士道。

第四，《不放逸品》，共有四十八颂，分三大科。一、弃舍菩提心的过失。说明发菩提心，是经过多次思维其功德以后，才发起的。如果弃舍菩提心，就是欺骗诸佛和一切众生，应堕恶趣。经常思维这些道理，不令菩提心衰退。二、应勤舍罪业。说明菩提心衰退的主要因素，就是不喜作善而喜造恶业。现在既得难得的人生，就应勤修善法，三、应断除烦恼。说明恶业是由烦恼生起的，所以应当勤求断除烦恼。对于烦恼，如对死敌作战一样，不怕艰苦，勤修善法，勤学菩萨行来对治它。

第五，《守护正知品》，共有一百零九个颂，分三大科。一、守护心的方便。说明要守护心住于善所缘时，必须守护正念和正知。若离正知，则妄念生，不仅将已生的善财夺去，并且障碍未生的善法，不令生起，甚至摧折能得解脱的慧命。守护正知还须正念，要以正念之绳，系心象于善所缘的柱上，不令散乱。二、怎样生起正念。说明生起正念，须要依止善知识，听从善知识的指示和教导，激发自羞的惭和怖畏他人毁谤的愧，并且相信异熟果报。由具有这些善因，就能生起正念，然后由正念守护正知，以正知防护自心，不令散乱。三、怎样守护三聚戒。先说守护律仪戒，就是观察身语的行为及造业前的等起心（动机），不令有过失（烦恼）。其次说明守护摄善法戒，应思维身是不净，不应贪着，但可用作修善的工具，依此得渡轮回大海，到达彼岸而成佛。其次说明怎样守护饶益有情戒，应当常以财、法施与有情，随护有情心，不令三业染罪。

第六，《安忍品》，共有一百三十四颂，分两大科。一、嗔恚的过失。常怀嗔恚的人，身心经常是痛苦的。一念嗔心，即能摧毁善根。二、修忍的方法。当思在轮回中，苦多乐少。若因不忍小苦而造恶业，则将来生于恶趣的苦，更是不可想象。嗔恚是不顺善法的，当以修忍的方法，防止嗔恚的为害。

第七，《精进品》，共有七十六颂零三句，分两大科。一、思维精进相违品的过失。说明懈怠就是精进的相违品。懈怠有两种，一是对于善法能做而不去做。二是贪着庸俗无义利的事，空过时日。二、修习精进的方法。当思维已得的人身，终归死亡，应当常时警惕，不要贪着睡眠懈怠。现在为求菩提，成就自他大利，当勤精进。

第八，《静虑品》，共有一百八十七颂，分三大科。一、静虑相违品的过失。静虑的相违品就是世间愦闹和颠倒分别。即颠倒分别对于五欲受用执以为乐，不净之身执以为净。思维这些过失以后，当于静处生起爱慕。二、住于静处的胜利。说明住于森林静处，资具简单，少欲知足，修习静虑与菩提心。三、修自他相换的菩提心。先修自他同等，然后修自他相换。修菩提心的菩萨，当给一切人以安乐和除一切人的痛苦。自他既是同等，是可以相换，以爱执自己的心转移到他人身上，将自己的身财善根，布施给一切有情。

第九，《般若品》，共有一百六十七颂零一句，分两大科。一、二谛的建立。由破其实事师等所说的实有而成立中观性空的说法。否认经部师说色等境是现量所得是实有，以及唯识师所说心为实有，主张心境等一切法，都是假立的，自性本空。二、广说修二种无我的方法。分为二，（一）广说修补特伽罗无我。说明补特伽罗有两种，俱生我执和分别我执，以观察六大非我的方法来破除我执。（二）广说修法无我。先由四念处说明法无我，其次用缘起为因，成立一切法无自性。

第十，《回向品》，共有五十七颂零一句，分两大科。一、总回向，愿以造论的功德，回向一切众生，共同趣入菩萨行。二、别回向分三。（一）

为利他回向。（二）为自利回向。（三）为安乐的生源，广弘教法回向。

本论梵文注释很多，仅从西藏大藏经中由梵文译成藏文的注释就有下列十种：一、《入菩萨行论释难广释智品》，作者慧生。二、《入菩萨行论释难》，作者不明。三、《入菩萨行论释千九百七十五颂》，作者善天。四、《入菩萨行论难解处抉择》，作者黑论师。五、《入菩萨行论释难》，作者遍照护。六、《入菩萨行论智品释难》，无作者名。七、《入菩萨行论智品及回向品释难》，无作者名。八、《入菩萨行三十六义略摄》，作者金洲。九、《入菩萨行论十一要义略摄》，作者金洲。十、《入菩萨行密意释殊胜光显疏》，作者毕补底旃陀罗。本论译传到西藏后，又为迦当派宗为六论之一。以后各派都有注释，其中以宗喀巴的上首弟子贾曹杰所著《入菩萨行论释佛子津梁论》为最著称。宗喀巴所著《菩提道次第广·略论》未问世以前，本论是修菩萨行的代表作。宗喀巴也非常珍视这部论，他著的《菩提道次第广论》中引用了本论三分之一以上的文句。西藏行者有以本论作为课诵本每日分段念诵。尤以本论最后第十《回向品》列为藏族佛教徒课诵的“五大愿文”之一《入菩萨行愿》，影响巨大。

（胡继欧）

摩诃止观

《摩诃止观》，十卷（或二十卷），隋智顗说，灌顶记，是天台宗详述圆顿止观法门的主要著述，为天台三大部之一。即天台宗开祖智顗大师，于隋文帝开皇十四年（594）四月二十六日起，在荆州玉泉寺，一夏九旬间朝暮二时讲出，弟子章安灌顶笔录成书。原来题名《圆顿止观》，后来改称《摩诃止观》，前后有三本，现行本是第二本（通称广本）的再治本。

《摩诃止观》全书分作序分、正说分两部分：序分是记录者灌顶略说本书的缘起，正说分是智顗讲说圆顿止观法门的记录。略说缘其中，先叙述本书的说主、说时、说处及其概况，次叙述关于圆顿止观法门的师资传承，其中又分作金口、今师两种。金口相承指远从佛世尊经过迦叶、阿难、商那和修乃至马鸣、龙树、提平等脉脉相传，到第二十四世师子遇害而法统绝。今师相承是指北齐时代（550—577）的慧文禅师，依龙树《大智度论》及《中论》的偈文，悟入空、假、中三谛圆融之理，由此构成一心三观的禅法。后来把这个法门传授南岳慧思，意思把它和《法华经》相结合而构成他的实相论，双弘定慧二门。智顗师事慧思，传受渐次、不定、圆顿三种止观，其中《摩诃止观》便是发挥他自己的观行体系，显示圆顿止观法门的深旨，行解双远，最为精要。

正说分开作十章：一、大意，二、释名，三、体相，四、摄法，五、偏圆，六、方便，七、正观，八、果报，九、起教，十、旨归。这简称为十广。十广的第一大意章，把以下的九章概括作发大心、修大行、感大果、裂大网、归大处五段。略举全书的大体，这简称为五略。合称五略十广。

第一，大意章。一、发大心段，叙说为求大菩提而想修习止观的要先发大菩提心，其中先舍弃发地狱、畜生、鬼、阿修罗、人、天、魔罗、尼犍（即出家的外道）、色无色、二乘十种心；次说四谛、四弘、六即是真实法，并分别偏圆发心之相。说明要依无作四谛，体达法性和一切法无二无别，由此起大慈悲，发三谛圆融的四弘誓愿，上求下化，才是发真正菩提心。这是十广中前五章的大意。二、修大行段，说虽然已经发心，还必须拿实践观行作阶梯，经论所说行法众多，略举常坐、常行、半行半坐、非行非坐四种三昧。常坐三昧，以九十日为一期，独居静室，结跏正坐，专念法界，相续不断。常行三昧，也以九十日为一期，身常旋行不息，口常唱阿弥陀佛，心常念阿弥陀佛。半行半坐三昧，以七日为一期，依《方等经》持咒旋绕百二十匝，却坐思维，更起更坐，周而复始，或依《法华经》，或行或坐读诵此经。非行非坐三昧也称随自意三昧，在一切时中，一切事上，随意修习止观，经历四运、六作、六受而具备三观的行相，将心安住于法性一相无相的谛理上。这是十广中第六方便、第七正观两章的大意。三、感大果段，叙说行者所修观行随顺中道，就会感得清净胜妙的报身之果。这是十广中第八果报章的大意。四、裂大网段，叙说行者用止观观心，内慧明了，恒沙佛法一心中晓，不但能裂破自己于诸经论所起疑网，而且能逗机设教，随顺十界众生而为说法，以裂破其他有情的疑网。这是十广中第九起教章的大意。五、归大处段，叙说化他成熟，归入法身、般若、解脱三德秘藏的大涅槃处。这是十广中第十旨归章的大意。

第二，释名章。解释止观的名义，分说相待、绝待、会异、通三德四点意义。先说止观有三义：一、止息止，即止息一切的心想；二、停止止，即停住于谛理（诸法实相真如理）上；三、非止止，即对不止叫它作止。次说观有三义：一、贯穿观，即妄想的动乱停止，真智显发，穿灭烦恼；二、观达观，即体达诸法实相真如理；三、非观观，即对不观叫它作观。以上是可思议的相待止观。至于不相对待，不可思议，所有的烦恼、业、果乃至教、观、证等都不生，止不止都不可得，真慧开发，断绝凡情妄想攀缘诸法实真如理所起推画分别，直下契证独一法界，这便是绝待止观。关于止观的异名，诸经论或者叫作远离，或者叫作不住、不着、无为、寂灭、不分别、禅定等，这都是止的异名；或者叫作知见、智慧、照了等，这都是观的异名。于绝待止观中，会同所有止观异名，这谓之会异。这个止观两字和涅槃的法身、般若、解脱三德相通，从而和所谓三菩提、三佛性、三宝等一切三法相通。这便是通三德。

第三，体相章。分说教相、眼智、境界、得失四点，解释止观的体相。先说藏、通、别三教的止观相，加以简别；次说圆顿教三观三止相即互融的止观相，次第三止三观同成一绝待止观，无有障碍，具足无减，这就是圆顿教止观体。次说由次第三止三观而得的三眼（慧眼、法眼、佛眼）、三智（一切智、道种智、一切种智），和由不次第止观而得的五眼（肉眼、天眼、慧眼、法眼、佛眼）、三智所知所见的不同，显示从诸门入理就是得体有异，而只有用不可思议一法的眼智能得圆顿止观体。次显示眼、智所对的境界就是三谛理，有随情说（即随他意语）、随情智说（即随自他意语）、随智说（即随自意语）权实的不同。最后分别申论藏、通、别三教的得失，而圆教的教证都不可思议，自行化他都得寂照不二的实体，有得无失。

第四，摄法章。明止观遍摄一切诸法、一切理、一切惑、一切智、一切行、一切位、一切教，用止观来该摄，无不毕尽。

第五，偏圆章。分别止观所摄一切的偏圆，用大小、半满、偏圆、渐顿、权实五双来料简。就中偏圆门明前四时三教的止观都偏，只有圆教的止观，一心三谛是圆。

第六，方便章。以上从第二章到第五章，都是修习止观的基本知识；以下第六章、第七章，详示修习止观以前的加行及正式修习止观的方法。

本章说入正观的加行有二十五方便，分为五类：即具五缘、诃五欲、弃五盖、调五事，行五法五科。先须具备五缘以为入道的先决条件：一、持戒清净，二、衣食具足，三、闲居静处，四、息诸缘务（生活、人事、技能、学问），五、得善知识。助缘已经具备，应当诃斥五欲：一、诃色，二、诃声，三、诃香，四、诃味，五、诃触。既已外弃嗜欲，应当内净心神，弃绝五盖：一、弃贪欲盖，二、弃嗔恚盖，三、弃睡眠盖，四、弃掉悔盖，五、弃疑盖。贪欲等五法，盖复心神，障碍定慧，所以叫它作盖。盖复既已蠲除，心神趋于寂静，应当调节五事：一、调食，令不饥不饱；二、调眠，令不节不恣；三、调身，令不宽不急；四、调息，令不涩不滑；五、调心，令不沉不浮。四科既已具备，更须勤行五法：一、欲，欲离妄想颠倒，欲得禅定智慧；二、精进，坚持禁戒，弃绝五盖，初中后夜，勤行精进；三、念，念想世间一切都可轻可贱，只有禅定智慧可重可贵；四、巧慧，筹量世间乐和禅定智慧乐的得失轻重等；五、一心，念慧分明，明见世间一切都可患可恶，只有智慧功德可尊可贵。这二十五法，是一切禅慧的方便，必须具足。本书中又把方便分作远、近两种，把这二十五法叫作远方便，而以下面的十种境界为近方便。

第七，正观章。是本书的中心，正说天台一家观行的方法，其中先叙述观法的对象，开作十种，称为十境。次说正修的观法，也开作十种，称为十乘观法。十境是：一、阴入界境段，这是观法的最初，说观五阴、十二入、十八界，但界、入两科所摄过于繁广，因而只以行人现前一期果报之身即五阴为所观境，又在五阴中也只就识阴即所谓介尔一念运用三千三谛的观法，这就是阴境，以下的九境即由此而生起。二、烦恼境段，是由观察阴境不已，能引发烦恼而起炽盛的贪嗔，此时应当舍弃阴境而观察烦恼境。三、病患境段，是由观察阴和烦恼，四大不调，致发生病患，妨碍禅定，此时即应当观病患境。四、业相境段，是由修习止观，行人无量劫来所作善恶诸业，在静心中忽然现前，如镜被磨，万象自现，此时即应当观业相境。五、魔事境段，是由观察以前各种境界，有魔事发生，妨碍禅定，此时即应当观魔事境。六、禅定境段，是已修魔事观后，真明未发，而过去所修习的各种禅定纷然现起，致令行人贪着禅味，陷入定缚，此时即应当观禅定境。七、诸见境段，是因习禅或因闻法发生邪慧，从而起种种不正确的见解，此时即应当观诸见境（《摩诃止观》说到第七正观章中第七诸见境段便停止，以下三境，系根据正观章的序说补充）。八、上慢境段，是已伏诸见，止息虚妄的执着，从而贪嗔不起，设或妄谓已证涅槃，于是起增上慢，便能废于正行，此时应当观上慢境。九、二乘境段，是妄见和慢心既已止息，先世所修习的二乘心在静中发生，溺于空寂，能障大乘行果，此时应当观二乘境。十、菩萨境段，是虽不堕在二乘境，但也未起诸方便道入于菩萨的境界，此时应当观菩萨境。以上十境都是十乘观法的所观境。

十乘观法又叫作十法成乘：一、观不思议境段，先说可思议境，即大小乘中都说心生一切法，不说心具，所以无论是说六道还是说十法界，都属于可思议境。次说不可思议境，又开作性德、修德、化他三境，天台一家三千三谛的观法所谓不可思议境，指众生实用现前六根六尘相对所起一念的妄心，此介尔一念，具足十法界，一一法界又各具足十法界、十如、三世间，即有三千的法数，所以只要有一念心，即法尔具足三千诸法无有缺减，即心是一切法，一切法是心，非纵非横，非一非异，玄妙寂绝，非识所识，非言所言，所以称为不可思议境。于此一念心、念念用即真、即假、即中三观观察。如观一法即一切法，是为假观；观一切法即一法，是为真观；非一非一切，是为中观。一空一切空，无假中而不空，是总空观；一假一切假，无空、中而不假，是总假观；一中一切中，无空、假而不中，是总中观。所观照的是三谛圆融的境，能观照的是空、假、中三观，总称不可思议一心三观。二、真正发菩提心段，是既已深识不思议境，了知一苦一切苦，思惟彼我，伤痛自他，即起大悲，发两种誓愿，誓愿度无边众生，誓愿断无尽烦恼。又深识不可思议心，了知一乐一切乐，理会我及众生以前但求人天二乘之乐而不知究竟乐的原因，即起大悲，发两种誓愿，誓愿知无量法门，誓愿成无上佛道，如此慈悲誓愿和不可思议境智，同时俱起，这叫作真正发菩提心。三、善巧安心段，是安心在法性上，体达此心毕竟只是法性，起是法性起，灭是法性灭；然而法性空寂，实无起灭，即名为止。观察此心无明痴惑，和法性相等，本来皆空，空亦不可得，就真理当体朗然显现，即名为观。即以三谛为安心的处所，止观为安心的方法。四、破法遍段，是依无生教门用从假入空、从空入假、中道第一义谛三观的智慧，彻照三谛，遍破一切诸惑。如藏、通二教只用空观破见思惑，别教虽用隔历次第的空、假、中三观破见思、尘沙、无明三惑，但无明还没有全断，所以都不能够说是遍。圆教空、假、中三观只在一心，横竖诸法都在一心中具，破心即一切皆破，这就是破法遍。五、识通塞段，是因苦集、十二因缘、六蔽、三惑等法能蔽塞实相之理，即名为塞；道灭、灭因缘智、六度、一心三观等法能显发实相之理，即名为通；而着重于加以识别“于通起塞”，并须破塞。如前破法遍中，所破的三惑是塞，能破的三观是通，但苦于能破的三观又生爱着，这个能着心也同样是塞，也必须加以破除。如此于一一能、一一所、一一心、节节检校，破塞养通，是为识通塞。六、道品调适段，是更将三十七道品调停适当随宜破惑入理，如修四念处生四正勤，四正勤发四如意足，四如意足生五根，五根生五力，五力生七觉，七觉入八正道，这是善巧调适。此中道品即四谛的道谛，而无作道谛的三十七品，是基于一心三观而成立的，于此以七科解脱道品的义相，并说假如于前一道其中未能与法性相应，应当次第用其余的道品展转调停。更举藏、通、别、圆四教的空、无相、无作三解脱门，说明道品的功能。七、对治助开段，是因行人正修观时烦恼忽起，障蔽正行，应当用六度及五停心等加以对治而助开解脱。如修道品时，悭贪忽起，激动观心，当用布施度加以对治；破戒心起，当用持戒度加以对治；嗔恚勃发，当用忍辱度加以对治；放逸纵荡，当用精进度加以对治；散乱不定，当用禅定度加以对治；愚痴迷惑，当用智慧度加以对治。并当观察这个助道不可思议摄一切法，而事行和理观配合，才能够开解脱门得见佛性。八、知位次段，是令行人了知修行所历的阶位次第，以免生增上慢，未得谓得，未证谓证，并叙述四教的阶位次第。九、能安忍段，是说诸行人，或未入五品弟子位，或入初品，神智爽利，为众所围绕，外招名利，内动宿障，以致废损自行，应当安忍深修三昧，不为名誉、利养眷属等外障和烦恼、业、定见、慢等内障所动。十、离法爱段，是说行人虽除内外二障，然而住着中道相似之法，心生爱乐，不能真入中道，进至初住；只在顶位法中，不进不退，称为顶堕。必须破除这个法爱，才能进入萨婆若海。

以上系就阴界入境显示十乘观法，具体说来是应该加以推广就十境的各境一一阐明上面所叙述的十乘观法，所以称为十法成乘。但在这里面，总之以观不思议境为根本。

本书的注释，有唐湛然的《止观辅行传弘决》四十卷、《摩诃止观辅行搜要记》十卷及《摩诃止观科文》五卷，宋从义的《摩诃止观辅行补注》四卷，宋法照的《摩诃止观辅行读教记》六卷。本书的节本，有唐梁肃的《删定止观》三卷。本书的提要，有湛然的《止观义例》两卷、《止观大意》一卷。此外有关的撰述，有梁肃的《天台止观统例》一卷，唐失名的《摩诃止观科节》一卷，唐道邃说、乾淑集的《摩诃止观记中异义》一卷，宋从义的《摩诃止观义例纂要》六卷，宋遵式的《摩诃止观义题》一卷，宋处元的《摩诃止观义例随释》六卷，清受登说、灵耀补订的《摩诃止观贯义科》两卷。

（黄忏华）

菩提道灯论

《菩提道灯论》，是中国藏族佛教迦当派的一部主要论著。它在短短的六十九颂半中，概括了显密大小乘的重要义理，并解决了许多“大小相违、显密相违”等问题，在西藏后弘期佛教中起过重要作用，所以一般藏族佛教学者都很重视它。

这部论是阿底峡尊者初到阿里（今西藏自治区境内）时，于宋庆历二年（1042）应菩提光所请而造的。传说菩提光劝请造论时提出了七个问题（即两个属于共乘“三乘共教”的，两个属于波罗蜜乘“大乘不共教”的，三个属于密咒的问题），阿底峡简略地概括一切大乘教义，并按照他自己修学的智力造了这一部论，以阐明整个佛教。阿底峡曾为这部论造过一部自注。至于七个问题的具体内容，阿底峡传中没有明文。后来，他赴拉萨弘法时，枯、俄等六位格什提出了“方便智慧分离能不能成佛？受菩萨戒需要不需要别解脱戒为所依止？未得金刚阿阇黎灌顶可以不可以讲说续部？行梵行者可以不可以受上两种灌顶？未受灌顶的人可以不可以修持密咒？”等五个问题请问阿底峡。阿底峡说：“这些问题我都解说在《道灯论》中了。”这五个问题与菩提光所提七个问题是同是异，不可得知。另有一部《菩提道灯论》的注解，传说是拿措译师所造，内中列举了七个问题：一、大乘道所依的补特伽罗怎样？二、异生身中能不能发菩提心？三、菩萨戒需要不需要别解脱戒为所依？四、有别解脱戒者受菩萨戒时，是前一种戒体转成后一种，还是两种戒体并存？五、修集两种资粮需要不需要方便、般若双运？六，中观、唯识以何理为究竟？七、入大乘密咒门当如何行？对《道灯论》的全部论文，即依着七个问题次第解释。

这部论是偈颂体，全论有六十九颂半，除第一颂礼敬三宝发心造论，和最后一颂述造论情形外，其余六十七颂半正说明从因至果的修行过程。

正论可分为二段：第一明修大乘道的士夫，第二明所修的正方便。明修大乘道士夫的有四颂（第二颂至第五颂），说进修佛法的人总有三等，即名三士：一、唯从自利出发，由怖三恶趣苦，希求人天快乐而止恶修善的，名为下士。二、也从自利出发，由怖三界苦，希求涅槃而修戒定慧三学的，名为中士。三、以自身诸苦，体会他人的痛苦，从利他心出发，为除一切众生痛苦而发心修行的，名为上士。这三类士夫修道的次第就叫“菩提道次第”。在这三种士夫中的上士是修大乘道的士夫，中下二士在未发大悲心之前则不是修大乘道的士夫。这就解答了上述七个问题中的第一个问题（大乘道依何等补特伽罗）。

明所修的正方便中，先总叙说正方便，即第六颂。

次分五种方便：一、归依三宝有三颂（第七颂至第九颂），说明归依三宝的行仪。

二、明发愿、行两种菩提心有二十五颂（第十颂至第三十四颂），此中先明发愿菩提心有九颂半，说明愿菩提心，即先须发慈悲欲度众生的誓愿，其次以不可退转的志愿发求成佛的心。后叙说愿菩提心的功德和应当守护的学处。这就解答了上述七个问题中的第二个问题（异生身中能不能发菩提心）。后明行菩提心有十五颂半，说明受菩萨戒之后，愿菩提心才能增长。受菩萨戒者要先具足七众别解脱戒的任何一种，尤其以比丘戒为最重要（其不堪受别解脱戒者也须先具足远离十恶业道的十善戒），否则不堪受菩萨戒。并说受菩萨戒和受后，当制止诸烦恼恶行，善学三聚净戒，努力修集菩提资粮。这就解答了上述七个问题中的第三个问题（菩萨戒需不需依止别解脱戒），兼带着解答了第四个问题（菩萨戒与别解脱戒的戒体为一为二，就三聚戒中的律仪戒体而言，可说是同，就摄善法等戒体而言则相异）。也解答了枯、俄等所问的第二个问题。

三、明引发通智利他的胜方便有七颂半（第三十五颂至第四十二上半颂），说明修集福智资粮，作利他事者。为能作利他事须修奢摩他和具备修止的支分（止的资粮）已具足修止的资粮，方可以住心一境，修奢摩他后引发神通，而广作利他事业。

四、明双运方便、般若，修集两种资粮的方便有十九颂（第四十二下半颂至第六十一上半颂），说明般若与方便双运方能断除二障。并说明般若、方便各别体性，要由方便（即布施等五度属于福德资粮的）所摄持的般若乃能趣证菩提，不是只修空无我理即能成佛。其般若的体性，为通达蕴界处无生性空的智慧。抉择诸法无生性空，故略说“四句无生”、“四因无生”（自他共无因）、“一异无性”、“缘起性空”等四种道理，指示观一切法无性的方隅。由般若力知一切法皆无自性，般若本身也没有自性，如是了知能缘所缘都性空无我，即能断除一切戏论分别，得大涅槃。由了知一切法无生无性，修无分别，渐历煖等四种善根，证入极喜等十地，不久即能证佛大菩提。这就解答了上述七个问题中的第五个问题（修集两种资粮需要不需要方便、般若双运）和第六个问题（中观、唯识以何理为究竟），也解答了枯、俄等所问的第一个问题。

五、明密宗不共修集两种资粮的方便有八颂（第六十一下半颂至第六十九上半颂），说明菩萨为求速疾圆满两种资粮当学密法。凡学密法必须依止师长先受灌顶，清净守护三昧耶律仪。但受梵行戒的人，不可传也不可受真实的“密灌顶”和“智慧灌顶”，只能受金刚阿阇黎灌顶（瓶灌顶摄），和听受讲解密部经典和修护摩等密法。至于通达诸法的瑜伽师，则随便怎样做都没有妨碍。这就解答了上述的第七个问题（入大乘密咒门当如何行），也解答了枯、俄等所问的后三个问题，也解决了持戒律者与修密法者的矛盾。

又上士所修的五种正方便也就是菩萨的三增上学：“归依三宝，发两种菩提心”为增上戒学，为发通智而修奢摩他即增上心学，双修般若、方便及修密法速疾圆满两种资粮即增上慧学。因此，一切菩萨行都不出乎戒定慧三种增上学。

本论的主要典据，除诸部大乘经外，还有龙树、无著、觉贤等名家著作，如受菩萨戒处依据《菩萨地》，修订处依据《定资粮论》，说般若处依据《七十空性论》等，故是总集诸家之作而成。

这部论总摄一切佛经要义，空有两家的修法，汇合龙猛、无著、寂天三派的教授，把三种士夫所修的法门都包括在内，是阿底峡著作中最重要的一部，为后世藏族佛教学者所普遍称赞。

（陈弘）

菩提道次第论

《菩提道次第论》，中国藏族佛教大师宗喀巴（1357—1419）著。是按“三士道”（人天乘、声闻乘、菩萨乘）由浅入深的进程，总摄佛教的要义而编成的，故名“菩提道次第”。

本论的根据，如本论初自说：“总依弥勒菩萨《现观庄严论》，别依阿底峡尊者《菩提道灯论》。”此外在每一细支，又各有它所依据的经论或语录，如迦当派卓垅巴所著的《圣教次第论》等。

本论的结构，是根据《菩提道灯论》所说的“三士道”的次第而组织的。其中，“下士道”，指脱离三恶趣，升人天善趣的法门；“中士道”，指解脱三有轮回，断烦恼证涅槃的法门；“上士道”，指发菩提心，修菩萨行，证大菩提果的法门。

在三士道之前，先说作为三士道的基础有二：一、亲近善知识，二、思惟人身难得。

在上士道之后，又说明发大菩提心者如对密咒信仰爱好，亦可进修密乘。

本书中说“亲近善知识”是趣入佛法的基础。趣入佛法后，“思惟有暇圆满的人身难得”，用以策励自己，起大精进，修学佛法。所修学的，就是“三士道”。其中最浅易的，应当先修“下士道”。归依三宝，深信因果，止恶修善，以期远离恶趣。然后进修“中士道”。先思惟生死总别过患（总谓三苦、六苦、八苦等，别谓六道别苦等），进而研求三界生死的起因，发起断除一切烦恼和有漏业的决心，精勤修学戒定慧三学，由此出离三界生死。再进一步修“上士道”，为救度一切众生、成就无上佛果，由此发起菩提心，求受菩萨戒，学习六度成熟自身，修学四摄成熟有情，三士道，是修不修密乘的人都要修的，故又称为“共同道”。在修共同道的基础上，可进而修密乘诸道，先依善知识受大灌顶，受持三昧耶戒及诸戒律。若学下三部密法，可先修有相瑜伽，后修无相瑜伽，由此能得各种悉地。若学无上瑜伽部密法，可先学生其次第，后修圆满次第，最后证得大金刚持果。这就是本论结构的大意。

本论的主要内容，以三种要道为纲，故又称为“三种要道”三士道次第，这三种要道就是：一、出离心，二、菩提心，三、清净见。

一、出离心，就是厌离三有希求涅槃的心，也名“求解脱心”。先思惟人身难得，寿命无常，息灭贪求现世五欲的心；再思惟业果不虚，生死众苦和三有流转道理，一心趣求涅槃妙乐。

二、菩提心，就是为欲度一切有情出生死苦，志求证得无上菩提的心。以出离心为基础，进一步思惟一切有情，长期沉溺生死大海，于此深发大慈悲心，为救拔有情出离生死，求大菩提，就是发起菩提心。由此进修六度四摄，经三阿僧祇劫，圆满福智资粮，乃至证得三身四智的大菩提果。

三、清净见，也称为离“增益”“损减”二边的“中道见”。一切法依因缘生，本来没有独立的自性。若对于无自性法，执以为有，就是“增益执”，也叫作“有见”或“常见”。又一切法虽无自性，但依一定的因缘而生，并非全无。若认为“诸法既无自性，就该完全什么都没有，所见所闻都是错乱”，就是“损减执”，也叫作“无见”或“断见”。“断”“常”二见，偏于一边，都不合理，所以又叫作“边见”。“中道见”，既不执诸法为实有，也不认为实无而否认它的存在，如实了知“诸法依因缘而有，故无自性”，不堕“常边”，也知诸法既依因缘而有，就不堕“断边”。由此见解，不堕二边，故名“中道”。依此中道见破除无始以来的无明实执，即是修学定慧，断除一切烦恼，出离生死的根本，所以清净见是大小乘一切道的根本。

修此见法，先以“四理”或“七相”，观察所执的“我”缘生无自性而通达我空。再以“四理”或破“四生”等义，观察所执的实法缘生无自性而通达法空。四理就是：一、认识所破的“我”。二、决定“我”与“五蕴”，或一或异，二者必居其一。三、认识“我”与五蕴是一的不合理。四、认识“我”与五蕴是异的不合理。七相就是：一（“我”与五蕴是一）、异（“我”与五蕴是异）、能依（我依五蕴）、所依（五蕴依我）、具有（“我”有五蕴）、支聚（五蕴合聚为“我”）、形状（五蕴组合的形式为“我”）。从这七方面，认识执我的不合理。四生就是：自生、他生、共生、无因生（破四生的道理，本论引中观诸论广说）。通过上述破“我”、破“法”的道理，了知无始妄执的“我”及“实法”空，再详细推察缘起道理，得知诸法虽无自性而有缘起因之果。由见诸法因果缘起，就能破除内心实执，了达诸法实无自性，才是得了中道见。

本论下士道、中士道所举一切法门，都是引生“出离心”的方法。上士道中广说发“菩提心”、修菩萨行。“毗钵舍那”一章，详细抉择“清净见”。全部菩提道次第论，以此三种要道为主要内容。

本论的特点，约有四端：

第一，修菩提心法。本论将过去诸论师所说及阿底峡所传各种教授，分为两类：一、从金洲大师传来的七重因果的教授：（一）知母（思惟法界有情都是自己的母亲），（二）念恩（思惟一切有情于我有恩），（三）报恩（思惟当报一切有情恩），（四）悦意慈（见一切有情犹如爱子生欢喜心），（五）大悲（思惟一切有情于生死中受无量苦，我当如何令其得离此苦），（六）增上意乐（恒常思惟自己应该担负令诸有情离苦得乐的重大责任），（七）菩提心（须具两种欲乐：一欲度一切有情出生死苦，二欲成无上菩提。若但欲利他，不求成佛，只是大悲心，不是菩提心。但若求成佛，不为利他，只是自利心，也不是菩提心。菩提心要具备“为利众生”和“愿成佛”的两重意义）。从“知母”到增上意乐，都是修利他心。已发起增上意乐，进而求无上菩提，才是菩提心。以上七重修习，须在修“平等舍心”的基础上行之。二、寂天菩萨《入行论》中所说“自他相换法”，就是把贪着自利、不顾利他的心，对换过来，自他易地而居，爱他如自，牺牲自利，成就利他。此法：（一）先思惟修自他相换的功德，和不修的过失。（二）思惟自他相换的心，若修则定能生起。（三）应对治两种障：思惟自他是相对安立的，以对治认为自他各不相关的障；思惟自他相依而存，以对治认为他人痛苦，无损于我，不须顾虑的障。（四）正修：思惟凡夫无始以来由爱执自身所生过患，令我爱执未生不生，已生者断，制不再起；进而思惟诸佛菩萨由爱他所生一切功德利益，令爱他心未生者生，生已增长，安住不退。（五）最后乃至出息入息，都修与有情乐，拔有情苦。这是利根众生修菩提心的简捷方法（修自他相换之前，也须先修平等舍心）。

第二，修止除沉法。掉举和沉没是修止的两大障碍。特别是沉没，其相隐昧，很近于定，不易认识。修定的人，多堕在沉没中，还自以为住在定中，久了反增长愚痴和妄念。又有人把八大随烦恼中的昏沉，误认为沉没。修定的时候，只要没有昏沉，便自以为没有沉没了，因此就堕于沉没中而不自觉。本论引《解深密经》《修次第论》等证明由昏沉睡眠所蔽，令心沉没，昏沉是沉没的起因，不就是沉没。又由三性来分析，说明昏沉与沉没性质不同。昏沉是大随烦恼，其性或不善，或有覆无记，唯是染汙。沉没是心于修定所缘的境，执持力弛缓，或不很明了。它的性是善或无覆无记，非是染汙。又引《集论》说明昏沉性惟染汙，沉没则非染汙，其性各别，断定昏沉决不就是沉没。本论详细分析昏沉与沉没的差别，使修定的人，能辨认沉没，并广引《瑜伽师地论》声闻地，详说对治沉没的方法。

第三，修空观的抉择。当宗喀巴时代，对于修空观，有很多不同的说法，归纳起来，总有四类：

一说以为修空就是观诸法真如，离是绝非，只要摄心不散，不起任何思念，无分别住，就与真如自然契合，不须先学空见，然后修空。此说曾经莲花戒论师详加破斥，但宋、元以来，西藏讲修空的，仍多堕于此见。宗喀巴本论，对此抉择甚详（见“抉择大乘道体须双修方便般若”及“毗钵舍那”科中“抉择真实义”，并修观方法诸科中），认为：（一）若无分别住便是修空，闷绝、睡眠、无想定等，应该都是修空。（二）若不起是非分别便是修空，眼等五识都不起是非分别，应该也是修空。（三）若摄心一处不起分别便是修空，一切修止的时候，应该都是修空。本论广引各种经论说明必须先观察所执的“我”等境空，才能断除“我”等妄执，不是闭上眼睛，一切不分别，便是修空。

二说以为未得空见，令心不起分别，虽不是修空，但是只要得了空见，再令心无分别住，就是修空。本论认为：若依此说，先得了空见，后修菩提心时，应该也是修空。所以此说不合理。

三说以为未得空见，固然不是修空，得了空见，完全无分别住，也不是修空。要每次修空之前，先用观慧思择空理，再无分别住，才是修空。本论认为：若依此说，临睡前先用空见观察一次，再入睡眠，酣睡无分别时，应该也是修空。所以此说也不合理。

四说以为以上三说，都不合理。要在修空观前，先引起空见，再缘空性令心住定，才是修空观。本论认为缘空见令心住定，虽是修空见，但只是缘空见的修“止”，不是修空“观”。本论引《修次第论》说：“若时多修毗钵舍那，智慧增上，由奢摩他力微劣故，如风中烛令心动摇，不能明了见真实义，故于尔时当修正奢摩他。若奢摩他势力增上，如睡眠人不能明了见真实义，故于尔时当修智慧。”这说明在修空的时候，止观必须兼修，使止观势力平均，才能明了见真实义。若专修观，则先得的止，容易退失，止退失了，观也不能成就。但若只修止，不修观，也完全不是修空观的意义了。

第四，安立世俗谛。般若部经，中观诸论，都说“一切法都无自性”，所以学中观见的，多偏于空，不善安立世俗谛，易堕断见。本论说明中观宗虽破一切诸法自性，但要安立无自性的缘起。安立世俗谛，要具备三个条件：

一、是名言识（眼等六识）所共许。名言识于境，只随所现而转（不用推求其境是否有自性）。世俗谛法，必须是这种名言识所一致承认的。

二、合乎一般名言量（正确的名言识）的标准。如错乱识见绳为蛇，他人不错乱识见是绳非蛇，就不能安立错乱识所见的蛇为世俗有，因为他人不错乱识所见不同的缘故。

三、没有观真实量（观诸法是否真实有的正量）的妨碍。有情由无明习气的力量，任见何物时，很自然地便执为实有体性。如见房屋时便觉房屋是实有。房屋是名言识共许，也合乎名言量的标准。若不推求其是否有自性，也就不成为观真实量的妨碍。因此所见的房屋，可安立为世俗有。但房屋是否实有体性，就要由观真实量来判断。以观真实量观察，就见房屋并无实体。因此有情所执房屋实体，不能安立为世俗有。

具备这三种条件，才可安立为世俗谛。这样安立的世俗谛，既无实体，不堕“常边”，也有因果作用，不堕“断边”。这是本论的要点。

1402年，宗喀巴（年四十六岁）在惹真寺造《菩提道次第广论》后，即广事弘讲。1415年时在格登寺，为便于广泛传习，又将《广论》中所引教证及诸破立省去，概括要义，造成《菩提道次第略论》。此后诸大弟子，或依《广论》，或依《略论》，自行教他，经常讲习。

此外，他还为便利徒众诵习，又将本论的内容，以赞颂功德的方式，摄为四十五颂。此后为本论作摄颂的有：阿旺罗桑却敦（清初人），将全论编成颂文，约三千颂，二百三十五页，便于诵持。公薄智精进就修行时思惟次第造成摄颂，约四百八十颂，三十页。阿嘉善慧幢作摄颂一百九十三颂，十四页。其他作摄颂数页或数十颂的很多。

后来弘传本论诸师，更衍为讲义式的略论的有：福幢依宗喀巴摄颂而讲的菩提道讲义。

善慧法幢的《安乐道论》。善慧智的《速疾道论》（以上二种就正修时的观行而讲）。善慧海的《妙音教授论》，五十九页，最为盛行。智幢的《讲义》（在文集第六函）。后藏水银寺法贤的《讲义》（在文集第六函）。青海霞玛的《讲义》。甘孜扎迦的《讲义》（在文集第一函）。以上四种，利于修持，也可属于《略论》之类。作注疏的有：跋梭天王法幢的《硃注》；阿旺饶敦的《墨注》；妙音笑的《黄注》；扎底格什宝义成的《毗钵舍那注》。后来，此四家注合刊成上下二函。但《广论》中引有迦当派诸师语录，多系方言或古语，四家注中多未详解。后阿嘉永赞，特录出解释，学者称便。

依据《菩提道次第论》中所说的“六加行法”编成仪轨修法的，有阿旺罗桑（在文集第一函）、智幢、法贤，护教、扎迦等，都注有六加行的修法，很便于初学。

（周叔迦）

密乘道次第广论章节略录

《密乘道次第广论》是略称，具名《胜者遍主大金刚持道次第开显一切密乘扼要论》，是宗喀巴善慧名称大师在西藏渥得贡贾山下慈氏寺造。它是概论密乘四部教法而以无上瑜伽为重点的著述。

本论的阐述，总以显密经论为依据，别则在事部道次第方面，主要依《秘密总续》《苏悉地续》《妙臂问续》《后静虑续》等经，及《后静虑续释》《苏悉地略修法释》等论。行部道次第方面，主要依《大日》《金刚手灌顶》等经，及佛密、胜菩提二大论师的释论。瑜伽部道次第方面，主要依《摄真实经》《金刚顶经》等经，及佛密、释迦友、善根金刚等诸大论师所造释论。无上瑜伽部方面，主要依《集密》《胜乐》《阎曼德迦》《欢喜》《时轮》诸尊的本续、释续等经，及龙树、提婆、月称诸大论师所造《五次第论》《摄行论》《明炬论》等教授。其余所依经论尚多，兹且从略。

本论内容分二：一、显示佛陀正法为求解脱之要道，二、指导入彼要道次第不同之门。

一、有总叙诸乘和别释大乘。总叙诸乘中，谓声闻、缘觉及菩萨乘。别叙大乘中亦有二种：（一）显教，（二）密乘。前者又称地乘、因乘或波罗蜜多乘；后者又称为秘咒乘、果乘或金刚乘，亦称为持明藏及续部。两者皆修广大行果，但乘密中更有获得最上成就的殊胜方便，即修随顺色身行相的本尊瑜伽，能够速疾圆满菩提。

又密乘中应机立教有四续部：一、事部，为密乘下品根机者设；二、行部，为密乘中品根机者设；三、瑜伽部，为密乘上品根机者设；四、无上瑜伽部，为密乘上上品根机者设。立四续部之原因，系由于对外事和内瑜伽的意趣，修习不同而有分别：即专修外事的名为事部。若于外事及内瑜伽等分修行的名为行部。着重内修三摩地瑜伽的名瑜伽部。专修最胜内瑜伽的名无上瑜伽部。此中以第四部为最殊胜，除此更无过上之瑜伽，故名无上瑜伽。

无上瑜伽续中又分为父续、母续二类：即着重说明显品、方便品和幻身之续名为父续；着重说明空品、慧分和乐品无分别智之续为母续。父续中以集密为上，母续中以胜乐为上。父续中所说生其次第、圆满次第和事业等以集密经为最广；诸母续所说生其次第、圆满次第和事业等又以胜乐经为最完备。

二、指导入彼要道次第不同之门也分为：略说二种大乘共道次第和广说金刚乘不共道次第。略说二种大乘共道次第者，谓应先于一具德相的大乘善知识前，以意乐、加行如理依止，彼善知识为说皈依，发菩提心，必须有真正菩提心，方成真实大乘学者。广说金刚乘不共道次第有四：（一）事部道次第，（二）行部道次第，（三）瑜伽部道次第，（四）无上瑜伽部道次第。

（一）事部道次第，即说四续部中第一事部观修本尊瑜伽的分齐，及此中所依经续内容和事修方便，然后证明此部有四次第：1. 举行灌顶令成修道之器（即取得修习此部道的资格）。2. 成道器已须清净律仪及三昧耶（即受持此部道的戒律）。3. 在如法守护律仪及三昧耶的基础上，如法从事修习。此有二种：有念诵静虑和不待念诵静虑。有念诵静虑中有三种修法：第一，修前加行，即沐浴、加持等。第二，修正行，即自观为本尊修习念诵及供养、赞叹、忏悔、发愿等。第三，修后行，即洒净及念诵、护摩、施食等。不待念诵静虑中，有住火、住声的静虑及声后静虑等。4. 修成就，此事部道的成就中，有息灾、增益、降伏等三事。

（二）行部道次第，亦有四种次第：1. 举行灌顶令成道器。2. 成道器已清净律仪及三昧耶、全同事部。此中所修即菩萨律仪，其戒相如《菩萨地》及《善巧方便经》等所说。3. 在住三昧耶的基础上，如法从事修习瑜伽。于此亦有有相瑜伽及无相瑜伽二种。有相瑜伽是不修空性之本尊念诵，此中亦有外四支念诵及内四支念诵。无相瑜伽是修空性之本尊念诵，即修空性与本尊念诵同时进行。此中空性，是中观正见所抉择的诸法无自性义。4. 最后修成就法亦是息灾、增益、降伏等事业。

（三）瑜伽部道次第，亦有四种，其名与次第同前。1. 举行灌顶，即入金刚界曼荼罗等灌顶。此有弟子灌顶及金刚阿阇黎灌顶二种：谓不受五部律仪而仅受菩萨律仪者，则唯传以弟子灌顶。若俱受二种律仪者，即可传以金刚阿阇黎灌顶。2. 成就法器已，须净律仪及三昧耶。3. 在住三昧耶的基础上如法修习本尊瑜伽。此有二事：有相瑜伽和无相瑜伽。有相瑜伽中，又有缘粗本尊身四座瑜伽及缘细标帜四座瑜伽。无相瑜伽中，亦分佛部修法、金刚部修法、宝部修法、莲花部修法等四种。4. 最后修悉地（成就）法有三：由静虑修悉地法、由念诵修悉地法和由护摩修悉地法。其所修的共悉地与事行二部同。

（四）无上瑜伽部道次第，亦有四种：1. 成办修道法器，2. 净三昧耶及律仪，3. 住三昧耶修道次第，4. 现证所修之果。其中：

1. 成办修道法器，须得清净灌顶。在灌顶之先，师徒须互相观察，善知德相。将灌顶时，亦有各种预备措施：如绘修供养曼陀罗仪轨及说正行灌顶仪轨、弹线分彩法、安瓶饰坛场、修供养灌顶等。还有自入坛受灌顶及令弟子入坛受灌顶，并说入坛后灌顶诸事。其灌顶分四：瓶灌顶、密灌顶、智慧灌顶、第四灌顶。此四种灌顶，唯无上瑜伽部全有。事、行二部只有瓶灌顶中之华鬘、水、冠、杵、铃、名等六种灌顶，并且限于金刚弟子灌顶。瑜伽部中虽兼有金刚阿阇黎灌顶，然无密灌顶等上三种灌顶。而在灌顶前，师徒互相观察，则四部皆同。

2. 净三昧耶及律仪者，谓受灌顶之后，必须清净三昧耶及律仪。

3. 住三昧耶修道次第者，谓在净三昧耶及律仪上由闻思修励力于所修之道。其道有二：生其次第及圆满次第。先修生其次第以严净行者心地，后依圆满次第即修大印及乐空无别瑜伽，以期证得佛果悉地。

生起次第所修之道即由三三摩地等修法，以净治行者身心而为修圆满次第之准备。

圆满次第，在父续修法中，依集密者有龙猛、智足二派；母续修法中，有依时轮及胜乐等派。

4. 现证所修之果者，即依生起、圆满两种次第精进修习，上品根机速成佛果，中下之品，得诸悉地。

宗喀巴大师曾讲此论多次。后来克主杰善妙德贤阿阇黎继作《续部总建立广释》亦甚精要。此《密乘道次第广论》在藏语系佛教地区历代相承，未曾间断，传承人名，有记载可考。

（谭影）

成唯识论

《成唯识论》，一名《净唯识论》，十卷，护法等造，唐玄奘于显庆四年（659）纂译，窥基笔受。这是一部解释《唯识三十论》（颂）而属于集注性质的书。《三十论》为世亲晚年精心结撰的著作，他未曾亲自注解便去世了。别人作注的很多，最著名的有十家：一、亲胜。二、火辨，都和世亲同时，分别做了简单的注解；亲胜的注尤能指点出世亲作论的本意。三、难陀，谨守世亲学说的规模，依唯识二分说、种子新熏说等作注解，成为注家中重要的一派。四、德慧。五、安慧，他和德慧是师弟，对于世亲《俱舍》学都很有研究。安慧的注解用唯识自证分说法发展了世亲的学说，为注家中另一重要派别。六、净月，和安慧同时，擅长《对法》。他的注解中特别主张第八识的现行和种子互有“俱有依”的意义，这与安慧的见解正相反对。七、护法。八、胜友（护法弟子）。九、胜子。十、智月。他们在陈那的三分说的基础上，更进一步主张唯识四分说以及种子本有新熏合成说，使世亲之说又推进了一步，他们便成为注家中另一重要学派。这十家注书共有四千五百颂，玄奘在古代印度都搜罗来了。特别是护法的注书，原来在古代印度只付托给一位玄鉴（这是形容他有很深的见解）居士珍藏，以待知者，玄奘因在古代印度博得盛名之故，独获其传本而归。玄奘当译经最后一个阶段，准备移住玉华宫《大般若经》之前，他以总结瑜伽学系学说的用意，拟将十家注书完全译了出来，并已决定由神昉、嘉尚、普光、窥基四人相助。但后来采纳窥基的建议，改用编纂办法，糅合十家之说为一书，并且只留窥基一人独任笔受，这样译成了《成唯识论》。

本论的结构，大体沿用了护法的释论。释文所牒的《三十论》颂文，也采用护法一系所依据的本子，个别地方和他家的本子在文句上有很大出入，像另有一颂说明唯识性，即是护法论本所独有。论的首尾有序颂和结颂，都是护法释论原有的。本文释《三十论》的大段区分，据说是依《华手经·求法品》，用相、性、位三分，这也是护法释论的原式。三分是：初释本论第一颂至第二十四颂，明唯识相；次释第二十五颂，明唯识性；后释第二十六颂至第三十颂，明唯识位。综合这三分解释，显示了《三十论》里的唯识义理明净极成，故名《成唯识论》。

次说本论的主要内容：在第一大段释唯识的相里，先略标宗要，解释论第一颂的前三句，指出世间和自教中所说种种我、法的名目，都不是实有其性，而只是依据心识所变的相貌而假为施设。跟着广破古代印度外宗及自宗声闻乘所执着的实在的我、实在的法都不合理。其次正解识相，分能变识相和所变相二段。释能变的识先序说识有因位（种子）和果位（现行）的不同情况，再依颂区分能变识为三类，即异熟（第八阿赖耶识）、思量（第七末耶识）及了别境识（眼、耳等前六种识）。第一阿赖耶，以自相、因相、果相、相应、五爱、三性、恒转、伏断等八段，解释“阿赖耶、异熟、一切种”等十义，更引《大乘阿毗达摩经》等五种共、不共教典及持种、异熟、趣生、执受等十种道理，来证成赖耶之存在（以上释第一颂末句至第四颂）。次释末耶识，以出名、所依、所缘、体义、行相、染俱、相应、三性、界地、伏断等十门分别；更引《入楞伽经》及《解脱经》等教典及不共无明、意根、意名等六种道理，来证成末耶之存在（以上释第五颂至第七颂）。次释眼、耳等前六种识，以差别、自性、行相、三性、相应、三受、所依、俱转、起灭等九门分别。附带说明八种识俱起之相，以及八种识自性不可定言是一是异之义（以上释第八颂至第十六颂）。次释所变相，说明何以一切我相、法相，都离不开从三类能变识所变现的见分和相分，而非另有实体。即用唯识所因、世事乖宗、圣教相违等九番问答，释成一切法皆唯是识之义（以上释第十七颂）。自下更广释诸识不待外缘即能自己生起之相，而用四缘、十因等解释本识（即赖耶）、转识（前七种识）的种子和现行互为缘起，即能生诸法种种分别；又用诸业和二取习气的异熟作用，解释有情生死相续（以上释第十八颂、第十九颂）；又用染净诸法自性不离识，解释佛虽说遍计、依他、圆成三种自性而仍一切唯识，还解释佛密意说一切法皆无自性之义（以上释第二十颂至第二十四颂）。次第二大段释唯识性。此段指出诸法实相由远离遍计所执的实我实法所显，于一切位常如其性，名为真如，亦即所谓“唯识”的实性（此释第二十五颂）。后第三大段释唯识位。此段辨有能力悟入唯识相、唯识性的人，在悟入中经历的阶段，以及渐次悟入的方便。这依践证次第分为资粮、加行、通达、修习和究竟五位，前四位为行，后一位为果。最末详佛所证得菩提、涅槃妙果殊胜功德，附释身土能、所变的关系以及见、相分的异同，而用说明本论但言唯识的意义作结（以上释第二十六颂至第三十颂）。

本论在各段释文中，常常插入从解释颂文而推衍出来的广论。这样的广论在安慧所作的注释中就很多了，护法释论更加扩大。这像在释三类能变识中，广论有漏、无漏诸法种子各有本有及始起二类，内种所具的刹那灭、果俱有、恒随转等六义，能熏和所熏诸义，诸心、心所生起时具有相、见、自证和证自证四分，所依托的种子、俱有、开导三种依义，以及种子生现行、现行熏种子三法辗转因果同时等义。在释诸识生起诸法分别中，广论因、等无间、所缘、增上四种缘，及依语依、领受、习平等十五种依处差别而立随说、所说、观待等十种因，和异熟、等流、离系等五种果诸义。在释有情生死相续中，广论名言、我执、有支三种习气，无明乃至老死十二有支的十门分别，分段和不思议变异二种生死诸义。在释遍计、依他、圆成三种自性中，广论流转、实相、唯识、安立、邪行、清净、正行七种真如及其与三种自性相摄之义。在明行位中，广论烦恼、所知二种障，真见道和相见道，欢喜、离垢、发光等菩萨行十种地次，施、戒、忍等十种波罗蜜多，以及各地所断异生性、邪行、门音钝等十一种障，与执着我法、恶趣杂染、微细误犯、种种业趣等二十二种愚；及其所证遍行、最胜、胜流、无摄受乃至业自在等所依十种真如；由断二障证得二种转依的六种位别、四种义别；由转依所显得的自性、有余依、无余依、无住四种涅槃，由转依所生得的大圆镜、平等性、妙观察、成所作四种智及彼相应心品诸义。在明果位中，广论法身的自性、受用、变化三种相别及其殊胜功德。如上所举诸广论，对于各项法义都作了总结，一切不正义、不备义都加以简别，使不能再立，可谓精博之至。另外，行文常用因明的轨式，益见立说的精严，同时也给因明学的运用提供了典型的范例。

本论糅合十家之说，因为释文已经过剪裁组织，混成一片，所以很难详细分别各家的原说。不过，论文大体上是以护法一系的注书为基础，而以难陀、安慧等说为对照，相同的都从略，不同的才以“有义”字样存其异说。这常常是将余家不正确的说法列前，而将护法的简别和所得的正确结论居后，以表示正宗之所在。在中土各家的注疏里，关于十师异义，也曾约略举出一些（约有二十一则）。比较重要的如基师《述记》说，解释世亲《三十论》的旨趣段，火辨解为断二障，证二空，悟唯识理；安慧解为令生正解，断二重障，得二胜果；护法解为破诸邪执，显唯识理。又解我、法依识所变段，难陀解为内识变相似外境而现即是直接所执的我、法；护法解为依识自体生起见分、相分，再从此上施设为我、法，这较难陀说为接近。又解诸法种子段，难陀解种子都由新熏而生，护法解种子由本有和新熏两种合起（主张诸法种子为本有的是护月，但此人不在十师之列）。又解释诸识结构，安慧只说“自证”一分（依据梵、藏文本安慧的释论，这是说，诸识的见分缘虑相分，实际是自己分别自己，也就是证会自己，因此基师等传说安慧只许识有自证一分）；难陀说识有见、相二分；护法说诸识应有见、相、自证、证自证，一共四分（另外，陈那主张诸识有见、相、自证三分，但他不在十师之列）。又解释诸识的俱有依（诸识生起时的重要增上缘），难陀说眼等五根即是种子，五识以俱时意识为依；

安慧说五识也依五根为依；护法说五根通于现行，五识并以五根、第六、七、八识为依。又解释第七末那识所缘之法，火辨解为缘第八识的见、相二分，难陀解为缘第八的识体和它的相应诸法，安慧解为缘第八识和它的种子，护法解为只缘第八识的见分，等等。基师是唯一参与编译此论的人，他所说的各种主张应该可信。但在他家的注疏里也存在着不同的说法，而《述记》并未说明。这或者是从前十师的注解，后先相继，后出的注书有时也采取前师之说，或者假说前师的问答进行辩论。因此，唐人各家的注书，或闻之讲说，或以理推证，遂有不同的说法。现在因十师释论原本散佚（现存的除安慧释论现存梵、藏文本而外，汉译《转识论》简单的解释了《三十论》，也像是十师最初之作），详无可考，只好就比较重要的几点上得其大概而已（本论中有关护法说，因玄奘另外译出护法的《广百论释》，后来义净又译出护法的《观所缘论释》和《唯识二十论释》即《成唯识宝生论》，很有相同的地方，都可以取来为对照刊定之资料）。另外，护法释论所据，旧传是六经（《华严》《解深密》《如来出现功德庄严》《大乘阿毗达摩》《入楞伽》《密严》）和十一论（《瑜伽师地》《显扬圣教》《庄严经》《集量》《摄大乘》《十地》《分别瑜伽》《观所缘》《二十唯识》《辨中边》《阿毗达摩集论》）。但在六经里特别着重《密严经》（此经在玄奘以后才传译过来），有六七处重要的义理，特别是四分之说，却是以《密严经》为据而推衍出来的。因此，本论中涉及《密严》的各部分，无疑地都是护法的原释（其详见吕澂《内学讲习纲要》）。

本论的注解，最重要的是窥基所撰的《述记》二十卷，本论之笔受出之窥基，据本论沈玄明《后序》上说，基师曾“综其纲领，甄其品第”，可见他对于唯识正宗学说的理解，亲得师承，而都详于《述记》，其书遂为后世研究此学的圭臬。窥基还另撰《唯识枢要》四卷、《唯识别钞》十卷（现存一、五、九、十诸卷），《唯识料简》两卷，补充《述记》所未详。其后解释《述记》的有灵泰《疏钞》十八卷，智周《演秘》十四卷，道邕《义蕴》十卷，如理《义演》二十六卷，清素《义镜钞》六卷（此种已佚）等。

奘门注解本论与窥基之作相先后的，有圆测《疏》十卷，普光《钞》八卷，慧观《疏》四卷，玄范《疏》十卷，义寂《未详决》三卷，这些与基师《述记》合称六家。奘门新罗一系道证（圆测弟子）曾采集此六家之说而折衷于圆测，著《要集》十四卷（以上各家之书都已佚）。其后太贤又集基、测两《疏》，《枢要》《要集》两要，著《学记》（一称《古迹记》）八卷。他还另著《抉择》一卷，《广释本母颂》三卷（此二书已佚），亦取等视基、测两家的态度。但在窥基门下的慧沼，则极力发扬师说，著《了义灯》七卷（一作十四卷）详破圆测、道证之说，涉于苛细（智周《了义灯记》今存一卷）。此外，唐人注论者尚多，十九均已散佚。仅存未详著者之《注成唯识论》残本（卷十七）一卷。其他比较重要而书名仅见著录的，有神昉《论文义记》（一称《要集》）卷数不详，胜庄《决》三卷，道伦《要决》两卷，神雄《广述》六卷，元晓《宗要》一卷，璟兴《赕量》二十五卷，《记》两卷，顺赕《料简》一卷，清素《记》十卷等。

本论研究在中唐以后渐衰，五代时著述散佚，宋、元罕见撰述。到了明代，有明昱撰《俗诠》十卷，通润撰《集解》十卷，王肯堂撰《证义》十卷，广承撰《音义》十卷，大真撰《合响》十卷，大惠撰《自考》十卷，智旭撰《观心法要》十卷。清代智素辑《音响补遗》十卷。近代欧阳渐撰《唯识讲义》三卷等。

本论传入日本，作注解的颇多，以良算等所集《同学钞》四十八卷，善念撰《泉钞》三十卷，藏俊所集《本文钞》四十五卷，湛慧辑《论疏集成编》四十五卷，最为著名。

本论还有法文译本，校注甚详，便于研究参考。

（游侠）

三论玄义

《三论玄义》，一卷（或两卷），隋释吉藏撰，总叙《中》《百》《十二门》三论的要旨。成书于仁寿二年（602）四月，是他居扬州慧日道场时应杨广之请而作。

全书内容分两大部分：一、通序大归，二、别释众品。在通序大归中，说三论的立义，不出破邪、显正二辙。破邪是把邪计、邪执归纳为四类：（一）破外道执有实我、实法，其中：先述天竺邪因邪果、无因有果、有因无果、无因无果四执，后举震旦《庄》《老》《周易》三玄，一一用佛理摧破它。（二）破毗昙虽达我空而执诸法实有。（三）破成实虽明人法二空而未能穷原尽理。（四）破大乘而堕于有所得见。如此，无论内道外道、大乘小乘，凡计有所得的都加遣破。其次显正，说有人正、法正二义。三论的作者龙树论师应《楞伽》《摩耶》等大小乘经的悬记，建立正法，这是人正。三论是究竟无余之说，这是法正。次就三论说有体正、用正二义。体正是说诸法实相无所得理，言忘虑绝，非真非俗，绝诸偏邪。用正是说为令众生契无所得的理体，于无名相中强设名相，说真俗二谛来显示它。如此，虽有体、用二正，要以破遣有所得见、显示无所得理为显正。

在别释众其中，有十三科：（一）经论相资，说诸佛为众生失道而说经，菩萨为众生迷经而造论。（二）经论能所绞络，说经以二智为能说、二谛为所说，论以二慧为能说、言教为所说。而经论互相绞络，或此能为彼所，或此所为彼能。（三）造论缘起，说龙树、提婆为诸部异执迷失佛教的本意，因而造论破其他们的迷情。（四）诸部通别，说《中论》通破大小二迷、通申大小二教，《十二门论》通破大迷、通申大教，《百论》通破障大小之邪、通申如来大小两正，所以都是大乘通论。（五）众论立名，说《大智度论》从所释经、《中论》从理实、《十二门论》从言教、《百论》从偈句立名。（六）众论旨归，说《大智度论》以二慧（实慧、方便慧）、《中论》以二谛、《百论》以二智（权智、实智），《十二门论》以境（实相）智（般若）为宗。（七）四论破申，说《中》《百》《十二门》三论通破众迷、通申众教，《大智度论》别破般若之迷、别申般若之教。又其中《百论》正破外、旁破内，余二论正破内、旁破外。（八）别释三论，说《中》《百》《十二门》论同具破邪、显正、言教三义，所以合称三论。（九）三论通别以《大智度论》和三论相对来说，则《智论》为别论、三论为通论。若专就三论说，则《百论》为通论之广、《中论》为通论之次、《十二门论》为通论之略。（十）四论用假，说《大智度论》多用因缘假，《中论》《十二门论》多用就缘假，《百论》多用对缘假。（十一）四论对缘，说提婆的出世，正为破斥当时盛兴的外道，兼除小迷及小乘有所得见。龙树的出世，为当时五百部盛兴，破小迷，申大教，令回心向大。（十二）三论破缘，说有闻《百论》始舍罪福，终破空有而言下得悟无生；有闻《百论》后出家受经，方乃得悟；有闻《百论》不了寻经更起迷执，为《中论》所破，方乃得悟；有直至闻《十二门论》方乃得悟。（十三）《中论》名题，说此论的立名有广有略，略但称《中论》，中是所论的中道实相理，论是能论的言教。广称《中观论》，由中道实相发生正观，由内有正观宣于口而为论。

吉藏于《玄义》外，尚著有《中》《百》《十二门》三论疏，分别就论中文句及其意义详加解释。

《玄义》此土无注解，日本古代的佛教学人，研究此书甚盛，著有《检幽集》七卷（证禅）、《钞》三卷（贞海）、《肝要钞》五卷（亡名）、《科注》七卷（薄祐）、《首书》两卷（凤潭）、《玄谈》一卷（明道）、《讲话录》两卷（前田慧云）、《讲义》一卷（村上专精）等。

（黄忏华）

因明入正理论疏

《因明入正理论疏》六卷（通行刊本八卷），唐窥基撰。窥基（632—682）系元魏时尉迟部的后裔，十七岁时依止玄奘出家，经过了十一年，参加译经，编纂《成唯识论》，并深入研究了因明。但到玄奘去世，乾封元年（666）后，他才作《因明入正理论》的注疏，迄于晚年还未写定，在解释喻过“能立不成”处便中止了，以下各段，还是他的门人慧沼继续完成的。

《因明入正理论》，一卷，商羯罗主造，是玄奘从事译经的第三年，即贞观二十一年（647）中所译。因为这一种学问在当时是极觉新鲜的，所以奘门竞行学习。过了一年，玄奘又译出《因明正理门论》（一卷，陈那造），充实了研究的资料，于是其时著名的神泰、靖迈、明觉三家的《入正理论疏》便在永徽初年间（650—655）撰成了，接着又有文轨、玄应、文备、壁公诸师的注解。这些注书各记所闻，并参照《理门论》加以发挥，一时颇为流行。窥基的《论疏》就是在这些著述基础上，抉择取舍而写成的。

基《疏》内容，于解释《入论》本文之前，有短短的序论三段（本疏卷一）：一、叙所因，略述因明的源流，世亲、陈那的著作，本论的缘起，并说到玄奘在赴印途中迦湿弥罗国僧称论师处开始学习了本论，后在那烂陀寺戒贤门下更穷尽了幽微，回国不久便译出了本论。二、解论名，采取了当时神泰、文备、文轨、靖迈四家之说，加上他自己的见解，一共五释，未予轩轾。但据其最后所解，以正理指陈那的著作（特别是《理门论》）而言，似乎更为当理。本段末尾还解说了本论作者商羯罗主得名的由来，可惜未详其身世。三、明妨难，解释对于因明这一名称的七种疑难，大都是当时存在的异论。

本疏解释论文，大分两段：第一大段解释论首总标纲领的摄颂以及随后详解的长行，第二大段解释论末显略指广的结颂。首段解释摄颂中对于所标出的八门（也就是八义：真似能立、真似能破、真似现量和比量）二益（也就是二悟：自悟、悟他），都有简明扼要的说明，如说真能立是三支具足而且一无过失，真能破有显过和立量的不同，真现量是定心或散心之照符前境、明局自体，真比量是以共许因成立未许宗能生决定智等，无一非精粹之谈。随后还推论到瑜伽学系论书解说这些义门的沿革。

其次，解释本论长行。因为本论结构还是依据《理门论》以立破为纲，故在真似能立之后接着就说真似二量（这是视二量为能立的工具，所以这样安排），再说真似能破，一共六段，和摄颂的顺序不同。撰者体会这样的精神，在释文里也就偏详于立破。他解释真能立的一部分有不少精到的见解。例如，解三支比量的宗支处（本疏卷二初），指出宗依（构成宗支的主词即“有法”和宾词即“能别”两个部分）与宗体（由能别解释有法所得的整个意义）之应严加区别。又宗体在四种悉檀（即普遍的、自宗的、旁推的、随意的）里应取第四随自意乐而建立，不受拘束。又解因支处（本疏卷二末）指出因有启发作用的生因和了解作用的了因，二者又各有言、义、智三方面（合成六因），而就立量悟他来说，因支是应该以言生和智了二因为其实质的。又解喻支处（本疏卷三），辨析到异喻用在止滥（即遮止因法通于宗的对立面），无妨用无体之法为喻依。由此再推到三支之有体、无体，应当互相适应（立有体的宗，因喻俱应有体，立无体宗则不拘，见本疏卷四）。这些议论虽在其他论书里（如《广百论释》曾谈到因法的有体无体等）和旧疏里（如文轨的疏文曾谈到宗依、宗体和四悉檀等），已见其端倪，而作出彻底详尽的发挥，则是此疏所独有。

就在这些释文里，此疏也随时纠正各家旧疏的错误。最显著的例子，即是本论之解释宗支，有一句译文是“极成能别差别性故”（意谓宗是由于双方共许的“能别”区别了……而成的）。文轨等旧疏却作“……差别为性”来解释，这不但违反因明的轨辙，又还不懂中印语文的规律，贻误学人，为害不浅，故撰者予以严厉的谴责而毫无宽假（见本疏卷二）。

其次，解释似能立一部分。此分从本论的结构来看，可说是最大特点之所在。因为陈那的著作《理门》《集量》等论书里，虽已对于三支过失作了全面的说明，但文义比较散漫而隐晦，《入论》乃加以整理、明确，并有所补充（如宗过的后面四种），于是厘然列出宗九过、因十四过、喻十过、而合成三十三过，又各各举了确切的范例，使人一目了然，可谓极其精彩（后人学习因明的，也从研习三十三过而入，可谓“思过半矣”之效）。基疏对这部分的解释，尽了很大的努力，以篇幅言，几占现存全疏的一半（三卷有余）。他为了明确刊定每一种过失的特征与其可能运用的范围，作出种种的分析。如解各过，都举出全分的，一分的两类四句（此即以正面对自许、他许、共许而为三句，反面全非又为一句），而刊定其是非（一、三句是过失，二、四句则不然）。另外又在各支过失可以兼备的方面，错综排列出所有的句式，以为真似的刊定。以宗过一类为例，九过互具，再加以全分、一分四句的分别，即可演绎出二千三百零四种句式（见本疏卷五）。这虽不免过于形式化，但从其可能性上，究极奥蕴，不得不说是基疏对于因明理论的一种发展。

即由于三支过失的刊定和所对而言者（自、他、共三方面）有关，基疏从这一点更推论到比量之运用于破他、自救，乃至于留防过地步等，也可在三支上予加限制的言辞（如只是自宗承认的加“自许”，他宗承认的加“汝执”，两家共认而非泛泛之谈则加“胜义”或“真故”等），提了出来，并不成为过失（在护法、清辨的著书里，此例极多），这样就有了“自比量”“他比量”“共比量”的区别。又在共比量里，还可扩大因支的范围，加上自许或他许的部分，以成“自共比”或“他共比”，三支比量的运用乃益灵活而广泛。基疏对于这些用法，一再透辟地阐明其意义，并举出玄奘在古代印度时所立“唯识量”和改订的胜军“大乘是佛说”量来作为例子而详加解释，又对顺嗔的反对唯识量作了批判（见本疏卷五、卷六）。基疏在这一方面的发展，对于当时的佛学讲论、著述以及理解护法、清辨等论书，均有很大的实用意义。

本疏原稿不全，只到解释喻过的开端为止，以下十种喻过、真似二量、真似能破各段，都付阙如，这是很可惜的。不过，慧沼（650—714）依据本疏的精神，很好地替它补足了。特别是二量部分，疏文未及详说的，还另写了《二量章》收在《法苑义林章补缺》之内，极便于研究。慧沼这一部分补写的疏文，后来单行，即题名《因明入正理论续疏》（因为有人曾将《续疏》删成节本，后世也误会为窥基原作略疏，其《续疏》不过是添加细注而已，参照内学院校刊本《因明入正理论续疏》卷末校记）。此外，文轨旧疏解释似能破一段，曾引《理门论》中十四过类一段详细解释，也曾被后人误认为窥基手笔，改题为《因明理门十四过类疏》，刊本单行。

本疏内容极其丰富，几乎涉及因明全部的问题，因此通称为《大疏》。其书一出，所余同类章疏为之晦采，大半零落失传。在慈恩宗内，奉本疏为圭臬，备至推崇，更不待言。像慧沼，除作了《续疏》而外，还撰有《入正理论义断》三卷、《纂要》一卷，引申本疏之说。其后，智周（678—733）更对本疏作了《略记》一卷、《前记》三卷、《后记》一卷（未全），解释益加详细。又本疏从中唐时传到日本后，讲习极盛，著述亦多，其中还保存不少的唐人旧说足供研究。其流传后世的主要著述，有善珠的《因明论疏明灯钞》六卷，明诠的《因明大疏导》并《里书》九卷，藏俊的《因明大疏钞》四十一卷，良遍的《因明大疏私钞》三卷。此外，还有凤潭的《因明论疏瑞源记》八卷，征引赅博，解释细致，尤为风行。又本疏解释因四相违过一段，素称难解，日人对此也特别研究，另作注书，著名之作有真兴的《因明四相违略私记》两卷，源信的《因明论疏四相违略注释》三卷等。

（吕澂）

阿毗达摩大毗婆沙论

《阿毗达摩大毗婆沙论》，二百卷，北印度五百大阿罗汉等造，唐玄奘译。或简称为《大毗婆沙论》，或又简称为《婆沙》，是小乘说一切有部所正依的论藏。此论广明法义，备列众说，为详解迦多衍尼子的《阿毗达摩发智论》而造的释论。

《阿毗达摩发智论》原是印度二十部派中说一切有部的根本论典，和《集异门足论》《法蕴足论》《施设足论》《识身足论》《品类足论》《界身足论》合称为有部重要的七论。据《俱舍论记》（卷一）说："《发智》一论法门最广，故后代论师说六（论）为足，《发智》为身。"即古来都以《发智论》为有部教义的代表作。在当时北印度思想界占主要地位的有部学人，对于此论曾竞相钻研，各宣胜义，广事解说，而《大毗婆沙论》即为这些对《发智论》不同义解的广大结集。其所以名为《大毗婆沙》，即是包含有广说、胜说、异说三义。例如，《俱舍论记》（卷一）说："谓彼论中分别义广，故名广说；说义胜故，名为胜说；五百阿罗汉各以异义解释发智，名为异说。具此三义，故存梵音。"显示此论为有部的广大教藏。

关于此论结集的事缘，如唐玄奘《大唐西域记》卷三所说，佛灭度后四百年间，健驮罗国迦腻色迦王弘护佛教，鉴于当时的部执纷纭，人各异说，便请教于胁尊者，在迦湿弥罗建立伽兰，召集了五百位有名的阿罗汉，并以世友尊者为上座，从事于结集三藏，先造《邬波第铄论》十万颂以解释经藏，次造《毗奈耶毗婆沙论》十万颂以解释律藏，后造《阿毗达摩毗婆沙论》十万颂以解释论藏，三藏结集完毕，用赤铜锞镂写论文，藏于塔中，永传后世。此中所说解释论藏的《毗婆沙论》十万颂，即是这《阿毗达摩大毗婆沙论》，而所解释的论藏则是《阿毗达摩发智论》。又玄奘译《大毗婆沙论》后跋语还说："佛涅槃后四百年，迦腻色迦王赡部，召集五百应真士，迦湿弥罗释三藏，其中对法毗婆沙，具获本文今译讫。"多罗那他《印度佛教史》第十二章所述中国的藏地学者有关此事的传说略同玄奘所说，并称会众中有五百罗汉、五百菩萨、五百班抵达相聚结集，而称之为第三次结集云云。因此，古来通称此论是迦腻色迦王时世友等五百大阿罗汉在迦湿弥罗编纂之作。

但据现代学者考证，以为此论中有"昔健驮罗国迦腻色迦王"时的故事（卷一百一十四），又有"昔于此部有二论师：一名时毗罗，一名瞿沙代摩"的论说（卷一百二十九），以及胁、世友、法救、妙音、觉天等学说虽广被引用或评述，似乎都未直接参与《婆沙》结集等情形，而认为此论的编纂，系在迦腻色迦王和世友尊者以后，即公元二世纪中以迦多衍尼子的徒众为中心的有部学人的集体之作。这和《大智度论》卷二所说"迦旃延婆罗门道人……作发智经八犍度，……后诸弟子为后人不能尽解八犍度故，作鞞婆沙"之说也相符。又与旧译《阿毗昙毗婆沙论》释道梴序所说"释迦迁晖六百余载，时北天竺有五百应真，……造《毗婆沙》，抑止众说"的记载也相共通。因此，此论编纂的年代，似还有待于重加考订。

但此论的造成，在古代印度的佛教界确曾起了巨大的推进作用，并提高了说一切有部在当时的地位，而其时的有部学者也因此而被称为"毗婆沙师"，可以想见此论和有部关系的重大。由于对此论研究的热潮，在当时遂出现了不少有关此论的著作和有名的学者，如东晋道安《鞞婆沙序》中，曾叙述有以往古代印度三位罗汉各抄《毗婆沙论》的记载说："有三罗汉，一名尸陀槃尼，二名达悉，三名鞞罗尼，撰《鞞婆沙》，广引圣证。……达悉迷而近烦，鞞罗要而近略，尸陀最折中焉。"（《出三藏记集》

卷十）此外，运用《婆沙》理论而制论的，有法胜的《阿毗昙心论》，法救的《杂阿毗昙心论》，又有受到此论学说影响而造的世亲的《阿毗达摩俱舍论》，以及为发挥《婆沙》正义而作的众贤的《阿毗达摩顺正理论》和《显宗论》等，都是有关此论教义的现存的名著。

此论梵本十万颂，系由唐玄奘法师全文汉译。现今一般所指《大毗婆沙论》，即是指唐译本论而言。但在唐以前，还有苻秦僧伽跋澄译的节抄本和北凉浮陀跋摩共道泰译的不完全本。

一、苻秦译本，题名《鞞婆沙论》，十四卷，系苻秦建元十九年（383），秦秘书郎赵正请罽宾（即迦湿弥罗）法师僧伽跋澄口诵该国罗汉尸陀槃尼节抄的《大毗婆沙论》加以翻译，当时名德释道安集众参与译事。跋澄口诵经本，外国沙门昙摩难提笔受写成梵文，佛图罗刹为之宣译，苻秦沙门敏智笔受写成汉文《高僧传·僧伽跋澄传》，更由道安法师加以校对。据道安序说："经本甚多，其人忘失，唯四十事是释阿毗昙十门之本，而分十五事为小品回著前，以二十五事为大品而著后，此大小二品全无所损，其后二处是忘失之遗者，令第而次之。"以上四十事连最后拾遗二处，合成全论内容的四十二处，仅相当于唐译《阿毗达摩大毗婆沙论》中第二编结蕴的一部分。换言之，其中所谓小品十五事，约当于唐译本论第四十六至五十卷，即《结蕴》中第一《不善纳息》的前半章；又所谓大品二十五事，相当于同论第七十一至八十六卷，即《结蕴》第四《十门纳息》的前半章。可见这一译本只是全部《大毗婆沙论》的一小部分。这次翻译的不能详善，也如《高僧传·僧伽提婆传》中所说："跋澄所出毗昙广说，属慕容之难，戎敌纷扰，兼译人造次，未善详悉，义旨句味，往往不尽。俄而安公弃世，未及改正。"

二、北凉浮陀跋摩共道泰译本，题名《阿毗昙毗婆沙论》六十卷，它的梵文原本十万颂，系由沙门道泰从西域赍来凉地。这时，天竺沙门浮陀跋摩也来到凉城，凉主便请他二人于乙丑年（425）四月中旬在凉城闲豫宫寺开始传译，并清沙门智嵩、道朗等三百余人考文详义参与其事，至丁卯年（427）七月上旬译毕，成一百卷。嗣因凉城兵乱散佚，又经写出六十卷，传到宋地流布。（以上据《阿毗昙毗婆沙论》道梴序。另据《出三藏记集》卷二，称此论是丁丑岁［437］四月开始传译，至己卯岁［439］七月译讫，后来各家经录都沿用此说。）这就是现今传存的六十卷本。其内容仅存（一）《杂犍度》、（二）《使犍度》、（三）《智犍度》三篇，仅相当于唐译本论第一至一百十一卷的杂、结、智三蕴部分。译文似较简明畅达，而正确性不如唐译，文义次序也有前后出入之处，但大体是一致的。

《大毗婆沙论》全文二百卷，至唐玄奘法师始完全译出，这是此论最详尽正确的汉文译本，它的梵本十万颂系由玄奘亲从古代印度赍归。玄奘于永徽年中（650—655）翻译了《婆沙》系统的《阿毗达摩显宗论》《顺正理论》和与此有关的《俱舍论》后，即从显庆元年（656）七月二十七日在长安大慈恩寺翻经院开始宣译此论，沙门嘉尚、海藏、神昉、大乘光笔受，神察、辨通执笔，栖玄、靖迈、慧立、玄则缀文，明珠、惠贵、法祥、慧景、神泰、普贤、善乐证义，义褒、玄应正字，至显庆四年（659）七月三日于西明寺翻译完毕，成二百卷，内分八蕴（旧译犍度，即篇章之意），每蕴又有若干纳息（旧译跋渠，或译云品）。这就是对于《发智》本论八篇四十三品的逐一广释，并备列众说，显示宗义，形成为说一切有部的教理渊海。而玄奘这一译本也就是此论现存的唯一善本。

唐译本论译出后不久，此论的梵文原本在古代印度似即佚失，因而距离迦湿弥罗较近的中国藏族地区也未有译本。1944年，沙门法尊曾据唐玄奘译本译成藏文，于1948年全文翻毕。又日本木村泰贤，西义雄、坂本幸男三人也于1929年依据唐译本共同加以日译，现收于1929—1940年出版的日本《国译一切经》中。以上藏、日两译所依的原本，只是汉文唐玄奘译一本而已。至于以前秦、凉两个片断的译本，只能供唐译本论研究的部分参考。今将唐论和旧译两本的篇品卷数对照如下：

唐译二百卷本	凉译六十卷本	秦译十四卷本
一、《杂蕴》（卷一至卷四十五）	一、《杂犍度》（卷一至卷二十四）	
（一）《世第一法纳息》（卷一至卷九）	（一）《世第一法品》（卷一至卷四）	
（二）《智纳息》（卷九至卷二十三）	（二）《智品》卷五至卷十二）	
（三）《补特伽罗纳息》（卷二十三至卷三十四）	（三）《人品》（卷十三至卷十五）	
（四）《爱敬纳息》（卷二十九至卷三十四）	（四）《爱敬品》（卷二十六至卷十八）	
（五）《无惭愧纳息》（卷三十四至卷三十八）	（五）《无惭愧品》（卷十九至卷二十）	
（六）《相纳息》（卷三十八至卷三十九）	（六）《色品》（卷二十）	
（七）《无义纳息》（卷三十九至卷四十二）	（七）《无义品》（卷二十一至卷二十二）	
（八）《思纳息》（卷四十二至卷四十五）	（八）《思品》（卷二十三至卷二十四）	
二、《结蕴》（卷四十六至卷九十二）	二、《使犍度》（卷二十五至卷四十六）	
（一）《不善纳息》（卷四十六至卷五十五）	（一）《不善品》（卷二十五至卷三十）	一、《说阿毗昙八犍度》（卷一至卷三）
（二）《一行纳息》（卷五十六至卷六十三）	（二）《一行品》（卷三十一至卷三十三）	
（三）《有情纳息》（卷六十三至卷七十）	（三）《人品》（卷三十四至卷三十六）	中阴处（卷十四）
（四）《十门纳息》（卷七十至卷九十二）	（四）《十门品》（卷三十七至卷四十六）	二、《解十门大章》（卷四至卷十三）
三、《智蕴》（卷九十三至卷一百一十一）	三、《智犍度》（卷四十六至卷六十）	
（一）《学支纳息》（卷九十三至卷九十七）	（一）《八道品》（卷四十六至卷四十九）	

续表

唐译二百卷本	凉译六十卷本	秦译十四卷本
（二）《五种纳息》（卷九十七至卷九十九）	（二）《他心智品》（卷四十九至卷五十四）	
（三）《他心智纳息》（卷九十九至卷一百零五）	（三）《修智品》（卷五十五至卷五十六）	
（四）《修智纳息》（卷一百零五至卷一百零八）	（四）《相应品》（卷五十七至卷六十）	
（五）《七圣纳息》（卷一百零九至卷一百一十一）		
四、《业蕴》（卷一百一十二至卷一百一十六）		
（一）《恶行纳息》（卷一百一十二至卷一百一十六）		
（二）《邪语纳息》（卷一百一十六至卷一百一十七）		
（三）《害生纳息》（卷一百一十八至卷一百二十一）		《四生处》（卷十四）（以上据《大正藏》第二十八卷）
（四）《表无表纳息》（卷一百二十二至卷一百二十四）		
（五）《自业纳息》（卷一百二十四至卷一百二十六）		
五、《大种蕴》（卷一百二十七至卷一百四十一）		
（一）《大造纳息》（卷一百二十七至卷一百三十一）		
（二）《缘纳息》（卷一百三十一至卷一百三十四）		
（三）《具见纳息》（卷一百三十四至卷一百三十七）		
（四）《执受纳息》（卷一百三十七至卷一百四十一）		
六、《根蕴》（卷一百四十二至卷一百五十六）		
（一）《根纳息》（卷一百四十二至卷一百四十六）		
（二）《有纳息》（卷一百四十七至卷一百四十八）		
（三）《触纳息》（卷一百四十九至卷一百五十）		
（四）《等心纳息》（卷一百五十一至卷一百五十五）		
（五）《一心纳息》（卷一百五十五至卷一百五十六）		
（六）《鱼纳息》（卷一百五十六）		

续表

唐译二百卷本	凉译六十卷本	秦译十四卷本
（七）《因缘纳息》（卷一百五十六）		
七、《定蕴》（卷一百五十七至卷一百八十六）		
（一）《得纳息》（卷一百五十七至卷一百六十二）		
（二）《缘纳息》（卷一百六十二至卷一百六十五）		
（三）《摄纳息》（卷一百六十六至卷一百七十三）		
（四）《不还纳息》（卷一百七十四至卷一百八十三）		
（五）《一行纳息》（卷一百八十三至卷一百八十六）		
八、《见蕴》（卷一百八十七至卷二百）		
（一）《念住纳息》（卷一百八十七至卷一百九十二）		
（二）《三有纳息》（卷一百九十二至卷一百九十五）		
（三）《想纳息》（卷一百九十五至卷一百九十六）		
（四）《智纳息》（卷一百九十六至至卷一百九十七）		
（五）《见纳息》（卷一百九十八至卷二百）		

本论的内容篇章，依《发智论》大分八蕴，乃至若干纳息，如本论序中所说："造别纳息，制总蕴名：谓集种种异相论道，制为《杂蕴》；集结论道，制为《结蕴》；集智论道，制为《智蕴》；集业论道，制为《业蕴》；集大种论道，制为《大种蕴》；集根论道，制为《根蕴》；集定论道，制为《定蕴》；集见论道，制为《见蕴》。"就以上八蕴的论道，一一本着止他宗显己义的原则，加以广泛释论。在第一编《杂蕴》中，第一《世第一法纳息》，即广释世第一法，乃至忍、顶、煖善根，以及顺抉择分、顺解脱分、我见、其他诸见的性相并关系。第二《智纳息》，广释智和识，非我的行相、二心不俱起、心心所等无间缘、记忆和忘失、六根、六境、

名句文身、六因、随眠、断惑等问题。第三《补特伽罗纳息》，广释十二缘起的流转和还灭等性相关系，出入息、持息念乃至断、离、灭十六行相等问题。第四《爱敬纳息》，广释爱和敬、供养恭敬、身力和身劣，佛的身力、十力、四无畏、大悲、三念住、七妙法、五圣智三摩地等，择灭、非择灭，有余涅槃、无余涅槃，学、无学、非学非无学，无学五蕴，唯一究竟、离我语取，二遍知、三归依处等问题。第五《无惭愧纳息》，广释无惭无愧和惭愧，以及增上善根和微俱行不善根、断善根、续善根，心变坏，掉举和恶作；惛忱和睡眠，梦中善恶和果报，五盖和无明盖等问题。第六《相纳息》，广释生、住、老（异）、无常（灭）四相的性相关系及有为、无为法等问题。第七《无义纳息》，广论苦行无义和趺坐的威仪，住对面念观行，不净观，五现见等至，第六无相住（随信行、随法行）功德，化法调伏和法随法行，多欲和不喜足，难满和难养等问题。第八《思纳息》，广释思和虑、闻思修三慧，寻和伺，掉举和心乱，十大地法等诸心所分类，三摩地诸相，无相、不正知、妄语，憍和慢，增上慢所缘四谛情形，七种慢，三不善寻和三善寻，智和境及智和识、有漏行和无漏行、有为法和无为法等广狭分别；行圆满、护圆满，异生性，邪见、邪思惟相应法等问题。

第二编《结蕴》中，第一《不善纳息》，广释三结、三不善根、三漏、四瀑流、四取、四身系、五盖、五结、五顺下、上分结、五见、六爱身、七随眠、九结、九十八随眠和它们的性相分齐关系一一分别等问题。第二《一行纳息》，广释九结五事中的系事一行，三结乃至九十八随眠的摄持关系及它们三有相续的分限乃至消灭诸结等的定，又诸结的已系、当系、今系和退道时的结系等问题；九遍知有关的诸问题等。第三《有情纳息》，广释三界见、修所断结的离、系和顿、渐、异生、圣者离染和退的诸问题；诸结断尽沙门果摄以及四沙门果相、学、无学转根等问题；三有问题；中有各种问题等。第四《十门纳息》，广释二十二根、十八界、十二处、五蕴、五取蕴、六界、有色无色法、有见无见法、有对无对法、有漏无漏法、有为无为法、三世、三性、三界系、学无学非学非无学法、见断修断无断法、四谛、四静虑、四无量、四无色、八解脱、八胜处、十遍处及八智、三三摩地等乃至四十二章的随眠随增、所缘法、相应法、能缘、所缘、缘识、缘缘识、成就、不成就、五位分类等问题。

第三编《智蕴》中，第一《学支纳息》，广释八学支的成就、四种通行、无学支的成就，见、智、慧的性相关系等分别；八道支和七觉支、三十七菩提分法、世俗正见和正智、无漏正见和正智等问题。第二《五种纳息》，广释邪见邪智、正见正智、诸种左慧、学无学非学非无学的见、智、慧、梵天恶见，大天五事恶见等问题。第三《他心智纳息》，广释他心智、宿住随念智、本性念生智，时爱心解脱、不动心解脱以及和尽、无生智相应法关系，学无学的明和智、六通和明、谛现观时所得的证净、预流者断四颠倒、成三摩地（三解脱门）等，以及三世诸道的习得，修得等问题。第四《修智纳息》，广释八智的性相和它们的相摄、相互成就关系，异生和圣者的修得、相修和相缘、断结力能、结灭作证，乃至无常想、七处善、三义观等问题。第五《七圣纳息》，广释七圣者八智的成就关系和七圣者三三摩地的成就关系，七圣者无漏根、觉支、道支现前时所现起的智数，八智相应法和五德的相应关系，三三摩地、三无漏根相应法和四德、三德的相应关系，四十四智、七十七智、一一智和在一一世成就的八智和三世成就等问题。

第四编《业蕴》中，第一《恶行纳息》，广释三恶行、三不善根、三妙行、三善根、十不善业道、十善业道、三业、四业、三时业、三受业、三世业、三性业、三学业、三断业、身受心受业、三障业、最大破僧罪、最大果报等问题。第二《邪语纳息》，广释邪语邪命邪业和正语正命正业、十不善道由贪嗔痴生、律仪和不律仪、三恶行和三曲、秽、浊、发身语业的二种等起，三妙行和三清净、三寂默、三恶行和非理所引的三业，三妙行和如理所引的三业，业感异熟界的三性、三世、爱非爱别和不相应行所感异熟果，三世业，三受业、三界业、善恶业、见修所断业同一刹那受异熟果等问题。第三《害生纳息》，广释害生命四种、无间业加行感地狱异熟等有关杀生诸问题，中有中所受无间业异熟和造作增长二业，五无间业、二种防护、四种律仪、别解脱律仪受得的范围、身和身业的成就关系、异生命终时忍法舍、不舍、四生、身和身语意业的成就关系，业和异熟果的离染同、异时关系、业有无异熟分别和五果、善、不善业的颠倒不颠倒、三界系不系的相互成就和生处等问题。第四《表无表纳息》，广释表、无表业、身表无表业、三世身语表无表业等成就关系，欲色、无色不系业和欲色无色不系法，有漏无漏业和有漏无漏法、三学业和三学果，身、戒、心慧的修和不修，过现未戒类成就关系，七众别解脱律仪的建立，近事和五学处、三归、近住律仪等问题。第五《自业纳息》，广释自业、业成就当不当受异熟分别、预流者不堕恶趣和所得智、诸学的谋害、留多寿行和舍寿行、心狂乱、不善的缠相应法、佛教和世间种种工巧业处、学无学非学非无学戒的成就关系等问题。

第五编《大种蕴》中，第一《大种纳息》，广释大种所造色以及它的相和业，触处实事十一种，大种所造处的有见无见、有对无对、有漏无漏、有为无为、三世、三性、三界系、三学、三断分别，大种和所造色、和善等造色、善不善无记等相互关系，四大种以及寻、伺、有对触等依何定灭，住于何果等问题；四食和它的粗细、界、趣、生等分别乃至施食等问题。第二《缘纳息》，广释大种蕴、大种各自相缘关系，和所造色、心心所法、十二处、二十二根的相缘关系以及它的不相应、增减、不相离性等问题，三世大种和所造色、欲色界系大种和所造色、地等地界等、十二处能牵所牵等，大小三灾、世界成住坏空等问题。第三《具见纳息》，广释已具见谛的圣者所成身语业色的界系大种所造问题，上界下生者初得诸根的大种为因问题，化身和化事，中有七门分别，世、劫和心起、住、灭分齐，有为法的时、色、名三分齐，四缘乃至二缘生法，因相应不相应、缘有缘无缘法等分别，内无色想观外色法，除色想、四识住、七识住，九有情居等问题。第四《执受纳息》，广释有执受无执受和大种及所造色的相互相缘，因相应不相应、有所缘无所缘乃至有为无为等法的相缘、诸种欲有色有诸根、大种和彼心心所法相缘、有执受无执受、顺取非顺取、顺结非顺结、见处非见处等义，法内外和内外处摄分别，二受、三受乃至百八受相互相摄、十八意近行、三十六师句、证预流、一来，不还果时、证六通时过现未修十五门分别，四念住、四正断、四神足、五根、五力、七觉支、八道支、四静虑、四无色、四无量、八解脱、八胜处、十遍处、八智、三等持、四沙门果、五通等问题。

第六编《根蕴》中，第一《根纳息》，广释二十二根和它的因缘、它的实体数、一一增上处等，建立胜义根的异说、女男二根、三无漏根、二十二根的学无学非学非无学、善不善无记、有无异熟、见修所断、不断乃至三界系不系、因相应等、缘有缘等分别和它们的意义；蕴、处、界所摄的根，根非根相缘相生、二十二根的相互因缘等问题。第二《有纳息》，广释三界最初所生根数、三界系法思惟和遍知关系，得四沙门果的根数、遍知根数、成就不成就、断何界结、何果所摄，诸根无漏缘三界系和法类智相应关系以及法类智的自性乃至所缘等分别，时心解脱和不动心解脱的学无学根分别，以无间道证四沙门果时相应等五门分别，证四沙门果时所永断、灭、起的根数等问题。第三《触纳息》，广释十六触的性相及和根的相应关系，眼等五根和身根成就关系，天眼和天耳，地狱乃至俱解脱者成就的根数，眼等乃至慧根得遍知时，灭作证时的根数等问题。第四《等心纳息》，广释心的等平等灭，寿的问题，无想定、灭尽定入出时灭起的根数和灭起的心心所界系分别等各项问题，生无想天时及无想有情的想和食等问题。二十二根、五力、七觉支、八道支、八智、三三摩地所摄的根数和相应的根数，三界死生时灭起的根数和灭起的心心所界系分别、阿罗汉涅槃时最后灭的根数等问题。第五《一心纳息》，广释诸法与心一起一住一灭和心的相应关系，六根的修不修，不成就学根得学根。舍无漏根得无漏根、诸未知当知根能否现观四谛，以及尽智、无生智、无学正见等性、相、所缘、相应等问题。第六《鱼纳息》，广释二十二根随一成就不成就等问题，善不善无让诸根各以善不善无记根为因问题。第六《因缘纳息》，广释根因缘和所缘缘的三世、三性乃至四谛断、八智断分别，以及根因缘和所缘缘的四谛断、八智断相互关系。

第七编《定蕴》中，第一《得纳息》，广释得、非得的三世、三性、三界系、三学、三断分别等，见、修、无学道所起的得和四谛的得，以及离系得等问题，与三性心、三界心、三学心、三断心俱起的三性、界系、三学、三断分别，染静虑支、味相应静虑入出等，入静虑次第乃至不入彼静虑而生其处、得下静虑未得上静虑生处、诸静虑心舍、得和灭平等问题，四无量心和等无间缘的行相，无量、净定、解脱、胜处、遍处、八智、三三摩地的断结和受异熟果处等问题。第二《缘纳息》，广释八等至和三等至、初静虑乃至无所有处三等至的成、不成、得、舍、退、净初静虑四顺分、诸种修法，净初静虑乃至第四静虑的修无漏问题，味相应、净、无漏静虑和无色的相缘，定的顺次顺超，逆次逆超以及超定的加行和成满等问题。第三《摄纳息》，广释十想和它的界地、所依、行相乃至有为无为、自性断所缘断、转随转等诸门分别，十想和四静虑、四无量乃至八智、三三摩地的相摄、相应，成就初二三四静虑者对于四静虑乃至三三摩地等的成就数限分别，味相应、净、无漏和四静虑四无色相互成就不成就，得、舍、退等分别，六十五等至的缘处和在三乘中的成就，等至随以八等至为因缘和等无间缘、所缘缘的关系及为等无间缘和所缘缘的关系，味相应、净、无漏八等至的顿得顿舍和渐得渐舍，身语表、无表、三恶行、三妙行、三善不善根、四圣非圣语、四生、四入胎、四识住五蕴、五取蕴、五趣、五妙欲、五学处、六内处、七识住、八世法、九有情居、十业道、四静虑、四无量、四无色、八解脱、八胜处、十遍处、他心智、世俗智等灭所依的定等问题。第四《不还纳息》，广释五种不还、七善士趣、杂修静虑、五净居天、学无学和为得未得而学不学分别，顺流、逆流和自住义，得极禁和得极迹者的关系，菩萨相异熟业，三十二相和百福庄严，菩萨修经三祇九十一劫，菩萨修四波罗蜜和补处菩萨生睹史多天下生，慈氏受记当来作佛及苾刍于现法当办圣旨的智与智用，愿智，无诤，佛弟子第一中因儒童婆呬迦等差别，四圣种、法随法行、法轮自性、转法轮、正法和它的住、灭等问题。第五《一行纳息》，广释三三摩地成就有关诸问题，三三摩地相修和断结、作意入正性离生等，尽智、无生智的念住、无漏初静虑的乐和轻安等觉支的乐、有顶圣者依无所有处定得罗汉果，入定者不应闻声，性定和不定、邪正性定不定三聚，觉支和正漏法的成就、得、舍、退、未断已断和未遍知已遍知，生盲生聋引发天眼天耳，异生圣者的退不退，上界下生时所得法的曾未曾得分别，五通的能限，金刚喻定时六智和它的所缘等问题。

第八编《见蕴》中，第一《念住纳息》，广释三种四念住、念住的种类、断惑数等有关四念住诸问题，闻思修所成念住、念住的加行和生其次第、佛三念住、一趣道、四念住的习修、得修和相修以及它的自性、地、相应、行相、所缘等分别，如实知三受以及它的身心受、有无昧受、耽嗜依、出离依受、有贪心乃至解脱心、五盖、六结、七觉支等等的智，贪嗔痴增减的等随观、死边际受、阿罗汉的般涅槃以及佛的般涅槃，四有、三有和行等问题。第二《三有纳息》，广释诸有和五种相续、三有舍而相续、灭而法现前等问题，三界死生的舍、得、灭、起诸蕴，随眠不于他界法随增，三界的建立，十想的习修、得修和思惟所缘，起三善恶寻伺的思惟，诸法因、缘无明等问题。第三《想纳息》，广释十想生法和十想是否相应及同一所缘问题，由心引起的身语业分位差别，所通达、所遍知、所断、所修、所作证法、四有为相、和见疑相应或不相应的受的随眠随增，因、道、缘起等的界、处、蕴、所摄分别等问题。第四《智纳息》，广释能通达、能遍知，以及能厌、能离、修厌等问题，法与法作四缘或时不作的问题，意触和三事与合触、慢和自执与不寂静，业和不律仪与律仪、不净观乃至无学道等的已未得成不成就等关系，除苦谛等和法处法的三科所摄分别，三科和五位分类与一切法关系等问题。第五《见纳息》，广释无施与、无爱乐等各种邪见、常见、断见、戒禁取见、见取见等和它们的对治道，九慢和七慢，我作、他作二种外道见，外道诸见的五种分类，六十二见，断常二见分别等问题。

以上对于说一切有部根本经典《发智论》全面地（除《伽他纳息》不需要解释外）逐次加以解说，不仅是语义的注释而已，而是以《发智论》为中心广涉有部教义包罗万象的集大成之作。同时，不只显示了正统有部的理论，并还列举各种不同的异说，而出以破他显自的态度，这也就是本论编集的宗旨。例如，论中每段多以“问：何故作此论？答：为止他宗显正理，或有说……”等语开场，然后展开论说；其中所谓“止他宗”对象，即外道方面如数论、胜论乃至声论（文法声）、明论（吠陀）、顺世论、离系论（耆那）等。佛教内部的异见，如法密部、化地部、饮光部、犊子部、大众部、别论者、经部（即譬喻师）等，均在本论评破之列。甚而至于同一有部内的异说如所谓西方师、犍驮罗论师乃至所谓旧阿毗达摩师、旧外国师、旧迦湿弥罗师等，也都一一加以批驳，而确立所谓阿毗达摩师或迦湿弥罗师等在迦湿弥罗新进的迦多衍尼子徒众显扬《发智论》纯有部的宗义。这在对《发智论》的一一解说中，往往列举多说而后以自义评决。其中各契理的意见多是客观地加以介绍，不加批论；至于不契理的或不尽契理的便加以评判，而出现有“如是说者”“如实义者”“应作是说”或“评曰”“评应作是说”的语论并示以自义。又评论的情形也不一样，乃至有互相辩论的，以大众所一致通过的为如实义。即如所谓婆沙四大论师中世友、法救、觉天、妙音等尊者的见解也免不了受到批驳（见卷十六、三十四、七十四、一百二十七等），乃至有被附以“为遮是等故作此论”（见卷一百五十四）的判决。因而旧时有称这是“诸师实判”，即显示此论是出于当时众多的有部学者而用民主的方式来编纂的。

至于此论内容的取材，不仅广泛参考了迦多衍尼子以后学者所作的《发智论》诸注释，而更糅取了《品类》《施设》二论乃至《界身》《识身》《法蕴》《集异门》等四论的教义，以弥补《发智论》的不足，使所显的义理更为圆满；后世所称为“六足一身”，殆即是《婆沙》编纂形成的喻语。同时此论网罗了有部全部的教理，乃至《发智论》中所未有的若干问题一一加以论究，它的丰富的内容、庞大的组织、精严的界说、浩瀚的资料，在质和量的任何方面，均可使后世学者惊叹而公认为在部派佛教中占首要地位的说一切有部的杰作。

此论的唐译本译出以后，中国乃至朝鲜、日本的佛教学者对此曾不断加以研究，据高丽义天于十一世纪间所编的《诸宗教藏总录》中记载当时所见到有关此论的钞述，有玄则著的《大毗婆沙论钞》九卷，极太著的同论《钞》十卷，本义著的同论《钞》十一卷等。又日本学者关于此论的著述，现存有融道著的《大毗婆沙论条目》两卷（或一卷），连常著的同论《通览记》四卷等。

（高观如）

阿毗达摩俱舍论

《阿毗达摩俱舍论》（略称《俱舍论》），是世亲早年还未信仰大乘佛教时的著作。世亲为第五世纪顷北印度犍陀罗人，在佛教有部出家。那时北印度一带的有部学徒以迦湿弥罗地方的毗婆沙师为正宗。他们独尊《大毗婆沙论》，世亲起初也从而学习，后又采取当时比较进步的经部学说，作了一部含有批评毗婆沙师意味的通论有部学说之书，这就是《阿毗达摩俱舍论》。他先作本颂六百颂，随后又作长行注解八千颂。因为在这部论书里包括了有部的重要阿毗达摩论。如《发智》《身论》和《法蕴》等六足论及《大毗婆沙论》的要义，同时也即以这些论书为所依，所以此论题名为阿毗达摩的《俱舍》，“俱舍”具有箧藏和刀鞘之义。

据玄奘门下普光、法宝等的传说，世亲起初为了要使批判《毗婆沙论》彻底之故，曾经化装去迦湿弥罗跟着悟入论师学习了四年，后来被悟入识破了，才回转犍陀罗来。他随即为众人讲《毗婆沙论》，每日讲完一段，即概括其义作一个颂。这样他讲完了全论，作成六百颂，即是《俱舍论本颂》。《本颂》最初传到迦湿弥罗之时，当地学徒还以为帮助已宗宣扬《毗婆沙论》的主张，等到续请世亲写出了注解之后才明白是批评《毗婆沙》的。传说虽然如此，但现在学者们大都承认《俱舍论本颂》是以犍陀罗流行的《阿毗达摩杂心论》为基础，更广泛地吸取《婆沙》资料改编而成，所以将它当作纯粹的《毗婆沙论》提要之作，并不符合事实。

《俱舍论本颂》和《释论》的梵本，在古代印度早已散失，只余有称友所作《俱舍论释疏》里还保存着一些引用文句，但不完全。1934—1938

年，印度人在中国西藏地区寺院里陆续发现了在十二三世纪顷写的《俱舍论本颂》和《释论》的梵文原本（《本颂》系从《释论》录出，故有衍文），摄影携回。1946年更由印度学者戈克尔校勘其《本颂》发表。

《俱舍论本颂》的底本是《杂心论》，因而它的结构也同《杂心》一样，贯穿着犍陀罗有部学说"以四谛为纲"的传统精神。全论分为八品，开头两品总论。第一品，分别界，说四谛法的自体，有四十八颂。其中除去带有序分性质的三个颂而外，全颂总标有无漏法后，即以蕴、处、界三类范畴统摄诸法，详解其名义，并就"界"用"见非见"等二十二门详细分别。第二品，分别根，从诸法在染净两方面能作助力即增上的意义，详说其功用，有七十三颂。先依增上义说二十二根。次依缘起道理说各法的俱起，此有色法、心法、心所有法及不相应行法，在这里有本论的简别，废立，中国的俱舍论师即据以建立俱舍"七十五法"之说。最后说诸法缘起所依的六因和四缘。以下各品分说染净即流转和还灭的两方面各法的因果，先果后因，与四谛相当。第三品，分别世间，说染法的果，相当于苦谛，凡有一百零二颂。先说有情生位的三界，四生，五趣乃至十二缘起等，次说有情住位的四食，再次说有情殁位的舍受乃至断末摩等。最后说有情所居世界的体量、成坏、所经劫数等。第四品，分别业，说染法的亲因，相当于集谛的一部分，有一百二十七颂。先说诸业的自性和诸门分别，次说表业，无表业，再次解释经中散说各业以及业的杂义。第五品，分别随眠，说染法的疏缘，相当于集谛的另一部分，有七十颂。先说随眠即根本烦恼的体性及其诸门分别，次说漏等烦恼异门，后说烦恼的断灭。第六品，分别道及贤圣（补特伽罗），相当于灭谛，有七十九颂。先说圣道的体性，圣道所证的四谛等，次约人（即补特伽罗）说圣道的加行、位次，乃至四果、四向等。第七品，分别智，说净法的亲因，相当于道谛的一部分，有五十六颂先说十智的不同及其诸门分别，次说智所成就的功德等。第八品，分别定，说净法的疏缘，相当于道谛的另一部分，有四十三颂。先说四静虑等诸定，次说四无量等定的功德，其后连带说明佛教正法如何住在世间。另外有四个颂属于流通分的性质，说明本论乃依据《毗婆沙论》解释阿毗达摩，而略有批评，并伤叹佛教正法垂灭，劝励学道。

在本论的长行解释里，更表现了不拘成说但凭理长为宗的态度。原来《本颂》对于《毗婆沙论》的议论不满意之处，或者已用“传说”字样作了表示，又或比较含蓄地只举疑难仍结归《婆沙》本宗，文辞简略，其用意不大看得出来。到了长行解释，就尽情披露，常常详引经部学说反复辩论，必阐明了道理的是非而后已，甚至《婆沙》对于有部最根本的主张“三世实有”的解释，也予以彻底批判，最后只说“法性甚深”，不可因其疑难不通即认为旧说不能成立（见本论第五品）。这无疑是表示《婆沙》学徒只单纯地保守旧说而不管道理是非，其立说的短长也不言而喻了。不过，世亲之重视经部的学说，也非全盘接受，他还是以理长为宗的精神来作处理的。有如分析蕴、处、界三类法的假实。经部只说界法是实，世亲则主张处也是实在，这含有尊重经说“十二处摄一切法”之意。至于在各别法相方面，如欲等大地法、无明、命根等，经部说为假有的，世亲则从有部主张，许有实物。

《俱舍论》的《释论》在解释《本颂》八品而外，还添了分别人我一品，详细破斥了佛教中犊子部和非佛教的数论（一说是语典学者）胜论所执实在的人我。如果以这一品配合其前侧重于说明诸法法相的各品来看，则《释论》全体九品的结构，很圆满地显示了佛教“诸法无我”这一根本主张。此品除末尾有四个总结的颂文以外，都是长行。文中也引用了一些经典里的和经部师所作的颂文，并自撰数颂；但其性质完全和《本颂》不同，是不待说的。戈克尔校刊的《本颂》梵本，有第九品十三颂，纯是后人从《释论》抄出，非原本所有。

《俱舍论》解说有部的重要宗义，都极其简明扼要，故能在短短的六百个颂文里概括无遗。这比以前同类的撰述表现方法要善巧得多，因而获得“聪明论”的称号，而风行各地，发生种种影响。一方面引起了迦湿弥罗有部学徒激烈的反对。例如，杰出的论师众贤费了十二年工夫，对《俱舍论本颂》重新做了解释，为婆沙师辩护，并驳斥经部各说，其书即题名为《俱舍雹论》，后经世亲代为改名《阿毗达摩顺正理论》。此论还有节本，订正了《俱舍论》原来的颂文，题名《显宗论》。这些论算是重新阐明了有部正宗的主张，但基本上既然接受了世亲所作的颂文，立说自难免对有部有些修正，因而后人也称众贤的学说为新有部。另一方面，《俱舍论》也受到世亲门人的重视。他们都以为此论破斥婆沙师的偏执，说“有”善巧，可作为通到大乘的阶梯之用。因此，他们竞作注疏，与大乘论书兼宏。例如，安慧作《真实义疏》，陈那作《要义明灯疏》，随后还有安慧的弟子增满作《随相疏》（一说是德慧所作）。又有世友作《论疏》，称友作《明了义疏》，静住天作《要用疏》（一称《会经疏》）。这些注书只有称友之作梵本还存在，日人荻原云来曾校订其全部印行。

《俱舍论》传译于中国时期较早。陈天嘉四年（563），真谛在广州制旨寺译出《俱舍论偈》一卷，五百九十七颂，今佚。又译出《阿毗达摩俱舍释论》二十两卷，通称旧论。唐代永徽二年（651），玄奘又重新译出《阿毗达摩俱舍论本颂》一卷，六百零四颂。五年（654），又译出《阿毗达摩俱舍论》三十卷，通称新论。旧论比较保存了梵本的面目，新论则颂文颇多开合，又在长行里牒引颂文的部分也都没有显明区别出来。至于古代印度的注书译出很少，只真谛译了德慧《随相疏》中一片段，题作《随相论》一卷。玄奘译出《阿毗达摩顺正理论》八十卷，《阿毗达摩显宗论》四十卷。其余注疏玄奘均未翻译，仅口传一些说法散见于奘门各家《俱舍论》注之中。其后，另有佚名的译者节译安慧《真实义疏》头两品的一部分，题作《俱舍论实义疏》五卷，系从敦煌卷子中发现。

《俱舍论》及其注疏的西藏文译本有以下各种：一、《阿毗达摩俱舍论颂》；二、《阿毗达摩俱舍论释》，三十卷；三、众贤造《俱舍论疏释》，即《显宗论》，四千五百颂，失译；四、陈那造《俱舍论疏要义明灯论》，四千颂；五、安慧造《俱舍论大疏真实义论》；六、增满造《俱舍论疏随相论》，一万八千颂；七、称友造《俱舍论疏明了义论》，一万八千颂；八、静住天造《俱舍论疏要用论》。这些译本都收在西藏文大藏经丹珠尔之内。

在《俱舍论》未经传译之前，中国佛教学者研究阿毗达摩的毗昙师都以《杂心论》为主，所以也称作杂心师。及至《俱舍论》译出之后，他们逐渐改宗《俱舍》，遂有俱舍师。并撰出了好些注疏。最初是在真谛译论的当时，真谛为了刊定译文，曾为译众反复解说，即由慧恺写成《义疏》五十三卷。后来道岳得着遗稿，删为二十两卷。次有慧净，凭自己的理解，著《疏》三十余卷。这些都是重要的著作，但现已一部不存。从玄奘重译论文而后，因其解释法相对简明完备，可作研究唯识学说的阶梯，很受当时学人的重视，遂又形成研究新论的风气。玄奘门下好多人都作了新译《俱舍》的注疏，最著名的有三家，神泰作《疏》，普光作《记》，法宝又作《疏》各三十卷，现都存在（唯神泰《疏》只存数卷）。其后开元中（约在722—727年之时）圆晖又节略光、宝各家疏义，只解《本颂》（并附释第九《破执我品》中的各颂），撰成《俱舍论颂疏》十卷，简要便览，大为流行。后为崇廙著《金华钞》十卷解释此疏，今佚失。只有惠晖的《颂疏义钞》六卷，遁麟的《颂疏记》十两卷，都还存在。另外散佚了的旧注，还有基师的《俱舍论钞》十卷，怀素的《疏》十五卷，神清的《义钞》数卷，玄约的《金华钞》二十卷等。

其次，在中国西藏地区，佛教前弘期传译《俱舍论》的胜友，即是安慧的再传弟子，所以学有渊源，弘传颇力，但中经朗达玛王的毁佛便一时停滞了。佛教后弘其中学者的研究，直到十三世纪末才由迦当派的弟子奈塘寺集此学研究之大成，著了《对法庄严疏》，抉择中国西藏所传各家之说，奠定了此论研究的规模。其后格鲁派更重视此论的学习，置之于显教课程的最后。历代大师均撰有《俱舍论》的注解，为学徒所遵用。

另外，《俱舍论》的研究也盛行于日本。远在唐代，日本的学僧道昭、智通、智达、玄昉先后来华，从玄奘和智周学习《俱舍》，归国传授，因而成立了俱舍宗。这到后来虽然附属于法相宗，但此论仍受重视，成为必修的基本典籍，学者注疏竞出。近世学者如源信、珍海、宗性、秀翁、湛慧、普寂、林常、法幢、旭雅等的著作，都为研究《俱舍》常用的参考书。现代学者更有运用梵藏文资料来作种种研究的。

（吕澂）

杂阿毗昙心论

《杂阿毗昙心论》，简称《杂心论》，十一卷，尊者法救造。刘宋时代天竺三藏僧伽跋摩于元嘉十二年（435）译出，由宝云传语，慧观笔受。在此译之前，已经译过两次：一是东晋安帝义熙末（417—418），法显与迦维罗卫禅师觉贤共译，十三卷。另一是刘宋文帝元嘉三年（426）西域沙门伊叶波罗先译出九品半，后至元嘉八年（431）更由罽宾三藏求那跋摩补译成足本十一品，并加校订，亦十三卷。这两种译本早已散佚（见《出三藏记集》卷二）。

本论的作者法救，据玄奘所传，系北印犍陀罗国人，本论即在其国的布色羯伐底城附近制作的（见《大唐西域记》卷二）。法救的年代不详。但394年生于中印的功德贤，即因读本论惊悟而出家（见《高僧传》卷三），可见本论于四世纪末已从犍陀罗流传至中印一带，作者法救至迟也应为四世纪中之人。

本论为补注法胜《阿毗昙心论》颂本之作。在论文的序颂和译者的附注里，说到《心论》的法胜自作的长行释太略，优婆扇多释稍广（八千颂，汉译本《阿毗昙心论经》，六卷），又有一师释本极广（一万二千颂）。还有和修槃头释本，文虽不多（六千颂），但意旨玄旷，难可了知，通称无依虚空论，这些都不合理想。因此本论之作，斟酌处中，并以集有部教义大成的《大毗婆沙论》中义理补充原论。这样，它对于《心论》的内容既有所充实（《心论》原系颂文体裁，凡二百五十颂，本论增其本颂为六百颂，再加长行注解），也有所订正，遂成为《心论》注释中最成功、最流行的一种。

本论首尾有序颂和结颂，本文分十一品，即界、行、业、使、贤圣、智、定、修多罗、杂、择及论品。在此十一品中，唯第十《择品》为作者增加，其余一承《心论》原式。它的结构是其初七品取材《阿毗昙经》九分中正宗七分，而依四谛次第，提要解释。即《界》《行》二品解释苦谛，《业》《使》二品解集谛，《贤圣品》解灭谛，《智》《定》二品解道谛。其次取材于《阿毗昙经》首尾二分，而依三毗昙门通说为《修多罗品》。又次《杂品》抉择各品未了之义，《择品》更广加简别，以建立有部一宗之说；最后《论品》显示论议的方隅，而为结束（见《出三藏记集》卷十，焦镜《后出杂心序》，又吕澂《阿毗昙心论讲要》）。

各品的主要内容如次：第一《界品》，以蕴、处、界三科概论一切法，先总辨各法的自相、共相、有漏、无漏等，再详说诸法及其相互的关系。次以可见不可见、三性、有无对、界系等诸门分别各法。最后总明诸法各有自性，而举法界、意处、色蕴三者摄一切法。第二《行品》，说有为法（即行）非单独发生作用，乃由众缘之力而有生灭变化。先区分诸法为色法、心法、心相应行法及心不相应行法，说明其俱起缘生之相；次分别缘法有六因、四缘而说明其作用及范围，附说名（概念）色（物质）和时（时间）的最小单位，以及有情（生物）的色身、寿量等；最后归结到有为法互相依待而起，故谓其由造作（即缘生）而为行。以上二品，直说构成有情和世间的诸法由缘生而有自性的共同法相，相当于四谛的苦谛（按：焦镜《后出杂心序》则谓《界品》直说法相以拟苦谛，《行》《业》《使》三品多说生死之本以拟集谛）。第三《业品》，说有情生死流转之因。先指出前说界、行诸法之于种种世间界趣生起，都由业的划分布置。次即分析业的种类和性质，业的成就和失坏，业的差别和业果；后释三业中身、口二业果所造色法，其能造大种所属界地等疑难及三业中意业力用最大等义。第四《使品》（“使”即“随眠”），说使业发生作用的烦恼总有七种（欲贪、有贪、嗔、痴、慢、疑、见），它们与心相应，有如使者之随主人不离，故得七使之名。本品依修道的方便立说，从行相、界系、部类之不同上，开七使为九十八使，先说明其自性、所缘及相应，次明四种断义及由断而得的九种遍知；后以四义说明使之与心相应作结。以上二品多论生死流转的本源，相当于四谛的集谛。第五《贤圣品》，此就能实现断有漏法者离系的各个阶段，以说明烦恼消灭了的境界。先说正精进、善方便、正智三种修行方便。次依人分别，就资粮、加行等五道说四果、四向、二十普贤圣的各阶段。次依法分别，就未知、已知、当知三无漏根以明利根、钝根得果的不同。后结明渐修现观、顿得修果及三种渐次无间之义。此品明断结证灭之义，相当于四谛的灭谛。第六《智品》，先明智的自性在于能审观四谛实相。次说智的种类差别，以世间有漏智、法智、类智三智包括四谛智等十智，又从十智观四谛十六行相上或具缘或不具缘以明三智相互的异同。次说诸智的修习成就，依见道、修道、无学三位分别，附说智、见、忍的不同及诸智互缘之义。后明智所生功德。第七《定品》，先说定为智依之所以，次说定的种类，以四禅、四等至摄一切三昧，而于四禅及其构成的各支解说特详。次说依定而起的六通、四无量、十遍处、八胜处、八解脱、十智等，次说定的成就及其因缘，又成就诸圣共同的功德及十四变化心等，这些都显示声闻乘的实践。以上二品多说趋入无漏的方法，相当于四谛的道谛。第八《修多罗品》，分别《阿毗昙经·戒施设分》，说施、戒、修名义，原来经数不详。又分别《阿毗昙经·法蕴分》，说三界、七识住、九众生居，及至二十二根等义，共二十一经。后依识、智、使三毗昙门为之通释，而归著于界、谛等建立。第九《杂品》，对以前诸品所说未尽之义，重加抉择。《心论》原来抉择心法、有为行法、有为染净、不相应行、三无为等共三十一义，其中初五义抉择《界品》，次五义抉择《行品》，次六义抉择《使品》，次六义抉择《智品》，以下则就各种契经泛说其义。今复增加修行诸业障、五种事、四种果、三种神足等二十二义，亦对以前各其中所说有所抉择。第十《择品》，广加抉择重要义理。基本上以《契经品》未详之义为主，而前诸其中有须广解的，也附见于此。凡抉择法轮、梵轮、八支成就近住律仪等四十二义。有部一家的主张，如阿罗汉有退失义、有中阴义、三世有义、四谛渐次现观义、佛不在僧数义等，皆在此品特别提了出来。所以这一已是本论作者集中显示他如何运用《大毗婆沙论》已成熟的说法来订正和充实法胜《心论》。象本论用烦恼随增为有漏的解释，来纠正《心论》说生烦恼为有漏会滥及灭道二谛之过失，即在本品之末自叙出来，以为发凡。又如《心论》成立一切法有，但于三世之实有未能详言，此品特加补充，兼叙世友等四大家解释三世说等，皆是其例。最后第十一《论品》，主要在提示论议实例，兼有取以前诸品义理作应用上的考验之意，所谓"当略说诸论，令智者欣乐"。《心论》原提十问，本论复增加十六问，共举二十六个实例。此中如原提律仪非律仪、四果进退，以及补提的无漏见不见何种无漏、何法得有漏边境等问，或都系当时争论所集中的问题。

本论所释的《心论》，挈毗昙之要领，撷论议之精华，为北印有部中犍陀罗师所推崇的一部书，在学说上原与有部正宗的迦湿弥罗的婆沙师义有出入。法救取《婆沙》之说为补充而撰成本论，当然含有调和两方异说的用意。不过，本论的基本精神，在概括《阿毗昙经》的心要，偏于尊经轻论；而其依四谛组织经义，以业、惑为集谛，定、慧为道谛，都异于毗昙旧师所说，反而与新兴的经部主张相近。因此，后来世亲不满于《婆沙》而意朋经部，即取本论颂文增损改组而成《俱舍论》。以其文辞优美，结构玲珑，而获得聪明论的盛誉。本论由此失去光彩，终至失传。但从毗昙学说发展的历史观之，本论承先启后之功，固不可没。

本论在古代印度曾盛行一时，来华诸师亦相继传译，从东晋末叶到刘宋元嘉中叶的三十年间（405—435），先后即有三译，现存的为僧伽跋摩译本，因跋摩善解三藏，尤精本论（见《梁高僧传》卷三），故所译最胜。即以此故，传习甚广，因而有毗昙师的形成。盖在真谛、玄奘之前，一般讲有部毗昙的莫不以本论为主要典籍，而视为有部毗昙的总结之籍。其以讲习本论著名的毗昙师，见于梁、唐《高僧传》（《梁僧传》卷七、八，《唐僧传》卷五、十、十一、十四、十五）的二十余家，实际当不止此，可见其弘播中曾起过主导作用。梁、陈以后，《地论》《摄论》之学盛行，讲习本论的渐少。到了唐代玄奘传译大量有部论书及《俱舍论》以后，遂无人注意本论了。

本论的注解，旧有刘宋慧通《义疏》，高齐智林《记》，梁智藏《义疏》，隋靖嵩《疏》五卷，志念《疏》九卷，唐道基《玄章》及《钞》八卷，慧休《玄章钞疏》等，现在都已佚失。只有慧远所撰《大乘义章》中摘举其要点而已。

（游侠）

成实论

《成实论》，十六卷（刊本或作二十卷），诃梨跋摩造，姚秦鸠摩罗什译，昙晷笔受。诃梨跋摩旧传约在佛灭后九百年顷生于中印度（见《出三藏记集》卷十一所载玄畅撰《诃梨跋摩传》）。考所译本论《三受报业品》第一百零五，引提婆《四百论》（提婆约为170—270年时人），又本论译者鸠摩罗什，系于苻秦建元二十年（384）到达凉州，据此，诃梨跋摩当生于提婆著作《四百论》之后，罗什入凉之前，即250—350年。他生于婆罗门家庭，博通《吠陀》等世典。出家后，师事罽宾有部学者鸠摩罗陀，研习《发智论》。但他不满于此论之拘泥名相，烦琐支离，乃自穷三藏，以探教说的本源，时时和同部诸师辩难，而遇到保守的长老们的压制。其时，巴连弗的僧祇部众，对他遥寄同情（这里的僧祇部，或系如《大集经》二十二所说遍览五部而不主一家，即是属于“分别论者”一系之以理长为宗者），他乃前往共住。由此，他得以接触到大乘思想，泛览九经，评量五部（律），旁究异说，考核诸论，斥偏取长，弃末存本，因而有本论之作。论成后，旬日之间，倾动摩羯陀国。后复在王庭论屈了胜论学者，被尊为国师。

关于本论所属部派，旧传真谛说它属于昙无德部（见《三论玄义》），或说属于多闻部（见《四分律饰宗义记》卷三）此外，也有说为取“诸部之长”的（亦见《三论玄义》）。盖论主虽依有部出家，而不满于毗昙家言是显而易见的。他的立说以弃末存本为宗，特与譬喻师（即经部的前身）之说相近。隋吉藏以本论为“遍斥毗昙，专同譬喻”（见《三论玄义》），是正确的。但本论在古代印度佛教教学历史上，并未见发生多大影响，梵文原本也早已失传，最近印人夏斯特里才从本论的汉译本还原为梵文。本论之名为成实，据论文发起颂所说，乃欲成立三藏中实义。其所谓“实”，主要是审辨四谛所指诸法。论文说四谛，确定五受阴为苦，诸业及烦恼为集，苦尽为灭，八圣道为道，并说明“为成是法，故造斯论”（见《色相品》第三十六）。现考在作论的当时，部派佛教中最流行的有三大家，即毗昙师（有部），譬喻师和分别论者，他们对于四谛法的解释各执一词（见《大毗婆沙论》卷七十七），本论宗旨在于成立譬喻师的四谛义，以区别于其他两家，故题称“成实”。

本论共有二百零二品。在汉译时，译本的正写者昙影，以论中问答争论，回环往复，大段难明，于是综括论文，区分为《发》《苦谛》《集谛》《灭谛》《道谛》五聚，甚得译主鸠摩罗什的赞许，这就成了现行论本的结构。其五聚的主要内容，大略如次：

一、《发聚》，是全论的序说，有《具足》《十力》《四无畏》以至《辨二宝》《无我》《有我无我品》等共三十五品，泛论佛法僧三宝、论门种类、四谛大要及对教内十种重要异说的批判。此中说到声闻得解二空（见本论《分别贤圣品》第十）、无过未二世（见《二世无品》第二十二）、一向无中阴（见《无中阴品》第二十五）、一时见谛（见《一时品》第二十七）等义，都可见论主在解释法义上，针对毗昙立说诸特点之一（旧说本论七破毗昙，在言小隐，即指这一聚中叙破十论的诸品而言）。

二、《苦谛聚》，从第三十六品到第九十四品，包括《色论》二十四品、《识论》十七品、《想论》一品、《受论》六品、《行论》十一品，共五十九品。就中以无作为非色非心（见《无作品》第九十六），又说多心次第生灭，不立心所相应（见《立无数品》第六十、《多心品》第六十八等）等，都是和毗昙显然不同之点。论说五阴次第，先说色阴，此有三种，即四大、四尘（色、香、味、触）及眼等五根。四尘是能造，能成四大，五根唯是所造，依四大成，四大则通能所造。毗昙一向说四大是实法色，本论则认为是假名色，揽四尘成，能成五根，此亦为一主要特点（因说尘实而大假，根亦假，故有蕴实而界处都假之义）。次说识阴，指能缘心，此依色阴生。又说心和心数原是一体，想、受、行等都只是心的作用的差别名，非别有心数，这也和毗昙说“心外定有别数”不同。次说想阴，此依识所缘分别构画，由是起男女怨亲等相，实无此等诸法，但取假法相，故称为想。次说受阴，此依分别取相假法，领纳违、顺、非违非顺，即苦、乐、不苦不乐三种受。毗昙说实有乐受，本论则说三受皆苦，为同一苦受上随时间而生的差别。次说行阴，此依所领受的假法而起贪嗔等。毗昙说心法有四十六种，除受、想二法以外，其余都属于行阴所摄，本论则说心行有无量差别，除了受、想，其余一切都行阴摄。

三、《集谛聚》，从第九十五品到第一百四十品，包括《业论》二十六品、《烦恼论》二十品，共四十六品。本论认为业及烦恼是招致后身的因缘，是为集谛法。业是正集，烦恼生业是缘集。业对于有情后世余处生时能有损益作用，它有思和思已二种：思业即是意业，思已业是从意所生业，有身、口的差别，依此开为意及身、语三种业，而都有善、不善、无记之别。意业为受身的亲因，主导身、口，故为最重。烦恼主要是贪、恚、痴等十使，都是垢心行的差别。积集这些垢心，乃至垢心生时，都名为使，以其在生死相续中常随逐众生，系缘相续。睡眠、掉、悔等二十一法从烦恼生，称为随烦恼。又不信、懈怠、忘忆、散心等十法为烦恼大地法。论说一切烦恼都从痴即无明生，无明随逐假名，妄计有人，生贪等烦恼，从烦恼生业，随业有身，身为苦本。故无明为十二因缘根本，有无量过，若无无明则诸业不集不成。末附述断烦恼的方法，说由知四谛的真智断惑除业因作结。就中毗昙说意但有作业、无无作业，本论则说意地具有作、无作业，毗昙说作业以心数中思数为体，本论则不认心外别有思体（见《业相品》第九十五）。又毗昙说众生内根从业而生，是业所系，外山河等一切境界不从业生，非业所系，本论则主张一切内外根皆是业果，并是所系，外法虽非众生数，而是众生共业果故，亦从业起（见《系业品》

第一百零三）。毗昙说五戒之法具受乃得，本论则主张随受多少，皆得律仪（见《五戒品》第一百零九）。毗昙说七不善律仪唯于现在众生边得，本论则说通于三世众生边得，三世皆得起恶心故（见《七不善律仪品》第一百一十一）。毗昙说不善律仪虽发深善心，作永断意，若不受戒仍不得舍，本论则说发深善心安期不作，得舍不善律仪（见《七善律仪品》第一百一十二）。毗昙说修成，于第四分中修习观察四谛十六圣行，有十六心断除见惑，十八心断除修惑，合具三十四心，本论说第四分中所修圣道总观谛空，通断三界见修二惑，不主别观，又主多心断结，不局于三十四心（见《杂问品》第一百三十八）。这些都可说是本论立说的特点。

四、《灭谛品》，从第一百四十一品到第一百五十四品，有《立假名》《假名相》《破一》《破异》以至《灭法心》《灭尽》等共十四品，分别解说以闻、思因缘智（人空观）空智（法空观）和灭尽定（或无余涅槃，灭定是缘灭，涅槃为相续断时的业尽）来灭假名心、法心、空心。本论以灭为第一义谛，由见灭谛即见圣谛而得道（见《见一谛品》第一百九十）。这里面的灭，即灭假名、法、空三种心。先在闻、思位中，以多闻因缘智、思惟因缘智观察阴、界、入等法，了知皆因缘和合而生，但是假名，实无我、无我所，这样灭假名心（见《世谛品》第一百五十二）。次在暖、顶、忍、世第一法四善根位中，以空智观察色空无所有，乃至识空无所有，这样灭法心（见《灭法心品》第一百五十三）。后在灭尽定或无缘涅槃中，以重空义，即“以空见五阴空，更以一空能空此空”，这样灭空心（见《三三昧品》第一百五十七）。三心都灭，即具足无我，进入离言绝相的真空，所有业及烦恼都无依处，永不复起，即得涅槃。本论将获得此涅槃果的阶位，分为随信、随法乃至阿罗汉等二十普贤圣位次，但与毗昙所说稍有出入。又以具足四行、四得、戒定慧等功德清净为僧，并说佛不在僧数（见《辨二宝品》第三十三），而是乘如实道来成正觉，具足五品、十力、四无畏、十号等，所有言说如义如法，为众生最上福田。就中毗昙说实法有断，假中不论，本论则说假中有断，诸断得事皆是假名有（见《假名品》

第一百四十二）。毗昙说五阴非我名为无我，阴非我所说之为空，本论则说众生空者名之为空，法体空者名为无我，故无人、法为空无我（见《灭法心品》第一百五十三）。依此义故，不同毗昙说声闻人但得生空，中上人亦得解二空（见《分别贤圣品》第十）。这些都是本论立说的特点。

五、《道谛聚》，从第一百五十五品到最末第二百零二品，包括《定论》二十六品，《定具论》八品，《智论》十四品，共四十八品。本论以八正道为道谛法，以其能通至灭谛故称为道，远离邪外故称为正。从闻正法，引生智慧，信解五阴无常无我等称为正见。假如这个智慧是从自己正忆念而生，称为正思惟。依正思惟断除垢法，修集净法，勤发精进，称为正精进。从此依法受戒，获得正语、正业、正命三圣道分。由这三种圣道分，成就念处及禅定，从正忆念生智慧，观察身、受、心、法等称为正念，心住一处称为正定，是为得如实的空智之因。本论对于修习正定的定具，广举持戒、得善知识，乃至无障、不著等十一门，最为详备。由正念、正定获得如实智，即空智。如是一心勤修诸定，生正智慧，则灭三心，入无余涅槃，故说八正道中，正智为上，是正智果所谓涅槃（见《四十四智品》第二百零一）。关于定一方面，毗昙说八禅定以定数为体，余心、心法与定相应，是定眷属，通名为定，本论则说唯心为体，不说心外别有定数（见《大乘义章》卷十三引）。又毗昙说四无量以无贪、无嗔、无痴等为体，本论则推本用慧为体（见《四无量品》第一百五十九）。毗昙说灭尽定以非色心法为体，本论则以心识尽处数灭无为为体，亦得有心（见《灭尽定品》第一百七十一）。毗昙说修定有断及生二种得，本论则但有断得、别无生得（见《大乘义章》卷十三引）。关于智一方面，毗昙以苦忍以去十五心以来，名为见道，本论则主张总相观谛，但说无相位中名为见道（见《见一谛品》第一百九十）。毗昙说尽智、无生智用法、比等智为体，本论则但用四谛现智为体，现观谛空，尽诸结故；又说尽、无生二智体同义别，与毗昙之分别无学果根器利钝，有得有不得者不同（见《十智品》第二百）。这些都可说是本论立说的特点。

本论从鸠摩罗什译传以来，直到唐初的二百余年之间，它在中国佛教教学上曾起了相当大的影响，讲习本论的学者继出不绝。尤其是齐、梁时代，极盛行于江南，一般常以之和旧传的有部毗昙之学相对立，因而有和毗昙师并行的成实师这一学系［参阅本书（一）“成实师”条］。此由本论立义有它显著的特点，即它于有部毗昙我空法有的说法以外，别人、法二空。以故一时期的佛教学者，特别是梁代的僧旻、法云、智藏三大法师，都将它看作大乘论来讲授，而与《中》《百》《十二门》三论等共弘，一些专治本论的学者，当其时也曾有“成论大乘师”之称。这大概和本论别明法空，援引菩萨藏文有关。（如《有我无我品》第三十五引“心垢故众生垢，心净故众生净”经文，《三受报业品》第一百零五引提婆的《四百论》，《世谛品》第一百五十二、《灭法心品》第一百五十三明人法二空及俗有真空之说，《六三昧品》第一百六十一引菩萨藏说入定超越相等，都可见受到般若学说的影响。又如申说利他、六度，及认有十方三世诸佛等。）鸠摩罗什之译传本论，原取其立说比较进步，接近般若，有导向大乘的作用。可是当他听到有人说本论和大乘一般，早就慨叹为无深识了（见《三论玄义》引僧叡撰《成实论序》）。本论的主要特点，在针对毗昙，别明人法二空，而它的理论的根据乃在二种二谛说。第一种二谛是真谛和俗谛，此中真谛包括色等五阴及泥洹这二种法，俗谛则只有一种无有自体的假名法，如色等因缘成瓶，五阴因缘成人等（见《立假名品》第一百四十一），这是随顺有部我空法有的假说。第二种二谛为第一义谛和世谛，如诸行以第一义故皆无，即诸法皆空，唯是涅槃，俗谛则总括三世迁流的一切有为法，别明俗有真空之说（见《灭法心品》第一百五十三）。本论的人法二空说，即依第一义门而立。论中更用空、无我二种观来观察二空。空观是于五阴不见假名众生，如人见瓶以无水故空，如是见五阴中无人故空。无我观是于五阴亦不见为实法（见《圣行品》第一百九十二，又《灭法心品》第一百五十三）。此中空观是人空观，无我观是法空观。中国当时的学者认为声闻乘不解法空，而本论独说及此义，遂识会为大乘论。后来，智顗、吉藏都判属声闻乘（见《法华玄义》卷四下，《三论玄义·排成实》第三），吉藏更依旧序十义，说为《成实》只是析法明空，不同于大乘本性空寂，只是明空，未说不空，不同于大乘明空又明不空，只是住于空，不知空亦复空，不同于大乘知空亦空，所谓不可得空，故判“成实为小内之胜”。其后，惟道宣、元照又说本论“分通大乘”（见《四分律删补随机羯摩疏》及《四分律行事钞资持记》）。

本论过去曾盛行一时，各家注疏较多，但唐代以后无人研习，旧注全都失传，见于僧传记载的，有刘宋时代僧导撰《义疏》若干卷，道亮撰《义疏》八卷，梵敏撰《序》及《要义》一卷；北魏昙度撰《大义疏》八卷；梁代智藏撰《义疏》（或云即《大义记》）十四卷，法云撰《义疏》四十两卷，慧琰撰《玄义》十七卷，僧旻撰《义疏》十卷，慧韶撰《注》若干卷；陈代宝琼撰《玄义》二十卷，又《文疏》十六卷，洪偃撰《疏》数十卷；北齐灵询撰《纲要》两卷；隋代智脱撰《疏》四十卷，又修订梁代琰法师《玄义》十七卷，慧影撰《义章》二十卷，明彦撰《疏》十卷，保恭撰《义疏》若干卷，及未详撰者的《义林》两卷；唐代新罗元晓撰（一说元瑜撰）《疏》十六卷，百济道藏撰《疏》十卷，怀素撰《义章》二十两卷。此外，时代和卷数都不明的，有宗法师《玄记》及《义章》，聪法师《论章》，法法师《疏》，嵩法师《疏》等。本论又流行一些节抄本，现可考的有齐僧柔、慧次抄的《略成实论》九卷，隋灵裕抄的《成实论抄》五卷。其中《略成实论》是齐武帝永明七年（489），竟陵文宣王萧子良集齐京硕学名僧，特请僧柔、慧次两法师于普弘寺轮流敷讲《成实》，因抄此论文，删繁存要，以利弘通而辑撰的，并命学士周颙撰序，曾风行一时。

（游侠）

异部宗轮论

《异部宗轮论》，一卷，题世友菩萨造，唐玄奘于龙朔二年（662）译出。在其前，此论已有过两种译本：一为三秦时代的失译本，题称《十八部论》一卷；一为陈真谛译本，题称《部异执论》一卷。《十八部论》未标造论者名字，论首序偈前有“罗什法师集”五字，论中译音下注秦言云云，因此，隋代吉藏认为鸠摩罗什所译。但各种旧经录都作为失译。它的现行本有梁代僧伽婆罗译《文殊师利问经》卷下《分别部品》长行和偈颂一段，当系后人摘录加入的。

本论的作者世友，据玄奘所传，系佛灭后四百年许迦腻色迦王时人，是当时说一切有部四大家之一。论首五序偈中，第三偈特提到他的作论（但此一偈，在秦译本缺文），称为大菩萨。大概是有部中人相信他会继续弥勒成佛，名师子如来（见《出三藏记集》卷十，《婆须蜜集序》），故以菩萨相称，当然这一偈是由后人所加。中国西藏多罗那他《印度佛教史》说他是注解世亲《俱舍论》的世友，时代未免太迟，不足信。

本论出于有部大家之作，故其主要内容，完全依照有部的说法来叙述，特别带着北方有部正宗毗婆沙师的色彩。论述佛灭后一百余年（秦、陈译本都作佛灭后116年）至四百年期间，印度佛教分派的历史和各部派不同的教义（即部执）。其结构，首有序偈五颂，述造论因缘及造者。次本论长行，先总叙佛灭后争论初兴之时代以及分裂为大众、上座两根本部派的事由。次分叙大众部于佛灭后二三百年内，再经四次分裂，本末合成九部。上座部于佛灭后第三四百年内，再经八次分裂，本末合成十一部。

这样总有十八部。后文分叙大众、上座两系各派的本宗同义（即各派从它的本部分裂时所公认的主张）和末宗异义（即各派分立以后自宗继续建立的主张）。这一大段系依分裂先后，作十一类来叙述：一、一说、说出世和鸡胤三部与根本大众部合叙；二、西山、北山二部与制多山部合叙；三、法上、贤胄、正量、密林四部与犊子部合叙；四至十一、其余说假、多闻、说一切有、雪山、化地、法藏、饮光及经量各派分叙。现有汉译典籍，关于佛灭后佛教部派分裂次第及各派异执的较完整的记述，仅有本论一种，所以它实为研究部派教义极重要的资料。

本论以北方有部之说为据，这在各方面都看得出来。如本论叙说有部，认为是佛灭后第三百年许，因与根本上座部少有乖诤而分出来的一部，并与转为雪山部的根本上座部对立，其后即从有部次第分出犊子、化地、饮光、经量诸部。这些即暗示上座内部是长时期的和合，又暗示自宗为根本上座部之最古的代表者，立说亦最先出。又如称跋耆子部为犊子部，称牛王部为鸡胤部，这都是北方有部对于他派表示轻蔑的说法。因之，本论所述和锡兰所传，《舍利弗问经》所传，清辨所传，以及西藏多罗那他所传有部以外的诸说都有出入，而本论所述并不能无条件地看成史实，必须比较研究，才能勘定。

另外，关于大众、上座两根本部派分裂情况的记述，虽基本上为有部之说，但三种汉译本，前后亦不尽同。如关于发生争论的五事的来历，失译本谓由大僧别立，陈译本谓由外道（意在泛指与自宗对立的他派）所立，两译都未确定五事为何人所创，到了唐译才全用婆沙师之说，将五事归之于大天。又关于大众部的形成，秦译谓是三比丘，陈译谓是四种破教大众，所指都偏属大众部的一面；唐译则谓四众共议大天五事，则四众中又有分化，其从大天说者为大众部，反对大天说者为上座部。就这些不同的叙述上看，可知关于根本两部分裂情况的传说，即同在说一切有部之内，也曾有过迭嬗变化，究竟真相还是有待研究的。

本论的梵本已佚。汉文本失译本在402—410年所出，底本最古，但四序偈前，有“罗什法师集”之语。如属可信，当时本论应有几种梵本流行。唐译文末，附载有玄奘自述一颂，也说“备详众梵本”，则各种梵本中有出入更不待言了。陈译本关于可住子部（即犊子部）本宗同义，载有此部异执三种假、一切众生有二种失等十余则，为余二种译本所无，这或是陈译所据梵本是流行于当时正量部的根据地伐腊毗一带的，因而多出与正量有关的可住子部执若干条。这正可说明本论梵本不同实况的一斑。

本论尚有藏文译本，收在藏文大藏经丹珠尔中。此外，有宇井伯寿的日文译本，又有增田慈良的英文译本。藏文译本，1860年由俄国华西列夫重译成俄文，1926年重新译成英文。日人寺本婉雅与平松友嗣又复译成日文，并附有清辨、律天著作译文对照。

本论的注解，有唐窥基撰《述记》一卷，在日本更有注释《述记》的撰述，以荣天撰的《目论》与宪荣撰的《发轫》较为著名。本论的陈译本《部异执论》，有真谛《疏》十卷，已佚，一部分遗文解释各派得名因缘等，散见于隋吉藏《三论玄义》及唐窥基《大乘法苑义林章》内。此外，藏文大藏经丹珠尔内，还收有失译的律天《异部宗轮论中异部说集》，为从本论略抄的性质，内与本论所叙述者有异，可资参考。

（游侠）